O SER SEXUAL E SEUS OUTROS

Blucher

O SER SEXUAL E SEUS OUTROS

Gênero, autorização e nomeação em Lacan

Pedro Ambra

O ser sexual e seus outros: gênero, autorização e nomeação em Lacan

Editora Edgard Blücher Ltda.

Série Psicanálise Contemporânea
Coordenador da série Flávio Ferraz
Publisher Edgard Blücher
Editor Eduardo Blücher
Coordenação editorial Jonatas Eliakim
Produção editorial Luana Negraes
Preparação de texto Ana Maria Fiorini
Diagramação Guilherme Henrique
Revisão de texto Bonie Santos
Capa Leandro Cunha
Imagem da capa Pamela Facco/Poesia com Elos

Blucher

Rua Pedroso Alvarenga, 1245, 4° andar
04531-934 – São Paulo – SP – Brasil
Tel.: 55 11 3078-5366
contato@blucher.com.br
www.blucher.com.br

Segundo o Novo Acordo Ortográfico, conforme 5. ed. do *Vocabulário Ortográfico da Língua Portuguesa*, Academia Brasileira de Letras, março de 2009.

Dados Internacionais de Catalogação
na Publicação (CIP)
Angélica Ilacqua CRB-8/7057

Ambra, Pedro

O ser sexual e seus outros : gênero, autorização e nomeação em Lacan / Pedro Ambra. – São Paulo : Blucher, 2022.

512 p. : il. (Série Psicanálise Contemporânea / coordenação de Flávio Ferraz)

Bibliografia

ISBN 978-65-5506-180-2 (impresso)

ISBN 978-65-5506-175-8 (eletrônico)

1. Psicanálise 2. Sexualidade 3. Identidade de gênero 4. Orientação sexual I. Título. II. Série.

21-2624 CDD 150.195

Índice para catálogo sistemático:
1. Psicanálise – Sexualidade

A Michel, Michelle, Corinne
e todes que a psicanálise deixou de ouvir

Agradecimentos

Tal qual a sexuação, a escrita é um processo que só se dá quando apoiado e endereçado a alguns outros. Nesse sentido, a pesquisa de doutorado que originou este livro só existe porque houve quem, em algum momento, tenha apostado que ela seria possível, antecipando sua unidade lá onde minha angústia permitia ver apenas um despedaçamento de rompantes eufóricos e fichamentos tediosos.

Assim, agradeço, em primeiro lugar, a Nelson da Silva Junior pelos nove anos de trabalho em conjunto e pelo apoio incondicional em meus primeiros passos na pesquisa. Você foi, paradoxalmente, a segurança dum farol em noite escura e o convite ao alto-mar, caro orientador, querido amigo.

Je remercie chaleureusement Madame la Professeure Laurie Laufer pour le merveilleux accueil à Paris, son intérêt, sa grande disponibilité, ses précieuses indications sans lesquels je n'aurais pu écrire cette thèse et pour sa présence à São Paulo lors de la soutenance de la thèse.

Ao querido amigo *Herr Professor* Christian Dunker, meu mais sincero muito obrigado pelas leituras rigorosas, pontuações indispensáveis na qualificação, conselhos sinceros e conversas em duplas torções assimétricas que reviram a cabeça e a vida.

Pela sempre elegante combinação entre doçura e firmeza, carinho e critério, amizade e profissionalismo, agradeço a Patrícia Porchat por ter me apresentado vários *gender troubles*, pela inesquecível força em Bauru e pela leitura atenta de cada linha deste texto, mesmo em meio a diferentes turbilhões.

Agradeço a Thamy Ayouch por ser um exemplo de acadêmico implicado, pela disposição em encarar a leitura deste trabalho, por atravessar o oceano para participar dessa banca e por ter, desde o mestrado, insistido num Laplanche cuja potência só reconheci no doutorado.

A Mario Eduardo Costa Pereira, que, gentilmente, aceitou nosso convite para a elaboração do *pré-rapport* da tese. Agradeço também a Léa Silveira pela disponibilidade em participar da banca em meio ao caos administrativo dessa cotutela.

Aos amigos que me acompanharam durante a jornada que foi a escrita do doutorado: obrigado por serem o olhar e a voz, a cachaça e a breja, o silêncio e a sinceridade que me sussurraram as letras com as quais se construiu a autorização dessa escrita. Muito haveria de ser dito sobre como cada um de vocês ajudou nesse processo, mas isso daria toda uma outra tese... Assim, registro um obrigado especial (daqueles com abraço apertado e um tanto choroso) para quem conseguiu separar umas horinhas da vida para ler algumas das páginas que vieram a formar esse texto, me ajudando pacas com seus comentários e, principalmente, com seu apoio: à Bia, pelo carinhoso AT parisiense, ao Beer, pela serenidade firme, à Clá, pela alegria de ser *time da determinação*, ao Di, pela zoeira que une e não separa, à Dulce, pela disposição de levar este calhamaço para casa, ao Hugo, pela ousadia da sinceridade, ao Joca, pelo rigor totêmico e pela amizade ameríndia, ao Jota, por ser o modelo de um grande brasileiro, à Lê, por me ensinar outras sintonias e frequências, à Ná, pelo amor em forma de baldes de realidade, ao Nego, pela escuta aveludada de carinho nos momentos de angústia, ao Paulo Sérgio, pelas verdadeiras verdades e pela esmerada revisão e tradução de diversas citações ao longo da tese, ao Rafa Prado, pela amizade mais longeva da minha vida, ao Ronaldo, por ter me lembrado de que eu não precisava salvar Lacan, à Vivi, pela amizade azouguemente entretecida, ao Will, pelo respiro de uma leitura distanciada. Agradeço, do fundo do peito, pela amizade sustentada entre cafés e conversas, trombadas inesperadas e aqueles preciosos minutinhos entre as correrias que me permitiram respirar um pouco mais antes do mergulho no texto, em especial a Anna, Nina, Bel, Rodrigo, Pri, Lê, Lucas, Dani, Marcelo, Michele, Bia, Jonas, Tchello, Tau, Mari, Fábio, Yasmin, Vera, Rodrigo, Zé, Ká, Lu, Gabi e Carol. Àqueles que me acompanham desde antes da tese, Paiola, Dantas, Nick, Thi, Dani e às minhas queridas dibas, meu muitíssimo obrigado! *Je tiens à remercier aussi tous ceux qui ont transformé un séjour d'étude dans une aventure formidable à Paris: Raphaël, Michèle, Cristina, Charlotte, Vera, Laurie, Héloïse, Jérémie, Soizic, Grégory, Guénaël, Jesus, Kim e Benjamin.* Agradeço, também, aos queridos brazucas Victor, Livinha, Caio, Manu, Manoel, Andrea, Tati, Bruna, Mel, Felipe, Fernanda, Eraldo, Pamela, Marcelo, Carol e Letícia. Um obrigado especial ao Francisco e ao Marcos pelas ajudas com a cotutela. Aproveito aqui também para agradecer a meu querido Rafa Cossi pelas ricas trocas sobre essa tensa fronteira entre psicanálise e gênero.

Um agradecimento muito especial ao pessoal do grupo de orientação que acompanhou todo o processo e viu os bastidores mais malucos desta pesquisa, sempre conseguindo achar um tempo a mais para ler boas partes de minha tese. Leilane, Lia, Aquinoã, Natalia, Dulce, Mário, Heitor, Guilherme, Tiago e João Pedro: valeu!

Ao *meu amigo Pedro*, que, ao partir tão jovem, deixou em mim a marca da importância da singular despossessão que o nome aporta.

Pelo trabalho incrível e pelo sopro progressista que nos enche de ânimo, agradeço a todas as integrantes do Grupo de Estudos e Trabalho em Psicanálise e Feminismo, em especial à Manu, pela dica da Juliet Mitchell e pela leitura do primeiro capítulo.

Às queridas e aos queridos alunos da Unesp Bauru: obrigado pelo ânimo e pela sede de aprender com os quais vocês me receberam em 2014, cuja recordação me fez perseverar nos momentos mais difíceis de escrita da tese. Agradeço também pelo privilégio de ter sido homenageado como "Nome da Turma" dessa que foi, na verdade, minha primeira experiência como professor.

A tese que originou este livro foi realizada com o apoio da Coordenação de Aperfeiçoamento de Pessoal de Nível Superior (Capes), a que agradeço pelas bolsas que possibilitaram a realização desta pesquisa no Brasil e na França, na esperança de que este financiamento possa continuar servindo a pesquisadoras e pesquisadores no futuro.

Agradeço a todo o apoio do Instituto de Psicologia da Universidade de São Paulo (IPUSP), em especial a Nalva, Rosângela e Ari, que sempre deram o máximo para que essa pesquisa pudesse se realizar nas melhores condições.

Adiene, Albino, Aurélio, Marília e toda a família Schön: obrigadaço pela força! Agradeço imensamente à Gabi, o pilar que sustentou com amor e cuidado por anos minha escrita, meu trabalho e minha vida.

Agradeço aos meus pais que, com seu carinho e cuidado, me ajudaram muito, mas muito mais do que podem imaginar.

A psicanálise compreende um conjunto único de conceitos para entender os homens, as mulheres e a sexualidade. É uma teoria da sexualidade na sociedade humana. Mais importante, a psicanálise dá uma descrição do mecanismo pelo qual os sexos são divididos e alterados, de como as crianças andróginas, bissexuais, são transformadas em meninos e meninas. A psicanálise é uma teoria feminista manquée.

Gayle Rubin (1975)

Em primeiro lugar: a crise da psicanálise não existe. Não há. A psicanálise, pelo contrário, não chegou ainda aos seus limites. Há ainda muitas coisas a descobrir tanto na prática quanto na teoria.

Jacques Lacan (1974)

Conteúdo

Introdução

O ser sexuado só se autoriza de si mesmo e de alguns outros. Segundo o psicanalista Jacques Lacan, essa enigmática afirmação condensaria seus desenvolvimentos mais avançados sobre a diferença sexual. Gostaríamos aqui de desvendar os detalhes e as implicações dessa máxima e, principalmente, de discutir como ela se relaciona com questões no campo das políticas da sexualidade e de gênero que marcam nossa época. Mas se esse pode ser nosso desejo, certamente não é a nossa *causa*.

O que causa este livro é, sobretudo, uma inquietação. Inquietação que vem da percepção de uma discrepância cada vez maior entre a emergência de fenômenos ligados à identificação sexual e as respostas e posturas de parte da comunidade psicanalítica. A ebulição de normas, vivências e discursos ligados ao gênero contrasta, cada vez mais, com as teorias psicanalíticas dominantes. Podem o falo, o complexo de Édipo e a diferença sexual, em suas interpretações clássicas, dar conta de fenômenos como a *gender fluidity* ou as sexualidades *queer*? Ou é preciso que o mundo venha a informar, formar e, eventualmente, deformar nossos pressupostos conceituais?

A construção de conhecimento em psicanálise tem como base, desde seu princípio, uma soberania da experiência face ao conceito, ideia às vezes expressa como a primazia da clínica sobre a teoria. Mais precisamente, costumam-se usar fenômenos que surgem, aparentemente sem explicação, como *perguntas* à teoria: em vez de forçá-los a adaptar-se, é a psicanálise que se repensa a partir deles. Foi exatamente o que fez Freud ao criá-la e, também, ao criticar a moral sexual vitoriana e localizar na repressão do sexual o sofrimento histérico. Mais ainda, ao escutar os sonhos traumáticos de ex-combatentes da Primeira Guerra Mundial, o pai da psicanálise revê toda a centralidade do sexual em sua própria teoria e propõe haver um *Além do princípio do prazer* (Freud, 1920).

Diferentemente dessa orientação, no entanto, parte da comunidade psicanalítica parece negar o possível alcance conceitual das profundas transformações sociais no que diz respeito às maneiras pelas quais os sujeitos narram e vivem sua sexualidade e suas formas de identificação no campo da sexuação. Grande parte dessa reticência parece se aglutinar ao redor da noção de *gênero*.

O gênero tornou-se uma categoria incontornável não apenas na discussão acadêmica em ciências humanas, mas igualmente no interior do corpo social. Uma edição especial da *National Geographic* é enfática em seu título, "A revolução do gênero" (Henig, 2017), ao sintetizar a força que a noção adquiriu em escala quase global. No contexto brasileiro, raras são as semanas em que não há especiais sobre "transexuais" e "identidade de gênero" em veículos de mídia de grande alcance. Mas nem toda manifestação causada pela presença dessa questão na sociedade sublinha o alcance de seu impacto da mesma forma. Muitas delas, por exemplo, rechaçam o gênero por considerá-lo uma construção falsa, que negaria a verdade da diferença sexual.

No Congresso Nacional, uma das grandes bandeiras da assustadora "bancada da bíblia" é – ao lado da proibição da adoção por casais homoparentais e da criminalização da "heterofobia" – justamente o combate à "ideologia de gênero", que seria definida da seguinte forma: "A Ideologia de Gênero, ou melhor dizendo, a *Ideologia da Ausência de Sexo*, é uma crença segundo a qual os dois sexos – masculino e feminino – são considerados construções culturais e sociais" (Ideologia de género, 2017, grifos do original). Na mesma toada, Schnake (2017) afirma que a "ideologia de gênero" seria uma tentativa de afirmar "que não existe uma identidade biológica em relação à sexualidade. Quer dizer que o sujeito, quando nasce, não é homem nem mulher, não possui um sexo masculino ou feminino definido, pois, segundo os ideólogos do gênero, isto é uma construção social". Da mesma forma, para Bacarji (2017):

> *Um dia, ouvi, na homilia de um padre da Canção Nova, uma fala muito interessante: um homem que troca de sexo, colocando útero e seios, sempre será um homem com útero e seios, nunca uma mulher. Mas a ideologia de gênero deseja incutir essa falta de realidade em nossa cabeça, dizendo que podemos ser o que quisermos e que é natural nascer homem e passar a ser mulher por causa da opção sexual. Sendo que as crianças e os adolescentes poderão, ingenuamente, crer nisso.*

Mas, para nosso espanto, a essência de tal posição não é muito diferente de certos discursos lacanianos, para quem

> *[n]a constituição de um "futuro psicótico" ocorre exatamente a falta da inscrição normativa do complexo de castração que impede o reconhecimento e [a] aceitação da diferença sexual como acontece nas neuroses. Assim, é urgente o combate à ideologia de gênero que, com a noção de igualdade de gênero e o incentivo às relações*

> *homoparentais, coloca em risco as diferenças sexuais que possuem função estruturante no desenvolvimento psíquico da criança.* (Soares, 2017)

A argumentação de Teixeira (2016), ainda que menos apocalíptica, parece ir na mesma linha: "os analistas simpatizantes da teoria do gênero parecem desconsiderar que a noção de gênero, tal como concebida por Butler, nega explicitamente pontos centrais da teoria psicanalítica, dentre estes a própria diferença sexual". Tal postura será, surpreendentemente, encontrada até mesmo em reflexões conceitualmente mais sólidas, como em Goldenberg (2017a), para quem

> *a diferença sexual não pode desconstruir-se porque não é cultural. É referida ao significante, nunca ao significado e toda desconstrução é uma operação de sentido. A este respeito, Copjec diz que "falar da desconstrução do sexo faz tanto sentido quanto falar da forclusão de uma porta".*

Mesmo que diametralmente opostos em seus embasamentos teóricos e éticos, no que tange à sexuação, os argumentos nos dois campos – religioso e psicanalítico –, seus pontos de partida e efeitos são espantosamente similares: há uma diferença sexual (seja biológica, seja simbólica ou real) que é em si intocável pela cultura; e, portanto, falar sobre construções e desconstruções em relação à diferença sexual seria, no mínimo, equivocado e, no limite, perigoso. Ocorre que nessa sobreposição de enunciados perde-se a dimensão de enunciação política que visa estabelecer um discurso unívoco do saber sobre o sexo. Parece haver uma disputa sobre a narrativa do "verdadeiro sexo", na qual alguns discursos analíticos acabam por alinhar-se, sem perceber e contrariamente a seu impulso subversivo, às tendências mais retrógradas em matéria de sexualidade e gênero.

Como efeito dessa querela – ainda que o próprio Lacan (1971/2009, p. 30), há mais de quarenta anos, tenha recomendado a leitura de *Sex and gender*, de Robert Stoller (1968) –, observamos que é só no momento em que as questões de gênero ganham holofotes sociais e espaço acadêmico que alguns psicanalistas se apressam em defender com unhas e dentes a especificidade de seu campo, sublinhando quão mais à frente estariam das discussões de gênero. Nessa toada, Perez afirma que:

> *Às vezes, argumentos de pouco aprofundamento teórico e de mero rechaço se sucedem na busca de desqualificar certas/os teóricas/os por sua ousadia em questionar teorias da psicanálise. A virulência dessas reações parece indicar algo importante. Em primeiro lugar, que já não é possível simplesmente recusar debater com teóricas/os do gênero e queer: elas/es ganharam visibilidade e projeção intelectual e demandam interlocução. Em seguida, que talvez uma certa psicanálise carregue uma espécie de dívida inconfessada para com campos hegemônicos do saber, em especial a psiquiatria, buscando às vezes fazer-se reconhecer como "séria" (ou talvez "direita", straight) na medida em que reproduz lugares discursivos comuns ao gesto normativo. Finalmente, que esse embate discursivo atesta a própria (re)produção e contestação do gênero, num processo social profundamente marcado por disputas de poder-saber. (Perez, 2016, p. 156)*

Uma das estratégias mais comuns dessa modalidade de defesa irrefletida da suposta prevalência da psicanálise é afirmar que os aportes trazidos pelas teorias de gênero e *queer* já haviam sido apresentados de maneira ainda mais precisa por Freud ou Lacan.

O caráter anacrônico do título de uma publicação de analistas ligados à Escola da Causa Freudiana, *Subversão lacaniana das teorias de gênero* (Leguil & Fajnwaks, 2015), sublinha o tipo de postura que grande parte do lacanismo sustenta em relação aos saberes aportados por esses outros campos.

Assim, é preciso que, de partida, nos posicionemos nessa matéria. Pretendo dar a ver nas páginas que seguem uma interpretação distinta daquela consagrada pelos comentadores clássicos da diferença sexual em Lacan, mas sem necessariamente evocar como modelo forte uma teoria ou um conjunto de teorias de gênero. Ou seja, perante um impasse da teoria da sexuação que buscaremos construir em nosso primeiro capítulo, a saída metodológica será usar Lacan contra – ou, quem sabe, a favor de – ele mesmo, trazendo à luz pontos da teoria até então não articulados à questão da sexuação.

Dizíamos que este livro é fruto da inquietação advinda da disparidade entre as produções lacanianas acerca da identificação sexual e de alguns fenômenos contemporâneos ligados ao gênero, notadamente aquele das identidades. É fruto, também, de um posicionamento político que compreende que o papel do psicanalista, ao produzir teoria frente às iniquidades sociais, é buscar, junto às entranhas epistemológicas de autores e textos, uma teoria do sujeito que, no mínimo, não contribua para a promoção da opressão contra grupos minorizados. Isso não significa transformar a teoria num projeto político propositivo, silenciando as especificidades da psicanálise, mas, antes, reencontrar, por meio de uma questão que é também social, a força do novo em textos dados como fechados pela sedimentação de uma política de comentadores unívoca, afinal, "a psicanálise é um sintoma, um sintoma social e é assim que convém conotar sua existência" (Lacan, 1976, p. 269, tradução nossa). Estará em jogo aqui, portanto, um trabalho de exploração conceitual no interior da produção lacaniana, mas que é causado por fenômenos sociais e seus ecos conceituais que – a princípio – lhe seriam exteriores.

"Não estamos entre os que se afligem com um pretenso afrouxamento dos laços de família", dizia Lacan em 1938 (1938/2003a, p. 66). Passados mais de oitenta anos, talvez seja preciso que nos posicionemos ainda mais enfaticamente ao dizer que, além disso, não nos colocamos junto àqueles que temem uma dita "sociologização da psicanálise", dado que a separação entre individual e social, além de ser antifreudiana, ignora que não apenas o sujeito, mas a própria epistemologia psicanalítica, possui uma estrutura *moebiana*, ou seja, na qual a radicalidade da separação entre exterior e interior é suspensa.

***

Nossa discussão não deve iniciar, contudo, antes de uma primeira constatação. Diferentemente da grande maioria dos conceitos psicanalíticos, *gênero* é uma noção que extravasa fronteiras, conceituais e políticas, e cujo uso é de tal forma heterogêneo que não nos permite o seu emprego em bloco, sem uma restrição de sua incidência. Para nossos propósitos, tomaremos a princípio o uso social e político da noção de *identidade de gênero*, bem como seu alcance contemporâneo junto a processos de subjetivação, presente na direção de movimentos ou grupos que lutam pelos direitos de minorias sexuais.

A sigla LGB (lésbicas, gays e bissexuais), lançada em países de língua inglesa nos anos 1980, ainda no bojo progressista do nascimento da luta pelo orgulho gay, pode hoje ser considerada ultrapassada, e até mesmo conservadora, por muitos ativistas, assim como nossa versão tupiniquim, GLS (gays, lésbicas e simpatizantes). Uma de suas últimas reformulações é LGBTTQQIAAP – lésbicas, gays, bissexuais, transgêneros, travestis, *queer*, questionando, intersexo, assexuais, aliados e pansexuais (Masterson, 2015). Sublinhemos que essa expansão de pautas se dá majoritariamente em termos de uma multiplicação de *identidades*. Se a sigla LGB dizia respeito às chamadas orientações sexuais, muitas de suas novas letras referem-se propriamente a identidades de gênero. Curiosamente, há inclusive a tentativa de *identitarizar* o que se define justamente por não ser uma identidade coesa e definida, como é o caso de "*queer*" e "questionando". Retroativamente, inclusive, tal postura promoveria certa unidade identitária junto a pessoas que, a princípio, partilhariam apenas de uma mesma orientação sexual.

Junto desses exemplos, poderíamos elencar muitos outros, como a importância crescente do reconhecimento da importância da mudança de nome social (G1, 2017); uma bandeira própria para os movimentos trans, diferente da famosa bandeira do arco-íris – que atualmente vem, hoje, a figurar apenas como um entre outros vinte símbolos LGBTTQQIAAP; a verdadeira guerra entre ativistas trans e algumas feministas radicais que não as consideram mulheres por não terem nascido com útero (Conrad, 2017). Mas o que todos eles têm em comum? O papel central que a *identidade* ocupa. São lutas, horizontes ou concepções de mundo que são, de alguma forma, traduzidos e pensados em termos identitários.

A oposição entre estudos (e políticas) de gênero e estudos (e horizontes de ação) *queer*, por exemplo, gira precisamente ao redor do papel da identidade no contexto estratégico da luta por direitos sexuais. E é preciso que pontuemos aqui – ao contrário de uma certa sedução pelo desconstrucionismo e pela negatividade existente no debate acadêmico em ciências humanas atualmente – que, apesar de todos os perigos representados pelo apego alienado e, eventualmente, marcado pelo narcisismo de pequenas diferenças, foram as políticas de identidade que garantiram alguma conquista mínima de direitos para grupos que antes estavam ainda mais à margem do campo social. Lembremos que nosso país é aquele que mais mata travestis e transexuais no mundo, chegando à assombrosa marca de um assassinato por motivos homofóbicos e transfóbicos a cada 25 horas (Alvim, 2017).

Sob a pena de conivência com esses crimes, não devemos confundir demandas de reconhecimento e de visibilidade, nesses casos, com movimentos pura e simplesmente segregacionistas apenas porque demandam o respeito à existência de determinada identidade para escapar do horizonte de morte, que, para certas formas de vida, está sempre à espreita. É por uma desconsideração dessa dimensão política e por falta de distinção entre o tipo de uso estratégico da identidade e das condições locais de sua defesa que muitas críticas lacanianas acabam por jogar fora o bebê com a água do banho, ao afirmar, como Ragland-Sullivan (apud Cossi, 2017, p. 265), por exemplo, que o feminismo deveria abandonar projetos de luta contra opressões sexistas em direção aos "impasses do real e da satisfação pulsional". Ora, será que um feminismo que abandona a luta contra a opressão e a defesa da identidade feminina em nome das apostas da psicanálise seria ainda um feminismo?

De toda forma, lembremos que tal "império da identidade" não é uma exclusividade das questões de gênero. O sociólogo Manuel Castells, em seu *O poder da identidade* (1999), mostra como a identidade parece ser, para a sociedade, uma espécie de efeito inescapável da globalização. Em outras palavras, a circulação de pessoas, produtos e informações de maneira cada vez mais rápida e em quantidades cada vez maiores não parece ter tornado o mundo uma aldeia global unificada, mas, ao contrário, acirrou os processos identitários. Charles Taylor, Norbert Elias, Antony Giddens, Erving Goffman, Pascal Moliner e Jean-Claude Deschamps são apenas alguns nomes de pesquisadores que se detiveram sobre a noção de "identidade". Da psicologia social mais pragmática aos mais inovadores pensadores das teorias decoloniais, é a identidade que aparece (tanto com confiança quanto com desconfiança) como personagem central. Fala-se hoje, inclusive, das *Identity Wars*, um deslocamento de lutas guiadas pela ideologia ao longo do século XX para guerras movidas pela identidade no século XXI.

A popularização dessa noção a partir dos anos 1980 poderia indicar que se trata de um operador que funciona extremamente bem tanto em discussões ditas individuais quanto sociais. Além disso, ele seria aquele que, na contemporaneidade, talvez melhor possa operar uma dobradiça entre o campo individual e o social. Desde aquilo que considero meu traço único como sujeito, passando pelo documento que carrego no bolso; as características da minha comunidade, da minha cor; meu sexo; minha visão política; se me defino como ocidental, oriental, enfim, tudo o que vai do mais íntimo ao mais geral poderia ser hoje descrito ao redor desta noção, "a identidade".

Mas, para além dessas considerações generalistas sobre a identidade, é conveniente apresentar o contexto de sua incidência no campo do gênero. Lembremos que seu nascimento não se deu no interior de lutas políticas, da sociologia ou da filosofia, mas propriamente da *psicanálise*. Ou seja, ao contrário do que dizem aqueles reticentes com o estrangeirismo que a noção de gênero traria à psicanálise, o fato é que o gênero é, ao menos no que se refere à sua arqueologia, uma noção psicanalítica. Ainda que a popularização da noção de "identidade de gênero" tenha ocorrido majoritariamente a partir dos anos 1980, retomemos o contexto de sua primeira aparição. Em seu artigo de 1964 intitulado "A contribution to the study of gender identity" (Uma contribuição para o estudo da identidade de gênero), o psiquiatra e psicanalista Robert Stoller definirá a identidade de gênero como "a sensação de saber a qual sexo se pertence, isto é, a consciência de 'sou um homem' ou 'sou uma mulher'" (Stoller, 1964, tradução nossa). Tal opção é feita, de acordo com o autor, para separá-la de outras mais ambíguas, como "identidade sexual" – que poderia referir-se igualmente a fantasias ou práticas. Assim, é possível para alguém dizer "Não sou uma mulher muito feminina", pois há uma separação entre a imagem que a pessoa tem de si e os atributos fantasiosos e de diferentes posições referidas àquele sexo.

Analisemos com mais calma essa proposta. Stoller defende que a identidade de gênero não é um dado natural e incontroverso, tampouco um simples exemplo de uma construção cultural – como poderíamos supor a partir da discussão de papel de gênero em John Money ou de papéis sociais em Margaret Mead. Tratar-se-ia, antes, de uma identidade produzida a partir de três forças. Nas palavras do próprio Stoller,

> *A identidade de gênero parece ser produzida em seres humanos normais pelos seguintes elementos: primeiro a* anatomia e a fisiologia dos órgãos genitais externos, *ou seja, a aparência e as sensações da genitália externa, visível e palpável; segundo as* influências de pais, irmãos e pares: *considerar que a criança seja um menino ou uma menina terá, em geral, um papel extremamente importante no estabelecimento e na confirmação da identidade de gênero. A esses dois determinantes, geralmente salientados quando a identidade é discutida em termos de masculinidade ou feminilidade, um terceiro deve ser adicionado. Esse terceiro é uma* força biológica, *que, apesar de escondida da percepção consciente e pré-consciente, ainda assim parece fornecer alguma energia pulsional para a identidade de gênero. (Stoller, 1964, p. 220, tradução nossa, grifos nossos)*

Notemos que há aqui um diálogo com a tese freudiana sobre as consequências psíquicas da diferença anatômica entre os sexos, segundo a qual as características psíquicas masculinas e femininas não seriam inatas, mas consequência da interpretação que as crianças fariam da diferença de seus órgãos genitais a partir do complexo de castração.

Em "Sobre a sexualidade feminina", Freud (1931/2010g) sublinha que os três destinos possíveis para a mulher – a cessação de toda a sua vida sexual; uma desafiadora superenfatização de sua masculinidade; uma feminilidade definitiva – serão traçados justamente a partir de seu posicionamento frente à constatação da ausência de pênis. Bem entendido, não se trata de uma construção de gênero propriamente dita, mas há aqui todo um arcabouço teórico que parte da interpretação da diferença sexual para explicar construções de masculinidade e feminilidade.

Nesse sentido, a diferença anatômica entre os sexos – que poderia, em Freud, ser lida como o principal determinante na subjetivação da diferença sexual – é, para Stoller, apenas um dos determinantes da identidade de gênero, ainda que em ambos os casos esteja em jogo não exatamente a genitália externa em si, mas a construção feita sobre ela. Esse é o motivo pelo qual o caso mais explorado por Stoller no referido artigo é o de uma menina que durante toda a infância sempre apresentara comportamentos masculinos, apesar da insistência dos pais em tratá-la como menina. Em sua adolescência, porém, descobriu-se, após exames, tratar-se de um sujeito intersexo, que, apesar de possuir uma genitália externa feminina, era cromossômica e hormonalmente um homem.

Stoller busca provar aí dois pontos. Um primeiro diz respeito ao fato de que a identidade de gênero não seria apenas fruto de uma interpretação – seja da criança, seja dos pais – do órgão sexual. Em outras palavras, o Édipo e o complexo de castração não explicariam o fenômeno em jogo quando se trata de gênero. Para ele, Freud não teria sido capaz de "investigar essas forças [biológicas], pois o material clínico com o qual trabalhou não era apropriado" (Stoller, 1964, p. 220, tradução nossa). Ele se refere aqui à importância da especificidade clínica que transexuais e os sujeitos intersexo aportariam à teoria psicanalítica. Um segundo ponto é a confirmação de que, a despeito da genitália e da posição dos pais, uma *força biológica* determinaria o gênero. Comentando o caso clínico, ele diz: "essa força era também suficientemente intensa para que ele sucessivamente resistisse à 'tentação' de se submeter às súplicas e seduções de seus pais para adotar uma atitude feminina" (Stoller, 1964, p. 224, tradução nossa).

Já podemos notar a partir daqui que o gênero, para o autor norte-americano, não se resumia a um *input* cultural ou ambiental. Para Stoller, o que estava em jogo era a descoberta de uma identidade pré-edípica, bem como a postulação de que, por conta de um primeiro contato com a mãe, a feminilidade seria uma identidade primeira da qual o sujeito deveria desvencilhar-se, sendo assim mais "trabalhosa" a construção da identidade masculina do que a feminina, contrariando a premissa freudiana de um "passo a mais" no complexo de Édipo para as mulheres. Assim, frente à dificuldade assumida pelo próprio Freud de desenvolver uma teoria sobre as chamadas fases pré-edípicas (Freud, 1925/2011e, p. 287), Stoller oferece a noção de *núcleo de identidade de gênero*, que seria adquirido em um estágio anterior à constituição do eu.

Se a noção de identificação edipiana não serve a Stoller para pensar o que ocorre na formação da identidade de gênero, outro conceito é aí invocado, a saber, o de *imprinting*. Notemos, assim, que ao impasse metapsicológico o autor dá uma resposta heterogênea, buscando na etologia argumentos que tanto expliquem psicologicamente o fenômeno em jogo quanto possam "vacinar" suas ideias contra um construcionismo radical (Lattanzio, 2021).

Stoller era, contudo, um clínico num contexto hospitalar. Ele propôs o conceito de "identidade de gênero" para dar conta de um fenômeno clínico, a transexualidade, por considerá-la um quadro patológico no sentido médico do termo – posto que, além de psicanalista, era também psiquiatra. Sua importância nas discussões relativas aos estudos de gênero, no entanto, se limita ao registro histórico, dado que a noção de "identidade de gênero" se emancipa do contexto médico em direção às lutas políticas a partir dos anos 1970. O gênero passa a servir, então, como operador que questiona a ideia da anatomia como destino, o que dá novo fôlego para diversas discussões, que acabam por consolidar os chamados "estudos de gênero".

É possível entender um pouco melhor agora a origem de parte das reticências da psicanálise lacaniana em relação à noção de "identidade gênero": ela é forjada em um contexto de pleno desenvolvimento da psicologia do eu, bem como goza de fortes ecos essencialistas e apresenta um biologismo que é bastante contrário à proposta lacaniana já nos anos 1930, como veremos na discussão sobre os complexos familiares. Mais do que isso, a identidade seria, em si, uma noção "antipsicanalitica", já que, desde o início da teorização freudiana, o inconsciente aparece como instância que desafia todo tipo de identidade do eu consigo próprio – a partir não apenas de suas formações, mas de sua própria estrutura. A posição de Freud segundo a qual o inconsciente não reconheceria a distinção entre masculino e feminino seria um caso específico da constatação de que o inconsciente não se ampara pelo princípio de não contradição (Freud, 1925/2014a). Em Lacan, a questão torna-se ainda mais dramática, na medida em que o eu será concebido como um sintoma (Lacan, 1953-1954/1986), bem como sua teoria do sujeito orbitará necessariamente em torno de formas distintas de vazios não identitários (significante, falo, objeto *a*, gozo etc.)

Mas, nesse contexto, como pensar, a partir da psicanálise, o fato de que novas identidades de gênero nascem a cada ano, organizando não apenas pautas e lutas políticas, mas, principalmente, formas de vida e gramáticas de sofrimento próprias? Trata-se de simples "formações imaginárias" secundárias e superficiais? Defesas (psicóticas ou perversas) contra "o real da diferença sexual"? Se o sujeito, a partir de Lacan, é pensado como um eu dividido, não idêntico a si, marcado por significantes que, em si, não significam nada, como explicar o fato de que existem pessoas que se denominam e se narram como *homens*, *mulheres*, *queer* ou transgêneros não binários? Seria preciso, aqui, transformar em pergunta a conhecida afirmação de Gayle Rubin segundo a qual "a psicanálise dá uma descrição do mecanismo pelo qual os sexos são divididos e alterados, de como as crianças andróginas, bissexuais, são transformadas em meninos e meninas" (Rubin, 1975/1993, p. 33). Qual mecanismo seria esse exatamente? Como um sujeito vem a alienar-se numa dada identidade sexuada, dado que, de partida, sua constituição é vazia e suas pulsões, perverso-polimorfas?

Como procuraremos discutir ao longo do texto, as principais teorias evocadas para pensar essas questões em Lacan (o complexo de Édipo, as tábuas da sexuação e a noção de "semblante") referem-se, primordialmente, a outros problemas teóricos ou responderiam mal a processos de identificação sexuada que se dão para além das categorias *homem* e *mulher*. Pensar a sexuação a partir de suas incidências contemporâneas introduz uma questão espinhosa que não se colocava frontalmente nem para Freud nem para Lacan, referente ao caráter comunitário da aquisição e da própria experiência sexuada, na medida em que novas identidades de gênero vêm a ser criadas, chanceladas e eventualmente extintas no interior da sociedade a partir de processos de reconhecimento social – e não pela subjetivação de uma diferença anatômica binária, nem diretamente na lida com o significante fálico, na tensão entre todo e não todo ou pelo fracasso da relação sexual.

Isso não significa, no entanto, abandonar a psicanálise, já que é preciso que lembremos que nosso campo não é só constituído de teorias sobre o negativo e a evanescência do sujeito em transferência, mas, igualmente, embasa-se e diferencia-se de outras teorias psicológicas por uma teoria do sujeito que sublinha a forma pela qual nos tornamos alguém que não éramos por intermédio de uma alteridade na qual nos alienamos. Em outras palavras, a psicanálise só pode funcionar – conceitual e clinicamente – se dispuser, ao mesmo tempo, de ferramentas que sustentem tanto a discussão sobre a separação, a contingência e a pulsão quanto a alienação, a necessidade e a constituição de um eu que se crê estável.

Assim, nosso primeiro encaminhamento a essa pergunta mais geral que embasa nosso percurso é deslocar o eixo (contra)substancial, (não) existencial e (anti)ontológico da questão do gênero para um eixo *processual*. Em outras palavras, é preciso que recoloquemos o problema não mais em termos de identidade/não identidade, mas de *identificação* – esta última, sim, uma noção propriamente psicanalítica com extensa gama de usos e incidências tanto em Freud quanto em Lacan. Como retomaremos em nosso primeiro capítulo, Freud é claro quanto à impotência da psicanálise para descrever o que é uma dada identidade sexuada, mas também quanto ao fato de que ela pode, sim, se perguntar sobre como o sujeito *se torna* sexuado, motivo pelo qual o título deste livro expande a noção de *ser sexuado* para *ser sexual*: não se trata apenas de analisar uma possível estabilidade existencial (seja ela toda ou não toda) do *sexuado* (ou seria sexuada, sexuade ou sexuadx?), mas de pensar que há algo no interior da teoria do sujeito em psicanálise que, desde Freud, coloca luz sobre o *movimento próprio do sexual* enquanto o incapturável do ser.

E é aí que a pertinência da identificação como guia serve para localizarmos alguns pontos de ancoragem fundamentais ao longo das obras de Freud e Lacan. A identificação, a propósito, é um conceito que tem em Freud seu desenvolvimento privilegiado precisamente em um texto *social* (Freud, 1921/2011b), sendo sua primeira definição aquela que a coloca literalmente como a mais remota expressão do laço social, anterior ao próprio complexo de Édipo (p. 60).

Em se tratando de um dos primeiros psicanalistas que mais frontalmente se debruçou sobre as temáticas de gênero no contexto francês, faremos também um sensível recurso à teorização de Jean Laplanche, já que foi esse psicanalista que veio a introduzir a ideia de que às séries de identificações tradicionalmente descritas no interior da psicanálise se deveria adicionar a de uma *identificação por*, ou seja, de uma *designação*, no contexto propriamente da sexuação. Laplanche tem também o mérito de ter sublinhado, nesse mesmo contexto, a partir de uma leitura cerrada da questão da identificação em Freud, uma importante distinção entre "o social" enquanto alteridade distante e desencarnada e os *socii*, os pequenos outros, o círculo social mais restrito ao qual a criança tem de fato acesso. Apesar das grandes diferenças que separam Lacan e Laplanche, esses dois traços – a *designação* e os *socii* – serão perspectivas centrais no desenvolvimento de uma leitura que ampare a reformulação lacaniana da sexuação a partir da autorização por si e por alguns outros.

Nosso convite é, assim, repensar a sexuação enquanto um processo de assunção de uma dada designação sexuada no interior dos *socii*, que tem como meta deslocar, dentro da comunidade analítica, a discussão dos chamados gêneros não inteligíveis de um enquadre exclusivamente psicopatológico para um registro de autorização, amparado por uma gramática de reconhecimento e alteridade plurais que, por extensão, é a mesma de processos de sexuação normativamente hegemonizados. Em outras palavras, o presente livro se propõe a construir novas bases para se pensar a sexuação em psicanálise na qualidade de um mecanismo comum para as mais diversas expressões de gênero, de sexualidade e de modos de gozo. Espera-se que este texto possa servir a clínicos, estudantes e pesquisadores e todas e todos aqueles que busquem uma alternativa conceitual às leituras clássicas da diferença sexual. Além disso, procuraremos trazer autoras e autores de campos exteriores à psicanálise – em especial as discussões de Butler –, não para confirmar nossos achados, muito menos para supor que a psicanálise estaria mais bem amparada teoricamente para pensar determinado problema, mas justamente para sugerir a partir de quais coordenadas um debate com esses campos vizinhos pode se dar de maneira mais produtiva.

Antes de iniciarmos nosso percurso, convém sublinhar uma ressalva que especifica e restringe nossa discussão e que se refere à necessária circunscrição dessa emergência social a um contexto *local* e *histórico* preciso. Compreendemos que nosso argumento perderia força – além de resultar num universalismo inespecífico – caso não discutisse suas premissas a partir de uma ótica amparada numa posição que considerasse a localidade das questões relativas à sexuação. Nesse sentido, o quadro social que embasa nossa leitura da teoria lacaniana é o de uma sociedade predominantemente urbana, ocidental e contemporânea. Em outras palavras, ao tomarmos a modalidade atual de nomeações presente no movimento LGBT+ como sintético de um determinado paradigma de sexuação, o fazemos cientes de que se trata de uma discussão cuja localidade não se estende a todos os contextos ou épocas possíveis.

Há, certamente, outras formas e outros processos a partir dos quais tal sexuação pode se dar, mas que não serão abarcados pelo quadro que pretendemos apresentar aqui. Isso não implica, no entanto, abandonar completamente a aspiração ao universal da teoria, relegando todo o nosso desenvolvimento a um possível "relativismo cultural". Amparados por um posicionamento político, reintroduziremos a questão do universal em nosso horizonte metodológico, na medida em que serão propostas bases para uma teoria processual da sexuação em Lacan que não separe sujeitos trans e cis,[1] por exemplo. Em outras palavras, nos opomos aqui a posturas que taxam as experiências de gêneros não inteligíveis como

1 Cisgênero, ou simplesmente cis, refere-se a uma identificação sexuada na qual há relativa conformidade entre o gênero designado no nascimento e/ou na infância – em geral, ligado à interpretação anatômica – e aquele com o qual o sujeito se identifica. Em linhas gerais, pode-se compreender cis como não trans.

ligadas a modelos específicos e distintos de estruturação psíquica, seja considerando "a identidade transexual como uma identidade entre os limites das perversões e das psicoses" (de Souza, 2007), seja considerando que "a mais significativa forma assumida pela histeria hoje é a epidemia de transexualidade, produzida no encontro com o discurso da ciência, dominante na cultura globalizada" (Coutinho Jorge & Travassos, 2017, p. 307). O que há, portanto, de universal em nossa postura é propor aqui um conjunto de processos psíquicos único, que não opõe identificações conformes à norma àquelas que a subvertem. Lembremos que não há aqui uma grande novidade metodológica, mas apenas um retorno a uma postura tipicamente freudiana, presente, por exemplo, nos "Três ensaios sobre a teoria da sexualidade": "A investigação psicanalítica se opõe decididamente à tentativa de separar os homossexuais das outras pessoas, como um grupo especial de seres humanos" (Freud, 1905/2016b, p. 34). De toda forma, se essa é a universalidade que permeia o trabalho, a particularidade do caráter circunscrito de nosso trabalho encontrou na temática da *norma social* um encaminhamento para se pensarem a variabilidade e a localidade necessárias a qualquer discussão relativa às questões de gênero.

Por fim, feita tal ressalva, é possível agora reapresentar com maior precisão nosso objetivo. Partimos da hipótese de que a enunciação "*o ser sexuado* só se autoriza de si mesmo e de alguns outros" é uma formulação forte em Lacan, condensando traços centrais de todo o seu percurso teórico e tendo como vantagem conceber a sexuação como um *processo de identificação* que dialoga mais sensivelmente com fenômenos contemporâneos ligados ao gênero.

Mas ao observarmos que nenhum de seus termos (*ser sexuado*, *autorização*, *alguns*, *outros*) seria, a princípio, um conceito lacaniano, foi necessário recorrer a um arrazoado de grande extensão da obra lacaniana, guiado metodologicamente pela noção de *identificação*. É possível que, de maneira análoga a Freud com a questão da feminilidade, a sexuação em Lacan tenha se tornado um campo enigmático justamente nos últimos anos de seu percurso teórico. Isso se faz notar, por exemplo, no fato de que a primeira incidência da noção de *identificação sexual* é tardia (Lacan, 1971/2009, p. 33) e, na esteira de nossa hipótese, evocada justamente na discussão de Lacan sobre a identidade de gênero em Stoller.

Privilegiamos, assim, três incidências da noção de "identificação", que guiarão, respectivamente, cada um dos capítulos: *identificação ao grupo*, *identificação simbólica* e *identificação ao semelhante*. A densidade conceitual dessas incidências é inversamente proporcional ao seu avanço na cronologia do ensino de Lacan. Por esse motivo, iniciamos nosso percurso, no primeiro capítulo, junto ao contexto tardio da apresentação da teoria da sexuação, na qual há apenas algumas pontuações escassas sobre a identificação ao grupo, que tiveram que contar com adensamentos de uma busca mais minuciosa por referências perdidas – por exemplo, traços da concepção de sodomia, silenciosamente importada de Marcel Proust por Lacan.

Paralelamente à questão das diferentes incidências da identificação, os capítulos respondem também a um critério formal apresentado de maneira mais sistemática a partir de 1973, com a teoria borromeana, referente à equivalência entre os três registros (*real*, *simbólico* e *imaginário*). Assim, o primeiro capítulo guia-se também por uma discussão referente ao real, na medida em que Lacan o liga, no seminário de 1973-1974, a uma *emergência histórica*. Nesse contexto, procuraremos repensar a questão do real da diferença sexual a partir da ideia de que o sexual é o próprio surgimento da perturbação sintática que introduz a diferença. Não obstante, essa divisão de capítulos a partir dos três registros terá como função muito mais organizar temporalmente as discussões em Lacan e analisar as fronteiras entre cada um deles do que defender alguma "pureza" dessas categorias.

Em nosso segundo capítulo, será apresentado o contexto de emergência da identificação simbólica no interior de um caso clínico analisado por Lacan em 1956, revelando a maneira problemática pela qual a questão da sexuação é intimamente ligada ao surgimento da noção de significante. À luz da apresentação da teoria da sexuação no capítulo anterior, serão tecidas alternativas à concepção clássica da identificação sexual no campo simbólico, a partir de uma crítica da apropriação lacanina de As *estruturas elementares do parentesco*, de Claude Lévi-Strauss (1947/2012), bem como da discussão do conceito de norma a partir de *O normal e o patológico*, de Georges Canguilhem (1966/2009). Resgatadas serão igualmente as noções de *constelação significante* e *complexo*, visando precisar os limites da utilização do complexo de Édipo no debate sobre a sexuação.

O último capítulo será dividido em dois momentos. Num primeiro, resgataremos a importância da identificação ao semelhante à luz da sexuação, na medida em que se trata da primeira e uma das mais densamente explicitadas teorias da identificação em Lacan, pensada a partir do registro imaginário. Discutiremos as categorias de "complexo fraterno" em Freud e "complexo de intrusão" em Lacan, visando dar densidade à ideia de *alguns outros*, presente na sexuação. A lógica de reconhecimento baseada numa alteridade plural que autoriza o sujeito a assumir determinada identidade no contexto da sexuação será refinada, então, face ao resgate do estatuto fundante da coletividade presente na discussão de Lacan sobre o tempo lógico. Em seguida, nos voltaremos ao estádio do espelho, sublinhando a importância do outro especular e do júbilo no momento-chave da assunção do eu.

Apesar de nosso percurso iniciar-se nos últimos seminários de Lacan, é precisamente esse mergulho em desenvolvimentos dos anos 1930, 1940 e 1950 que nos permitirá, ao final de nosso trajeto, um retorno às temáticas lacanianas tardias, estando mais advertidos da importância da equivalência entre os três registros, em especial do papel central do pequeno outro e da coletividade junto a processos de identificação sexuada. Num segundo momento desse capítulo, será apresentado aquele que talvez seja o resultado mais inesperado do aprofundamento na ideia da autorização por si e alguns outros, o conceito de *nomeação*. A partir da proposta lacaniana de um quarto nó que estaria para além da tríade real-simbólico-imaginário, apresentaremos de que forma a ideia de "autorização" pode ser finalmente traduzida em termos de uma nomeação. Noção essa que, por considerar uma dimensão atuativa da linguagem, abre caminhos para uma aproximação mais prudente da teorização tardia de Lacan com as teorias de linguagem de inspiração pragmática que floresceram mais pujantemente no campo do gênero, notadamente a partir de Butler.

***

Mas, por enquanto, ainda estamos longe desse tipo de discussão. Por ora, comecemos nosso percurso com uma pergunta mais simples: em que contexto e a partir de quais coordenadas Lacan evoca, pela primeira vez, a noção de "sexuação"?

1. Realizando a sexuação

Lacan ousou, depois de Freud, ir mais longe. Mas em matéria de descrição do ponto impossível que polariza o encontro dos sexos, ele sem dúvida fracassou em fazer do feminino outra coisa que não o limite interno do masculino.

Monique David-Ménard, 1998, p. 113

E eu digo a vocês que não há relação sexual, mas é exagero. É exagero porque isso compete ao sim ou não. A partir do momento em que digo não há, já é muito suspeito.

Jacques Lacan, 1975-1976, p. 168, tradução nossa

Iniciaremos nosso percurso pela discussão das coordenadas a partir das quais a teoria da sexuação lacaniana é apresentada em *Les non--dupes errent*, ou *Os não bestas erram*, seminário que se segue àquele consagrado pelo aprofundamento das noções de gozo do Outro, não todo e da inexistência da relação sexual: *Mais, ainda*. Em primeiro lugar, retomaremos as fórmulas da sexuação em sua escrita clássica, bem como aglutinaremos os argumentos mais centrais de sua leitura por comentadores. Esse arrazoado nos conduzirá à construção de possíveis limites do uso das fórmulas em relação aos problemas que nos ocuparão ao longo do texto.

Em seguida, procuraremos mostrar como a retomada lacaniana da leitura da sexuação, no contexto da teoria borromeana, nos coloca frente a outros problemas conceituais e convida a uma reconsideração mais radical do que se compreende por "sexuação" nesse momento de seu ensino, a partir de outros critérios, a saber: a questão da autorização, do grupo, da pluralidade guiada pela indeterminação e do retorno da categoria de pequeno outro.

Faremos então uma discussão sobre o possível alcance político de tais avanços conceituais, em especial a partir da *nomeação* e da incidência da noção de *letra* a partir de alguns traços dedutíveis das lutas LGBTTQQIAAP. Resgataremos também a influência de Proust na revisão lacaniana do lugar da homossexualidade na sexuação, o que nos conduzirá a uma reflexão mais detida do estatuto da noção de "grupo" para Lacan e suas relações com o registro do real como abertura ao contingente a partir de sua articulação com a História.

Fórmulas da sexuação: uma leitura crítica

Talvez um dos desenvolvimentos mais comentados de Lacan – e certamente aquele que rendeu os aforismas mais enigmáticos – sejam as chamadas "Fórmulas da Sexuação". Não nos compete aqui retomar minuciosamente todos os detalhes desse quadro, posto que nosso interesse em relação a ele será mais bem elucidado a partir de sua redescrição posterior. Ademais, além de já termos trabalhado com algumas de suas especificidades (Ambra, 2015), há inúmeros bons comentadores aos quais remetemos o leitor interessado.[1]

---

1 Ver Shepherdson (2000); Prates (2001); Cossi (2017); Fink (1998); Zupančič (2012); Soler (2005); Leguil (2015); Le Gaufey (2007); e Fuentes (2009).

De toda forma, é importante apresentar alguns aspectos mais gerais do quadro. Algo que parece aproximar todas as leituras diz respeito ao fato de que as fórmulas expressariam duas ideias fundamentais para Lacan, no início dos anos 1970, momento a partir do qual o registro simbólico se apresentará cada vez mais a ele como um limite para o real. Uma é relativa à *inexistência da relação sexual*. Tal afirmação pode ser compreendida, em primeiro lugar, como uma impossibilidade de encontro sexual entre "um homem e uma mulher" (Lacan, 1972/1993), já que se trata, para "ele", de uma relação com o objeto *a* – retomando a fórmula clássica da fantasia –; e, para "ela", ora de uma relação com o falo, ora de uma relação com o significante do Outro enquanto barrado.

Há, ainda, uma segunda forma de compreender a afirmação, referente à não existência de uma "proporção" entre os "sexos", posto que a palavra *rapport* em francês tem tanto o sentido de "relação" quanto o de "proporção", "razão". Assim, não haveria uma proporção equivalente entre o que se passa do *lado homem* e o que se passa do *lado mulher*: trata-se de dois regimes distintos de existência. Adiantamos aqui que Lacan não se refere a homem e mulher enquanto identidades de gênero, mas como formas distintas de se habitar a linguagem e de lidar com o gozo. Mais especificamente, está em jogo uma (não) relação entre (1) aquele que existe baseado numa contradição, *homem*, e (2) aquela que não existe por conta de uma indecidibilidade, *mulher*; um faz conjunto, a outra não; um se submete à lei fálica, a outra não necessariamente. Não há relação sexual porque não é possível ao *homem* se relacionar com um ser que questiona a própria possibilidade de existência. Mas tomemos o quadro para destrinchar um pouco melhor tais ideias:

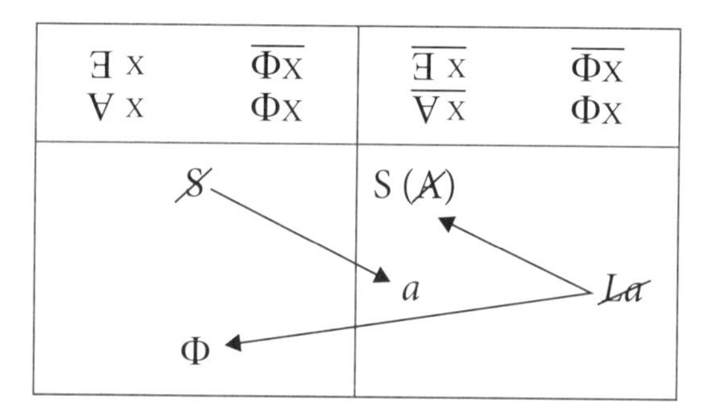

Figura 1.1 Tábuas da sexuação.

Sabemos que o lado esquerdo representa a parte dos seres falantes denominada *homem*, ao passo que o lado direito, a parte *mulher*. Sabemos também que Lacan não aproxima essa classificação do que podemos compreender como homens e mulheres biologicamente determinados, tampouco à identidade de gênero – por mais que tenha feito essa aproximação alguns anos antes, ao comentar Stoller, em 1971, no contexto da discussão sobre o semblante (Lacan, 1971/2009, p. 30). Cossi, retomando Lacan, esclarece que

> *"homens biológicos" podem se colocar do lado* mulher. *". . . como São João da Cruz... sim, porque não se é obrigado, quando se é macho, a se colocar do lado $\forall x.\Phi x$, pode-se também se colocar do lado do 'não todo'. Há homens que estão nesse lugar tanto quanto as mulheres . . ." (Lacan, 1972-73/2010, p. 154). O aparato biológico não só não determina os gêneros, como, na sexuação lacaniana, não prescreve a modalidade de gozo do sujeito. (Cossi, 2017, p. 225)*

Ora, se não se trata de fórmulas que servem para pensar a identidade sexual, o que está em jogo então nas tais tábuas da sexuação? Da forma como elas são apresentadas no Seminário 20, em 13 de março de 1973 (1985b/1972-73), cumpre dividi-las – além dos lados *homem* e *mulher* – em dois patamares. O primeiro diz respeito às fórmulas que versam sobre a possibilidade de existência em relação à função fálica, ao passo que o segundo refere-se às modalidades de gozo.

O lado *homem* funda-se a partir de um tipo de contradição considerada "toda": há x que não está submetido à Φ, função fálica, ao passo que todo x está submetido à Φ. Como entender tal aparente contradição? A figura evocada por Lacan para pensar essa exceção que funda a regra é o pai primevo de "Totem e tabu", na medida em que, ao "gozar de todas as mulheres", ele se colocaria fora do regime de castração e, portanto, não estaria submetido à lei fálica. No entanto, é apenas pela existência dessa exceção mítica que se pautam *todos os homens*, estes sim submetidos à lei e, mais do que isso, enumeráveis a partir dela enquanto um conjunto.

Mil e três

Do lado *mulher* há outro tipo de montagem pautada não propriamente por uma contradição, mas por uma indecidibilidade. Não há alguma que esteja fora da função fálica, ao passo que *não toda* está a ela submetida. Ou seja, não há mito que represente para o "conjunto" *mulher* uma exceção a lei alguma, estando todas, de alguma maneira, marcadas pela lógica fálica. Contudo, na segunda fórmula, Lacan subverte a construção aristotélica clássica e insere a negação sobre o universal, chegando à ideia de que a *mulher é não toda* – ou seja, precisamente pela ausência de exceção, ela não formaria um conjunto. Donde a ideia de que as mulheres se tomariam "uma a uma", mas nunca em conjunto.

Notemos que o paradigma de tal noção é a leitura que Lacan faz de Don Juan, evocando o *mille e tre*, enunciado por Leporello como o número de conquistas feitas (apenas na Espanha) por Don Giovanni. Opondo-se à leitura corrente entre psicanalistas à época, que ligava Don Juan à homossexualidade, Lacan sublinha diversas vezes ao longo de sua obra que Don Juan seria uma fantasia feminina. Nas palavras de Baas:

> *Se Don Juan não cessa de relançar seu amor de uma mulher a outra – para a maior alegria de seu secretário--contábil –, não é pelo gosto de multiplicar as conquistas. Mas é porque ele não cessa de perseguir em cada mulher o que nenhuma mulher poderá lhe dar. Nenhuma mulher jamais concedeu, nem concederá jamais a Don Juan o segredo de todas as mulheres: nenhuma mulher vale por A mulher. (Baas, 2010)*

Mas o que exatamente implica pensar o não todo a partir de um traço de escolha objetal dessa fantasia do conquistador contumaz? Não estaria em jogo uma noção de que o mais próprio de uma categorização formal da "feminilidade" seria propriamente ser um objeto único, na medida em que não constrói laço ou identificação alguma com outras mulheres, exceto pelo lugar onde são colocadas pelo libertino? Em outras palavras, por que tomar o lugar de objeto (donzelas indefesas de honra perdida) de uma itinerância sexual do outro (Don Juan) como a descrição estrutural de uma identificação sexual?

Ademais, se lembrarmos de nossa proposta, que busca ferramentas para pensar formas locais e inscritas culturalmente de se pensar as questões de gênero a partir da psicanálise, convém evocar o próprio Lacan, ao dizer: "acredito profundamente que o personagem de Don Juan seja precisamente um personagem que está distante demais de nós na ordem cultural para que os analistas tenham podido, justamente, percebê-lo com justeza" (Lacan,

1956-1957/1995, p. 432, tradução modificada). Apliquemos, assim, tal crítica ao próprio Lacan: a hipermetropia causada pela ânsia de formalizações universalizantes (que chegam mesmo a tentar incluir até o que escaparia ao universal) acaba por ignorar transformações culturais de modalidades de desejos, identidades e até mesmo da linguagem – entendida aqui como aparelho de gozo (Lacan, 1972-1973/1985b, p. 75).

Vejamos como esse problema é abordado por Irigaray, retomada por Cossi, para quem

> *"A mulher não existe, mas a linguagem existe. As mulheres não existem nessa linguagem – uma linguagem – regida por um mestre, que [a] ela ameaça – como uma espécie de 'realidade pré-discursiva'? – que [ela] perturba sua ordem" (Irigaray, 1977/1985, p. 89). Irigaray entende que a "estratégia" de fazer com que as mulheres só possam ser encaradas uma a uma tem como finalidade impedir que a mulher possa conquistar uma representação discursiva ontológica, o que seria uma ameaça ao império masculino.*
>
> *Irigaray pensa que o falo, atuante sobre o gozo do corpo do Outro, impõe-lhe "enumeração: um(a) por um(a). As mulheres serão tomadas, testadas, uma a uma, para evitar o* nonsense*" (Irigaray, 1977/1985, p. 98). Localizar o nao todo do discurso na mulher é uma forma de fazer com que a falta do indizível seja suportada, dispondo dessa substância chamada gozo. "A falha do acesso ao discursivo no corpo do Outro é transformada nos intervalos que separam as mulheres umas das outras" (Irigaray, 1977/1985, p. 98). Nesse sentido, Lacan ter afirmado*

> *que as mulheres devem ser tomadas uma a uma seria uma manobra discursiva de poder com a intenção de enfraquecer seu conjunto na luta em se fazer escutar.* (Cossi, 2017, p. 45)

Ainda que a leitura de Irigaray possa ser acusada de ser, em alguma medida, demasiado concreta, é mister notar que, para o feminismo, há uma indissociabilidade entre a produção teórica e sua luta política (semelhante àquela evocada pela psicanálise entre a teoria e a práxis); e que, portanto, como pontuou Rosa (2017), uma leitura exclusivamente formal da sexuação pelas fórmulas poderia vir a despolitizar o debate. Insistir, injustificadamente, no uso do significante *mulher* para designar algo que supostamente não se refere nem à anatomia, nem ao gênero, nem ao grupo social "mulheres" é uma manobra e uma escolha com impactos políticos (mas também conceituais) potencialmente muito graves, como busca apontar Irigaray.

Para quê?

Pontuemos diretamente: qual a função ou o ganho conceitual de nomeação de duas modalidades de gozo e/ou de lida com a castração como *homem* e *mulher*? O que ganharia a psicanálise com a aplicação de categorias tão marcadas por significações altamente imaginarizáveis e historicamente cambiantes ao conceituar a alteridade real – justamente aquela que deveria escapar ao simbólico e ao imaginário e, portanto, ao sentido – como marcada pelo gênero feminino? Não poderíamos resumir melhor a questão do que Porchat (2014, p. 126), ao dizer que, "se a anatomia cede lugar à lógica, o sexual, enquanto objeto construído pela psicanálise, deve abrir mão dos termos que tradicionalmente se referem a realidades ontológicas, ainda que performativas: homem e mulher".

Lembremos que a categoria de "outro" no *imaginário* (pensada a partir do semelhante, suporte da intersubjetividade) e no *simbólico* (o grande Outro) são formalizações muito mais bem-acabadas do que a ideia d'A Mulher como Outro que não existe – ponto que se tornou ainda mais evidente seja pela indiferença, seja pela "não compreensão" das fórmulas no interior do debate com "as feministas". Por que justamente nesse ponto – diferentemente do que havia ocorrido com o objeto *a*, com o esquema ótico do vaso invertido, com o grafo do desejo etc. – Lacan aparentemente recusaria ir até o fim com seu projeto conceitual de emancipação dos conceitos psicanalíticos das experiências fenomenológicas correntes?

Outro caminho seria nos perguntarmos qual o ganho clínico de ligar o não todo à *mulher*. Talvez melhor fosse formalizar a ideia clássica da "femilinidade como cura da histeria" – o que carrega, no entanto, alguns problemas, como pensar a histeria masculina. Um problema adicional se colocaria em relação às fobias, "perversões" e psicoses. Por outro lado, a positivação da ideia do não todo parece ter conduzido essa modalidade de existência a um horizonte de direção de tratamento, sem que possamos nos perguntar com cautela os impactos desse movimento retroativamente em relação à sexuação, que – pontuemos – não se apresenta (ao menos não explicitamente) em nenhum momento do texto lacaniano. Em outras palavras, qual foi de fato o ganho da noção de não todo para as discussões sobre sexo e gênero na psicanálise ou no debate com o feminismo?

De toda maneira, pensar seja o fim de análise, seja a própria posição do analista a partir das fórmulas da sexuação parece ter sido um dos mais frutíferos ganhos desses desenvolvimentos no contexto mais diretamente clínico. Mas esse tipo de operação conceitual e de escuta só é possível caso a ideia de não todo seja, efetivamente, emancipada de qualquer referência a *mulher* e *homem*. Caso contrário, *in extremis*, os processos de análise teriam como resultado feminilizações a granel, e potencialmente processos de transgenitalização, pelo menos em "homens". Tal ideia parece – e é – absurda, na medida em que nos confronta com a incoerência de aproximar os desenvolvimentos sobre o todo e o não todo das questões relativas à identificação sexuada.

Mas a confusão entre formalização e questões de gênero dentro desse debate não é uma invenção dos pós-lacanianos e pode ser encontrada no interior mesmo dos desenvolvimentos do psicanalista. A escolha de Lacan de não separar essas dimensões foi o que permitiu, por exemplo, que em um trabalho anterior pudéssemos, justamente, denunciar a pretensa a-historicidade das fórmulas, demonstrando como a masculinidade acabou por se constituir ao longo dos séculos a partir de uma exceção que fundaria a regra. Conforme o apresentado, é precisamente uma representação mítica de uma virilidade de total potência perdida no passado que, funcionando como exceção inalcançável, formaria o conjunto dos castrados homens modernos, definição que teve seu auge no final do século XIX e parece ter influenciado Freud (1913/2012a) na composição da famosa cena que tem espaço nas últimas páginas de seu ensaio antropológico "Totem e tabu". Não obstante, tal ideal de "masculinidade" encontra poucas referências em descrições pré-modernas – como na *andreia* grega ou no apego à castidade real entre os francos –, assim como nada garante que ela tenha se mantido nos séculos XX e XXI, como atesta o surgimento dos *men's studies* e de noções como "masculinidades" e "masculinidade hegemônica" (Connell, 2005).

Já o recurso à eleição de personagens, fantasias e modos de vida anteriores à consolidação da modernidade pós-revolucionária em Lacan tem um objetivo aparentemente distinto: desimaginarizar categorias prévias de compreensão de fenômenos humanos – seja na clínica, seja na sociedade –, o que é essencial à formalização.

Não obstante, quando quase a totalidade dessas referências orbita ao redor de montagens culturais específicas (no caso de Don Juan, heteronormativas e, no limite, misóginas – posto que a agência feminina é reduzida ao resgate da honra e ao desejo de vingança do pai morto, mas jamais à mulher enquanto desejante), é possível começar a ver com desconfiança o alcance da pureza formal das fórmulas da sexuação.

Pensando a mesma questão por outra via, é bastante surpreendente que no seminário dedicado ao gozo e ao amor não haja *nenhuma* referência àquele que talvez seja o mais importante texto da Antiguidade clássica sobre o amor: *O banquete*, de Platão. E não que Lacan não o tivesse em alta conta, posto que é o paradigma do amor e da transferência no Seminário 8 (Lacan, 1960-1961/1992a); e não que não seja também útil para pensar o impasse da relação sexual, posto que é um diálogo que gira justamente ao redor da impossibilidade do encontro sexual, no qual se discutem teorias que tentariam dar conta do amor, repetidamente furadas por questionamentos retóricos que parecem colocar a falta no cerne da discussão. Mas talvez o fato de *O banquete* incluir de maneira frontal o amor homossexual como paradigmático tenha impedido Lacan de radicalizar as bases de sua formalização para além do (des)encontro entre "homem" e "mulher".

Fórmulas ou sexuação?

Mas é preciso retroceder um pouco caso queiramos escapar ao risco de ler as fórmulas da sexuação de maneira demasiado literal. Tomemos de partida as seguintes constatações: se as fórmulas da sexuação são um quadro (1) puramente formal – (2) que não diz respeito ao sexo, (3) nem ao gênero, (4) nem propriamente à sexualidade em seu sentido clássico – (5) que tenta escrever o impossível da relação sexual como um impasse lógico da linguagem, (6) que busca questionar a centralidade de uma lógica toda para se pensar o que é da ordem do ser, elas (7) parecem relegar, inclusive, a categoria de *sujeito* a um caso particular dentro do todo/não todo do falasser. Enfim, se essas fórmulas se apresentam como um grande questionamento – ou, no mínimo, um reposicionamento de todo o edifício teórico lacaniano –, podendo ser consideradas o início de seu último período de ensino,[2] tais desenvolvimentos da sexuação teriam, *in the end of the day*, pouco a ver com o que se convencionou chamar de "gênero", "sexo", ou mesmo "sexualidade", por mais que possam, posteriormente, ajudar a refletir sobre questões relativas a impasses das políticas de identidade.

Nesse sentido, concordamos com Cossi:

> *Como já defendemos, as fórmulas da sexuação revelam preferencialmente a estrutura do funcionamento lógico presente no aforismo "A relação sexual não existe", e não aquela que rege o cenário das relações de poder dadas historicamente entre os gêneros . . . os dois sexos não compartilham o gênero, pensado extensivamente, de tal modo que tudo o que não se localizasse de um lado se localizaria do outro. Lacan, nesse momento, trata de "homem" e "mulher" recorrendo ao número dos sexos e ao sentido lógico da contradição. . . [T]odo e não todo, "categorias irredutíveis ao gênero" (Ragland-Sullivan, 2004, p. 125), não seriam complementares . . . Performatizar o gênero feminino ou ser biologicamente mulher são de uma alçada bem diferente da experiência do gozo feminino . . . As fórmulas da sexuação*

2 Para Miller (2012, p. 38), por exemplo, nas fórmulas da sexuação "Lacan, de fato, serra o galho sobre o qual havia posto todo o seu ensino, e isso implicará, depois, na última parte do seu ensino, um esforço para reconstituir um outro aparelho conceitual com os resquícios do precedente".

> *teriam esta finalidade principal, tratar da não relação sexual, e não seriam a escrita de uma suposta essência de homem e mulher – não pretendem definir homem ou mulher, sob quaisquer critérios (biológicos, de gênero ou quanto à escolha de objeto), mas focam uma não relação. (Cossi, 2017, pp. 267; 246; 235; 211; 201)*

Assim, compreendemos que as fórmulas da sexuação, apesar de epistemologicamente construídas a partir de categorias ligadas ao gênero – *homem* e *mulher* –, apresentam sua importante contribuição como um dos grandes capítulos da crítica lacaniana à metafísica, e não como uma "teoria de gênero", posto que, atualmente, insiste-se sobremaneira na separação entre os "lados" *homem* e *mulher* de qualquer referência seja à identidade sexual, seja à sexualidade.

Pontuemos mais alguns exemplos de como a teoria da sexuação parece repetidamente mostrar seu "poder de fogo" quase sempre em campos mais gerais da teoria do sujeito do que propriamente em questões relativas ao sexo ou ao gênero.

Em uma resposta a Goldenberg (2017b), Dunker – em continuidade ao já anunciado em 2011 (Dunker, 2011, p. 514) – defende que a mais importante crítica lacaniana da metafísica (e não da ontologia) se encontra nas teses de Lacan "sobre a sexuação, onde as relações entre universalidade e particularidade serão questionadas, e o conceito mesmo de conceito será posto à prova" (Dunker, 2017, p. 2). A propósito, tal uso da noção de gozo do Outro – como apresentada a partir das fórmulas – como crítica do conceito de conceito em Lacan foi igualmente trabalhada por nós (Lana & Ambra, 2016), na ocasião do 9º encontro da Sociedade Internacional de Psicanálise e Filosofia (SIPP):

> *gostaríamos de apontar que definições tradicionais de conceito poderiam ser facilmente descritas em termos*

lacanianos como fálicas. *Em outras palavras, se um conceito é uma construção vazia que permite trocas simbólicas entre conhecimentos por uma definição arbitrária, ele não pode ser não fálico. Mais ainda: Gilles Gaston Granger aponta duas definições principais do conceito: pode ser uma função (1) ou o que ele chama de "totalidade do vivido" (2).*[3] *Ora,* função *e* totalidade *são exatamente as duas características fálicas nos desenvolvimentos do Seminário 20. É lícito, inclusive, especular em que medida o expurgo da metafísica do domínio da filosofia e da ciência não representaria precisamente essa exceção que funda a regra, na medida em que a modernidade se assenta, em alguma medida, sob seu assassinato, analogamente à morte do pai, que funda a sociedade marcada pela interdição. Mas e quanto ao outro lado? Gostaríamos de propor que o gozo do Outro é uma resposta anticonceitual a uma crítica da categoria de conceito, que começara já no Seminário 11 – denominado por Jacques-Alain Miller como "Os quatro conceitos fundamentais da psicanálise". Lembremo-nos do fato de que o título do seminário é frequentemente contestado precisamente porque as tentativas de Lacan são de demonstrar que, na psicanálise, não tratamos de conceitos, mas dos limites dos conceitos:* "Cada vez que falamos em causa, há sempre, nesse termo, algo de anticonceitual, de indefinido".[4] *Mas, até 1973, não parece ter sido feita nenhuma alternativa ao "buraco*

3 DELEUZE, Gilles; GUATTARI, Félix; MUÑOZ, Alberto Alonso. *O que é a filosofia?* São Paulo: Editora 34, 2007. [Nota do original]

4 LACAN, Jacques. *O seminário, livro 11: Os quatro conceitos fundamentais da psicanálise*. Rio de Janeiro: Jorge Zahar, 1988. [Nota do original]

> *negro conceitual", que é o objeto* a, causa *do desejo. Com o gozo do Outro temos agora uma nova dimensão em jogo, que não é apenas uma contribuição clínica, mas outra maneira de lidar com diferentes fenômenos além do conceito do próprio conceito, para além das amarras fálicas de totalidade. (Lana & Ambra, 2016, p. 6, tradução nossa, grifos do original)*

A sexuação aparece, igualmente, como uma ferramenta crítica ao princípio de identidade, para o qual a antropologia freudiana de uma exclusão que funda a regra a partir de um paradigma animista apresentar-se-ia como um limite: "o perspectivismo ameríndio desenvolvido por Viveiros de Castro[5] e que tenho tentado trazer para a psicanálise,[6] notadamente para ler as teses sobre a sexuação, procura uma solução para a ontologia identitária e positiva" (Dunker, 2017, p. 6). Mais à frente, lemos igualmente:

> *É exatamente por isso que a teoria da sexuação em Lacan é, ao mesmo tempo, uma crítica dos limites da proposicionalidade em sua relação com a verdade e com o real. . . Ocorre que o não-ser e as suas inúmeras figuras fazem parte incontornável da ontologia lacaniana. (Dunker, 2017, p. 14)*

E, ainda:

> *Em Lacan, particularmente em sua teoria da sexuação, a disparidade de gozos depende de uma confrontação*

5 VIVEIROS DE CASTRO, E. *Metafísicas canibais*. São Paulo: Cosac Naify, 2015. [Nota do original]

6 DUNKER, C. I. L. *Mal-estar, sofrimento e sintoma*. São Paulo: Boitempo, 2015. [Nota do original]

> *entre as noções lógicas de universalidade e existência. Isso deriva de mais uma volta na crítica da metafísica da identidade . . . Esta crítica da identidade ocasiona uma perturbação do entendimento metafísico tradicional de unidade: não se tratam (*sic*) de duas substâncias (*ousia, *substância ou essência), mas de uma dupla maneira de não ser: não-ser-um (ao menos-um) e não ser Outro (não-uma-que não). (Dunker, 2017, p. 17)*

As fórmulas da sexuação são, a nosso ver, de fato, uma modificação conceitual extremamente radical na teoria lacaniana, potencialmente comparável com a introdução do objeto *a*. Ambos são modalidades radicais de crítica a hipóstases imaginárias, seja da noção de objeto, seja da possibilidade de qualquer traço de intersubjetividade no encontro dos seres sexuados. Ocorre que, por conta disso, suas mais relevantes leituras sublinham não discussões acerca das questões relativas ao sexo, à sexualidade e ao gênero, mas sim disparidades na compreensão da obra lacaniana em seu conjunto.

> *Alguns contraexemplos que aparentemente invertem a disposição crítica da obra de Lacan podem ser encontrados no que chamamos de processo de naturalização conceitual do gozo, mas também na leitura idealista do significante, na absorção sociológica da função paterna, na crítica moral do capitalismo, na estetização do fim de análise, no formalismo lógico destituído de semântica ou semiologia e principalmente no uso metafísico da noção de Real (a suprema e primeira pergunta ontológica). A crítica da linguagem em Lacan é ao mesmo tempo*

> *sua crítica da metafísica.[7] Todos estes problemas de uso e leitura de Lacan, sua discussão sobre o ser e o des-ser, sobre a existência e a não existência, parecem aglutinar-se na teoria da sexuação e não é por outro motivo que ela tem sido o ponto de máxima disparidade e variância de leituras entre seus comentadores. (Dunker, 2017, p. 7)*

A partir de Rosa Sanches (2015), é possível observar que – do ponto de vista da diagnóstica em uma relevante gama de autores pós-lacanianos – o único uso da sexuação que teria prosperado no contexto diagnóstico teria sido uma crítica ao modelo de diagnóstico estrutural fechado em Lacan. Citemos a passagem que, apesar de longa, parece demonstrar sobremaneira o caráter radicalmente dessexualizado ou agenerificado necessário para que a riqueza das fórmulas possa prosperar – nesse caso, na psicopatologia psicanalítica:

> *Na leitura do psicanalista [Dunker, 2011, p. 138] a teoria da sexuação em Lacan deveria ser lida, ela mesma, como um antimodelo de qualquer tese que se aspire completa e universal, posto que aquilo que Lacan teria sugerido com seu avanço das fórmulas da sexuação seria justamente que, desde que partilhamos de um universo humano (enquanto universo de seres sexuados e falantes), então não há simetria, não há divisão igualitária, não há um padrão central do qual pode se deduzir simetricamente submodelos, pois a condição de existência da inscrição [na] sexuação é que não há relação. Assim, o autor ressalta que o grande giro conceitual imposto pelas fórmulas*

7 En d'autres termes, si j'ai essayé d'élaborer quelque chose ce n'est pas une *métaphysique* mais une théorie de l'intersubjectivité. Lacan J. (1957) Interview à *L'Express*. [Nota do original]

> *da sexuação seria, sobretudo, um passo lógico. Seguindo esta linha argumentativa, sustenta ainda que, a partir do advento das fórmulas da sexuação, a consequência clínica que Lacan teria introduzido seria o postulado da assimetria entre fantasia e gozo, bem como o postulado da assimetria entre objeto a e falo (antes examinada por meio do conceito de cálculo neurótico do gozo). Isso obrigaria a uma parcialização, ou a um desdobramento, da diagnóstica das estruturas clínicas que até então presumia simetria destes elementos, uma simetria que encapsulava e limitava a própria noção de fantasia . . . Há uma ultrapassagem ao nível do diagnóstico diferencial que deixaria de ser comandada pelo operador conceitual nome-do-pai para passar a ser comandada pelo tipo de fantasia associada à posição de gozo, dentro da proposta de assimetria contida nas fórmulas da sexuação. Este tipo de construção realiza em ato a leitura de uma diagnóstica que abandona a necessidade de um ponto central (o nome-do-pai) para uma diagnóstica que se abre a outros desdobramentos. Assim, de acordo com as teses deste autor, a partir do modelo das fórmulas da sexuação, estaria abolido em Lacan um raciocínio diagnóstico que conta com a pressuposição de um "centro" (neuroticocentrismo) para abrir-se uma diagnóstica não toda. (Rosa Sanches, 2015, p. 124)*

Há uma gama considerável de discussões que, na mesma linha, utilizam as fórmulas para pensar problemas bastante distantes daqueles ligados à questão das identificações sexuadas – por exemplo, Cassin (2013), em seu resgate da sofística, ou Badiou (1993), na crítica à infinitude intuicionista pré-cantoriana de Lacan. Sublinhemos que o fato de as fórmulas terem se emancipado de seu cercado conceitual primeiro e de terem se tornado, entre os pós-lacanianos, quase uma metarracionalidade geral de análise de questões clínicas, conceituais e até mesmo políticas não é de maneira alguma um problema, e sim um grande mérito que demonstra seu grande alcance teórico. Esse movimento não é propriamente algo inédito na psicanálise, mas reforça a ideia de que o sexual é uma matriz de compreensão do humano. Freud parte, justamente, da constatação do fator etiológico do sexual para resolver o impasse clínico da histeria, mas acaba por construir com isso toda uma teoria universal do sujeito. Contudo, diferentemente de Lacan, é possível em Freud realizar mais diretamente um trânsito conceitual que vai das experiências de sofrimento e vida sexual ao universo anímico, culminando em descrições metapsicológicas e, mais importante, na realização do movimento inverso, que, partindo da metapsicologia, chega novamente aos mais prosaicos descaminhos do eu.

A aposta lacaniana na formalização, a despeito de seus inegáveis méritos, parece ter tido como um de seus ecos uma sorte de "deserotização" da teoria analítica, na medida em que a busca por uma teoria do sujeito universalizante e estrutural (no sentido de que estaria para além de formas históricas ou sociológicas) acabou por relegar à esfera imaginária (ou "do sentido") eventos, sensações, convicções, projetos que não só formam o "feijão com arroz" da clínica, mas também articulam muitas das modalidades de lutas políticas contemporâneas. Bem entendido, tal postura crítica é imprescindível para uma práxis e uma teoria que busquem resgatar o legado freudiano do primado do inconsciente sem se deixar levar por jogos identitários e capturas afetivas. Contudo, sua radicalidade parece ter conduzido justamente a dificuldades em articular o saber psicanalítico, seja com fenômenos da esfera egoica ou imaginária – cuja epítome são os extremismos da chamada "clínica do real" –, seja com outras teorias sobre a sexualidade e a subjetividade, cuja expressão máxima se encontra numa espécie de relação fóbica com outros saberes, resumida na ideia corrente de que se deve, a todo custo, escapar de uma "sociologização do saber psicanalítico", postura conceituada por Laufer (2015) como uma *melancolização do saber psicanalítico*.

Talvez não seja por outro motivo que o feminismo acabe por utilizar de maneira muito mais profícua e criativa a teoria psicanalítica de base freudiana, conforme mostram os desenvolvimentos de Rubin (1975/1993) e Butler (1990/2002). Ainda que, para Moreira (2017), uma das grandes contribuições das fórmulas fosse poder pensar uma luta política para além da identidade, a grande aporia é que a riqueza formal das fórmulas e a insistente separação de aproximações com noções como "identidade de gênero" a tornaram problemática para se pensarem questões ligadas à maneira pela qual o real da diferença sexual se apresenta socialmente na atualidade.

Entende-se um pouco melhor, assim, por que as feministas se interessam pela psicanálise enquanto uma teoria da sexualidade humana (Rubin), mas acabam por utilizar outras ferramentas para pensar a não identidade (Derrida, no contexto do feminismo francês do início da década de 1970; Deleuze, para Paul B. Preciado [2002], por exemplo). Mas mesmo aí há, no entanto, na militância e na produção teórica, uma tensão referente aos limites da crítica à identidade, na medida em que as poucas conquistas alcançadas por grupos minoritários se deram ao redor de pautas que (ainda que estrategicamente, sem a crença ôntica da pertença sem fraturas a uma identidade, mas utilizada solidariamente visando a uma aposta política) se valessem de identidades para a conquista de direitos. Ademais, um problema de se pensar lutas políticas que tomam as identidades "estrategicamente" é achar que o uso estratégico de uma identidade num contexto político não retroagiria sobre a própria identidade do sujeito a despeito de sua escolha, num horizonte no qual fosse possível uma maestria capaz de separar quais performatividades se precipitam numa ilusão convincente de identidade e quais não. Qual é, afinal, a relação entre o *fazer* e a *identidade*? Abordaremos esse ponto no momento oportuno. Por enquanto, voltemo-nos ao problema das interpretações vigentes da teoria da sexuação.

Sexuação ou fórmulas?

A despeito dos avanços conceituais inerentes à desimaginarização da sexuação por grande parte dos comentadores, há uma outra leitura das fórmulas que não leva necessariamente seu formalismo às últimas consequências, não desvencilhando completamente seus desenvolvimentos do sexual enquanto encontro de dois corpos – o corpo do homem e o corpo da mulher. Lacan parece, inclusive, oscilar bastante entre o já evocado polo "formal" e o polo da "sexuação", entendido aqui como aquele que pensa a especificidade tanto da identidade de gênero quanto do uso dos corpos num encontro sexual. Passagens como "o gozo fálico é o obstáculo pelo qual o homem não chega, eu diria, a gozar do corpo da mulher, precisamente porque o de que ele goza é do gozo do órgão" (Lacan, 1972-1973/1985b, p. 15) e a insistente e exclusiva exemplificação da (não) relação sexual como o encontro fracassado entre o homem e uma mulher nos faz colocar em perspectiva toda a radicalidade lógica com a qual grande parte dos comentadores vem abordando a questão. Mesmo numa passagem na qual Lacan sublinha justamente a primazia da lógica, vê-se que a aproximação entre sexo e gênero e a crítica da pressuposição da relação sexual como necessariamente heterossexual não entra em questão:

> *Não quero chegar a tratar da pretensa frigidez, mas é preciso levar em conta a* moda que concerne às relações entre os homens e as mulheres. *Isso é muito importante. Decerto tudo isso, tanto no discurso de Freud – lástima! – como no amor cortês, está recoberto*

> *por diminutas considerações que exerceram suas devastações. Diminutas considerações sobre o* gozo clitoriano *e sobre o gozo que se chama justamente, como se pode, de "outro" – aquele que estou tentando fazer com que vocês abordem pela via lógica, porque, até segunda ordem, não há outra. O que deixa alguma chance ao que estou aventando – sabendo que,* desse gozo, a mulher nada sabe *– é que, desde o momento em que se lhes suplica, que se lhes suplica de joelhos (eu vinha falando das* psicanalistas mulheres*) tentar nos dizer... no fim, nem um pio! Nunca se conseguiu tirar nada delas. Então chamamos esse gozo,* vaginal, *do jeito que podemos; falamos do polo posterior do* focinho do útero *e de outras baboseiras – é o caso de dizer.* Se simplesmente ela o experimentasse e não soubesse nada disso, isso permitiria lançar muitas dúvidas do lado da famigerada frigidez. *(Lacan, 1972-1973/1985b, p. 100, tradução modificada, grifos nossos)*

Digamos com todas as letras: os movimentos de aproximação dos desenvolvimentos lógicos das fórmulas às questões propriamente de sexualidade ou de gênero quase sempre se revelam desastrosos em Lacan. Ora, se sua construção lógica critica, de fato, o universal e o binarismo fálico, ao reencontrar o objeto que pretensamente servira de base para seus desenvolvimentos, recai-se, com raras exceções, numa indistinção entre sexo, gênero e escolha objetal, posto que o modelo de falha da relação sexual se revela como um modelo heterocêntrico.

Há ainda um outro ponto que torna ainda mais problemática a utilização das fórmulas para se pensar a identidade sexual, uma vez que, a partir de diversas passagens do Seminário 20, depreende-se que estar de um lado ou de outro da sexuação é algo que seria dado (ou revelado) só a partir do encontro sexual (ainda que fracassado) propriamente dito.

> *Contrariamente ao que adianta Freud, é o homem – quero dizer, aquele que se vê macho sem saber o que fazer disso, sendo ser falante – que aborda a mulher, que pode crer que a aborda, porque, com respeito a isso, as convicções, aquelas de que eu falava da última vez, as* cão-vicções,[8] *não faltam. Só que o que ele aborda é a causa de seu desejo, que eu designei pelo objeto* a. *Aí está o ato de amor. Fazer amor, como o nome indica, é poesia. Mas há um mundo entre a poesia e o ato. O ato de amor é a perversão polimorfa do macho, isto entre os seres falantes. (Lacan, 1972-1973/1985b, p. 98, tradução modificada)*

Essa passagem, entre muitas outras, parece sublinhar que a definição lacaniana de *homem* e *mulher* pode ser compreendida não apenas enquanto posições lógicas e formas distintas de lida com a linguagem, mas também como formas de se posicionar no desencontro amoroso. Essas duas maneiras, em princípio, não são contraditórias entre si, posto que Lacan parece sublinhar apenas a primazia lógica face ao que se observaria na vida amorosa – como parece ficar claro ao comentar a questão da frigidez. Contudo, no que

8 Do original *con-victions. Con* é correntemente utilizado em francês como um insulto, equivalente a "idiota", "ingênuo", "desagradável". Contudo, sua origem latina, *cunnus*, remete à genitália feminina, como "bainha", ainda presente em português em *cona* e *cono.* M. D. Magno opta por traduzi-lo por "cão-viccção", privilegiando, talvez, o uso corrente da palavra. *Convulvação* seria uma versão possível que levasse em conta o sentido etimológico, mas perderia o sentido de estúpida ingenuidade a que Lacan parece referir-se ao falar do homem (em relação à mulher, é claro).

tange à questão do gênero, o problema parece ser que, nessa segunda modalidade de leitura das fórmulas, o que se entenderia como a assunção de um sexo estaria submetido a um encontro amoroso.

> *Consideremos, primeiro, as coisas do lado em que todo x é função de Φx, isto é, do lado em que o homem se aloca. E aloca-se aí, em suma, por escolha – facultado às mulheres se colocar aí, se isso lhes aprouver. Todo mundo sabe que há mulheres fálicas e que a função fálica não impede os homens de serem homossexuais. Mas é também ela que lhes serve para se situarem como homens e abordarem a mulher. Para o homem eu vou rapidamente, porque aquilo de que tenho algo para falar hoje é a mulher, e porque suponho que já lhes martelei o bastante para que já o tenham na cabeça – para o homem, tirante a castração, isto é, algo que diz não à função fálica, não há nenhuma chance de que ele tenha usufruto [*jouissance*] do corpo da mulher (dito de outro modo, faça amor). É esse o resultado da experiência analítica. Isso não impede que ele possa desejar a mulher de todas as formas, mesmo quando essa condição não é realizada. Ele não só a deseja, mas faz todo tipo de coisa que parece estupendamente com o amor. (Lacan, 1972-1973/1985b, p. 97, tradução modificada)*

O trecho fala de uma escolha de lados da sexuação, mas a questão é que mesmo tal escolha parece submetida ao fracasso do encontro amoroso (nesse caso, do lado *homem*). A sexuação seria, assim, uma forma de existência (ou melhor, duas formas, ou ainda uma forma e seu outro impossível) cujo paradigma é a posição no encontro com o outro sexo.

> *Mas há uma coisa em que vale a pena insistirmos um pouco mais. Nessa operação do semblante, tal como acabamos de definir no nível da relação homem e mulher, qual o lugar do semblante, do semblante arcaico? Qual é seu papel no fundo, fundador? É certamente por isso que vale a pena reter um pouco mais o momento do que a mulher representa. A mulher é precisamente nesse relacionamento, nessa relação, para o homem, a hora da verdade. A mulher está em posição, em vista do gozo sexual, de pontuar a equivalência do gozo e do semblante. É justamente nisso que reside a distância em que [ele] se encontra dela, o homem. Se falei em "hora da verdade" foi porque é aquela à qual toda a formação do homem foi feita para responder, mantendo, contra tudo e contra todos, o estatuto do seu semblante. É certamente mais fácil para o homem defrontar qualquer inimigo no plano da rivalidade do que defrontar a mulher, na medida em que ela é o suporte dessa verdade, do que há de semblante na relação do homem com a mulher. (Lacan, 1971/2009, p. 33, tradução modificada)*

Há aqui, mais uma vez, a ideia de que a verdade da sexuação do sujeito (masculino e heterossexual) dar-se-ia no encontro com a mulher. Mais ainda, Lacan parece ter aqui uma curiosa teoria da educação masculina, na medida em que a formação do homem seria erigida contra a – mas sempre ao redor da – verdade que o encontro com a mulher representaria. Há na passagem igualmente um estranho apelo à figura de um "semblante arcaico". O que poderia isso querer dizer?

A noção de "arcaico" na economia conceitual lacaniana nos parece um pouco dissonante, posto que rapidamente pode evocar um certo desenvolvimentismo progressista que o próprio Lacan parece, desde muito cedo, criticar. Os desenvolvimentos que antecedem essa passagem tratam do reconhecimento mútuo da diferença sexual de meninos e meninas na infância. Não obstante, Lacan parece supor que há algo da ordem do encontro do homem e da mulher que seria ainda mais fundamental ou, em suas palavras, *fundador*.

A sexuação parece desenhar-se, assim, como um modelo de crítica à metafísica e aos modelos identitários pautados pela lógica da não contradição, mas que, quando remetidos à esfera propriamente sexual em Lacan, apoiam-se num arcaísmo real da relação homem-mulher bem pouco desconstruído ou complexo. O *genital love* de Balint, tão criticado no seminário sobre os escritos técnicos de Freud (Lacan, 1953-1954/1986), parece supreendentemente retornar aqui, ainda que negativado. Em outras palavras, decretar o fim da relação sexual, tendo como paradigma o fracasso do encontro entre o homem e uma mulher, não necessariamente implica o questionamento dessas categorias, posto que sua redescrição em termos formais, revisitando seu objeto primeiro, parece enfraquecer-se, recaindo na binariedade heterocêntrica que as fórmulas potencialmente criticariam.

Pontuemos brevemente algo relativo à noção de "gozo" – como apresentada no Seminário 20 – e sua relação com a pulsão: "ora, o fim do gozo – é o que nos ensina tudo o que Freud articula daquilo que chama inconsideradamente de pulsões parciais –, o fim do gozo está ao lado daquilo em que ele desemboca, a saber: que nós nos reproduzimos" (Lacan, 1972-1973/1985b, p. 163, tradução modificada).

A passagem merece dois comentários. O primeiro é uma direta aproximação entre gozo e pulsão, resguardando uma questão referente à nomenclatura freudiana, uma vez que o objeto *a* viria a suplantar a ideia de parcialidade pulsional, na mesma medida em que a inexistência da relação sexual tornaria problemática a utilização da noção de "pulsão genital", já que o outro da relação sexual seria o objeto *a*, o que se explicita em uma outra passagem do mesmo seminário:

> *Enunciando esta frase,* peço-lhe que recuse o que lhe ofereço, *só pude motivá-la com este* "não é isso" *que retomei da última vez. Esse* não é, *isso quer dizer que, no desejo de toda demanda, há apenas a requisição do objeto* a, *do objeto que viria* ***satisfazer o gozo*** *– o qual seria, então, a* Lustbefriedigung *suposta no que se chama* ***impropriamente, no discurso psicanalítico, de pulsão genital****; aquela em que se inscreveria uma relação que seria a relação plena, inscritível, do um com aquilo que resta irredutivelmente Outro. Insisti nisto, que o parceiro deste* eu *[je] que é o sujeito, sujeito de toda frase de demanda, é não o Outro, mas aquilo que vem substituí-lo na forma da causa do desejo. (Lacan, 1972-1973/1985b, p. 171, tradução modificada, grifos do original e negritos nossos)*

Lacan parece referir-se a uma passagem do texto "A predisposição à neurose obsessiva", de 1913:

> *No começo eu diferenciara apenas a fase do autoerotismo, em que as pulsões parciais procuram a satisfação do prazer [*Lustbefriedigung*] no próprio corpo, cada um por si, e depois a reunião de todos os instintos parciais para a escolha de objeto, sob o primado dos genitais a serviço da reprodução. (Freud, 1913/2010c, tradução modificada)*

Essa aproximação entre pulsão e gozo – que reaparece igualmente na lição 8 do Seminário seguinte, *Les non-dupes errent* (Lacan, 1973-1974, p. 143) –, apesar de inferível, é extremamente complexa, na medida em que gozo talvez seja o conceito mais problemático e de menor acordo entre comentadores. Mas tal abertura, ainda que potencialmente frutífera, nos levaria demasiado longe.

De toda forma, na referência que Lacan faz a Freud, tanto na segunda passagem quanto na primeira, uma curiosa questão nos pareceu muito estranha, justamente por surgir num momento conceitual de tão profunda formalização e distanciamento de questões imaginárias e mundanas: a *reprodução*.

É aqui que será preciso comentar um segundo ponto da passagem. Notemos que ela diz precisamente que o gozo *aboutit à* (chega a, alcança, realiza, conduz a, leva a, resulta em, desemboca em) a reprodução, ainda que seu *fim* esteja ao lado (ou ao largo) dela (à côté de) – *ainda que o que o gozo alcance* (a reprodução), *esta é lateral a seu fim* (satisfação)[9] –, de acordo com a penúltima citação. Ainda em outras passagens desse mesmo período, é possível localizar trechos em que há tal aproximação entre pulsão e gozo. Ademais, a constatação de tal aproximação (ainda que relativizada) entre reprodução – que aqui é necessariamente referida à prole oriunda do coito entre homens e mulheres cisgêneres – e gozo apontaria para ainda mais problemas na aproximação dessas discussões lacanianas com as teorias *queer* e de gênero.[10]

---

9 Curioso como um dos outros nomes do gozo do Outro seja justamente "*outra satisfação*", noção pouco explanada pelos principais comentadores, já que buscam definir tão formalmente o gozo que acabam por tomá-lo como uma discussão sobre o sexo dos anjos. Ou melhor, das místicas.

10 Uma leitura não toda da relação sexual como inexistente e impossível não poderia, por definição, assentar-se numa simples negação absoluta do que está em jogo na esfera do encontro sexual propriamente dito. Para além da fórmula conhecida, anos antes Lacan enunciara que "não há ato sexual", em seu seminário

Mas seria essa apenas uma passagem isolada? Estaríamos fazendo aqui uma leitura demasiado literal ou conveniente de um deslize de Lacan? Vejamos como Silveira se mostra igualmente em dúvida sobre a suposta separação entre o abstrato conceito e seu efetivo uso:

> *Quando se diz que a cultura é fálica e que o gozo que está para além da linguagem é um gozo feminino não se está reificando a forma histórica de cultura que conhecemos e em que vivemos?*
>
> *Talvez se deva a isso essa circularidade tão aprisionadora que encontramos na teorização das fórmulas da sexuação: a mulher é não toda porque aquilo que é não todo é o que chamamos de mulher. Circularidade apenas estancável, afinal, por um órgão que o homem possui e a mulher não. Em Lacan, essa circularidade parece produzir, a meu ver, consequências tão inaceitáveis quanto alguns momentos do texto freudiano. É, a meu ver, uma circularidade do mesmo tipo que aquela produzida por Freud quando, em sua conferência sobre a feminilidade, discrimina a virilização (o que chama de "complexo de masculinidade")*[11] *como um dos caminhos possíveis para a mulher diante da castração. Obviamente que já se assumiu previamente que tais e tais características*

---

sobre o ato psicanalítico (Lacan, 1967-1968) – fato pouquíssimo iluminado pelos comentadores das fórmulas –, assim como depois dirá que "o sentido das palavras só aparelha o que chamamos, se quiserem, de coito sexual, e nada mais" (Lacan, 1973-1974, p. 88, tradução nossa). Parece que mergulhamos com muito ímpeto no *rapport*, sua proporção e negatividade, e esquecemos que Lacan fala, também, da trepada.

11 FREUD, Sigmund (1933) "A feminilidade". In: *Obras completas*, vol 18. Trad. P. C. de Souza. São Paulo: Companhia das Letras, 2010. [Nota do original]

> *(que, para Freud, são as características que marcam a ética e a estética) são características masculinas. No Seminário 20, por exemplo, Lacan apresenta a seguinte consideração: "A mulher só entra em função na relação sexual enquanto mãe . . . Para esse gozo que ela é, não toda, quer dizer, que a faz em algum lugar ausente de si mesma, ausente enquanto sujeito, ela encontrará, como rolha, esse a que será seu filho"*[12] *. . . O mesmo [Seminário] que teria avançado na formalização da sexuação a ponto de não precisarmos nos referir à anatomia para sinalizar o feminino e o masculino. Será mesmo? Até onde isso vai? Não podemos ler uma coisa como essa e fazer como se não a tivéssemos lido.*
>
> *Certo, temos elementos para falar de um gozo para além da linguagem, mas por que chamá-lo de feminino se ele exatamente não requer uma fêmea? Certo, do ponto de vista psicanalítico, a existência da cultura implica a lei, mas por que qualificar essa lei como masculina ou paterna? (Silveira, 2017, p. 8)*

O filho como rolha do gozo da mulher... Nem com muitas piruetas conceituais parece possível afastar o biológico, o imaginário e a heteronormatividade desse momento da teoria da sexuação em Lacan. Aqui, mais uma vez encontramos o fantasma da reprodução num momento em que supostamente a experiência sexual seria pensada num fracasso para além de qualquer captura de sentido. Parece haver aqui uma espécie de curto-circuito quando, ao tentar

---

12 LACAN, Jacques (1972-73) O seminário, livro 20: *Mais, ainda*. Trad. Vera Ribeiro. Rio de Janeiro: Jorge Zahar Editor, 2008, pp. 40-41. [Nota do original, modificada]

avançar para além do princípio de satisfação freudiano da pulsão, encontra-se justamente o que Freud havia abandonado como meta sexual, a reprodução.

Um problema adicional que advém da *realização* da diferença sexual é que ela se torna uma espécie de rochedo formal de uma castração (seja estando todo ou não todo a ela submetido) que não é processual, como em Freud, ou no próprio Édipo estrutural nos anos 1950, mas é dada seja como semblante arcaico, seja como ponto inicial e final de articulação no encontro sexual. Teríamos aqui em jogo uma espécie de transcendentalismo do *real da "diferença sexual"* (cf. já apontado por Butler [2000]), na medida em que a inexistência da relação sexual assumiria uma primazia inquestionável, à qual os outros termos e desenvolvimentos teóricos deveriam remeter-se. A questão é que a maneira pela qual essa inexistência é descrita em março de 1973 nas tábuas da sexuação parece remeter-se, ainda, a coordenadas pautadas por uma lógica identitarista, contrária à própria proposta lacaniana de crítica à metafísica.

> *Uma questão parece perdurar quanto à normatividade implícita da máquina lacaniana para pensar a sexualidade: o "não há relação sexual" seria essencialmente pensado a partir da binariedade de gênero? As fórmulas da sexuação estariam a salvo da crítica heideggeriana do sistema oposicional que pensa o* Geschlecht *como dividido em dois e, nesse sentido, essencialmente já tomado pelo decaimento metafísico? . . . Em Heidegger, a questão visa à descrição fenomenológica de um ente que deve ser radicalmente privado de qualidades, pois o* Dasein *deve ser "feito" apenas de possibilidades. Em Lacan, a não complementaridade dos sexos, ou mesmo a impossibilidade de sua relação, garante o hiato, a*

> *carência de sentido da linguagem, visto que ele a situa no primeiro Outro, aquele que acolhe o sujeito por conta de seu desejo. Trata-se, para Lacan, não só da linguagem como constitutiva do sujeito, mas da incompletude da linguagem como condição de existência desse mesmo sujeito a partir do desejo do primeiro Outro. Isso não impede que, nas fórmulas da sexuação, a formalização lacaniana da impossível relação entre os sexos tome como seu ponto de apoio uma compreensão da diferença dos gêneros como dual, abrindo assim a porta para a lógica identitária que ela entenderia enxotar: ou se é homem, ou mulher, e não há outras opções para não se encontrar! (Silva Junior, 2017b, p. 117)*

Assim, a despeito de todos os avanços que a formalização lógico-matemática trouxe para o ensino de Lacan, a descrição da sexuação em termos de Um e não Um, a partir do momento em que é articulada com os significantes *homem* e *mulher*, transforma identidades sexuais que hoje sabemos serem contingentes e instáveis em signos que, por estarem para além do simbólico, não permitem reinterpretações ou questionamentos – que adviriam justamente de pensá-los como elementos dentro de uma cadeia significante, ou propriamente dêiticos, nos quais os sentidos emanariam sempre como referenciados a algo de fora, sendo muito mais relevante sua posição do que propriamente o seu "real".

Mas talvez um dos mais problemáticos capítulos da sexuação formal, pensada enquanto não processual, seja aquele que toma como modelo não apenas uma relação binária (ainda que seja para criticar o binarismo pelo seu fracasso) e heterossexual (ainda que por um contorcionismo retórico *hétero* possa ser aqui remetido à insípida e desencarnada esfera do Outro, como em "O aturdito"

[Lacan, 1973/2003f, p. 497] – quando Lacan afirma que, por isso, todos os seres que falam seriam *heterossexuais*), mas igualmente um modelo de sexualidade *adulta* para pensar o real da sexuação.

Adultocentrismo

No seminário do dia 13 de fevereiro de 1973, na única passagem do Seminário 20 em que discute alguma questão relacionada à infância, Lacan critica a ideia de que haveria uma primazia, no bebê, do *Lust-Ich* (Eu-prazer/Eu-gozo) em relação ao *Real-Ich* (Eu-real/Eu-realidade), sublinhando que o bebê teria já um senso aguçado do real, do "mundo exterior", e que o princípio do prazer – definido como "o que se satisfaz com o blá-blá-blá" –, apesar de ser primário, não seria "o primeiro". A questão é que, em poucas linhas, passa-se de uma acepção do real como ligado à realidade para a inferência do real da inexistência da relação sexual, condensada na ideia de que "a realidade é abordada com aparelhos do gozo". Contudo, não se discute nem se abre nenhuma brecha para pensar de que forma o real da inexistência da relação sexual incidiria ou embasaria toda a teoria psicanalítica referente à sexualidade infantil.

Ademais, tal ideia de uma primazia da diferença sexual real enquanto uma constatação da incomensurabilidade entre dois sexos contradiz sobremaneira quase todas as premissas freudianas relativas à constituição da sexualidade humana: (1) a bissexualidade primária; (2) a sexualidade perverso-polimorfa, (3) a construção de uma posição sexuada como processo decorrente do Édipo e do complexo de castração.

Jean Laplanche talvez tenha sido o primeiro psicanalista francês a abordar mais diretamente no interior da sua teoria toda a complexidade do impacto que a noção de "gênero" aportaria para a psicanálise, sem, por um lado, aceitá-la integralmente como uma dimensão do psiquismo não conflitiva, puramente social e desvinculada da sexualidade; mas, por outro lado, também sem rechaçá-la rapidamente como algo da alçada dos "culturalistas" – e, portanto, necessariamente estranha à psicanálise, que lida exclusivamente com fenômenos do inconsciente.

Em seu mais conhecido artigo referente ao tema, "O gênero, o sexo e o Sexual" (Laplanche, 2003/2015), o autor propõe tanto uma distinção quanto uma relação entre os três termos que compõem seu título. O gênero seria *plural*, veiculado por uma designação social; o sexo seria *dual*, ligado aqui à matriz da reprodução humana, mas igualmente aos pares de oposições binárias que permitem a simbolização humana (presença-ausência, fálico-castrado etc.); ao passo que o Sexual[13] seria múltiplo e polimorfo, embasado no inconsciente e na fantasia, sendo o "objeto da psicanálise" (Laplanche, 2003/2015, p. 155). A tese laplanchiana sobre a relação entre os três termos seria a de que "o Sexual é o resíduo inconsciente do recalque-simbolização do gênero pelo sexo" (Laplanche, 2003/2015, p. 155). É bem verdade que as noções de "inconsciente", "recalque" e "simbolização" são sensivelmente distintas em Laplanche e em Lacan, mas o que nos interessa nesse momento é o resgate da noção freudiana de "Sexual".

> *Gosto de estabelecer a distinção, a partir de Freud, entre o sexual e o sexuado, o que pertence ao "sexo". Afirmou-se, plausivelmente, que a etimologia de "sexo" é "cortado" – de fato, o "sexuado" implica mesmo a* diferença dos sexos *ou a diferença de sexos, que, em alemão, diz-se*

13 *Sexual* em sua forma substantivada é um neologismo criado por Laplanche, posto que em francês o que se dispõe é do adjetivo *sexuel*. A tradução da edição consultada optou por diferenciar o primeiro pela grafia em maiúscula e o segundo pela grafia corrente, em minúscula. Tal movimento visa marcar conceitualmente essa distinção importante em Freud, como discutiremos a seguir.

Unterschied, *ou "diferença".*[14] *Há Sexual, por exemplo, nos* Três ensaios sobre a teoria da sexualidade, *ou seja, sobre a teoria do sexual ou do Sexual. Talvez seja uma esquisitice minha falar do "Sexual", e não do sexual, mas é para destacar bem essa oposição e essa originalidade freudiana do conceito.*[15] *Sabe-se que em alemão existem dois termos. Há, certamente,* Geschlecht, *que significa o "sexo sexuado", mas há também o sexual ou Sexual. Quando fala da sexualidade ampliada, a sexualidade dos* Três ensaios, *Freud refere-se sempre ao Sexual [em alemão:* sexual*]. Seria impensável que Freud intitulasse sua obra inaugural: "Três ensaios sobre a teoria do sexuado ou da sexuação".* A Sexualtheorie *não é uma* Geschlechtstheorie.[16] *É uma sexualidade que se quer não procriadora, ou mesmo não principalmente sexuada, diferente do que se nomeia justamente a "reprodução sexuada". Portanto, o Sexual não é o sexuado, é essencialmente o sexual perverso infantil... Para defini-lo [o Sexual], Freud é constantemente levado a relacioná-lo*

---

14 De modo bem geral, embora não sistematizado, Freud emprega o termo *Unterschied* (diferença) para designar uma oposição binária e *Verschiedenheit* (diversidade) quando há uma pluralidade de termos. Diferença entre preto e branco; diversidade das cores. [Nota do autor no original]

15 A derivação em alemão dos termos *sexuell* e *sexual* é muito próxima. Ambos provêm do latim *sexualis*. *Sexual* é mais erudito e mais germânico; *sexuell* é mais romano e mais corrente. [Nota do autor no original]

16 Inversamente, Freud emprega o termo *Geschlechtlichkeit* num sentido bem específico, diferente daquele de "sexualidade". Assim, em *A interpretação dos sonhos* (OCFP, IV, p. 377), numa conversa "durante a qual nós nos reconhecíamos, por assim dizer, em sua condição sexuada, como se disséssemos: 'eu sou homem e tu és mulher'". [Nota do autor no original]

> *com aquilo que ele não é, ou seja, com a atividade sexuada ou de sexo. (Laplanche, 2003/2015, p. 156)*

Parece-nos que a passagem é clara quanto a um possível limite das fórmulas, a saber, uma submissão da discussão sobre o ser e não ser ao sexo sexuado, *Geschlecht*, deixando de lado o fulcro da teoria freudiana, o Sexual – o que ele tem, inclusive, de *real*, de não descritível em termos simbólicos de oposições binárias nem de uma unidade imaginária do eu. A proposta formal de que não há encontro entre o *Um* e o *Outro* parece deixar de lado essa ideia de que o sexual é o sexual *infantil* e não o do impasse do sexo adulto.

Um posicionamento como esse, segundo o qual o que seria da ordem da existência lógica da sexuação tem como modelo negativo a relação sexual adulta e heterossexual – ou, como modelo positivo, o fracasso de qualquer horizonte de relação sexual adulta e heterossexual –, nos parece sensivelmente incompatível com qualquer noção de gênero que se possa ter: desde a mais simples, que o compreende como sinônimo de identidade de gênero egoica, passando pela noção stolleriana de "núcleo de identidade de gênero", sua apropriação como sistema de dominação sexo-gênero em Rubin (Rubin, 1975/1993), a "contrassexualidade" de Preciado (2002), bem como a noção de gênero pensada a partir da paródia em Butler, ou mesmo a leitura que Laplanche (2003/2015) faz do conceito de "gênero" – o que não é necessariamente um problema, desde que se tomem as fórmulas como exclusivamente lógicas, sem referências aos processos de sexuação.

Limites

A noção de "processo" evocada refere-se, talvez, a uma espécie de *desejo metodológico* que tenho de resgatar essa dimensão fundamental, presente em Freud e em Lacan, referente aos caminhos e descaminhos processuais da subjetivação (sexuada e sexual) no ser falante. Por mais que escapar a um desenvolvimentismo datado seja imprescindível a uma formalização e a uma descrição renovadas dos elementos fundamentais do humano, parece-me igualmente essencial não perder de vista que todo *real* que a psicanálise aborda em sua práxis e teoria é um impossível que se dá contra o pano de fundo de – ou ex-siste a – uma noção de sujeito processual.

Com a palavra, um Freud beauvoiriano:

> *é próprio da peculiaridade da psicanálise, então, que ela não se ponha a descrever o que é a mulher – uma tarefa quase impossível para ela –, mas sim investigue como ela se torna mulher, como se desenvolve a partir da criança inatamente bissexual. (Freud, 1933/2010h, p. 269, tradução modificada)*

Com sua elegância habitual, Freud apresenta, em uma frase, tanto a impossibilidade de uma descrição da mulher[17] como o lugar da psicanálise enquanto saber cuja especificidade é refletir sobre e partir do processo de assunção de determinada posição. É em relação a esse segundo ponto que acreditamos que a sexuação (como aparece nas fórmulas em 1973) nos parece insuficiente.

Em resumo: há duas maneiras de se pensar esse quadro que, talvez, tenha sido o mais conhecido saldo do Seminário 20. Em uma, (1) ele é a demonstração da inexistência de qualquer horizonte universalizante de relação com o Outro pautada por uma lógica identitária, demonstrando que há uma gramática de reconhecimento suplementar que questiona, inclusive, a sua própria lógica

17 Antes de muito rapidamente lermos aí a inexistência lacaniana da mulher, lembremos que Freud sublinhara, anos antes, a impossibilidade metodológica de descrever a femilinidade, mas igualmente a masculinidade como construtos puros. O ser sexuado é indescritível em si.

de classificação – sendo, portanto, não toda. Noutra, (2) ela é uma teoria de gênero *manquée*, na medida em que tem como horizonte de assunção de identidades (e de não identidades) o impasse da relação sexual adulta (presumivelmente genital, heterossexual e com uma visada reprodutiva, ainda que a contragosto), e cujo paradigma de não conformidade entre corpo biológico e posição sexuada é um frade carmelita espanhol do século XVI.

Na primeira, (1) ela pensa a sexualidade não a partir de identificações, mas como modalidades de gozo (Teixeira, 2017), servindo como questionamento de teorias e políticas identitárias, por exemplo, dentro da comunidade analítica: seja para se pensar problemas clínicos na neurose, seja como elucidação da posição do analista em relação à sua comunidade ou como ponto de partida para retomar a importância da sofística (Cassin, 2013), seja, ainda, para se pensar a questão da ciência (Lacan, 1974/2002) e, até mesmo, fazer um questionamento de teorias feministas pautadas por lógicas identitárias ou cuja crítica incide apenas sobre o domínio simbólico em Lacan, conforme Cossi (2017) e Moreira (2017).

Na segunda, (2) a transexualidade é pensada como um delírio psicótico, um "fora do sexo", chegando-se mesmo a propor: que haveria um "terceiro" lado para as fórmulas da sexuação, que contemplaria os sujeitos "*no gender*" (Vallée, 2018); que aquilo de que crianças trans precisam é análise cinco vezes por semana, dada sua grave condição psicótica; e que, na contramão da psicanálise, as teorias de gênero promoveriam o racismo e a segregação (Kardous, 2016).

Pouco a pouco nos deparamos, assim, com um tipo de escolha forçada: ou nos fiamos às fórmulas de maneira completamente desprovida das capturas imaginárias de gênero e sexuais, guardando assim sua especificidade lógica, ou corremos o risco de utilizar as fórmulas como uma grande matriz identitária, nas quais alinhamos homens e mulheres – e eventualmente excluímos (ou tratamos como paladinos alienados da identidade que buscam apagar "a" diferença sexual) transexuais, *genderqueers*, intersexuais, não binários, assexuais etc. –, de acordo com sua suposta modalidade de gozo, cujo paradigma seria o real de desencontro sexual dual. Tal saída voltaria a aproximar uma diferença apontada já por Stoller (1964) entre sexualidade e identificação sexual, neste caso colocando o real da segunda como subordinado à primeira.

Mesmo com uma apresentação relativamente breve do complexo debate suscitado pelas fórmulas da sexuação, a leitora e o leitor já terão notado, a essa altura, que nossa posição em relação às fórmulas da sexuação é clara: trata-se de um instrumental teórico e clínico poderosíssimo, mas que, em relação a nossos propósitos, não serve diretamente para encaminhar as delicadas questões que as teorias e os novos fenômenos de gênero colocam à psicanálise, salvo se tais encaminhamentos forem as problemáticas categorias heterocêntricas e cisnormativas de *homem* e *mulher*.

Devemos, assim, abandonar as últimas teorizações lacanianas sobre a sexuação, fiando-nos exclusiva e separadamente naquilo que dela prosperou – a saber, as noções de "não todo", "gozo fálico" e "gozo do Outro"? Talvez sim. Mas antes de jogarmos a toalha, convém nos lembrarmos da advertência do próprio Lacan em relação à apresentação formal da sexuação, em 1973:

> *Depois do que acabo de colocar para vocês no quadro, vocês poderiam crer que sabem tudo. É preciso que vocês se resguardem disso . . . Já que tomei o partido de lhes dar o suporte desta inscrição no quadro, vou comentá-la, brevemente, eu espero. Confesso a vocês que nunca a escrevi em nenhum lugar, e em nenhum lugar a preparei. Ela não me parece exemplar, senão, como de costume, para produzir mal-entendido. (Lacan, 1972-1973/1985b, p. 106, tradução modificada)*

Assim, nosso intuito será aqui o de avançar na radicalização de um ponto cego do profético mal-entendido a partir de uma última pergunta, surpreendentemente esquecida por aqueles que aproximam as fórmulas da sexuação das questões de gênero e sexualidade: quais foram seus desdobramentos posteriores ao Seminário 20? Haveria uma sexuação para além das fórmulas?

Destinos da sexuação

Discutiremos agora mais detidamente essa que consideramos a última e mais importante formulação a respeito da sexuação em Lacan. Mais importante, sublinhemos, em relação a nossos propósitos de tomar o gênero como causa da proposta que pretende buscar elementos dentro do arcabouço teórico lacaniano para pensar processos próprios à sexuação.

Em 9 de abril de 1974, pouco mais de um ano após a apresentação das tábuas da sexuação, Lacan as retoma de uma maneira sensivelmente distinta daquela que se consolidou na tradição analítica. Ao comentar o objeto pequeno *a*, diz:

> *Enfim, foi daí [do grafo do desejo] que saiu. Isso não quer dizer certamente que ele não esteja em outros lugares. Ele está em outros lugares também, ele está também no esquema* L *e depois, ele está nos quadrípodes dos discursos a que eu acreditei dever dar lugar, enfim, há alguns anos. E depois, quem sabe, talvez seja o caso de ele vir se colocar no lugar do* x *nas já célebres fórmulas quânticas que eu chamarei hoje assim – porque, acordando essa manhã, eu escrevi algumas notas –, que eu chamarei da sexuação. . . . o que eu evoco, enfim, é que o pequeno* a

> *venha no lugar dos x das fórmulas que eu chamo de "fórmulas quânticas da sexuação". Será que eu preciso reescrevê-las? (Lacan, 1973-1974, p. 186, tradução nossa)*

Primeira questão importante: quais seriam as implicações de colocar o objeto *a* nesse lugar que, até então, fora descrito como *para qualquer um que seja*? A partir da lógica dos quantificadores, parece muito improvável que esteja em jogo uma referência ao objeto *a* enquanto objeto causa do desejo em seu sentido clássico, como aquele que aparece como o verdadeiro Outro do sujeito – conforme atesta, por exemplo, o título do Seminário 16: *De um Outro ao outro* (Lacan, 1968-1969/2008) –, dado que os quantificadores *ao menos um* e *para todo* não se aplicariam a um *x* que seja um elemento dado, mas antes uma *variável*. Também não encontra ecos nesse seminário uma leitura que tome o *a* como a redescrição dos objetos parciais freudianos (seio, olhar, fezes e voz).

Retomemos a passagem. Quais são as referências evocadas do objeto *a*, além da que teria sido aquela da qual ele teria saído, o grafo do desejo? Uma é do, à época já vintenário, *esquema L*. Sua aparição aqui evoca surpresa, já que, desde 1959, havia sido citado apenas uma única vez, de passagem, no seminário sobre o objeto da psicanálise (Lacan, 1965-1966, p. 360), de forma inespecífica, junto ao esquema R e ao grafo. Por que tal esquema "de juventude" – que versa sobre a diferença entre (1) a relação simbólica do sujeito com o grande Outro e (2) a relação imaginária do eu com o pequeno outro –, aparentemente abandonado por Lacan como modelo aplicativo específico, voltaria à baila quase quinze anos depois de seu último uso conceitual forte, em *O desejo e sua interpretação* (Lacan, 1958-1959/2016)?

A outra menção ao objeto *a* diz respeito à teoria dos discursos. Sabemos que o objeto *a* figura ali como objeto *mais-gozar*, em uso análogo à ideia de *mais-valia* (Ambra, 2015), que pode ocupar um dos quatro "quadrípodes", ou lugares. No entanto, Lacan não retoma essa ideia nenhuma vez ao longo do seminário, já que realiza o movimento de ligar o *mais-gozar* à sua nova teoria do gozo, e não ao objeto. Ora, a que faria referência, então, essa pontuação sobre a teoria dos discursos?

O retorno do outro

Lembremos que entre os quatro lugares dos matemas dos discursos, junto com *verdade*, *produção* e *agente* (por vezes descrito também como *semblante*), encontramos a categoria *outro*.

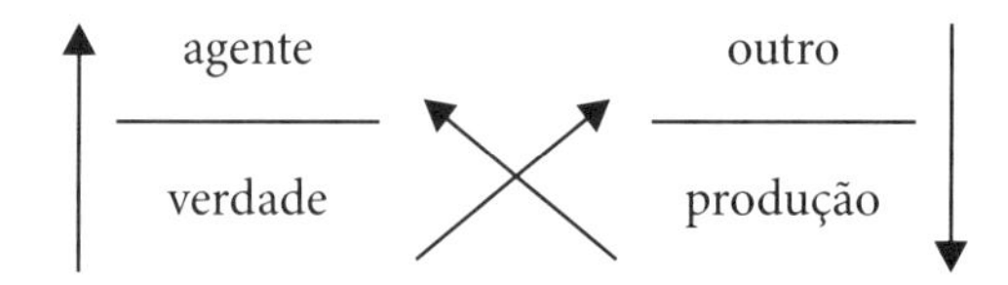

Figura 1.2 Posições nos matemas dos discursos.

Sublinhemos que, por mais que não se trate de uma intersubjetividade ingênua, criticada por Lacan desde o seu primeiro seminário, a ideia de "outro" enquanto lugar na teoria dos discursos claramente não faz referência ao grande Outro simbólico, mas sim a uma modalidade de *laço social*. Alves (2013) retoma a descrição de Quinet referente a essa teoria:

> *Quinet (2012) realiza um trabalho minucioso de análise dos outros que fazem parte dos nossos laços sociais. Há pessoas nas nossas relações que conhecemos bem, conhecemos mal ou até desconhecemos e, segundo ele, cada uma delas é um outro com o qual nos relacionamos. Em cada circunstância nós estabelecemos os laços sociais*

> *condizentes com a situação. São dois lugares distintos: o seu e o do outro, que já estão mais ou menos definidos socialmente.... Lacan (apud QUINET, 2012) denomina esses laços sociais de aparelhos de gozo e essa é uma forma de regular o gozo dos sujeitos numa sociedade, pois, sem essa regulação, a sociedade seria destruída. É de Freud que Lacan traz essa questão primordial da regulação social das pulsões, que se dá nessa relação em sociedade. (Alves, 2013, p. 115)*

É importante pontuar aqui que, ao contrário do que se pode supor numa primeira reflexão, o domínio social não é pensado, em Lacan, a partir do grande Outro – como o é, por exemplo, na teorização de George Mead (1934) a respeito do conceito de "outro generalizado". Ao contrário, o lócus do laço social é o pequeno outro, aquele a quem o discurso se dirige em sua concretização. Mas por quais motivos a teoria da sexuação precisaria de tal retorno a uma categoria que não figurava em sua descrição no ano anterior?

Da tábua ao dizer

Antes de continuar, frisemos duas questões que parecem imprescindíveis a uma reflexão que queira levar a teoria da sexuação realmente a sério. Uma refere-se ao fato de que a noção de "sexuação" – que se tornou muito rapidamente sinônimo das fórmulas como apresentadas na escrita dos matemas em 13 de março de 1973 – não aparece em nenhum momento nem nessa lição, nem em nenhuma outra do Seminário 20. A despeito de seu grande sucesso, essa nomeação aparece – única e exclusivamente – na lição de 9 de abril de 1974, na qual Lacan redescreve as fórmulas em outros termos e, como ele próprio afirma, avança em relação a elas. É importante que realcemos a importância dessa constatação: a noção de sexuação nasce precisamente no contexto de sua redescrição em termos processuais, a partir de coordenadas bastante distintas daquelas em jogo no Seminário 20.

Tal palavra, aparentemente inexistente no português até a tradução da noção lacaniana, consta do dicionário *Larousse* francês com a seguinte definição: "conjunto dos fenômenos de ordem biológica ou simbólica que levam um sujeito a se reconhecer como pertencente a um ou a outro sexo" (Sexuation, 2017a). No *Sensagent* encontramos a definição diferenciada daquela de *sensualisation* (sexualização):

> *A "sexualização" é um fenômeno diferente da "sexuação". A "sexuação" corresponde à formação de um indivíduo sexuado: 1) no nível fisiológico (diferenciação sexual macho/fêmea) e 2) no nível psicológico (identidade sexual feminino/masculino). A "sexualização" corresponde à aprendizagem da "sexualidade". (Sexuation, 2017b)*

Em ambas as definições, temos que a sexuação refere-se primordialmente ao caráter de reconhecimento de determinada identidade de gênero, e não propriamente a práticas sexuais, fantasias ou modalidades de gozo. Ademais, ambas as definições apontam para um processo, e não necessariamente para uma ontologia atemporal, seja substancialista, seja existencialista. Por que teria Lacan escolhido esse termo para redescrever suas fórmulas?

Uma segunda questão refere-se ao fato de que a teoria apresentada nas tábuas da sexuação, em 1973, não parece retornar dessa forma unificada em nenhum momento posterior do ensino lacaniano. Se a discussão sobre os quadrantes lógicos da parte superior atravessa ao menos quatro seminários (1971-1975) de maneira quase inalterada, sua parte inferior – referente às modalidades de gozo – aparentemente nunca mais será descrita da mesma forma, derivando a partir daí conceitos de maneiras distintas.

Tomemos a ideia do homem enquanto representado pelo sujeito da fantasia – ideia que, apesar de não ser descartada de maneira direta, não volta a ser discutida frontalmente. Supomos que isso se dê pelo fato de que tal desenvolvimento levaria a problemas relativos ao caráter do objeto *a*, que não necessariamente é descrito em termos exclusivamente ligados à fantasia. Localizá-lo no centro do nó borromeano (Lacan, 1974/2002)– e, portanto, paritário em relação aos três registros e não submetido nem ao gozo fálico, nem ao gozo do Outro – também evidencia esse caráter. Aliás, a própria ideia de propor o objeto *a* como ocupando o lugar do *x* nos quatro quadrantes nessa lição do Seminário 21 já desmonta a possibilidade de uma associação exclusiva ao gozo fálico como refém de uma montagem fantasística. Já o gozo do Outro, a partir de 1975, pouco a pouco vai se emancipar de seu caráter sexuado em nome de uma descrição borromeana, sendo localizado e redescrito entre o real e o imaginário, marcado como J(A) (*Jouissance de l'Autre*/ Gozo do Outro). Por fim, ainda que, de fato, a diferença entre gozo fálico e gozo do Outro se mantenha – cada vez menos referida aos "dois sexos" –, parece-nos sobremaneira importante pontuar que a sexuação em si, e já no próprio Seminário 20 (ainda que chamada de "fórmulas"), refere-se sempre aos quatro quadrantes superiores, e não aos dois "lados", pelos quais ela teria ficado tão conhecida. A noção de "lado", aliás, torna-se, a partir de então, quase obsoleta, por causa da consolidação de uma racionalidade borromeana e, portanto, ternária – e até mesmo quaternária.

Retomemos agora a discussão da reformulação da sexuação. Após reapresentar os mesmos quantificadores do ano anterior, mas sem nenhuma referência ao seu patamar inferior referente aos "dois lados", Lacan faz uma enigmática afirmação:

> *Poderia disso me vir alguma coisa, se certamente isso não demandasse um pouco de trabalho; mas, se há alguma coisa que eu gostaria de fazer vocês notarem, é que essas fórmulas ditas quânticas da sexuação poderiam se exprimir de outra forma, e isso talvez permitisse* avançar. *Eu vou dar a vocês o que disso se implica. Isso poderia* se dizer *assim:* "o ser sexuado só se autoriza de si mesmo". *É nesse sentido que... que ele tem a* escolha. *Quero dizer que isto a que a gente* se limita, *enfim, para* classificar *como "masculino" ou "feminino" no registro civil... enfim, isso... isso não impede que haja escolha. Isso, certamente todo mundo sabe.* "Ele não se autoriza senão por ele mesmo" *e eu acrescentaria:* "e por alguns outros". *(Lacan, 1973-1974, p. 187, tradução nossa, grifos nossos)*[18]

Analisemos esse parágrafo em partes. A primeira ideia é que as recém-nomeadas fórmulas da sexuação se "exprimiriam de outra forma", a saber, "*o ser sexuado* só se autoriza de si mesmo e de alguns outros". Assim a enigmática afirmação conteria, no limite, todos os principais elementos da sexuação e, ademais, seria deles um *avanço*, uma *implicação* das fórmulas anteriormente expressas pela via dos quantificadores. É mister sublinhar aqui que em todo o nosso levantamento bibliográfico encontramos apenas um texto que sublinha a importância dessa passagem e tenta dela extrair algumas consequências, ainda que num campo distinto, aquele da formação em psicanálise. Ademais, surpreendentemente, quase a totalidade dos comentadores consultados refere-se às fórmulas sublinhando

---

18 Quando se ouve o áudio da gravação dessa lição do seminário, é notável a mudança de tom de voz e ênfase que Lacan dá a sua nova formulação: longe de se tratar de um arroubo pontual, nota-se que há aí de fato um passo novo e importante em jogo.

seu caráter dual (todo e não todo), e não propriamente seu caráter quaternário, o que nos parece o centro daquilo que das fórmulas irá perdurar ao longo do último período do ensino de Lacan.[19]

Voltemos à passagem e suas contundentes implicações. Ao contrário do que poderíamos inferir com base na oposição entre todo e não todo, ou entre os dois lados da tábua, "masculino" e "feminino" aqui não são mais as duas únicas modalidades exclusivas de sexuação, na medida em que elas aparecem agora qualificadas a partir da ideia de que reduzir a inscrição da sexuação no registro civil a dois é uma *limitação*. E mesmo essa limitação, dirá Lacan, não impede que haja aí uma escolha. Limitar-se aos "lados" masculino e feminino no âmbito do registro civil não abarca a totalidade das experiências da sexuação, que passa, a partir desse momento, a ser pensada em termos de *autorização* e *escolha*, bem como de um posicionamento do sujeito frente a *alguns outros* – e não mais ao "Outro sexo" (Lacan, 1973/2003f) ou à "hora da verdade" no encontro do homem com a mulher (Lacan, 1971/2009).

"*O ser sexuado* só se autoriza de si mesmo e de alguns outros", enquanto implicação das fórmulas, parece demonstrar essa impossibilidade de tomá-las enquanto pura e simples redescrição do que seriam o lado *homem* e o lado *mulher*. Aliás, notemos que essas categorias marcadas por sua significação – seja cultural, em seu sentido mais amplo, seja aquela própria ao ensino lacaniano –,

19 É preciso deixar claro que nossa escolha por trabalhar ao redor de tal dizer da sexuação não se fia, de maneira alguma, num desenvolvimentismo teórico fetichista que supõe que as últimas formulações de Lacan sejam superiores a outras. Trata-se, antes, de demonstrar como tal ideia, por um lado, permite uma reflexão mais precisa em relação a determinados fenômenos contemporâneos e, por outro, abre a possibilidade de realizarmos retroativamente uma outra leitura de Lacan, resgatando, inclusive, elementos extremamente relevantes de seus primeiros escritos.

defendidas a ferro e fogo por grande parte dos comentadores, estão completamente ausentes de tal *dizer da sexuação.*

"Eu vou dar a vocês o que disso se implica. Isso poderia *se dizer* assim: 'o ser sexuado só se autoriza de si mesmo'" (Lacan, 1973-1974, p. 187). Esse "se dizer" não nos parece, de maneira alguma, fortuito, na medida em que uma das principais discussões desse seminário é, justamente, a discussão a respeito do estatuto do *dizer*. Não da fala, mas de um *dizer* que tem dimensão de *acontecimento* (Lacan, 1973-1974, p. 69).

Para nossos propósitos, convém aqui resgatar uma passagem – ausente de toda a bibliografia levantada –, do mesmo seminário, na qual Lacan comenta o relato de um encontro com um chofer, digamos, *queer*. Longe de bradar contra uma subjetividade que buscaria apagar o real da diferença sexual por uma falsa indeterminação – que, no fundo, estaria ou de um lado ou do outro das fórmulas – ou de aproximá-la da psicose (como fizera várias vezes), Lacan o define a partir do *dizer*. A passagem é longa, mas é necessário que percebamos bem: (1) que o real não é aquele da diferença sexual, mas apresenta-se como *invenção* e (2) liga-se, para além dos gozos, não ao dois, nem ao um, nem ao zero, mas ao *três*; (3) o movimento de Lacan ali, que parte da constatação do limite da dualidade *homem* e *mulher* para pensar o mundo enquanto enigmático; (4) o resgate da noção de experiência a partir daquilo que (5) *corre nas ruas*, ou seja, de um mundo que pulsa para além das categorias que temos de antemão, o que Lacan reputa a Freud, inclusive; (6) a importância do momento de interpelação (Butler, 1993/2019, p. 129) que faz vacilar e desvela uma verdade do gênero supostamente inteligível; (7) a aproximação dessa experiência com o *dizer* e a lógica; e, por fim, (8) o retorno da formalização da sexuação, mas de uma maneira completamente nova.

> *Enfim, deixemos Sacher-Masoch! Há saberes inventados mais inteligentemente.*

E é bem nisso que digo que o Real, *não só ali onde há um furo, isso se inventa; mas que não é impensável que seja por esse furo que avançaríamos em tudo o que* inventamos *do* Real, *que não é pouco.*

Porque é claro que há um lugar em que isso funciona, o Real; *é quando fazemos com que ele entre como* três, *esta coisa bastarda – porque é certo que é difícil de manipular* logicamente *essa conotação "três" para o* Real.

Tudo o que sabemos é que "Um" conota muitíssimo bem o gozo; e que "zero", isso quer dizer "não há": o que falta; e que se zero e um, isso dá dois, não é isso que torna menos hipotética a conjunção do gozo, de um lado, com o gozo do outro. É!

Não só isso não torna mais certo, como isso abisma.

Num mundo nem feito, nem por fazer, um mundo totalmente enigmático, desde que se tente fazer entrar esse algo que seria modelado na lógica, *e se fundaria apenas na espécie dita humana, ou se é* homem *ou se é* mulher.

É muito especialmente contra isso que a **experiência** ***se ergue.***

E não preciso ir longe: alguém me relatou, não mais que há algumas horas, o seu encontro com um chofer de táxi... ***isso corre as ruas, né?***, *é o caso de dizer...* ***do qual não apenas era impossível, a quem falar pudesse, dizer se era um homem ou uma mulher***. *Ela até que perguntou, mas nem ele pôde responder. [risos]*

Quando digo que isso **corre as ruas,** ***no entanto, não é pouco! E é daí, inclusive, que Freud parte.***

> *Ele parte, assim, como comentário. A experiência não lhe basta, porque é preciso que ele se atenha mais à ciência, né? Demonstra-se que não há nada que se pareça mais com um corpo masculino do que um corpo feminino, se se sabe olhar num certo nível, no nível dos tecidos, né? Isso não impede que um óvulo não seja um espermatozoide, que seja ali que resida o negócio do sexo.*
>
> ***É totalmente supérfluo fazer com que se note que, para o corpo, isso pode ser ambíguo, como no caso do chofer de agorinha mesmo. É totalmente supérfluo porque bem se vê que o que determina, inclusive, é não um saber, é um* dizer**. *A saber, não porque é um* dizer *logicamente inscritível. É o que escrevi para vocês, com todas as letras; é o caso de dizê-lo com o meu:* $\exists x . \neg \Phi x$. *(Lacan, 1973-1974, p. 144, tradução nossa, grifos do original, negritos nossos)*

A passagem parece acompanhar nossa hipótese segundo a qual há uma reformulação sensível na teoria da sexuação em Lacan a partir das discussões presentes nesse seminário. Seguindo uma toada que vê com reticência a suficiência das discussões do zero e do um para pensar determinados fenômenos – apelando, então, para o paradigma borromeano e a questão do três (e, posteriormente, para o quatro, o cinco e o seis...) –, a questão da sexuação se mostra agora sensivelmente distinta daquela descrita como duas modalidades de gozo, ou mesmo de uma lógica e de seu furo.

A passagem inicia com o fim de uma discussão do masoquismo enquanto *invenção* em Sacher-Masoch, mas sublinhando que haveria "*saberes mais inteligentemente inventados*", o que, mais à frente, será precisado não como um saber, mas como um dizer. Parece-nos extremamente central, igualmente, que Lacan ligue o real aqui à questão da invenção, e não a um aparato transcendental pré-discursivo como aquele do "real da diferença sexual". Não é demais marcar que o encontro com essa, esse, essx ou – aproveitando o resgate feito de Freud – *es* taxista é tomado aqui não como fenômeno privilegiado da psicose ou de uma perversão, mas como aquilo que revelaria que o que está em jogo no real não é da esfera da diferença sexual, e sim de um *dizer que faz vacilar qualquer certeza sobre as categorias que temos para conceber essa diferença.*

O caráter supérfluo do corpo toma ares ainda mais radicais ao lermos de que maneira Lacan retoma o *há algum que não*, $\exists x.\neg\Phi x$, como não o pai primevo de "Totem e tabu" – sacralizado na tradição canônica de comentadores –, mas esse dizer que fura o saber daqueles que acreditam possuir algo que os una. Não é por outro motivo que esse mesmo quantificador vai representar, na última lição do seminário, o chamado *gozo da Mulher*, sublinhando que esse estaria "mais ligado ao dizer do que se imagina" (Lacan, 1973-1974, p. 219). Essa passagem desmonta a ideia segundo a qual a sexuação deve ser pensada em termos de "lados", uma vez que esse quantificador se encontra, em 1973, do lado *homem*, representando a exceção que embasaria sua regra. Como poderia, então, o quantificador que representa a exceção do pai que funda o lado homem ser agora o gozo da Mulher? Que releitura a sexuação exige nesse momento?

Há diversos outros exemplos que demonstram de que forma o avanço na discussão do real como três – e, posteriormente, como quatro – balança e revira a teoria da sexuação de 1973. Como em Caracas, em uma de suas últimas conferências, onde Lacan enuncia que "o nó borromeano evidencia a função do ao-menos-três" (Lacan, 1981a). A introdução de uma racionalidade borromeana tem como um de seus efeitos, justamente, a introdução de uma abertura para a lógica da "contabilidade" a partir do furo que o três faz no dois, proporcionando uma discussão sobre a relação entre *plural* e *singular* distinta daquela possível a partir da primeira escrita das fórmulas.

Em 14 de maio de 1974, Lacan retoma as fórmulas, nomeando-as como quatro *opções da identificação sexuada*. Pouco antes, em 11 de dezembro de 1973, ao sublinhar o limite que o dois aporta, ele lembrara que comentara anteriormente que a religião se ligaria ao real, e exemplificara: "'Amarás teu próximo como a ti mesmo', isso quer dizer que vocês serão três? Sim ou não? Sim... O nó borromeano não pode ser feito senão de três" (Lacan, 1973-1974, p. 62). Na lição seguinte, o psicanalista diz:

> *Eu gostaria de sugerir isso a vocês, pois nós partimos de dois pontos extremos; eu lhes proponho, a partir do mandamento do amor divino, que eu invoquei para vocês da última vez, interpelando-os para lhes dizer – é ou não é, né? – isso dá dois ou três? Talvez vocês se lembrem, enfim, os que estavam ali. Então, eu o modifico ligeiramente: que efeito isso lhes causa se eu o enuncio "tu amarás tua próxima como a ti mesmo"? Isso faz sentir alguma coisa, afinal, né? É que esse preceito funda a* abolição da diferença de sexos. *Quando eu digo a vocês que não há relação sexual, não estou dizendo que os sexos se confundem. Longe disso! (Lacan, 1973-1974, p. 71, tradução nossa, grifos nossos)*

Como entender essa passagem, aparentemente contraditória, na qual Lacan subverte um preceito bíblico para sublinhar seu caráter ligado ao real, fundando assim *a abolição da diferença dos sexos*, ao mesmo tempo que sublinha que eles não se confundem? Após essa passagem, Lacan redescreverá a máxima da inexistência da relação sexual a partir da ideia de que um homem ama uma mulher por *acaso*, pontuando que o amor é da ordem de um acontecimento, de um *dizer* (Lacan, 1973-1974, p. 73). Podemos entender, assim, que o evento, o encontro, o dizer, o real enquanto contingente em jogo no amor é o que promove a diferença enquanto tal, mas que ela não preexiste ao acaso. Elevar a diferença sexual ao seu estatuto propriamente real implica, assim, abdicar de coordenadas dadas de antemão (simbólicas ou imaginárias, de sexualidade ou de gênero, de semblante ou de anatomia) na direção de uma compreensão na qual o verdadeiro encontro com o outro no sexo é que faz emergir a diferença sexual.

Ao modificar o mandamento divino original, introduzindo o feminino no lugar do masculino que esconde o gênero do universal, emerge aí uma dimensão terceira de estranhamento devida à suspensão momentânea de sentido pela qual o significante *amor* passa. *Amarás tua próxima como a ti mesmo* produz o estranhamento da indecidibilidade que demonstra que o real da diferença sexual é propriamente essa incerteza sobre se o encontro com o outro será por ela marcado ou não. O real é aquilo que surge, justamente, para perturbar as categorias – mas isso não implica que ele as aplaine. Em mais uma crítica à compreensão do sexo a partir de uma estrutura de "ou-ou", comentando a importância da *invenção* no encontro primeiro com a relação sexual, para que se emancipe das amarras do princípio de não contradição, Lacan fechará a lição de 19 de fevereiro de 1974 com a seguinte afirmação: "esse impossível, de uma parte e de outra, está aí o real tal qual a lógica nos permite defini-lo; e a lógica não nos permite defini-lo, a não ser que sejamos capazes, nessa refutação do um e do outro, de inventá-la" (Lacan, 1973-1974, p. 150). A lógica exige, para que toquemos o real em jogo na sexuação, que a reinventemos. Vemos a mesma ideia em outra passagem:

> *Um* dizer *que não supõe nada, a não ser que* tríplice *é o* Real... *eu disse* tríplice, *isto é, não terceiro... é nisso que consiste o* dizer *que me sinto compelido a aventar por meio da questão da não relação, da não relação*

> *na medida em que atinente, especificamente, ao que é a subjetivação do sexual. . . .* O dizer verdadeiro *é, por assim dizer, a ranhura por onde passa aquilo que... aquilo que é preciso justamente que ele supra [*supplée*] à* ausência, *à* impossibilidade de escrever – *de escrever como tal* – a relação sexual. *(Lacan, 1973-1974, p. 107, tradução nossa, grifos do original)*

O dizer, assim, aparece como algo que – sublinhando a dimensão do *três* – faria suplência à inexistência da relação sexual. Notemos que a noção de "suplência", que será retomada no Seminário 23 para reformular a teoria lacaniana da psicose, aparecia no Seminário 20 como ligada ao gozo feminino – que seria, assim, "suplementar" ao gozo fálico. Aqui, no entanto, o dizer é o que faria suplência à impossibilidade de escrita (lógica) da relação sexual.

Antes de avançarmos, um último – mas importante – detalhe. A inexistência da relação sexual é um preceito fundamental da teorização lacaniana do início dos anos 1970, que radicaliza o caráter real (impossível e contingente) tanto do encontro sexual em si quanto da chamada "proporção entre os sexos". Muitos comentadores elevam-na, inclusive, à categoria de princípio fundamental da psicanálise – por exemplo, Cassin (2013), para quem o "não há relação sexual" estaria para aquela como o princípio de não contradição para a filosofia de base aristotélica, ou mesmo para a filosofia *tout court*.

Contudo, a radicalidade de tal princípio será claramente relativizada ao longo do desenvolvimento da teoria dos nós e, notadamente, no Seminário 23. Nesse contexto, além de sublinhar que a ideia de que a inexistência da relação sexual seria um exagero (*broderie*) – na medida em que dependeria de uma lógica binária do *sim* e do *não* (Lacan, 1975-1976, p. 134), Lacan introduzirá uma diferença, pouco explorada, entre relação (*rapport*) e *equivalência*. Para o psicanalista, sim, a relação sexual existe, mas apenas na medida em que não há equivalência. Por outro lado, a relação sexual não existiria quando houvesse equivalência. E, mais que isso, Lacan irá aproximar *sinthoma* (*sinthome*) e relação sexual, já que "o sinthoma se caracteriza pela não equivalência" (Lacan, 1975-1976, p. 110, tradução nossa).

> *É na medida em que há sinthoma que não há equivalência sexual, isto é, que há relação. Pois é claro que, se dizemos que a não relação é da ordem da equivalência, é na medida em que não há equivalência que a relação se estrutura. Há, pois, ao mesmo tempo, relação sexual e não relação. Tirante o fato de que lá onde há relação, é na medida em que há sinthoma. Isto é, na medida em que, como eu disse, há sinthoma é que o outro sexo é suportado. (Lacan, 1975-1976, p. 110, tradução nossa)*

A importância dessa discussão é surpreendentemente ignorada pelos comentadores das fórmulas da sexuação aos quais nossa pesquisa teve acesso. Bem entendido, não há nesse seminário uma definição forte de equivalência que permita desenvolvimentos mais robustos partindo exclusivamente de Lacan, mas o simples fato de aquele princípio que é tido como tão radicalmente central ser a tal ponto relativizado por meio da aproximação da noção de sinthoma à relação sexual convidaria a lermos com mais cautela a certeza com a qual a inexistência da relação sexual é interpretada.

O que seria uma equivalência sexual? Talvez esteja em jogo aqui uma separação mais flagrante entre duas ideias que se condensam na ideia de relação (*rapport*) sexual. De um lado, temos que a inexistência da relação é compreendida como a impossibilidade de comensurabilidade de fantasias (masculinas e femininas, por exemplo) no encontro sexual, dado que, por conta da estrutura da linguagem, sempre se está em relação com outra coisa que não o parceiro, a parceira, o dildo. Por outro lado, a relação sexual não existiria porque não há uma proporção lógica paritária entre a lógica *toda*, "masculina", e a lógica *não toda*, "feminina".

Contudo, a partir da ideia de que uma relação existe (ou há sinthoma) quando não há *equivalência*, somos convidados a escutar que a relação, ou a amarração entre os três registros (que discutiremos melhor em nosso último capítulo), depende de uma não equivalência *do sexual*. Em outras palavras, podemos ir além da presunção heterossexual segundo a qual a não equivalência seria reduzida à diferença entre *homens* e *mulheres* (Lacan, 1975-1976, p. 110), e pensar que a condição para a relação é a não equivalência do sexo do Outro em seu sentido mais radical: todo encontro com o sexual é um encontro que só se efetiva de fato a partir da diferença em si, que surge para muito além da identidade sexuada. Em outras palavras, mesmo entre sujeitos que supostamente têm a mesma identidade sexuada, ou a mesma modalidade de gozo, ou a mesma lógica frente à castração, a relação sexual é o que produz desejo e enlaçamento a partir da instauração de uma não equivalência mesmo onde se suporia uma igualdade.

A diferença sexual se tornaria, assim, a diferença radical que é instituída entre o eu e o outro no momento do encontro que gera, ao mesmo tempo, a não equivalência e a relação. Lacan dá como exemplo dessa relação sexual – que, sim, existe – as cartas eróticas trocadas entre James Joyce e Nora Barnacle, sua esposa (Lacan, 1975-1976, p. 91). Ao contrário, a relação sexual não existiria enquanto tal se houvesse uma equivalência, ou seja, se o outro e o eu se colocassem como *indiferentes* – pois teríamos aí o traço narcísico do amor, ébrio numa equivalência especular que toma o outro como eu, tamponando a diferença própria ao que há de Outro no sexual. Mas é hora de retornarmos ao dizer da sexuação como ele se mostra a partir da ideia da autorização por si mesmo e alguns outros.

Para além da aparente dificuldade em extrair do dizer da sexuação as ideias de todo e não todo – tão caras a Lacan, no Seminário 20, e aos seus comentadores –, somos confrontados com uma segunda, ainda maior: nenhum de seus termos é propriamente um conceito lacaniano, ou mesmo psicanalítico. A ideia de *ser sexual* ou *ser sexuado* é pouquíssimas vezes evocada em Lacan, quase sempre referida a uma posição do ser no sexo, e não à sexualidade ou identificação, não chegando a apresentar-se sequer como uma noção. Não existe também uma noção forte de *autorização* em psicanálise, ainda que ela seja evocada em outra dimensão, relativa à formação dos analistas (Lacan, 1967/2003e), que discutiremos a seguir. O *si mesmo* parece completamente contrário a toda a teoria lacaniana do sujeito, que o pensa enquanto não idêntico a si – criticando, por exemplo, a noção de *self*, bem como toda a corrente conhecida como *psicologia do ego* em voga nos anos 1950. Nem *alguns outros* e nem sequer apenas *outros* figuram como conceitos em Lacan, e contrastam fortemente com quase todas as teorias da alteridade do psicanalista, em especial com aquela que mais se consolidou, a saber, a teoria do grande Outro. De toda maneira, antes de continuarmos, é preciso comentar a incidência de parte dessa formulação em seu primeiro contexto de emergência, relativo à formação em psicanálise.

Autorizações e a questão da escolha

Na primeira página de sua "Proposição de 9 de outubro de 1967 sobre o psicanalista da Escola", encontraremos – contra a verticalidade da International Psychoanalytical Association (IPA), que condicionava a formação de analistas ao tratamento feito e atestado por um analista didata da instituição – a máxima "*o analista só se autoriza de si mesmo*" (Lacan, 1967/2003e, p. 248). Analisemos essa primeira versão da máxima por partes, começando pela aparente autoevidência do termo. *S'autoriser de soi même* comporta uma especificidade no francês que não é transposta totalmente quando utilizamos o já clássico "autorizar-se de si mesmo". *S'autorizer de* significaria, mais precisamente, *apoiar-se em*, *valer-se de* algo para justificar uma conduta ou uma colocação análoga. Assim, não se trata em absoluto de que o analista autorize-se de si mesmo como o barão de Münchhausen que, afundando no pântano, escapa levantando-se pelos próprios cabelos. Mesmo porque o pleonasmo especular que representa autorizar-se de si mesmo parece distante daquilo que se propõe como experiência no que se refere ao final de uma análise. Ao contrário, ao pensar que o analista se vale de si, no sentido original do termo, são aí introduzidas algumas dimensões que merecem ser sublinhadas.

Uma primeira diz respeito à temporalidade. A especificidade da expressão pressupõe um tempo anterior no qual algo ocorreu, algo que justificará a ação presente, à moda da figura jurídica do "abriu-se um precedente". Assim, autorizar-se de si como analista é não apenas valer-se por si, mas considerar essa experiência também a partir de um registro de retroatividade: daí a ideia de que não há como saber se houve uma análise didática senão *a posteriori*. É nesse espírito que parece também estar embebida a escolha do uso do *s'autorizer de*. Autorizar-se analista não é de maneira alguma um *insight* ou a recusa de um diploma, assinado com suco de limão pelo Outro, no fim de uma análise. Ou, como ocorre em algumas instituições, a apresentação de um paciente na qual se pode dizer: "aqui houve uma análise". Parece estar em jogo, antes, o reconhecimento de que a dimensão da temporalidade abre a possibilidade de que aquele analista que autoriza não seja exatamente o mesmo analista que é autorizado. Reconhecer a dimensão da alteridade a partir de uma autorização que ocorre em dois ou mais tempos é essencial para que se escape tanto de uma heteronomia quanto de uma autonomia puras. Autorizar-se de si é, assim, algo aos modos de caminhar na banda de Moebius da experiência analítica, seguindo migalhas de pão que, sem nunca nos darmos conta, caem de nossa própria mochila.

Uma segunda dimensão importante que daí podemos extrair é a seguinte: não se trata propriamente de uma autorização. Ao pensar a autorização, temos necessariamente de considerar uma instância que permite a outra fazer algo, tal qual um analista didata autorizava a entrada de seu analisante em um grupo seleto. Bem entendido, a intepretação clássica da máxima lacaniana revirava essa ideia ao sublinhar o fato de que o Outro da autorização só poderia ser o próprio analista, contra a percepção de que essa autorização deveria ser esperada fosse de um analista, fosse de uma escola. No entanto, ao sublinhar essa especificidade da tradução, podemos extrair uma crítica à noção de *autorização* em si. Ao entender a afirmação lacaniana como um analista que se apoia em si, que se vale por si, deixamos de lado a ideia de que a autorização seria – retroativamente ou não – uma espécie de evento pontual e localizável. Valer-se de si como analista, assim, implica uma relação com a experiência psicanalítica na qual entra em jogo a prática em seu sentido atuativo, ou mesmo performativo: se é que há um Outro da autorização, ele precisa passar pela clínica.

Evidentemente, não se trata de uma condição suficiente – dado que a análise pessoal tem aí um papel central junto com os estudos e a supervisão – nem contingente, e sim necessária. Assim, o analista se vale de si mesmo pela sua clínica ou, mais precisamente, pelo efeito que sua clínica tem sobre as condições de se pensar como exercer ou não a *função analista*. Se o analista é uma função quando se vale do que sua análise e sua formação teórica o permitiram reter da experiência de ocupar um lugar de causa de desejo, não pode haver aí autorização senão como um efeito, um fim de linha, um resultado que, quando se percebe, já se deu.

A partir desse breve quadro já é possível notar diferenças importantes na comparação com o processo de sexuação: a questão da análise pessoal, da formação; as supervisões; o papel central dos efeitos recolhidos junto a seus analisantes, entre outros elementos, não possuem nenhum paralelo possível com processos de identificação sexuada. Observemos, no entanto, que tal aproximação entre esses dois campos não se dá a partir da formulação de 1967, segundo a qual o ser sexual se autorizaria de si mesmo, mas sim a partir do acréscimo *alguns outros* em 1974. É junto a essa reversão da primeira formulação que a sexuação comparece como modelo. Temos aí toda uma modificação da racionalidade da "simples" autorização por si, na medida em que se passa da tensão entre o *si* e o *mesmo* para um segundo nível do paradoxo que coloca essa tensão em oposição ao *alguns outros*: está em jogo a passagem de uma dimensão ética da formação para uma dimensão *política* da formação. A semelhança entre os dois processos encontra-se, assim, na importância da inserção do ser sexuado ou do/da analista numa dada *comunidade* – como fica claro na discussão sobre a Escola, que segue a apresentação do dizer da sexuação, nessa lição.

Mas a ideia de comparar esses dois universos, utilizando analogamente a questão da autorização por si e alguns outros no campo do tornar-se analista para explorar a sexuação nos levaria a outros caminhos, na medida em que seria necessário definir o que se entende por *analista* – um trabalho hercúleo por si só –, para então depois refletir tais coordenadas no interior da sexuação.

Como gostaríamos de mostrar, a ideia de autorização por si e por outros no campo da sexuação pode sustentar-se em sua lógica própria, caso possamos encontrar coordenadas dentro da própria produção lacaniana que amparem tal reflexão. Assim, é preciso que sigamos com uma análise detida do trecho em questão:

> "o ser sexuado *só se autoriza de si mesmo". É nesse sentido que... que ele tem a* escolha. *Quero dizer que isso a que a gente* se limita, *enfim, para* classificar *como "masculino" ou "feminino" no registro civil... enfim, isso... isso não impede que haja escolha. Isso certamente todo*

> *mundo sabe.* "Ele não se autoriza senão por ele mesmo" *e eu acrescentaria:* "e por alguns outros". *(Lacan, 1973-1974, p. 187, tradução nossa, grifos do original)*

A passagem coloca uma dificuldade referente à noção de *escolha* em psicanálise. Sabemos que, em Freud, é possível abordá-la a partir da ideia de "escolha da neurose", que desde muito cedo ocupava o médico vienense em suas cartas a Fliess. Lemos em Strachey:

> *Numa carta a Fliess, de 24 de janeiro de 1897 (Freud, 1950a, Carta 57), escreveu ele [Freud]: "entrementes, a opinião que até aqui havia sustentado, de que a escolha da neurose era determinada pela ocasião de sua gênese, está se tornando menos segura; a escolha parece antes ser fixada na mais remota infância. Mas a decisão ainda oscila entre a ocasião da gênese e a época da repressão, embora prefira agora a última". (Strachey, 1913/1996, p. 338)*

Essa discussão encontrará um desenvolvimento um pouco mais extenso no texto "A predisposição à neurose obsessiva. Uma contribuição ao tema da escolha da neurose", de 1913, ainda que termine – como é bastante comum em Freud – numa complexificação do problema que acaba por não esgotar a questão. O texto não apresenta nenhuma possível definição operacional na noção de "escolha", nem propriamente uma discussão acerca das implicações de uma ideia como essa a partir do momento em que se considera o inconsciente. Pontuemos, então, apenas um detalhe referente à matriz utilizada por Freud para se discutir a questão da *escolha* da neurose:

> *No começo eu diferenciara apenas a fase do autoerotismo, em que as pulsões parciais procuram a satisfação do prazer [*Lustbefriedigung*] no próprio corpo, cada um*

> *por si, e depois a reunião de todos os instintos parciais para a escolha de objeto, sob o primado dos genitais a serviço da reprodução. Como sabemos, a análise das parafrenias obrigou-nos a interpolar aqui um estágio de narcisismo, em que a escolha de objeto já se realizou, mas o objeto ainda coincide com o próprio Eu. Agora vemos necessidade de reconhecer outro estágio antes da configuração final, no qual as pulsões parciais já se reuniram para a escolha de objeto, o objeto já se coloca como outro ante a própria pessoa, mas* o primado das zonas genitais ainda não se instaurou. *As pulsões parciais que dominam essa organização* pré-genital *da vida sexual são as erótico-anais e as sádicas. (Freud, 1913/2010c, p. 329, tradução modificada, grifos nossos)*

Ora, é justamente a partir de uma questão relativa à sexualidade que Freud pensa a noção de "escolha", abrindo caminho para a dificultosa discussão das relações pré-genitais – apresentadas mais tarde em sua obra como "pré-edípicas". Mas suspendamos esse problema por enquanto.

Já em Lacan, a noção de "escolha" se mostra um pouco mais desenvolvida, ainda que não seja alçada propriamente a um patamar conceitual forte. Contudo, a ideia de "*insondável decisão do ser*" (Lacan, 1946/1998c, p. 179), no contexto da loucura, coloca uma dimensão do impossível naquilo que, em Freud, orbitava elipticamente em torno tanto da disposição (gênese) quanto da vida (repressão) (Freud, 1913/2010c). O tema retorna na ideia de *escolha forçada*, no Seminário 11, na discussão metaforizada na ideia "a bolsa ou a vida" – que retoma o *vel* (ou) e a questão da dialética do senhor e do escravo (Lacan, 1964/1996a, p. 233) –, fazendo eco na noção de *certeza antecipada* presente nos três prisioneiros na discussão sobre o tempo lógico (Lacan, 1945/1998b). Alves discute brevemente a questão da escolha no Édipo, ressoando a ideia freudiana de uma escolha "estrutural". Mas a ela vai opor uma outra matriz de escolha:

> *Dessa forma, a todo instante o sujeito sexuado será confrontado com a sua escolha, com a questão de que essa escolha é definitiva e de que as consequências da sua escolha não estão estabelecidas de uma vez por todas. Ele pode abrir mão da possibilidade de praticar a sua sexualidade, mas não poderá, jamais, deixar de ser um ser sexuado.*
>
> *Entretanto, quanto a esse processo que Lacan (1967-1968) traz no Seminário* L'Acte Psychanalytique *(inédito), pode-se dizer que num momento bem preciso ocorrerá o ato de passagem do ser sexuado. Dessa forma, pode-se colocar como hipótese que, num determinado momento, o sujeito irá reconhecer-se como um ser sexuado e na posição masculina ou feminina. Assim, o sujeito deverá assumir esse lugar e autorizar-se como um ser sexuado frente a essa posição.*
>
> *A partir daí, pode-se dizer que se terá o último tempo na constituição da sexualidade, ou seja, no momento em que o sujeito poderá nomear-se. Sua nomeação será: sou homem ou mulher, e aí deverá portar-se como tal – como Lacan (1961-1962) explicou no Seminário* A Identificação *(inédito). (Alves, 2013, p. 108)*

Alves (2013, pp. 106-107) parece entender que, mesmo que a sexuação tenha podido estabelecer-se a partir da ideia de ter o falo (menino) ou ser o falo (menina), e que se possa aproximar o terceiro tempo do Édipo à questão dos lados nas fórmulas da sexuação de 1973, haveria uma outra matriz da ideia de autorização, passando por um *reconhecimento* de sua condição de menino ou menina e, principalmente, de uma *nomeação*.

Que se diga em fórmulas

O ser sexuado só se autoriza de si mesmo e de alguns outros. O enigmático da afirmação persiste. Deveríamos aqui nos apaziguar com a ideia de que se trata de uma das dezenas de máximas lacanianas que visam desestabilizar ou instaurar, pelo dizer, um sentido por um choque de significação, mas que não encontram nenhuma costura com outros pontos de seu ensino, posto que não se trataria, a princípio, de uma formalização, no sentido lógico do termo?

Antes de abandonarmos a recém-nascida ideia do dizer da sexuação, permitamo-nos um esforço adicional na tentativa de decifrar essa aproximação aparentemente longínqua entre essa proposição da autorização e as fórmulas da sexuação.

Sabemos que esse dizer não localiza ou especifica diretamente o todo e o não todo, muito menos a ideia de que há um lado *homem* e um lado *mulher* na sexuação – optando pela genérica ideia de "ser sexuado". Sabemos também que ele não contempla a questão das diferentes modalidades de gozo, que, aliás, não são citadas nessa lição. Mas lembremos que, antes de enunciá-lo, Lacan referia-se à sexuação a partir de suas *quatro* fórmulas. Retomemo-las:

$\forall x.\Phi x$, todos se submetem a Φx;

$\neg\exists x.\neg\Phi x$, não há nenhum que não se submeta a Φx;

$\exists x.\neg\Phi x$, existe algum que não se submete a Φx;

$\neg\forall x.\Phi x$, não todo se submete a Φx.

Propomos que o dizer da sexuação poderia, possivelmente, traduzir esses quatro termos herdados das fórmulas de 1973. Assim, teríamos:

$\forall x.\Phi x$, o ser sexuado

$\neg\exists x.\neg\Phi x$, não se autoriza senão

$\exists x.\neg\Phi x$, de si mesmo

$\neg\forall x.\Phi x$, e de alguns outros

Decorreria daí que o ser sexuado se liga ao universal afirmativo $\forall x.\Phi x$, na medida em que – não importa de que maneira, conforme lembra Alves (2013, p. 108) – todo ser falante se inscreve na sexuação de alguma forma. Ademais, temos aqui também a insistência freudiana do primado da sexualidade como centro do inconsciente, a despeito das formulações e defesas egoicas. Esse ser sexual, contudo, encontra-se em relação de contradição com a ideia de um "si mesmo" constituído, uma vez que a formação do *eu*, enquanto especularmente alienado, apresenta-se como exceção contraditória à infinidade de destinos pulsionais e identitários possíveis que a universalidade do *ser sexuado* proporcionaria, donde ele se torna ao menos um que escaparia da função sexuada, $\exists x.\neg\Phi x$: o *eu* é uma exceção à potência do sujeito. Lembremos da máxima de Freud segundo a qual, após a psicanálise, o eu não seria mais senhor em sua morada. Ora, temos aí justamente a ideia de que o eu se exclui de uma casa que, contraditoriamente, é dele.

A autorização sendo originalmente no francês uma existencial de dupla negação, *não* se autoriza *senão* (*ne* s'autorise *que*) – representa o fato de que não há, por outro lado, nenhum si mesmo que escape ao destino de sexuar-se por meio de uma autorização que vem de outros, $\neg\exists x.\neg\Phi x$. Em outras palavras, aquele *ao menos um* que se mostrava como uma exceção ao inconsciente – *wo Es war, soll Ich werden* – não funciona como tal face ao *alguns outros*, posto que sua instauração confunde-se com esses outros e estabelece entre eles não propriamente uma contradição, mas uma *indecidibilidade*, na medida em que, no contexto da sexuação, *Ich* não se distingue claramente de *wir* (nós) ou *sie* (eles). "Pois autorizando-se apenas de si mesmo, ele só pode, com isso, autorizar-se também de outros" (Lacan, 1973-1974, p. 191, tradução nossa).

Esses *alguns outros*, no contexto dessa reformulação da sexuação, regem-se pela lógica do não todo na medida em que questionam a possibilidade de se estabelecer um conjunto – seja porque sua coerência interna não permite um limite que determine o fechamento do grupo *alguns*, seja pelo fato de que não há nenhuma exceção localizável que sirva de terceiro excluído para que esses alguns se estabeleçam de maneira fixa. A leitora e o leitor advertidos do uso dos quantificadores até 1973 podem estranhar o uso do *alguns*, que, a princípio, deveria figurar junto ao lado do existencial, e não do universal. Contudo, a questão da sexuação coloca essa diferença em outros termos quando oferece maneiras distintas de sexuar-se a partir do fato de que se é, universalmente, sexuado, mas a particularidade com a qual se sexua apresenta-se internamente também a partir da universalidade de *alguns*. O próprio Lacan, no seminário "*... ou pior*" já aproximara o *alguns* à ideia de não todo (Lacan, 1971-1972/2012, p. 21). Mais ainda, o não todo do gozo feminino é descrito no Seminário 21 também por meio da existencial $\exists x.\neg\Phi x$: quando se está do lado do não todo, a fronteira entre um universal contingente e um particular aberto depende, no fundo, de uma perspectiva.[20]

Poderíamos aqui explorar mais os detalhes dessa aproximação, por exemplo, por meio da discussão da relação de cada termo com as ideias de possível, impossível, contingente e necessário, ou ainda da relação de cada quadrante lógico com o (não) *cessar* e o (não)

20 Esse movimento nos parece próximo àquele da suspensão identitária presente no perspectivismo ameríndio, resgatado por Dunker (2015).

escrever, entre outros. Mas, ao fazer isso, nos colocaríamos, de alguma maneira, ainda insistindo numa forma de apresentar o problema que já é suficientemente explorada por comentadores, e mesmo pelo próprio Lacan, desde o início da década de 1970. Nosso trabalho visa, no entanto, sublinhar quais as implicações ainda não exploradas (ou esquecidas) na obra de Lacan, a partir da formulação da sexuação nos termos da *autorização* e dos *alguns outros*, veiculadas por um dizer e por uma nomeação. Continuemos, então, com o seguimento que Lacan dá ao seu aforismático dizer da sexuação.

Nem de um lado nem do outro

Seguindo a (re)formulação da sexuação em 1974, Lacan diz sobre a questão dos outros:

> *Qual é o estatuto desses* outros *nesse caso, se não é que em alguma parte... não digo no* lugar do Outro... *é em alguma parte que é preciso situar bem, saber onde isso se escreve, onde isso se escreve, minhas fórmulas quânticas da sexuação. Porque eu diria até mesmo o seguinte,* eu vou longe o bastante: se eu não as tivesse escrito, será que seria também verdadeiro que o ser sexuado não se autoriza senão por ele mesmo? *(Lacan, 1973-1974, p. 188, tradução nossa, grifos nossos)*

Temos aqui a constatação de que, de fato, tais *outros* não se referem ao *lugar do Outro*. Tal ideia é contundente, na medida em que o Outro é uma invenção lacaniana extremamente central em sua teorização – no mínimo, desde o Seminário 2 –, mas que não aparece aqui como baliza da sexuação. Em seu lugar, encontramos um estranho constructo, até então aparentemente pouco adensado no nível conceitual, que retoma e pluraliza uma categoria que fora, digamos, achincalhada por quase vinte anos, no afã de descrição de um sistema simbólico (que teria sido, posteriormente, furado por um real) descolado da alienação imaginária. O que diabos Lacan quer com os *outros* agora?

Essa questão será suspensa, por enquanto, porque o psicanalista francês abre um parêntese extremamente interessante que, a nosso ver, tanto desvela o lugar que deve ser dado ao dizer da sexuação quanto dá pistas de qual seria a sua ideia de autorização e do lugar dos outros nesse contexto. Retomando a passagem evocada há pouco, Lacan se pergunta se o dizer da sexuação seria verdadeiro caso ele não tivesse escrito as fórmulas. Dito de outro modo, a pergunta aqui é se haveria um modo distinto de conceber a sexuação, para além das fórmulas construídas a partir dos quantificadores. Lembremos que, para a maior parte dos comentadores, essa pergunta teria uma resposta negativa ou, no mínimo, nem parece ter sido colocada. Vejamos o encaminhamento dado a ela por Lacan:

> *Isso parece difícil de contestar, uma vez que* não se esperou que eu escrevesse as fórmulas, *as fórmulas quânticas da sexuação,* para que houvesse, *enfim,* uma séria enxurrada *[*lampée*]*[21] *de pessoas que a gente taxa [*on *épingle]... como pode; enfim,* que a gente taxa como homossexualidade*:* nem de um lado, nem do outro. *(Lacan, 1973-1974, tradução nossa, p. 188, grifos nossos)*

Resumamos a estranha passagem: é difícil contestar que o ser sexuado não se autoriza senão por si mesmo, a despeito da escrita

---

21 *Lampée* pode ser traduzido literalmente como *talagada*, um engolir que denota, por um lado, avidez, e, por outro, ter como objeto um líquido – portanto, uma substância *incontável*.

das fórmulas, pois há a homossexualidade, que não está nem de um lado, nem do outro de tais fórmulas. Lembremos que a noção de "lados" – sempre dois – das fórmulas seria central para Lacan e seus comentadores, tanto que teria levado o psicanalista a afirmar, anos antes, que não haveria auvernenses,[22] ou seja, que se estaria sempre e necessariamente ou de um lado ou do outro das fórmulas. Um e não um, um e outro, todo e não todo...

Mas o que temos aqui, a partir do dizer da sexuação calcado na ideia de "autorização", é algo sensivelmente diferente de tal racionalidade. Mas seria esse apenas um deslize ou um floreio retórico de Lacan? Em outra passagem do mesmo seminário, na lição do dia 15 de janeiro, o psicanalista define a inexistência da relação sexual a partir da ideia de que, para que haja o real – que não é senão *suposto* –, é preciso que haja *três* e que, portanto, a *escolha* de se colocar no lado *homem* ou no lado *mulher* é a escolha de um em relação ao outro, a ser feita por uma função que, no entanto, não é passível de ser escrita. E prossegue:

> *é isso [inexistência da relação sexual] que eu já anunciei sob o nome de "coisa freudiana"; está tudo aí, de cabo a rabo; e é claro, passa completamente despercebido, por uma simples razão: é que nós ficamos nesse imaginário. Nesse imaginário que é justamente o que coloca em questão a mínima experiência do discurso analítico, que não há nada de mais fugaz [*flou*] do que o pertencimento a um*

22 "De todo modo, não há senão dois, os homens e as mulheres, diz-se, e nos obstinamos a acrescentar aí os *auvergnats*! É um erro. No âmbito do real, não há *auvergnats*. Isso de que se trata de sexo, é do outro, do outro sexo, mesmo quando se prefere o mesmo" (Lacan, 1971-1972/2012, p. 94). Lacan faz aqui referência à população que habita a região de Auvérnia, cuja língua falada ainda hoje é uma variação do provençal. Parece-nos que o comentário refere-se ao caráter fronteiriço dos auvernenses, incompatível com esta dualidade de homens e mulheres.

> *desses dois lados (o que eu designo de x e o outro, de y); por conta disso, de uma só tacada, é preciso que eu evidencie que não há aí nenhuma função que os religue.*
>
> *Então, trata-se de saber como, apesar disso, isso funciona – a saber: que, apesar disso, se transe mesmo assim. Enunciando isso, é preciso ainda que eu descole de alguma coisa que é uma... uma suposição de que haja um sujeito, macho ou fêmea. É uma suposição que a experiência torna insustentável, muito evidentemente, e que implica que isso que eu avanço com a minha enunciação, pela enunciação da qual eu não sou o sujeito, a não ser enquanto o discurso analítico que eu mesmo trabalho, que é preciso que eu não coloque o sujeito sob esse x e sob esse y. É preciso então que o enunciado não implique sujeito – não implique sujeito, e basta escrevê-lo no quadro –; é preciso, então, que o meu enunciado não implique sujeito. (Lacan, 1973-1974, tradução nossa, p. 101)*

Temos, em primeiro lugar, essa curiosa ideia de que, no imaginário, não há nada mais *flou*, fugaz, borrado, vago, indefinido, do que a pertinência a um dos dois lados, motivo pelo qual Lacan sublinha que não haveria nenhuma função que os religue, ou seja, que os tome como conjuntos fechados com os quais se poderia estabelecer uma relação unívoca. Ora, se nos lembrarmos da importância que Lacan confere ao imaginário nesse seminário – ligando-o ao amor e à matemática, além de rejeitar a ideia segundo a qual ele o teria tomado por inimigo –, a passagem torna-se ainda mais interessante, na medida em que essa constatação imaginária não contradiz, mas completa o que haveria de real na questão.

Sendo esse pertencimento ao lado *homem* ou ao lado *mulher* indefinido, Lacan afirma ser surpreendente o fato de que, mesmo assim, as pessoas transem. A resposta viria, então, de um descolamento de se pensar "homem" ou "mulher" como *suposições* – que seriam insustentáveis pela experiência psicanalítica enquanto tais –, e o encaminhamento *a uma enunciação que não implique sujeito* (no singular). Para além da notável retomada da categoria *suposição*, utilizada amplamente nos anos 1950 para se discutir a posição do analista enquanto sujeito suposto saber, tendo sofrido mais tarde um reviramento que colocava o próprio sujeito na condição de suposto, é mister lembrar que, pouco antes, Lacan definira o real a partir da ideia de "contingente" e de "suposição". Se a reflexão de Lacan começa com os ditos dois lados, muito rapidamente se passa ao real, ao três, ao imaginário, à enunciação, à suposição e à impossibilidade de se implicar um sujeito... A tão ferrenha lógica da sexuação pensada a partir de dois lados não coincidentes parece, no Seminário 21, escapar repetidamente pelas mãos a cada vez que a discussão se aprofunda.

E não é diferente na passagem que há pouco comentávamos, na qual é dito, literalmente, que a homossexualidade não estaria nem de um lado, nem do outro das fórmulas. Aliás, o aparecimento de tal categoria pode parecer, à primeira vista, completamente contraintuitivo, na medida em que, até então, a sexuação era concebida como algo que não diria respeito, em absoluto, às modalidades de escolha objetal, às formas de fruição de prazeres junto ao outro, muitíssimo menos a identidades de qualquer tipo – noção que, para os comentadores, é justamente implodida pela construção da lógica da sexuação. Como compreender tal ideia? Retomemos a passagem para complexificar ainda mais a questão:

> *não se esperou que eu escrevesse as fórmulas, as fórmulas quânticas da sexuação, para que houvesse, enfim, uma séria enxurrada de pessoas que a gente taxa [on épingle]... como pode; enfim, que a gente taxa como*

> *homossexualidade: nem de um lado, nem do outro. (Lacan, 1973-1974, p. 188, tradução nossa)*

Épingle é o vocábulo francês para alfinete; *épingler* seria, portanto, taxar ou *alfinetar*. Mas aqui não com o sentido coloquial, alfinetar, que usualmente atribuímos no português – o de criticar alguém com um comentário pontual e sutil –, mas sim com a ideia da fixação que um alfinete ou uma tachinha dá. Em uma tradução anônima desse seminário, variou-se a tradução ora para "rotula-se", ora para "discrimina-se". Nos dicionários consultados, o que encontramos foi, sobretudo, a ideia de *apontar* (enquanto denúncia) (Épingler, 2017a); *estigmatizar*, *culpar* (2017b); *criticar* (2017c); e, por fim, o talvez mais coloquial de todos: *prender*, *fazer uma pessoa prisioneira* (Épingler, 2012).

Sublinhando, portanto, o caráter sensivelmente abjeto que *épingler* evoca, estaria aqui Lacan, finalmente, posicionando-se e denunciando o que chamamos hoje de homofobia? Haveria uma crítica velada à incitação de nomeação identitarista de um uso dos corpos não hegemônico, na esteira da crítica foucaultiana do caráter datado da categoria "homossexual" em *A vontade de saber* (Foucault, 1976/1988) *avant la lettre*? Acreditamos que não. Mas façamos um breve parêntese metodológico.

Não, pois apesar desses pequenos lampejos, é muito mais frequente em Lacan – e não apenas no início de seu ensino – o movimento contrário, no qual busca definir, em alguma medida, diferenças nas sexualidades e vivências não heterocisnormativas, sem nenhuma referência crítica ao tipo de efeito de exclusão que tal discurso produz. Tal postura talvez tenha tido como resultado quer o efeito de transcendentalização do real (da diferença dos sexos, nesse caso) em grande parte dos herdeiros de Lacan que privilegiam o último período do seu ensino, quer a "(re)naturalização do complexo de Édipo freudiano" (Laufer, 2017, p. 6, tradução nossa)

Não obstante, gostaríamos de nos posicionar criticamente em relação a diversos momentos do texto lacaniano, buscando furos e exterioridades dentro de sua própria economia conceitual, tomando determinadas passagens – ainda que pontuais – enquanto motor crítico de um dado problema, a despeito de, à primeira vista, parecerem alheias a todo um conjunto de coordenadas já estabelecidas por leituras consolidadas. Mas essa tentativa é possível sob uma condição: a de que se encontre uma constelação teórica, *alguns outros* astros conceituais, condensados em passagens esquecidas ou pouco exploradas, que guiem nossa caravela a uma leitura alternativa da sexuação.

Mas uma andorinha não faz verão, da mesma forma que inferências relativas a uma passagem isolada não sustentariam nossa aposta. Antes de gritar "Terra à vista!" precocemente, é preciso que naveguemos melhor o golfo dessa protodefinição de homossexualidade, antes de voltarmos ao revoltoso mar da sexuação. Vejamos como a passagem segue:

> *Seria incontestavelmente verdadeiro, tirando que – coisa curiosa –, enfim, parece... que, ainda que isso tenha se alastrado desde o começo dos séculos... que se tenha levado um tempão justamente para taxar com esses termos... meio que, por acaso, impróprios... com esses termos tipo "homossexual". É curioso que eu possa dizer que são impróprios; enfim... é totalmente impróprio como nomeação. Bem antes não se tinha esses termos; enfim... a gente chamava, por exemplo... enfim; por um lado, e o fato de que se os distinguiu de uma forma séria, até dar para eles um lugar diferente no mapa geográfico, já é indicativo o suficiente... a gente chamava, por outro lado, de* sodomitas.

Notemos a insistência por parte de Lacan – que chega até mesmo a se surpreender, percebendo o caráter "curioso" da constatação – de pontuar que a categoria "homossexual" seria imprópria, tanto como termo quanto como *nomeação*. Ainda que a passagem lembre a preciosa construção de Foucault referente à data de nascimento da homossexualidade no século XIX, é importante atentarmos para o fato de que Lacan não chega a apontar que haveria o nascimento de uma subjetividade a partir de uma nomeação médica, restringindo-se apenas a sublinhar que a nomeação "homossexual", por algum motivo, seria imprópria.

Nomeação e política

Mas façamos uma pausa em Lacan e discutamos brevemente o estatuto da nomeação no contexto *político* da sexuação, a partir, precisamente, da conhecida passagem citada há pouco, na qual Michel Foucault demonstra seu argumento referente à invenção da homossexualidade. Antes do século XIX, segundo o autor, o conjunto de práticas e usos dos corpos que, após esse período, foi imputado ao "homossexual" não formava uma identidade propriamente dita, mas uma infração penal:

> *É preciso não esquecer que a categoria psicológica, psiquiátrica e médica da homossexualidade se constituiu no dia em que foi caracterizada – o famoso artigo de Westphal em 1870, sobre as "sensações sexuais contrárias"* pode servir como data de nascimento – *menos como um tipo de relações sexuais do que como uma certa qualidade da sensibilidade sexual, uma certa maneira de interverter, em si mesmo, o masculino e o feminino. A homossexualidade apareceu como uma das figuras da sexualidade*

> *quando foi reduzida, da prática da sodomia, a uma espécie de androgenia interior, um hermafroditismo da alma. O sodomita era um relapso, agora o homossexual é uma espécie. (Foucault, 1976/1988, p. 42, grifo nosso, tradução modificada)*

Lembremos que o interesse de Foucault nesse momento de sua experiência intelectual era colocar em relevo o caráter médico-legal do controle, da produção e da circulação de saberes sobre a sexualidade; assim, o artigo de Westphal cairia como uma luva em sua demonstração – não fosse o fato, já sublinhado por Davis (2010, p. 244), de que Westphal não cita nem uma única vez a homossexualidade em seu artigo. Além disso, o texto em questão aborda algo que hoje se aproximaria muito mais de sofrimentos relativos a experiências trans:

> *Tenho uma grande tendência para vestir roupas de mulher, chego mesmo a ficar infeliz por causa disso e penso "Por que você não é igual às outras pessoas?" . . . O ser feminino tem sido para mim um verdadeiro tormento. . . . Quando tento suprimi-lo, sinto uma angústia precisa, até que eu consiga satisfazê-lo. (Westphal, 1869-1870, p. 84, tradução nossa)*[23]

Para Tobin (2015, p. 22), ao considerar que o nascimento da homossexualidade é exclusivamente médico e patologizado, há mais em jogo do que apenas uma ignorância de Foucault. Ainda que o autor francês pudesse não conhecer os escritos de Kertbeny, Westphal faz diversas referências a Karl Heinrich Ulrichs, considerado o primeiro ativista de causas LGBTTQQIAAP, por lutar pela reforma

23 Westphal cita falas de um/a paciente nomeado/a apenas N.

sexual já em meados do século XIX. No entanto, para os interesses de Foucault, foi esse o texto que pôde servir de data natalícia para a homossexualidade. Mas haveria outra?

Recentemente recuperado pela historiografia *queer*, Karl-Maria Kertbeny, nascido em 1824, na cidade de Viena, teria sido aquele que cunhou o termo "homossexual", o que nos serve aqui, sobretudo, se pensarmos o contexto de sua gênese. Kertbeny não era um médico ou sexólogo, mas um *tradutor*. Grande parte de sua vida foi dedicada à difusão de obras e da cultura húngaras; e, tendo trabalhado também como editor, tinha como intuito difundir as obras escritas em alemão e em húngaro, podendo essa ser considerada sua biografia "oficial" (Takács, 2004, p. 29).

No entanto, sob o manto do anonimato, escreveu, em 1869, diversos panfletos que versavam sobre a descriminalização da homossexualidade – que, a partir daquele momento, encontraria em sua pena uma nomeação própria, distinta de outras com forte carga moral como "sodomia", "vício terrível", "crime contra a natureza", "degenerado" etc. É preciso sublinhar que Kertbeny (1869-1870) não faz um recurso extensivo à ideia de "inversão" para abordar o tema (o que se tornaria comum no final do século XIX, como atesta o uso que Freud faz do termo), tampouco se fia à ideia de uma sexualidade "normal" em contraposição à homossexualidade. Pelo contrário, é ele quem cria, no mesmo movimento, a noção de "heterossexualidade", justamente para demonstrar tratar-se de expressões distintas da pulsão.[24] Ademais, Kertbeny faz um curioso movimento no qual coloca a heterossexualidade como uma expressão ainda mais "perigosa" que a homossexualidade (Takács, 2004, p. 30). Assim, diferentemente da argumentação foucaultiana, notemos aqui que o nascimento tanto da homossexualidade quanto da heterossexualidade tem um berço de *libertação política*, e não médico-legal.

---

24 Kertbeny utiliza o vocábulo *Trieb* (pulsão), e não *Instinkt* (instinto).

Esse viés do significante desapareceu durante quase um século, tendo sido apropriado pela sexologia para seus fins biopolíticos. Contudo, é importante marcar o contexto da invenção da noção de *heterossexual*, na medida em que problematiza o que até então era tomado como natural e evidente. O ato de nomear o discurso dominante da sexualidade como distinto de um natural, de um universal silencioso, é um ato político por excelência, pois dar um nome é confrontar o sujeito com a impossibilidade de uma suposição imaginária compartilhada e, portanto, leva necessariamente a um questionamento acerca de sua posição no discurso do Outro.[25] Dito de outra maneira, nós, humanos, quase sempre acreditamos que falamos e agimos no mundo a partir de uma perspectiva externa e universal. Mas quando alguém dá um nome à nossa posição, percebemos que ela pode ser apenas uma entre muitas, e passamos a nos enxergar mais como objetos de um discurso do que como agentes neutros. É o que acontece, por exemplo, quando o movimento negro se esforça para fazer a população branca perceber que tem privilégios: as reações são quase sempre de um incômodo, que vem da dificuldade que uma pessoa que está identificada silenciosamente a um discurso dominante enfrenta ao se deparar com a *nomeação* dessa *posição*. Essa é uma das principais questões em jogo ao redor da noção de *lugar de fala*, por exemplo.

Mas voltemos a Lacan: temos que a nomenclatura taxativa e acusatória, *homossexual*, ainda que recente historicamente e imprópria como nomeação, estaria ligada ao dizer da sexuação – remetido à autorização por si mesmo e alguns outros. Mas o que isso implica? No que tal aproximação esclareceria o estatuto da autorização como paradigma da sexuação? Sigamos o desenvolvimento do argumento:

---

25 O termo *heterossexual* hoje já está suficientemente difundido para que haja amarras imaginárias que anulem tal efeito. Interessa aqui sublinhar a operação que, à época, tal nomeação representou.

> *chamava-se isso, por um lado, de* ***sodomitas****:* "Sumus enim sodomitae" *[porque somos sodomitas], escrevia um príncipe que, creio eu, era, ele próprio, da família dos Condé:* "Sumus enim sodomitae igne tantum perituri" *[porque somos sodomitas, só o fogo pode nos fazer perecer]. Ele dizia isso para tranquilizar seus* ***companheiros*** *no momento em que estivessem atravessando um rio: "nada pode nos acontecer; não vamos nos afogar, pois somos* 'igne tantum perituri'*, só o fogo pode nos fazer perecer; logo, estamos a salvo". Bom. Entretanto, será que não teria podido cair a ficha, na minha Escola, de que é isto que equilibra o meu dizer: "que o analista só se autoriza de si mesmo"?* ***Isso não quer dizer, no entanto, que ele decida isso sozinho****, como acabei de fazer com que vocês observassem, de fazer com que vocês observassem no que diz respeito ao ser sexuado. (Lacan, 1973-1974, p. 188, tradução nossa, negritos nossos)*

A passagem, mais uma vez, nos assegura do paralelo que Lacan faz entre a autorização no contexto analítico e no contexto da sexuação. Lembremos que a ideia segundo a qual um analista não se autorizaria senão por si retoma uma das mais importantes formulações lacanianas referentes à formação analítica e, portanto, aos elos teóricos e políticos da formação ligada à análise didática. Assim, no afã de propor um novo sistema de formação, por um lado, institui-se a ideia de que um analista se autoriza de si, e, por outro, postulam-se os dispositivos de controle de uma escola de psicanálise. Mas notemos que a ideia de alguns outros é aquela que, de acordo com Lacan, irá *equilibrar seu dizer* em relação à formação. Ou seja, é só no acréscimo que considera a questão política da comunidade analítica que a ideia de autorização encontra sua forma mais bem acabada. Mas qual a extensão disso em relação à sexuação?

O fogo, a água e a letra

Atentemo-nos agora para a passagem em latim vulgar citada por Lacan para descrever o que estaria em jogo na homossexualidade, "*Sumus enim sodomitae igne tantum perituri*". Kühner (2011), em seu capítulo sobre a amizade na corte europeia no século XVII, descreve, dentre as muitas formas de estreitamento de laços entre nobres no período (caça, jogos, caminhadas, banquetes, bebedeiras), uma em particular: a quebra de tabus conjuntamente. É nesse contexto que apresenta o mesmo episódio relatado por Lacan:

> *Esse foi, por exemplo, o caso de uma troca de cartas entre o Príncipe de Condé e o Marquês de La Moussaye, na qual La Moussaye escreve a Condé que eles acabariam queimados como punição por seu relacionamento homossexual – sabendo, é claro, que essa punição, ainda que continuasse legal, havia muito deixara de ser aplicada. Brincar com o proibido, como a homossexualidade ou opiniões ateístas, poderia assim tornar-se meio para o fortalecimento de uma relação. Condé e La Moussaye, além disso, expressavam essas ideias em poemas que escreviam um ao outro, um caso de poesias ocasionais e um sinal suplementar de amizade. (Kühner, 2011, p. 70, tradução nossa)*

Mas o que a escrita de cartas entre dois nobres que brincavam com o proibido teria a ver com a autorização do ser sexuado? Tomemos a nota de rodapé n. 43, de Kühner:

> *Os dois poemas a seguir são citados por Monmerqué na sua introdução às memórias do conde Coligny--Saligny. . . . Como sua fonte do poema, Monmerqué cita um manuscrito "Chansons manuscrites" de sua coleção pessoal, um texto que não consegui encontrar. Ao conjecturar "s[odomitae]", seguimos Bernard Pujo,* Le grand Condé. *Paris: Albin Michel, 1995, 108. Quando Condé e La Moussaye são pegos de surpresa por uma tempestade no rio Ródano em 1643, Condé teria dado o seguinte poema a La Moussaye:*
>
> *Carus amicus Mussaeus!*
>
> *Ah Deus bone! Quoud tempus!*
>
> *Landerirette,*
>
> *Imbre sumus perituri,*
>
> *Landeridi*
>
> *La Moussaye teria respondido:*
>
> *Secure sunt nostrae vitae,*
>
> *Sumus enim s[odomitae].*
>
> *Igne tantum perituri,*
>
> *Landeridi. (Kühner, 2011, p. 70, tradução nossa)*

Temos agora um pouco mais de detalhes: ao cruzar um rio, frente a uma tempestade que em algum grau ameaçaria a embarcação, Condé teria escrito a La Moussaye: "*Caro amigo, La Moussaye, Ah! Deus, que tempo! / Landerirette, / Em chuva findaremos / Landeridi*". Ao que este teria replicado: "*Seguras estão nossas vidas / Somos s[odomitas] / Só em fogo findaremos / Landeridi*". Brinca-se, assim, com o proibido, a partir do reconhecimento de pertença a um *grupo*, a uma categoria (*s[odomitae]*) cuja punição pelo fogo – a qual, de acordo com Kühner, àquela época já seria mais folclórica do que, de fato, uma ameaça –, naquele contexto, tem efeito de ironia, haja vista a tempestade na qual se encontravam.

A propósito, cumpre sublinhar que no texto supostamente mais próximo ao original encontramos apenas *s*, uma *letra*, condensando e apagando o significante ao qual ela faria referência, *sodomitae*. Notemos que esse movimento de apagamento vai de uma (suposta) fala em um momento de irônica apreensão a um escrito, mais precisamente *cartas* (*lettres*).[26]

Retornemos, por um instante, ao fenômeno que se coloca como pano de fundo de nosso percurso: a questão das multiplicações identitárias ligadas ao gênero na atualidade. Num horizonte de igualdade, pessoas que reivindicam politicamente direitos que lhes são negados por não se enquadrarem em gêneros ou usos dos corpos considerados inteligíveis unem-se (não sem atritos) ao redor de um movimento.

Podemos considerar como hegemônica a posição de psicanalistas e filósofos influenciados pela psicanálise lacaniana segundo a qual tais demandas se condensariam na chave de um multiculturalismo pós-moderno que nega "a" diferença sexual em nome de falsas diferenças, que, no fundo, continuariam a operar pela lógica do Um – defendendo, em última instância, uma mesmidade ideológica (Žižek, 2002, p. 73).

Diéguez resume a questão da seguinte maneira:

---

26 *Lettre*, em francês, como *letter*, em inglês, condensa o sentido tanto de "letra" como de "carta". Tal conjunto de significações foi bastante explorado por Lacan e comentadores.

> *Desde a sua criação, o movimento* queer *reivindica uma identidade "antimassificação", "antigênero"; o gozo sexual não entraria no compartimento da norma proposta pelos movimentos LGBT. Isso consiste, bem se pode ler, em desenvolver diferentes práticas sexuais antigênero; e, nesse sentido, a lista não acaba mais: práticas masoquistas; diferentes tratamentos do corpo, como o piercing, o branding; os diferentes travestismos, lesbianismos, práticas gays, transexualistas, trangêneros e intersexos; a utilização de objetos etc. A série é tão heterogênea que parece demasiado complicado se achar num grupo. O que está em jogo na cultura* queer *é a busca por uma nomeação, a partir do modo de gozar privilegiado de cada um que permanece fora de toda norma. (Diéguez, 2017, p. 2, tradução nossa)*

No entanto, a partir de um detalhe que passa despercebido por todos os comentadores consultados, gostaríamos de propor uma leitura alternativa de tal fenômeno. A generalidade com a qual se referem à "teoria *queer*" ou aos "estudos de gênero" – muitas vezes tomando-os, inadvertidamente, sinônimos de uma luta política que nem sempre cabe nos quadros conceituais acadêmicos – não permite perceber que a maneira pela qual o movimento social se organiza e, como acreditamos, mostra o lado real da sua força política advém, precisamente, da sua modalidade de *nomeação*.

LGBTTQQIAAP são, antes de tudo, letras. Bem entendido, a princípio cada uma faria referência a um significado localizado; mas, ao tomarmos estas desde a sua materialidade, alguns aspectos interessantes podem ser sublinhados. A partir do momento em que tomamos *LGBTTQQIAAP* como um significante, ligado a uma constelação de outros significantes atrelados à luta por direitos e visibilidade, suas letras perderiam seu caráter propriamente de acrônimo, passando a atuar sobretudo como suporte material do significante (Lacan, 1957/1998h, p. 498).

Lembremos que logo após a enunciação do dizer da sexuação, da discussão que o ligava à formação dos analistas, bem como de se queixar da "velha rotina" dos grupos analíticos e dos títulos universitários, Lacan retoma a noção de "letra", afirmando, logo à frente, que:

> *essa ciência do Real, a lógica, se trilhou, só pôde se trilhar a partir do momento em que se pôde* esvaziar o bastante as palavras dos seus sentidos *para substituí-los pura e simplesmente por letras. A letra é, de alguma forma, inerente a essa passagem para o* Real. *É engraçado poder dizer aqui que o escrito lá estava para dar prova – dar prova de quê? –, dar prova da data da invenção. Mas ao dar prova da data da invenção, ele dá prova também da própria invenção; a invenção é o escrito, e o que exigimos numa* lógica matemática *é muito precisamente que nada repouse, da demonstração, em nada além disto: uma certa forma de se impor a si mesmo uma combinatória perfeitamente determinada de um jogo de* letras. *(Lacan, 1973-1974, p. 195, tradução nossa, grifos nossos)*

Letra se liga, assim, para Lacan, a uma emancipação do sentido que marca uma passagem para o real, mas que dá prova de sua *data de invenção*. Pode um real ser datado? Pode um real ser inventado? Voltaremos a essas questões.

Mas a letra não aparece pela primeira vez nesse contexto do ensino de Lacan. Dentre as inúmeras definições de letra/carta na obra lacaniana, comentemos brevemente duas que, de alguma maneira, se ligam ao real que estaria aqui em jogo:

> *A carta se mostra, deste modo, uma ferramenta útil para se falar da repetição na cadeia significante, chamada* automatismo de repetição. *Num primeiro momento, é sobre essa associação (carta – automatismo de repetição) que Lacan avançará suas reflexões. Grande parte de* O seminário sobre a Carta roubada *(LACAN, 1955/2001) trabalha sobre isso, a partir dos lugares que se deslocam através dos personagens, determinados pela posição da carta. Contudo, ao se avançar no texto do Seminário 2, Lacan começará a derivar um outro ponto a partir desse, ligado ao* Além do princípio do prazer. *Algo insiste na trama simbólica para além das motivações ditas conscientes do sujeito e isso tem a ver com a* instância da morte materializada pelo significante *(LACAN, 1954-1955, p. 175).* Instância da morte *pode ser entendida como* pulsão de morte, *conceito crucial avançado por Freud em* Além do princípio do prazer. *(Oliveira, 2017, p. 27, grifos do original)*

Podemos enxergar a partir daí de maneira diferente o que os comentadores em geral interpretam como uma multiplicação aleatória de identidades falsamente singulares que visam apagar a verdadeira diferença, a diferença sexual. Ao tomar a letra como ligada à ideia da *repetição* – que reaparecerá, no seminário sobre as identificações, ligada ao traço unário –, temos justamente essa tendência à reinscrição das identidades como a marca do *escrito*.

Lembremos o fato de que está em jogo aqui não apenas um significante que tem seu significado produzido pelos outros significantes para os quais ele representa um sujeito, mas igualmente – o que é escancarado por sua escrita – que ele pressupõe a possibilidade sempre aberta de que cada vez mais outras letras a ele se adicionem, apontando para a insistência de algo que estaria sempre para fora, abjeto, e que, em algum momento, cessaria de não se escrever. *LGBTTQQIAAP* é, assim, um significante da insistência, que apresenta não apenas aquilo que, ao se decantar como letra, encontra escrita e materialidade, mas igualmente a incompletude radical à qual tal decantação responderia.

Como dirão Philippe Lacoue-Labarthe e Jean-Luc Nancy (Oliveira, 2017, p. 5), a letra tem a ver com essa insistência do sentido que não se esgota; com essa insistência sem constituição, pois ela (letra) não tem qualquer sentido em si mesma. Cada letra torna-se, assim, sem sentido, pois sua função no interior de tal significante político não é propriamente defender sua identidade fechada, mas, justamente ao solidarizar-se com as outras letras, marcar sua diferença – apontando, porém, para algo que está para fora de cada uma delas, uma vez que o conjunto torna-se aberto pela própria eminência de que o tempo apresente uma nova forma de sexuação. Assim, estamos frente a um movimento que responde paradoxalmente a emergências do social, tanto pela inclusão de novas formas de vida quanto pelo horizonte de instabilidade que a distância entre essas – e, no limite, uma infinidade de letras – apresenta.

Notemos, no entanto, que *não se trata de uma infinidade contável (toda), mas precisamente daquela ligada à ideia de compacidade, na qual a irredutibilidade de cada passo identitário remete-se àqueles da tartaruga de Zenão* (Lacan, 1972-1973/1985b, p. 16), posto que não há uma exceção que funde sua racionalidade de infinitização, tampouco uma função única que estruture suas formas de transformação. Trata-se, assim, não de uma multiplicidade cumulativa, mas de uma pluralidade inconsistente: tais letras não são produzidas conscientemente na tentativa de controlar o sexual, mas *jorram do sexual.*

É possível pensarmos a letra também a partir da questão do apagamento. O Seminário 9 apresenta uma espécie de revisão da teoria do significante em Lacan a partir da proposição do traço unário em conjunção com a letra. Ao retomar a passagem do primeiro sinal que Robinson Crusoé teria tido de Sexta-Feira (Lacan, 1961-1962/2003c, p. 136), é trabalhada a ideia da passagem de um *trace de pas* ao *pas de trace*,[27] sublinhando a ideia de um apagamento como fundamental para se pensar o que estaria em jogo no traço unário.

A ideia de apagamento é mais bem condensada, no entanto, em outra passagem. Visando diferenciar signo e significante – um retorno a uma das questões fundamentais do início de seu ensino –, Lacan irá propor que, diferentemente do que ocorre no signo, no significante está em jogo um *apagamento da coisa*:

> *Este "1", como tal, na medida em que marca a diferença pura, é a ele que devemos nos referir para colocar à prova, em nossa próxima reunião, as relações do* sujeito *com o* significante. *Será preciso, primeiro, distinguirmos o* significante *do* signo, *e mostrarmos em que sentido o passo que é dado é o da* coisa apagada. *Os diversos "apagamodos"... se me permitem me servir dessa fórmula... pelos quais o significante aflora nos darão precisamente os modos capitais da* manifestação do sujeito. *(Lacan, 1961-1962/2003c, p. 64, tradução modificada)*

A passagem indica que as manifestações do sujeito seriam pensadas, medidas, lidas a partir das diferentes modalidades de apagamento da coisa. Essa ideia vem do neologismo *effaçons* (apagamodos) que condensa a ideia de "modos, jeitos, formas" (*façons*) à ideia de "apagar" (*effacer*). É daí, por exemplo, que vem a ideia, em Lacan, por nós retomada (Ambra & Paulon, 2018), de que o neurótico

27 "Traço de passos" e "não traço", respectivamente, dado que *pas* denota, em francês, tanto *passo* quanto *não*.

obsessivo seria aquele que se obstina em *apagar* os anais (*annales*) do caso, sendo então a função do analista (*annaliste*) análoga àquela do historiador (Lacan, 1961-1962/2003c, p. 135)

Mas o que seria apagado no significante *LGBTTQQIAAP* por suas letras? Lembremos que um traço que liga as primeiras manifestações de orgulho gay em Nova York às últimas edições da parada é a ideia de uma visibilidade aos sujeitos colocados em situação de abjeção, de mostrar que "nós existimos"[28] – o que é, a princípio, bastante contrário à ideia de um apagamento. Mas se, ainda assim, pensarmos tal posicionamento político como um *apagamento*, a qual *coisa* ele se referiria?

Se lembrarmos que, no período do seminário que estamos analisando mais detidamente neste capítulo, uma das definições mais presentes do objeto *a* é aquela que o liga à noção de *abjeto*, convém verificar como Judith Butler conceituou – a partir das reflexões de Kristeva (Padula, 2017) – sua noção de "abjeção" para pensar, justamente, a matriz pela qual o enquadramento heteronormativo exclui determinadas formas de vida. Em *Corpos que importam*, Butler busca, por meio da noção de *identificação*, demonstrar de que maneira o imperativo heterossexual autoriza certas identificações sexuadas e foraclui outras: "essa matriz excludente por meio da qual sujeitos são formados requer, assim, a produção simultânea de um domínio de seres abjetos – aqueles que ainda não são 'sujeitos', mas formam o fora constitutivo do domínio do sujeito" (Butler, 1993/2019, p. 3).

Assim, se em Lacan a abjeção é uma característica ligada ao objeto, em Butler trata-se de um processo discursivo e político de produção de subjetividades por meio da foraclusão das identificações ininteligíveis a partir de uma dada norma:

---

28 Cf. RUA (2015), Bonadio (2011), Contra o preconceito... (2016).

> *A força normativa da performatividade – o seu poder de estabelecer o que qualifica como "ente" – opera não só por reiteração, mas também por exclusão. E no caso dos corpos, essas exclusões assombram a significação como suas margens abjetas ou como o que está estritamente foracluído: o invivável, o inenarrável, o traumático. (Butler, 1993/2019, p. 188)*

Vejamos mais detidamente como a autora conceitua sua noção de "abjeção":

> *"Abjeção" (do latim,* ab-jicere*) significa, literalmente, descartar, jogar fora ou para fora; logo, pressupõe e produz um domínio de agência do qual se diferencia. Aqui o "jogar fora" ressoa com a noção psicanalítica de* Verwerfung*, implicando uma foraclusão que funda o sujeito e que, por conseguinte, estabelece uma tênue fundação. Enquanto que a noção psicanalítica de* Verwerfung*, traduzida como "foraclusão", produz socialidade através de um repúdio do significante primário que produz um inconsciente – ou, na teoria de Lacan, o registro do real –, a noção de "abjeção" designa um status degradado ou excetuado em termos de socialidade. (Butler, 1993/2019, p. 250)*

Se a abjeção parece aqui o análogo social do mecanismo de foraclusão lacaniano, seria possível supor que tais movimentos políticos visariam responder reativamente a esse processo? Teríamos aí, retomando a questão da letra, uma tentativa de apagar a *coisa*, que – nesse caso – apontaria propriamente para esse lugar do primeiro processo de exclusão análogo àquele presente na psicose. A insistência das letrinhas *LGBTTQQIAAP* e, principalmente, seu caráter instável, seu horizonte de eminente reformulação e adição repetitivas podem ser considerados, agora, não apenas uma cascata de falsas diferenças multiculturalistas, mas uma forma de escrever esse processo de exclusão, apagando, assim, o caráter abjeto da coisa à qual suas subjetividades são socialmente reduzidas, para poder instaurar, enquanto letra, enquanto marca repetitiva, um lugar no interior do tecido social.

Essa aproximação entre foraclusão e abjeção na tentativa de compreensão do caráter de tal fenômeno social e histórico nos movimentos LGBTTQQIAAP nos coloca, contudo, um problema de difícil solução. Se lembrássemos que a principal articulação entre a foraclusão e os três registros é aquela presente na máxima "o que é foracluído do simbólico retorna no real" (Lacan, 1958-1959/2016), isso implicaria a contraintuitiva concepção de que esse grupo seria, assim, aproximado ao registro do real. Retomaremos esse ponto.

No interior de uma racionalidade heteronormativa que, como sublinha Butler, abjeta determinadas formas de vida por meio de uma expulsão do simbólico, a escrita que a letra aí realizaria visaria apagar a marca abjeta dessa primeira expulsão. A grande questão é que essa insistência de sentido que não se esgota, aproximada à questão da letra por Lacoue-Labarthe e Nancy (Oliveira, 2017), aponta para um real da repetição das diferentes manifestações do sujeito que não parecem se resumir a uma simples inteligibilidade simbólica. Há aqui uma contradição: seria a multiplicação dessas demandas a marca de uma repetição incessante que – decantada na forma de letras que se acumulam ano a ano – aponta para algo que não cessaria de não se escrever, para um impossível gerado precisamente por uma exclusão da inteligibilidade simbólica; ou, ao contrário, estaria em jogo simplesmente a emergência de novas normatividades indentitárias que, no momento em que seriam *escritas*, já estariam *prescritas*, no que concerne a seu potencial disruptivo? Em outras palavras, é de *determinação* ou de *indeterminação* que se trata?

Cristófaro e Manzi Filho apresentam a questão sinteticamente:

> *O problema se coloca claramente na determinação e indeterminação da sexualidade, como se houvesse um risco de usar categorias identitárias (BUTLER, 1993, p. 228), as quais separam, demarcam e excluem, de sorte que "... esta separação terá alguma força normativa, na verdade, alguma violência, pois ela pode construir somente através de* apagamentos; *ela somente pode delimitar algo impondo certo critério, um princípio seletivo" (BUTLER, 1993, p. 11). Em face desse risco de* apagamento *do sujeito e suas consequências, ela propõe certa indeterminação da sexualidade; ou melhor, em seus termos, algo como uma "impersonalização" (cf. BUTLER, 1993, p. 230) enquanto uma forma de resistência aos dispositivos de poder ou uma disrupção da normatização da lei heterossexual. (Cristófaro & Manzi Filho, 2015, grifos nossos)*

Os autores pinçam uma passagem em Butler que, não por acaso, traz a mesma noção do apagamento presente na ideia de letra como aparece no seminário sobre a identificação. No entanto, ao olharmos mais de perto, uma primeira diferença aparece: se, para Butler, o apagamento parece dizer respeito à abjeção de subjetividades – no sentido de uma força normativa que se impõe à medida que o uso de "categorias identitárias" se dá –, o apagamento presente na discussão sobre a letra liga-se, justamente, ao surgimento do traço mais fundamental, da condição, do suporte material do significante que permite a emergência do sujeito.

Vejamos o comentário sobre um episódio, narrado pela própria Butler, no qual uma mulher trans teria usado um espaço de fala em um festival para denunciar uma separação entre mulheres trans e "mulheres nascidas mulheres":

> *sua cólera se estendia às instituições e às categorias psiquiátricas, em seguida às feministas acadêmicas e, enfim, aos departamentos de estudos femininos. Depois de ter dito literalmente* "fuck you" *a todas as instituições, ela decidiu acrescentar algum nome próprio à lista e acrescentou* "fuck you *Judith*" *– um momento ao qual eu admiravelmente sobrevivi. (Butler, 2009, p. 17, tradução nossa)*

Ao fazer esse comentário, os autores propõem que

> *[é] como se a crítica de Butler, apesar de justificável, não atendesse* a uma demanda social de reconhecimento de identidade. *Talvez Honneth seja mais preciso, ao aludir a um sofrimento de indeterminação, uma espécie de impedimento de autorrealização, que teria sua expressão no sofrimento individual, na medida em que impediria a liberdade do sujeito. Um impedimento de autoafirmação, de autorrespeito ou de autoestima, o qual pode levar o indivíduo a uma vacuidade ou esvaziamento (cf.* HONNETH, *2007, p. 105-106). Um sofrimento, aliás, que se sofre sem se perceber,* por aceitarmos despercebidamente concepções unilaterais de liberdade *(cf. HONNETH, 2007, p. 103).*
>
> *Uma ideia contraintuitiva, para o raciocínio de Butler: seria preciso retomar o problema da determinação do gênero* em seu extremo. *É como se estivéssemos acreditando que algo leva o sujeito a desejar essa identidade, a tal ponto que o leve a uma luta, como uma* força motriz moral *(cf. HONNETH, 2009, p. 113), a qual*

> *pode promover desenvolvimentos e progressos na realidade da vida social do ser humano. Ou seja, ao invés de destruir a "gestão" da sexualidade pela indeterminação da sexualidade, talvez Honneth tenha razão ao apostar todas as suas fichas numa* luta pelo *reconhecimento que, afinal, quer a inclusão no modelo de "gestão" de todas as novas formas de identidade.*
>
> *Ora, se for verdade que a ausência ou a negação das condições de realização do indivíduo levariam ao sofrimento, temos, no que tange ao gênero, uma patologia social que realiza a proeza de ser ao mesmo tempo aguda e crônica. Ela é intensa, porque localizada e claramente determinada em cada conflito de reconhecimento, e é persistente, porque reaparece com novas máscaras. (Cristófaro & Manzi Filho, 2015, p. 38, grifos do original)*

Entendemos que, ao tentar pensar o problema do gênero pelo viés de sua estruturação a partir da letra, essa aparente polaridade de determinação, identidade e localidade, de um lado, e de indeterminação, persistência, *cronicidade queer* e de um real nunca abarcado por uma nomeação significante, de outro, é suspensa, na medida em que *a escrita pressupõe um apagamento e um apagamento implica uma escrita.* Apostar na radicalidade de uma determinação de gênero cada vez mais "precisa" e múltipla é, ao mesmo tempo, apontar para sua impossibilidade, para sua indeterminação – ainda que esses movimentos possam se dar em registros diferentes.

O traço representado pela letra em Lacan, em nossa leitura, tem esse caráter de dobradiça entre, de um lado, uma escrita que representa o processo do decantado histórico de identidades e, de outro, uma verdade cujo aparecimento surpreendente, no limite, está sempre à espreita, desestabilizando o sistema em si. Para Zapata-Reinert, há

> *dois modelos do traço: um primeiro, que permite* remontar a um processo *em que situamos uma abordagem freudiana do sintoma como traço sedimentado de uma história. Depois, o segundo modelo do traço como* cunhagem de uma verdade inarticulável, *que frustra todo espírito sistemático e confronta o sujeito à irrupção do real como corte. (Zapata-Reinert, 2017, p. 299, grifos do original, tradução nossa)*

Antes de retomarmos o fio da meada, comentemos um último, pequeno e curioso detalhe relativo à questão do apagamento na letra em Lacan. Como apresentamos há pouco, Lacan aproxima o apagamento ao modo pelo qual se apaga o *um* da diferença pura por meio de um neologismo que une o *apagar* (*effacer*) ao jeito (*façon*), *effaçons*. Ocorre que *effaçons*, além de ser uma invenção lacaniana, é uma conjugação do próprio verbo *effacer*, sendo tanto a primeira pessoa do plural do presente indicativo quanto a primeira pessoa do plural do imperativo. *Effaçons* é *apagamos* (presente) ou, mais claramente ainda, *apaguemos*. Nesse sentido, poderíamos igualmente ler que "os modos capitais da *manifestação do sujeito*" ao qual o *effaçons* se refere aparecem, precisamente, a partir de um apagamento *coletivo* – e, potencialmente, imperativo – que a instalação de uma escrita pressupõe. Assim, para nossos propósitos, teríamos que gênero pensado a partir da letra também se ligaria a uma espécie de palavra de ordem: *Apaguemos*! Daí adviriam sujeitos sexuados – sejam eles homens, mulheres, cis, trans, *gender-fluid* etc. "Apaguemos" viria a ter aqui, da mesma maneira, o valor de "Escrevamos!", ou seja, uma superação da passividade de uma leitura do traço unário, fundamento de uma identidade que seria preexistente, para uma escrita deste, mais próxima de um ato político fundador.

De toda forma, para que essa hipótese se confirmasse, seria necessário tanto que houvesse indícios suficientes para se sustentar que há uma teoria da sexuação que considere o coletivo em sua dimensão sexuada quanto que esse mesmo coletivo pudesse também ser pensado a partir do real. Sigamos!

Orquídeas e besouros: Lacan leitor de Proust

Ao comentar Kühner, dizíamos que, na fonte mais próxima do poema de Condé à qual ele teve acesso, figurava *s* no lugar de *sodomitae*.

Mas voltemos ao uso que Lacan faz da seguinte passagem:

> *ele [o príncipe] dizia isso para tranquilizar seus companheiros no momento em que estivessem atravessando um rio: 'nada pode nos acontecer; não vamos nos afogar, pois somos "igne tantum perituri", só o fogo pode nos fazer perecer; logo, estamos a salvo. (Lacan, 1973-1974, p. 189)*

Ora, o que Kühner aponta é que se tratava, sobretudo, de uma troca entre dois amigos/amantes e, a princípio, não uma questão de tranquilizar companheiros. De onde teria advindo tal interpretação que vai do *dois* ao *muitos* de Lacan?

"Sodomia", como aponta Lacan, tem igualmente uma especificidade *geográfica*. A referência aqui é à etimologia bíblica do episódio no Gênesis no qual a cidade de Sodoma teria sido destruída por conta dos pecados de seus habitantes. A hermenêutica clássica interpreta a passagem como uma punição relativa às práticas de sexo entre homens, que seriam consideradas doravante um pecado, então nomeado "sodomia". Cumpre notar, no entanto, que outras interpretações sublinham que, na realidade, o pecado pelo qual Sodoma teria sido destruída seria aquele da não hospitalidade, virtude extremamente central para os hebreus (Boswell, 2005). Citemos a passagem na qual o episódio se dá.

Ló, estrangeiro, após acolher dois anjos que chegaram à cidade, tem sua casa cercada pela população de Sodoma, que exige a presença daqueles para que com eles possam transar – em outras versões do Gênesis encontra-se também o eufemismo "*conhecer*" (Gn. 19:1-13). Ló, no intuito de proteger seus hóspedes, chega mesmo a oferecer as duas filhas, virgens, para que os locais "façam com elas o que bem entenderem". Após salvarem Ló da investida da turba, os anjos anunciam, então, a destruição daquele povo.

A passagem parece indicar uma direção condizente com aquela enunciada por Lacan, na medida em que, se interpretarmos detidamente o texto, os habitantes de Sodoma – de acordo com a leitura clássica – teriam sido punidos não por um distúrbio individual médico-psicológico (que dependeria de uma episteme moderna para se constituir como tal) nem propriamente por suas práticas eróticas, no sentido dos usos dos prazeres, resgatados por Foucault dos gregos (que igualmente partilhavam de um outro regime discursivo, alheio àquele dos hebreus), mas pela vida de sua cidade, de sua comunidade, de seu *grupo*. Vemos esse tipo de racionalidade presente, por exemplo, na análise que Freud (1939/2014b) faz em *O homem Moisés e a religião monoteísta*, que pode ser considerada uma discussão acerca justamente de que tipo de exterioridade funda uma comunidade.[29] A partir de sua gênese bíblica, é difícil sustentar que haja *um sodomita* enquanto indivíduo que pratica uma dada transgressão, ainda que possa haver *sodomitas*.

Mas acaso a inferência sobre o caráter bíblico da sodomia enquanto traço comunitário seria suficiente para deduzir que a leitura

29 Freud, por exemplo, nunca se referiu ao episódio, tampouco à homossexualidade, como *sodomia*, salvo uma vez, ao esclarecer uma passagem das memórias de Schreber, sem tirar dali nenhuma consequência.

de Lacan do poema de Condé resgata (ou apresenta) a importância do *alguns outros* no contexto da sexuação?

Apresentamos há pouco o trecho de Kühner sobre o poema de Condé porque foi aquele que nosso levantamento localizou como o que trazia mais informações sobre o texto, dado que se trata de uma passagem e de um episódio bem pouco comentados na historiografia. Há, contudo, duas outras incidências da passagem na literatura. Uma é de Alexandre Dumas, em *A guerra das mulheres* (Dumas, 1861), um romance histórico ambientado no século XVII. Em determinada passagem, Canolles insinua jocosamente que Richon, que falava sobre um "rapaz charmoso", seria um "servidor de Condé". Richon responde, então:

> *– Nem vem, barão! – gritou Richon num rompante. Não me venha com essas ideias que o senhor me faria morrer de rir.*
>
> *– Morrer de rir, o senhor? Não vem, não, meu caro.*
>
> *Igne tantum perituri*
>
> *Quia estis. . . .*
>
> *Landeriri.*
>
> *O senhor conhece o lamento, não é? É um brado do seu patrão, dado no germânico rio Reno, num dia em que acalmava um de seus companheiros que temia morrer na água. Mas que diabo, Richon! Não importa, tenho é horror da sua senhoria: interessar-se assim pelo primeiro cavalheiro bonito que passa! (Dumas, 1861, p. 78)*

Temos aqui apenas um elemento que poderia se aproximar do comentário de Lacan – a saber, aquele que menciona o medo que os companheiros de Condé têm da água –, mas ainda assim sublinhando que se trata de uma canção dirigida a *um* deles. Ademais, a situação de descontração é bastante dual e não se aproxima do tipo de discussão que Lacan parece tentar empreender.

Por fim, há uma última referência à passagem de Condé, que acreditamos ter sido aquela utilizada por Lacan – ainda que (como de costume) sem citação. Trata-se de uma discussão entre dois personagens, Sr. de Charlus e Brichot, em *A prisioneira*, volume 5 de *Em busca do tempo perdido*, de Marcel Proust.

Após um longo diálogo no qual Charlus disserta, acusativamente, sobre a vasta gama de invertidos e invertidas na alta sociedade, sublinhando que sua proporção seria muito maior que aquela imaginada por Brichot, este o escuta atentamente, entre estupefação e descrença, e pontua:

> *– Três em dez! Tome cuidado, barão; . . . se nenhum documento vier autenticar esse* gênero de fenômenos coletivos, *já que as únicas pessoas informadas a respeito têm grande interesse em mantê-los na sombra, haveria muita indignação entre as almas caridosas, e o senhor passaria simplesmente por um caluniador ou um louco. Depois de ter obtido o máximo e o principado, no concurso de elegância deste mundo, o senhor conheceria as tristezas de uma rejeição póstuma. Não vale a pena, como diz, Deus me perdoe, o nosso Bossuet.*
>
> *– Não trabalho para a História – respondeu o Sr. de Charlus –, basta-me a vida, ela é muito interessante, como dizia o pobre Swann. (Proust, 1923/2000b, p. 124, grifo nosso)*

As demais divagações do Sr. de Charlus que cercam essa passagem parecem igualmente ter como pano de fundo a ideia de que a homossexualidade não é propriamente um fenômeno ligado a uma disposição individual – ainda que seja criticada e, por vezes, chamada de vício. Em Proust, nesse momento, parece estar em jogo, antes de tudo, uma prática que se exerce em torno de determinada *comunidade* que, ao mesmo tempo, se esconde e se emaranha no interior do tecido social.

A descoberta de tal modo de vida pelo narrador de *Em busca do tempo perdido* se dá, no entanto, no volume anterior, propriamente denominado *Sodoma e Gomorra*. De acordo com Py:

> *Logo no começo, o Narrador tem a revelação da homossexualidade masculina, o que o faz perceber, a uma luz inteiramente nova, certos fatos e episódios que não compreendia ou a que dera interpretação errônea. Alertado agora, aos poucos vai verificando que o homossexualismo é mais generalizado do que imaginara, inclusive o homossexualismo feminino. Desvenda-se, então, para ele, um mundo de equívocos e mal-entendidos, um universo de vícios e prazeres nefandos, aos quais, com horror, atribui os nomes das duas cidades bíblicas, pecaminosas, que teriam sido destruídas pelo fogo dos céus. (Py, 2000, p. i)*

Vejamos de que maneira o narrador constrói essa descoberta, retomando a passagem bíblica:

> *Esses descendentes dos sodomitas, tão numerosos que se pode aplicar outro versículo do Gênesis: "se alguém puder contar a poeira da terra, poderá igualmente contar essa posteridade", fixaram-se em toda a terra, têm tido acesso*

> *a todas as profissões e entram com tanta facilidade nos clubes mais fechados que, quando um sodomita neles não é admitido, as bolas pretas ali são na maioria de sodomitas . . . Com certeza formam, em todos os países; colônia oriental, cultivada, musical, maledicente, que possui qualidades encantadoras e defeitos insuportáveis. (Proust, 1921-1922/2000a, p. 15)*

O narrador vê assim os sodomitas: uma linhagem que remeteria diretamente à cidade bíblica, posto que – como afirmara pouco antes – haveria quem dela tenha podido escapar. Temos aqui, mais uma vez, a imagem do sodomita não como um indivíduo, mas como um povo que se espalha sob(re) a terra. Há, inclusive, uma comparação direta entre os sodomitas e os sionistas. Com a diferença de que os primeiros seriam ainda mais astutos do que os últimos, na medida em que – nunca se assumindo como tais – renegariam uma "terra prometida", sendo um erro acreditar que reconstruiriam Sodoma, pois,

> *tão logo chegassem, os sodomitas abandonariam a cidade para não parecer pertencerem a ela; tomariam mulher, sustentariam amantes em outras cidades, onde, aliás, encontrariam todas as distrações convenientes. Só iriam a Sodoma nos dias de extrema necessidade, quando a cidade estivesse vazia, nesses tempos em que a fome faz o lobo deixar a selva; ou seja, tudo se passaria como em Londres, em Berlim, em Roma, em Petrogrado ou em Paris. (Proust, 1921-1922/2000a, p. 15, trad. modificada)*

É interessante lembrar como essa ideia de que os sodomitas seriam um povo que se espraiaria pelo mundo é semelhante àquela que Lacan expressa quando comenta, justamente, a sua nomeação ao longo da história na passagem já evocada:

> *ainda que isso tenha se* alastrado *desde o começo dos séculos... que se tenha levado um tempão justamente para taxar com esses termos... meio que, por acaso, impróprios... com esses termos tipo "homossexual". É curioso que eu possa dizer que são impróprios; enfim... é totalmente impróprio como nomeação. (Lacan, 1973-1974, p. 188, tradução nossa, grifos nossos)*[30]

Na toada de indícios da referência de Proust nessa passagem em Lacan, convém pontuar um detalhe que jaz no coração da descrição feita, logo na abertura do livro, da chamada "revelação da homossexualidade masculina". O narrador descobre que o Sr. de Charlus – o mesmo que, com tanta veemência, se abismará e criticará a sodomia mais à frente – era, ele próprio, um sodomita:

> *Decerto, cada uma das pessoas idênticas ao Sr. de Charlus é uma criatura extraordinária, visto que, se não faz concessões às possibilidades da vida, procura essencialmente o amor de um homem da outra raça, ou seja, de um homem que ama as mulheres (e que, consequentemente, não poderá amá-lo); contrariamente ao que eu achava no*

30 É preciso que nos posicionemos aqui e sublinhemos o seguinte: imprópria é, na realidade, não uma ou outra nomeação, mas sim essa bizarra ideia de que determinada prática sexual seja tomada ou lida em uma chave quase infectológica, na medida em que não se concebe que práticas heterossexuais gozem dum mesmo paradigma, o que denuncia seu caráter extremamente normativo, pois excludente. Saibam a leitora e o leitor que não partilhamos dessa concepção, interessando-nos aqui sobretudo sublinhar, devido à possível fonte de Lacan, a ideia de que toda identidade sexual se liga à noção de *grupo, comunidade*.

pátio, onde acabava de ver Jupien girar em torno do Sr. de Charlus como a orquídea a fazer avanços ao besouro, essas criaturas de exceção, que lastimamos, formam uma multidão, como o veremos no decorrer desta obra, por um motivo que só deverá ser revelado no fim, e eles próprios se lamentam antes por serem excessivamente numerosos do que escassos. (Proust, 1921-1922/2000a, p. 15)

Para além do reiterado caráter de grupo que, mais uma vez, o narrador aproxima da sodomia, nota-se uma analogia botânica curiosa: Jupien, um jovem alfaiate, é descrito como uma orquídea, ao passo que o Sr. de Charlus é aproximado a um besouro. Essa abertura do livro descreve com detalhes o momento no qual o narrador percebe, e praticamente presencia, o encontro amoroso entre Jupien e de Charlus contra o pano de fundo da analogia botânica de uma flor passiva que aguardaria a visita de um besouro polinizador. Barthes et al. (1980) e Deleuze (1964/2003), por exemplo, têm textos inteiros dedicados a essa passagem, tamanha a sua importância. De toda forma, o detalhe que gostaríamos de pinçar encontra-se em um parêntese, feito no meio da descrição da cena de aproximação do casal, no qual o narrador suspende, por um breve momento, a imersão da cena e se justifica quanto à analogia botânica:

– Peço-lhe fogo, mas vejo que esqueci meus charutos. – As leis da hospitalidade prevaleceram sobre as regras da coqueteria. – Entre, vai ter tudo o que quiser – disse o alfaiate, em cuja fisionomia o desdém cedeu lugar ao contentamento. A porta da loja voltou a fechar-se atrás deles e não pude ouvir mais nada. Perdera de vista o besouro, não sabia se ele era o inseto necessário à orquídea, mas já não duvidava, quanto a um inseto bem raro e a

> *uma flor cativa, da milagrosa possibilidade da conjunção, quando o Sr. de Charlus (simples comparação no tocante aos acasos providenciais, sejam quais forem, e sem a menor pretensão científica de relacionar certas leis da botânica com aquilo que às vezes* se chama impropriamente a homossexualidade*), que, há muito tempo, só vinha a esta casa às horas em que Jupien estava ausente, pela casualidade de uma indisposição da Sra. de Villeparisis, encontrara o alfaiate e, com ele, a boa fortuna reservada aos homens do gênero do barão por uma dessas criaturas. (Proust, 1921-1922/2000a, p. 4, grifos nossos)*

"Homossexualidade" como nomeação *imprópria*. Já vimos isso antes... Para além de uma mesma visão que toma a sodomia como uma questão de grupo, na qual o papel dos outros é fundamental, temos agora mais uma semelhança da descrição proustiana e da construção de Lacan referente ao dizer da sexuação. Por mais que, por algumas vezes, Lacan tenha citado elogiosamente Proust, nunca saberemos com certeza, é verdade, se se trata dessa referência. Mas, antes de voltar à discussão do Seminário 21, um último indício nos permitirá sustentar essa hipótese de trabalho.

Retornando ao diálogo entre Brichot e de Charlus, o besouro, vejamos que a passagem na qual os poemas de Condé são citados retoma a esteira da questão, apresentada pelo narrador em *Sodoma e Gomorra*, segundo a qual os sodomitas teriam sobrevivido ao longo das eras:

> *– Então, na nossa época, é como no tempo dos gregos – disse Brichot.*
>
> *– Mas como no tempo dos gregos? Acha que isso não continuou desde então? Olhe, no reinado de Luís XIV, havia*

Monsieur, o pequeno Vermandois, Molière, o príncipe Louis Baden, Brunswick, Charolais, Boufflers, o grande Condé, o duque de Brisse.

– Espere um momento, eu sabia de Monsieur, sabia de Brissac por Saint-Simon! Vendôme naturalmente e, aliás, de muitos outros, mas essa velha peste de Sau Simon fala muitas vezes do Grande Condé e do príncipe Louis de Baden e jamais faz menção ao fato.

– É mesmo deplorável que eu tenha de ensinar História a um professor da Sorbonne. Mas, meu caro mestre, você é ignorante como uma tora.

– O senhor é duro, barão, mas justo. E olhe, vou lhe dar um prazer. Estava lembrando agora de uma canção da época, que fizeram em latim macarri *sobre certa tempestade que surpreendeu o Grande Condé enquanto descia o* R *em companhia de seu amigo, o marquês de La Moussaye. Condé diz:*

Carus Amicus Mussexus, Ah!

Deus bonus quod tempus

Landerirette

Imbre sumus perituri.

E La Moussaye o tranquiliza, respondendo:

Securae sunt nostrae vitae

Sumus enim Sodomitae

Igne tantum perituri

Landeriri. (Proust, 1923/2000b, p. 126)

Diferentemente da versão do poema consultada e apresentada por Kühner, na qual constava apenas a *letra s*, e daquela incompleta, presente em Dumas, é apenas em Proust que a citação aparecerá *ipsis litteris*, conforme a menciona Lacan nas duas edições consultadas do Seminário *Os não bestas erram*, bem como no áudio relativo a essa lição (Lacan, 1974). A última revisão da versão *Starfela* do seminário, inclusive, em nota de rodapé, remete o leitor à citação de Proust, o que mostra que não estamos sozinhos nessa hipótese.

Essa incursão em Proust[31] e em sua apresentação da questão da sodomia enquanto uma questão de grupo que é retomada, em Lacan, pela passagem de Condé nos serve, sobretudo, para sublinhar o que o aforisma do dizer da sexuação implicaria: a revisão – ou, indo mais longe, a reversão – da proposição (Lacan, 1967/2003e) segundo a qual o ser sexuado só se autoriza de si mesmo, a partir da ideia de que a autorização vem, também, desses *alguns* outros: sexuar-se não é um processo apenas de assunção por si mesmo, mas sempre e necessariamente referido a *alguns outros*.

O grupo real, o real do grupo

Alguns

Pontuemos, brevemente, a escolha desse misterioso *alguns* que qualifica a também estranha noção de *outros*. A princípio, a formulação poderia prescindir do *alguns*, caso Lacan quisesse marcar apenas o fato de que a autorização depende tanto de uma escolha em relação ao singular de cada sujeito quanto da anuência, chancela,

---

31 Nosso intuito não é, de forma alguma, sugerir nesta breve reflexão uma hipótese sobre o papel da homossexualidade na obra de Proust, mas apenas sublinhar o traço de coletividade que Lacan parece ter importado do escritor.

ou mesmo da identificação a um conjunto fechado. No entanto, lá está – repetidas vezes ao longo da lição – o *alguns.*

Nossa leitura entende que o *alguns* cumpre aqui a função de um tipo de índice de indeterminação que veta ao sujeito qualquer possibilidade de identificação a um grupo fechado, na medida em que, no contexto da formação analítica, por exemplo, não há universal que determine qual é o traço comum a todos os analistas. O analista não se autoriza, assim, nem só de si mesmo nem de um conjunto determinado de outros, ou de uma lei que rege a estrutura a partir da qual se elegem quais outros estariam aptos a autorizá-lo – já que, nesse caso, a formulação mais precisa seria "*o analista só se autoriza de si mesmo e do Outro*".

A escolha de tal pronome indefinido parece marcar igualmente uma continuidade com a desconstrução da universalidade presente nas fórmulas da sexuação apresentadas em *Mais, ainda* (Lacan, 1972-1973/1985b). Retomemos um ponto já trabalhado anteriormente:

> *Temos, dessa forma, a seguinte notação da parte superior do grafo, correspondente ao lado* homem*:*
>
> $$\exists x. \neg \Phi x$$
>
> $$\forall x. \Phi x$$
>
> *Assim, na primeira linha temos a particular afirmativa: existe ao menos um x ($\exists x$) que não está submetido à função Φx. Na segunda linha, a universal afirmativa: todo x ($\forall x$) está submetido à função Φx.*
>
> *Aqui é necessária uma explanação em relação à particular. Tradicionalmente – e por conta de uma expulsão realizada por Aristóteles dessa possibilidade – o quantificador existencial denota ao menos um. Ou seja, o*

particular está incluso no universal, pois se todo x é submetido ($\forall x$), logo algum x é submetido ($\exists x$). Exemplificando: quando proponho que ao menos um psicanalista tem divã, isso não está em contradição com todos os psicanalistas têm divã. Em outras palavras, elas não são contraditórias. Trata-se de uma leitura que toma a particular como "mínima" ou "lógica".

Mas há outra forma de pensar a particular. Em um artigo de 1969, o filósofo Jacques Brunschwig revisita a lógica aristotélica e demonstra como o filósofo grego bane ao longo de suas formulações uma outra forma de operar a proposição particular (Brunschwig, 1969). Digno de nota é também o fato de que Lacan apoia-se fortemente nesse artigo, dele retirando inclusive todos os escritos em grego de que se utiliza. Lacan citará Brunschwig apenas uma vez, em 1972, mas nos parece claro que seu acesso ao artigo foi anterior e decisivo.

Segundo essa outra acepção da particular, é possível operá-la em contradição com a universal, tal como atesta a linguagem corriqueira: quando se diz alguns, *exclui-se necessariamente a universal. Assim, se digo "alguns psicanalistas têm divã", pressupõe-se que não são todos os psicanalistas que têm divã. Eis a particular "máxima", ou "natural", banida por Aristóteles por representar uma indeterminação nociva, já que, se determino que uma particular desse tipo é verdadeira, nada posso afirmar sobre a universal correspondente (Le Gaufey, 2007, p. 102). Essa via de interpretação será aquela tomada por Lacan, justamente por lhe abrir espaço para conceber e formalizar "um todo desprovido da existência, e com*

> *ele um não todo, uma existência sem essência, o mesmo que quer colocar em relevo do lado mulher" (Le Gaufey, 2007, p. 103).*
>
> *Não esqueçamos que a relação de contradição entre a particular máxima afirmativa e a universal afirmativa correspondente é de contradição (lado* homem*), mas carrega igualmente a marca da indecidibilidade, ainda que esta seja apontada por Lacan como estando do lado das negativas (lado* mulher*). Muito pertinentemente, em nossa opinião, Le Gaufey defende que por isso as fórmulas têm uma estrutura não toda em sua configuração geral, e não apenas do lado* mulher. *E convém aqui pontuar que grande parte dos comentários e desenvolvimentos sobre as fórmulas da sexuação ignora este fato: o que se passa do lado* homem *é uma interpretação artificial do que seria um todo, pois é feita já a partir de uma lógica não toda. Dito de outra forma, a afirmação do* para todo homem, *baseada na contradição da particular, só é possível, justamente, porque se opera na lógica do não todo: "se alguns x possuem a propriedade, seria errôneo concluir que por isso todos o fazem. Muito pelo contrário, não todos a possuem" (Le Gaufey, 104). (Ambra, 2015, p. 69)*

Assim, temos aqui que o *alguns* condensa aquela que seria a pedra angular da grande novidade conceitual e – por que não dizer? – epistemológica das fórmulas quânticas da sexuação: a introdução da indecidibilidade da relação entre o particular e o universal. O *alguns* é, assim, a contrapartida particular do tipo de universalidade apresentada pelo não todo.

Grupo e autorização

Falamos até aqui disso que se poderia inferir, a respeito dessa nova versão da sexuação – à luz, evidentemente, da importante retomada do registro imaginário que acontece ao longo desse seminário –, como os *outros*, a *comunidade*. Mas seria isso plausível no contexto dos últimos desenvolvimentos do ensino lacaniano? Ou apenas uma leitura conveniente a nossos propósitos? Retomemos a discussão. Após sublinhar a insuficiência da formulação de 1967, segundo a qual o analista não se autoriza senão de si mesmo, Lacan diz:

> *Mas isso implicaria, pelo menos, que essa fórmula – que eu fiz numa certa Proposição completamente axial –, que essa fórmula receba uns complementos, uns complementos que implicam que, se seguramente não se pode ser nomeado à psicanálise, isso não quer dizer que qualquer um possa entrar aí dentro como um rinoceronte na loja de porcelana. Quer dizer, sem levar em conta o seguinte: é que seria preciso justamente que se inscreva isso que eu espero que venha se inscrever. Porque não é como quando eu invento isso que preside a escolha do ser sexuado; aqui eu não posso inventar, eu não posso inventar por uma razão: que um grupo, que* um grupo é real. *E até mesmo é um Real que eu não posso inventar pelo fato de ser um Real recentemente emergido. Pois enquanto não havia discurso analítico, não havia psicanalista. É por isso que eu enunciei que há psicanalista – do que, por exemplo, eu era o testemunho –, mas isso não pode querer dizer, entretanto, que haja* um *psicanalista. (Lacan, 1973-1974, p. 190, tradução nossa, grifos nossos)*

Sublinhando, mais uma vez, que a ideia de *alguns outros* complementa a tese apresentada em 1967, relativa à autorização do psicanalista por si mesmo, Lacan afirma que "não se pode ser *nomeado à* psicanálise". A referência aqui é aos diversos títulos que se outorgam dentro e fora das escolas psicanalíticas, sendo, por exemplo, a base do discurso universitário (Lacan, 1973-1974, p. 191).

A autorização analítica "por si mesmo" se erige, à época, contra o paradigma uno e reinante até então, a saber, a análise didática. O desligamento da IPA e, portanto, de seus quadros de formação, parece forçar Lacan a abandonar a ideia de uma nomeação *top-down*, que se daria pela autorização do exercício do ofício pelo didata, na esteira da crítica da identificação ao eu do analista (Lacan, 1954-1955/2010) e da proposição do ato analítico (Lacan, 1967-1968); e, mais importante, parece forçá-lo a propor um modelo alternativo.

A escolha do termo *autorização*, em seu aparente contraste com o *si mesmo*, visa se contrapor à ideia de que haveria um ego – ou uma instituição a ele vinculada – que outorgaria uma posição ao analista, buscando responsabilizar radicalmente o "candidato" por seu processo analítico, motivo pelo qual, em 1967, Lacan discute apenas o que concerne ao psicanalista que deseja ingressar em sua escola, considerando que qualquer um que se autorize por si seria, nesse momento, considerado de partida um analista. Justamente por isso é importante sublinhar também que a ideia de autorização por si mesmo surge num contexto institucional que visa apresentar, assim, as *garantias* (Lacan, 1967/2003e) segundo as quais uma formação poderia se dar – donde vemos, por exemplo, a primeira proposição do dispositivo do passe. Em sua primeira formulação, portanto, já havia balizas que permitiram que a afirmação não fosse tomada simplesmente como uma proposição *new age*, do estilo "encontre seu analista interior", dado que ela nasce já amparada num contexto de *contrôle* bem estabelecido, que, em realidade, já existia desde 1964, com a "Ata de fundação".

É importante ter isso em mente para que não compreendamos erroneamente a reformulação da máxima. A ideia de que a nomeação é insuficiente e que, portanto, é preciso que a autorização passe (também) por alguns outros não se refere, aqui, a um grupo determinado (como atesta a escolha do *alguns*) de analistas autorizados no interior de uma instituição, nem a dispositivos específicos, como o passe. Lembremos que esse dispositivo nem mesmo é citado na lição; e, no seminário, aparece em sua abertura de uma forma bastante curiosa, como tendo sido "uma crença de que o passe havia sido passado", mas cujo relevo seria dado, agora, a partir da ideia dos "Nomes-do-pai", ou dos "Não bestas erram".

"De que gênero é o não besta?"

Não comentamos o título do seminário até o momento pois foi necessário construir a importância e o impacto da questão da pluralidade desses "outros" no dizer da sexuação. *Les non-dupes errent*, que pode ser traduzido como *Os não tolos erram* ou *Os não bestas erram*, soa, em francês, como *Os nãos do pai* ou *Os nomes do pai* – discussão que retomaria o seminário interrompido em 1963, justamente por conta da questão institucional da "excomunhão" de Lacan (do quadro de didatas) da IPA. Apesar da homofonia, Lacan de fato não discute ao longo do seminário o que entenderia nesse contexto por "os nomes do pai", ideia que acreditamos que só será retomada nos seminários posteriores, a partir da concepção do *pai do nome* e do pai enquanto *nomeador* (Koren, 2005/2008, p. 295). Mas e quanto à ideia de não tolo?

A paronímia, em português, entre *não tolo* e *não todo* pode ser uma coincidência, mas nos parece também marcar uma proximidade esclarecedora com a discussão empreendida no seminário anterior e que, de alguma forma, se estende a esse. No momento em que

Lacan mais frontalmente tenta desenvolver o que entenderia por *Les non-dupes errent*, encontramos a seguinte passagem:

> *Há algo na ideia da tolice, é que ela tem um suporte: a besta [*dupe*]. Há algo de absolutamente magnífico nessa história da besta, é que a besta... se posso e se vocês me permitem... a besta é considerada estúpida.*
>
> *A gente se pergunta por quê. Se a besta [*dupe*] é verdadeiramente o que nos dizem... falo etimologicamente, isso não tem importância alguma... se a besta é essa ave que se chama "pato" [*huppe*]... "pato" porque é tapado [*huppée*], naturalmente nada justifica que "tapado" se diga "pato"; não se pode negar que é assim que ela é apreciada no dicionário... a besta é a ave, ao que parece, que cai na armadilha, justamente porque ela é estúpida.*
>
> *Não se vê por que, em absoluto, um pato seria mais estúpido do que outra ave,* mas a coisa que me parece notável é a ênfase que o dicionário coloca para precisar que é feminino*: a besta é "a" . . . Estão vendo? Digo em seguida: o não besta. Acaso é porque o que é apontado com "não" é neutro? Não vou decidir.*
>
> *Mas há uma coisa, em todo caso clara: é que o* plural, por ser não marcado, faz vacilar completamente essa referência feminina. . . . O interessante é saber de que gênero é o não-besta. *(Lacan, 1973-1974, p. 14, tradução nossa, grifos nossos)*

Haja vista nossa discussão, parece-nos extremamente reveladora a literalidade com a qual o gênero aparece aqui, justamente, numa reflexão sobre a indeterminação do gênero gramatical que o plural aporta em francês. O mesmo gênero que é rechaçado por muitos pós-lacanianos aparece aqui, no coração da argumentação do Seminário 21, como *a báscula de indeterminação real que faz vacilar a referência feminina dado o seu caráter plural*. Lembremos que, no francês, não há pronome plural marcadamente feminino; "os analistas" e "as analistas", por exemplo, exprimem-se da mesma forma: *les analystes*. Assim, a escolha pelo plural no título do seminário busca sublinhar precisamente que *o plural faz vacilar a referência de gênero*. Haveria forma mais clara de expressar a ideia de não todo como aquilo que faz vacilar a referência feminina justamente por não ser exprimível em universais que coincidem com o masculino?

Ora, podemos entender melhor agora a ideia que está em jogo quando Lacan enuncia, no contexto da autorização, que *um grupo é real*. Trata-se aqui, pois, de pensar o grupo não mais a partir do paradigma da massa freudiana, dos ideais e das identificações. Antes, abre-se a possibilidade de, por meio da ideia de uma incontabilidade fundamental – ligada à compacidade –, suspender a consistência mesma de uma noção de grupo do qual se possa inferir o gênero. Lacan nega-se a afirmar que haja "um psicanalista" – ou seja, que se possa qualificá-lo –, mas sublinha que há um real, *historicamente emergido* em suas palavras, no fato de *haver psicanalista*.

O sexual é a diferença

Nesse sentido, temos aqui de lançar mão de uma outra noção de real, distante da noção genérica de "real da diferença sexual".

> *Para que haja nó borromeano, não é necessário que minhas três consistências fundamentais sejam todas tóricas. Como talvez tenha chegado aos seus ouvidos, vocês sabem que uma reta tem a possibilidade de morder o próprio*

> *rabo ao infinito. Então, do imaginário, do simbólico e do real, pode haver um dos três,* o real seguramente, que se caracteriza justamente pelo que eu disse: por não constituir todo, isto é, por não se fechar.[32] *(Lacan, 1974/2002, p. 16, grifos nossos)*

Retomemos a discussão da modalidade contemporânea de agência política de resistência frente à normatividade heterocentrada, apresentada há pouco a partir da noção de "letra". Sublinhávamos de que maneira o significante, ou melhor, o *nome* LGBTTQQIAAP carrega consigo a marca da letra, dado que se coloca na dobradiça entre real (o incessante de uma não inscrição repetitiva) e simbólico (a marca positiva do apagamento que materializa a base da linguagem). Mas notemos que, em seu conjunto, se tomado como *nome*, esse movimento reduz seus grupos a letras; e ao tomarmos cada uma delas, encontramos novamente outros grupos: lésbicas, transexuais, aliados, pansexuais etc. Nessa vertente, não encontraríamos nada além de um inventário de identidades que se busca exaustivo, potencialmente próximo ao tipo de racionalidade totalizante do DSM e próximo, inclusive, de um espírito neoliberal, como denunciam algumas feministas radicais a respeito do termo *queer* (Eisner, 2017).

No entanto, a forma pela qual optamos por nomear esse movimento possui, entre suas letras, dois Q, sendo um deles referente ao *queer*. É importante apontar aqui a *estranheza* que essa inclusão significa, na medida em que aquilo que se pode entender como uma "identidade" – ou mesmo um "movimento" – *queer* é completamente contraditório, pois se trata, sobretudo, de uma postura que critica

32 O mergulho de Lacan na lógica borromeana teve como figura central Pierre Soury, um matemático formado na École Normale Supérieure (ENS) que tinha como inspiração para o trabalho junto aos nós borromeanos experiências *comunitárias* e de vivência em *grupos*. Cf. Roudinesco (1994, p. 365).

os enquadramentos identitários clássicos com os quais a vida, a sexualidade, o gênero e, até mesmo, a luta política se dão. O que permitiria, assim, "enquadrar" o "ininquadrável"? A propósito, ao olharmos mais de perto, *questionando*, e até mesmo *intersexo*, *assexual* e *aliados*, se mostrariam, assim como *queer*, dentro de tal conjunto de letras, *nomeações impróprias*, já que fariam vacilar um horizonte único de categorização de diversas identidades, unidas por um princípio comum de produção de conjuntos fechados e idênticos a si. Indo além, trata-se de "identidades" cuja identificação não é exclusiva, já que se pode ser *queer* e assexual, gay e trans, intersexo e aliado das lésbicas etc.

Ou seja, ao contrário do que prega parte da comunidade psicanalítica lacaniana – receosa com a perda de ações no mercado do saber/poder sobre a sexualidade –, sujeitos que se sexuam a partir de tais coordenadas não binárias não estão, em absoluto, tentando negar a diferença sexual. Ao contrário, a inscrição em identidades minorizadas (Laufer, 2017, p. 1) pelo discurso hegemônico, que insistem em se nomear, ao mesmo tempo que tal nomeação implica seu fracasso ou seu limite, marca aquilo que é mais fundamental no sexual: a *diferença*. Trata-se aqui, sobretudo, da produção de uma diferença a partir da impossibilidade de se estabelecer o mesmo. Pensar o sexo, assim, a partir da ideia do real do grupo no contexto da reformulação da sexuação é sublinhar que a melhor maneira de se exprimir a diferença sexual é a seguinte: a diferença sexual não existe, pois *o sexual é a diferença*.

É esse avanço na teoria lacaniana da sexuação que nos permite pensar o que está em jogo no real do sexo para além dos carregados termos homem e *mulher*, que exprimem a construção prévia das fórmulas em 1973: o grupo enquanto real – ou, melhor dizendo, o que há de real num grupo – *é precisamente seu caráter não todo. Nesse sentido, H e M poderiam igualmente – não fosse a despolitização que tal movimento implicaria* – se juntar às outras letras, sublinhando aí o que realmente são: não identidades, nem identificações, nem posições lógicas em relação ao falo, mas *grupos*.

É evidente que "grupo" e "real" não são sinônimos. Esses mesmos grupos buscam ser, muitas vezes, conjuntos fechados e idênticos a si, donde se observam fenômenos de massa, de segregação etc. Mas é, justamente, no encontro com alguns outros – o que, para Lacan, em 1973, era resumido a "homem" e "mulher" – que a referência ao *todo* vacila. A inexistência da relação sexual é, assim, também a impossibilidade de encontro a partir de sujeitos que estariam completamente inscritos, sem falhas, em um dado conjunto de coordenadas identitárias: sempre se é o não todo de alguém, e sempre se é o todo para alguém. Essa me parece a lição fundamental a se tirar da noção de *alguns outros* presente no dizer da sexuação, para que se possa compreender a emergência do real que a era do "pós-gênero" representa.

Longe de se aproximar de uma "taxonomia" identitarista, o caráter não todo da questão lembra muito mais aquele do conto de Borges, evocado por Foucault (1966/1999, p. viii), no qual encontramos a bela máxima: "não há classificação do universo que não seja arbitrária e conjectural. A razão é muito simples: não sabemos o que é o universo". No referido conto, Borges narra uma suposta enciclopédia chinesa intitulada *Empório celestial dos conhecimentos benévolos*, na qual se lê a seguinte "categorização":

> *(a) pertencentes ao Imperador, (b) embalsamados, (c) amestrados, (d) leitões, (e) sereias, (f) fabulosos, (g) cães vira-latas, (h) os que estão incluídos nesta classificação, (i) os que se agitam feito loucos, (j) inumeráveis, (k) desenhados com um pincel finíssimo de pelo de camelo, (l)* et cetera, *(m) os que acabaram de quebrar o vaso, (n) os que de longe parecem moscas. (Borges, 1952, tradução nossa)*

Tais categorias, se potencialmente se interpenetram, questionam a própria noção de "categoria" no interior de seu desenrolar e causam estranhamento por sua organização serial e aparentemente "ilógica", sem, não obstante, abdicar entregar-se a um relativismo que rechace completamente tentativas de inteligibilidade. "O impossível não é a vizinhança das coisas, é o lugar mesmo onde elas poderiam avizinhar-se" (Foucault, 1966/1999, p. viii). Esse me parece o real em jogo no que se observa hoje na configuração do campo do gênero e das sexualidades. Conforme lembram Cristófaro e Manzi Filho (2015), Butler, mesmo pautada por uma aposta radical numa contingência não identitária, sublinha a importância das categorias identitárias:

> *É nesse sentido que a totalização* temporária *atuada pelas categorias identitárias é um erro necessário. E se a identidade é um erro necessário, então a asserção* "queer" *será necessária como um termo de afiliação, mas ele não vai descrever aquilo que intenta representar. Consequentemente, será necessário afirmar a* contingência *do termo: deixá-lo ser subjugado por aqueles que são excluídos pelo termo, mas que justificadamente esperam ser representados por ele; deixá-lo assumir sentidos que não podem ser agora* antecipados *por uma geração mais nova em que o vocabulário político pode carregar uma série muito diferente de investimentos. (Butler, 1993/2019, p. 230, grifos nossos)*

Notemos como Butler sublinha a importância do caráter performativo da nomeação do impossível enquanto um exercício inscrito no tempo, no qual a emergência de sentidos é tanto imprevisível (em seus destinos) quanto esperada (em sua ética). Mas seria possível objetar, contudo, que essa seria uma leitura equivocada do registro do real, na medida em que esse registro é justamente marcado pelo impossível e pelo contingente, sendo, portanto, incompatível com qualquer leitura que o aproxime de fenômenos sociais ou da história. Façamos, então, um parêntese de cunho metodológico mais amplo: quão legítimo é realizar este trânsito entre psicanálise, teorias de gênero e questões sociais mais amplas? Ao fazê-lo, *não estaríamos abdicando do ouro da psicanálise pura?*

A diferença sexual não existe: gênero e epistemologia psicanalítica

Um dia, numa mesa de bar, conversava com um colega sobre as discussões a que acabávamos de assistir num colóquio sobre psicanálise e filosofia. A mesa, no entanto, era compartilhada, e logo outras pessoas vieram sentar-se. Papo vai, papo vem, nos inteiramos de que se tratava de um grupo que, igualmente, voltava de um colóquio, no caso, de economia. Animados com a perspectiva de uma troca etilicamente interdisciplinar, começamos a explicar sobre o trabalho que havíamos apresentado e aquelas que acreditávamos serem suas implicações epistemológicas. O outro grupo se entreolhou e, sem entender sobre o que estávamos falando, perguntou: "*mas o que é epistemologia?*". Tomando mais um gole, respiramos fundo e, despertando nosso professor interior, fizemos uma breve explicação sobre o que significa se perguntar sobre as bases e os parâmetros de construção de seu conhecimento. Novamente, nossos colegas se entreolharam sem nada compreender, mas, dessa vez, sabiamente, mudamos o rumo da conversa para a política, um assunto certamente menos espinhoso.

Diferentemente do que se passa na economia, na física e em boa parte da psicologia e da medicina, o fazer psicanalítico parece ter como uma de suas premissas colocar-se sempre em xeque. Em outras palavras, se, ao construir uma ponte, é desejável que o engenheiro ou a engenheira não se pergunte se aquilo que está sendo feito é ou não engenharia, muito menos que resolva mudar os parâmetros de seus cálculos no meio do canteiro; em psicanálise a coisa é bem diferente.

Conhecemos o mantra segundo o qual cada psicanalista refaz, em alguma medida, em seu percurso pessoal, todos os caminhos e descaminhos do próprio Freud na aventura de descoberta da psicanálise. Isso se dá porque em nosso campo a teoria não é meramente aplicada em cada caso, mas se desvela naquilo que a escuta, tanto mostra quanto esconde: a cada análise, em maior ou menor grau, reescrevemos, ou no mínimo revisitamos, a teoria psicanalítica, pois sua verdade é indissociável da inquietude de sua produção.

Haveria, por outro lado, a doutrina, as bases a partir das quais as reinvenções podem ser ou não reconhecidas como psicanalíticas. Em Freud, poderíamos localizá-las na primazia do inconsciente, na centralidade da sexualidade, na teoria dos sonhos e no complexo de Édipo. Em Lacan, na sobredeterminação do simbólico, no desejo enquanto instância radicalmente negativa e estrutural e, para muitos, na *diferença sexual*. Diferença sexual essa que, no singular, se apresenta como a justificativa dessa espécie de *belle indifférence* de um certo discurso psicanalítico diante das reivindicações – sociais, políticas e conceituais – do feminismo e das possibilidades de diálogo com "a teoria de gênero". Da acusação de uma postura discursivamente histérica nas demandas do feminismo, passando pela tentativa de apagamento da diferença dos sexos e pela suposta postura voluntarista e muito afim da *ego psychology* no campo do gênero, tal discurso afirma, reiteradamente, a especificidade, a primazia e até mesmo uma superioridade da psicanálise em relação a tais saberes. Mais ainda, para os menos indiferentes, tal encontro seria potencialmente nefasto para a teoria analítica na medida em que tanto o feminismo quanto as teorias de gênero apoiam-se numa causalidade social e cultural, postura essa completamente antipsicanalítica, já que Freud e Lacan teriam se baseado e se dirigido exclusivamente à clínica e aos clínicos. Tal defesa de uma sorte de *abiogênese psicanalítica* cunhou a curiosa expressão "sociologização da psicanálise", uma espécie de pecado mortal da pós-modernidade que, no limite, ameaçaria a própria sobrevivência da peste psicanalítica.

Mas, antes que possamos apresentar problemas a uma tal postura, é preciso melhor descrever o que ela de fato defende como sua compreensão da teoria analítica lacaniana.

Em primeiro lugar, tal discurso defende que a psicanálise partiria e se endereçaria exclusivamente a partir de questões ligadas à sua *prática* e, portanto, seria sempre e necessariamente remetida à clínica. A noção de sujeito, por exemplo, é interpretada aí como uma construção conceitual que se refere à emergência de uma divisão subjetiva dada exclusivamente sob transferência. Em outras palavras, não haveria sujeito fora do campo psicanalítico, da mesma maneira que não haveria *rock*, samba ou *synth-pop* fora do campo da música. Daí que perguntas como "*O sujeito tem gênero?*" ou "*A noção de falo é heteronormativa?*" cometeriam um equívoco fundamental, pois ignorariam que a construção conceitual em psicanálise se submete exclusivamente à primazia da experiência psicanalítica (Goldenberg, 2017c).

Partindo de uma certa interpretação da advertência freudiana, segundo a qual a psicanálise não deveria tornar-se uma visão de mundo, tal discurso defende que a entrada em campo do gênero como conceito para se (re)pensar a diferença sexual promoveria uma indesejável "sociologização da psicanálise" (Lamas, 2013). Tal operação ignoraria, em primeiro lugar, que o sujeito é determinado *simbolicamente*, ou seja, para além de qualquer configuração histórica específica (Fraser, 2017). O complexo de Édipo, o significante e o desejo seriam, assim, pensados como modalidades lógicas de posicionamento frente à linguagem e nada teriam a ver com esta ou aquela realidade (ou reinvindicação) política e social, pois seriam *estruturais*.

Em segundo lugar, além de não compreender que tais "questões de gênero" seriam meros semblantes imaginários, desconhecendo a sobredeterminação estrutural do simbólico, os partidários da noção de gênero cometeriam um pecado ainda maior, a saber, ignorar o *real da diferença sexual* ou o *real da inexistência da relação sexual*, por vezes diferenciados, por vezes tomados como sinônimos. O argumento aqui refere-se ao fato de que o real lacaniano – tomado como o impossível do encontro sexual entre "o homem e uma mulher" (André, 1987) e relacionado à abertura que a noção de gozo do outro aportaria à universalidade fálica – está para além do que qualquer conceituação de gênero poderia abarcar. Um exemplo de tal postura pode ser encontrado na tese, relativamente corrente entre lacanianos (Copjec, 1994; Žižek, 2002; Zupančič, 2012; Teixeira, 2016), segundo a qual Butler e outras teóricas de gênero não teriam levado em conta os desenvolvimentos das fórmulas da sexuação, ignorando que a própria Butler comenta e rebate tais argumentos em um debate publicado há quase vinte anos e que permanece sem tréplica (Butler et al., 2000).

Em terceiro lugar, é comum que esse tipo de posicionamento caminhe lado a lado com, digamos, uma *linguisterização* da questão. Ainda hoje, no cenário acadêmico francês, é possível encontrar discursos que localizam "o gênero" como "coisa de americano", uma tentativa de colonização higienista da linguagem originária do sexo ou da diferença sexual. O debate provocado pela publicação, no *Le Monde*, do chamado "Manifesto pela liberdade de importunar", texto assinado por diversas mulheres, entre as quais a atriz Catherine Deneuve e a psicanalista Sarah Chiche ("Nous défendons...", 2018), dá cores ao tipo de disputa em jogo entre o que se supõe ser um feminismo puritano (supostamente americano) e, digamos, um feminismo *sexual* (supostamente francês). De um lado, temos a "ideologia de gênero" (Soares, 2017), "a sociologização da psicanálise", o voluntarismo (Goldenberg, 2017a) e o "feminismo histérico" (Cottet, 2018), que buscam o indesejável apagamento da "diferença entre os sexos" (Lima et al., 2016) e, no limite, da própria sexualidade. De outro, temos a defesa da liberdade de importunar, a pulsão "por natureza ofensiva e selvagem" ("Nous défendons...", 2018), a insistência quase denegativa de que o falo não é o pênis (Gallop, 2001) e "A" diferença sexual (Copjec, 1994).

Essa diferença é erigida como base fundamental, única e imutável da teoria psicanalítica, num exercício discursivo que, pela reiteração, busca não só instaurar uma verdade sobre o sexo, mas, principalmente, colocar a dita diferença entre homens e mulheres no cerne da epistemologia psicanalítica. Tal operação encontra uma de suas maiores expressões no uso da máxima assaz frequente no discurso lacaniano – *ainda que o próprio Lacan jamais a tenha utilizado* – "o real da diferença sexual". A evocação dessa expressão no contexto dos debates sobre gênero realiza, silenciosamente, um curioso achatamento dos três registros que Lacan buscou insistentemente, ao longo de sua obra, separar, a saber, o real, o simbólico e o imaginário. Ao evocar o "real da diferença sexual", joga-se com a indistinção entre (1) a percepção imaginária da diferença anatômica entre os sexos; (2) a associação feita por Lacan entre a binariedade diferencial da linguagem, base do simbólico, e a oposição "homem" e "mulher"; e (3) a diferença irredutível entre as duas incidências do gozo apresentadas em *Mais, ainda*.

Ao fazer colidirem esses três registros, a diferença sexual assume contornos não do real compreendido em seu sentido estritamente conceitual – ou seja, ligado ao impossível e ao contingente, ou como aquilo que retorna sempre ao mesmo lugar, ou como o que não cessa de não se inscrever (Lacan, 1972-1973/1985b) –, mas quase de um sinônimo de realidade. Desenha-se aí uma poderosa e intocável noção de diferença sexual que não conhece nenhuma exterioridade, dado que extravasa sua pertença nos registros real, simbólico e imaginário, categorias que, a princípio, serviriam para limitar-se mutuamente. Tal suposição do estatuto de centralidade da diferença sexual é tão difundida que ignora, por exemplo, que no seminário *Mais, ainda*, dedicado ao gozo dito feminino e no qual é apresentada a primeira versão da teoria da sexuação, não há *nenhuma* menção à diferença sexual.

Ao contrário de tal compreensão hegemônica, o fato é que Lacan apresenta a proposta da inexistência da relação sexual – e, posteriormente, da *equivalência sexual* – como uma teoria alternativa da centralidade ontológica da diferença sexual compreendida em termos binários. Em outras palavras, a teoria da sexuação é uma crítica à compreensão segundo a qual o sexual basear-se-ia nas *consequências psíquicas da distinção anatômica entre os sexos*. Trata-se, antes de mais nada, de uma impossibilidade estrutural de qualquer completude se dar no encontro sexual, independentemente do suposto sexo do parceiro ou da parceira. Assim, ao contrário da interpretação comum das fórmulas da sexuação, trata-se, para Lacan, não da primazia da diferença sexual, mas de *seu fracasso conceitual para tratar do que está em jogo no amor e no real*. Não é por outro motivo que no ano anterior à proposta das tábuas da sexuação, Lacan zomba da exaltação da importância daquela que seria apenas uma "*petite différence*" (1971-1972/2012, p. 13). Aliás, a despeito do que poderíamos supor a partir de comentadores, essa noção de *pequena diferença* na discussão sobre os sexos é muito mais presente em Lacan do que a diferença sexual. Coincidência ou não, tal noção advém do chamado *narcisismo das pequenas diferenças*, oriundo de uma teoria *social* de formação de grupos em Freud (1930/2010f), na qual a identidade seria um efeito da exclusão do outro do campo da inteligibilidade.

Ignorando tais aspectos da teoria, a defesa da diferença sexual tem importantes e abrangentes impactos não apenas na construção de conhecimento psicanalítico no sentido de sua doutrina, mas, igual e principalmente, na política e na diagnóstica que orienta sua clínica. A imprecisão decorrente da não diferenciação entre os três registros, quando nos remetemos à diferença sexual, é o que acarreta, por exemplo, a aproximação imediata entre transexualidade e psicose. É bem verdade que há elementos de questionamento à identificação sexuada em Schreber (Freud, 1911/2010a) e que, nesse caso, se aproximam à constituição de seu delírio. Por outro lado, uma análise detida do texto mostra que não se trata de um desacordo em relação à designação de gênero no seu sentido clássico, mas de uma espécie de missão divina de emasculação e um devir mulher que em pouco se aproxima de narrativas ligadas às transidentidades. E, ainda que o fosse, uma tal ligação necessária entre sofrimentos vinculados à identidade de gênero e à psicose acarretaria uma imprecisão clínica bastante sensível, a saber, a indistinção entre apresentação fenomênica e estrutura.

Um dos grandes méritos da psicanálise foi separar-se da psiquiatria por compreender que os sintomas, em si, carregam uma verdade *cifrada* sobre o sujeito e estão ligados muito mais a contingências históricas do que a traços insuspeitos de determinada patologia. Em outras palavras, é possível compreender a histeria enquanto uma estrutura, não pela repetição de sintomas como o nojo de copos ou uma tosse sem causas orgânicas (Freud, 1905/2016a), assim como a neurose obsessiva não é descrita como um medo recorrente de ratos (Freud, 1909/2013). Da mesma forma, tomar expressões ligadas ao gênero como sinônimos de psicose é ignorar que o diagnóstico em psicanálise não é da apresentação bruta do sofrimento, mas das modalidades de relação que o sujeito estabelece com o desejo, com o Outro e com a *Lei*.

E é aqui que o processo silencioso de cristalização da teoria analítica mostra uma de suas mais impactantes facetas: a descrição da psicose e da perversão, como formas distintas de não aceitação "da Lei", trata, indistintamente, um conjunto de reflexões estruturais (linguísticas, antropológicas e lógicas) como correlatos diretos da castração em seu sentido mais ingênuo. Em outras palavras, a "lei do incesto", de Lévi-Strauss, torna-se a prova de que a centralidade da teoria freudiana estaria, invariavelmente, no Édipo e na diferença sexual. Em mais um capítulo do conveniente apagamento das determinantes sociais que embasam a psicanálise, ignora-se que a lei do incesto para o antropólogo nada mais é do que a lei da *variação cultural* das proibições (Lévi-Strauss, 1947/2012, p. 69), conforme veremos no próximo capítulo. No entanto, a apropriação psicanalítica de tais desenvolvimentos ignora o caráter social e local das regras sociais e transforma uma lei formal de variações potencialmente infinitas numa compreensão estreita e normativa de laço fundador. Temos daí que questionamentos da intransponibilidade do sexo, como as identidades trans, por exemplo, só poderiam ser compreendidos como um rompimento radical da lei.

Por mais que tal expediente em Lacan seja rico em contradições e, em certa medida, datado, no cenário contemporâneo, tal discurso tem por objetivo colocar essa versão do Édipo e da diferença sexual não só como pontos de importância inquestionável no interior dessa doutrina, mas como o grande e único legado freudiano. É sobre os pontos cegos e os silenciamentos dessa operação que algumas luzes devem ser lançadas não só para apontar limites, mas, principalmente, para discutir o que significa, epistemologicamente, sustentar que haja pilares imutáveis e inquestionáveis na teoria psicanalítica.

Uma leitura ingênua de Freud pode, de fato, levar a crer que sua obra tem por ponto irredutível o complexo de Édipo. Em uma nota acrescentada em 1920 aos "Três ensaios sobre a teoria da sexualidade" – após uma exposição na qual é defendido que a barreira contra o incesto, erguida durante o período de latência, "é, antes de tudo, uma *exigência cultural da sociedade*" (Freud, 1905/2016b, p. 147, grifos nossos) –, Freud diz: "o avanço do trabalho psicanalítico tornou cada vez mais nítida a importância do complexo de Édipo; o reconhecimento dele se tornou o xibolete[33] que distingue os adeptos da psicanálise de seus opositores" (Freud, 1905/2016b, p. 149).

Poderia, contudo, tal afirmação servir de prova incontestável da centralidade do Édipo? A referência à ideia de *xibolete*, enquanto uma sorte de patoá de vida ou morte, que separa tribos rivais, dá um peso a mais à afirmação. Mas, ao analisarmos mais de perto as outras ocorrências dessa ideia em Freud, vemos que essa tese pode se nuançar bastante, na medida em que, tanto em "Contribuição à história do movimento psicanalítico" (1914/2012b) como nas "Novas conferências introdutórias à psicanálise" (1933/2010h), Freud dirá que o xibolete da psicanálise é, na verdade, a análise do *sonho*. Já em "O eu e o id", "o primeiro xibolete da psicanálise" seria a distinção entre consciente e inconsciente (Freud, 1923/2011d, p. 15). Sublinhemos, assim, na esteira de Van Haute e Geyskens (2016), que já em Freud a centralidade do Édipo pode ser questionada, na medida em que ela é um entre os muitos "sinais convencionados de identificação" (Freud, 1923/2011d, p. 15, nota do tradutor).

Qual seria, então, a senha que nos separa dos estranhos estrangeiros, o traço secreto da língua psicanalítica? Ainda em Freud poder-se-ia argumentar que o caráter irredutivelmente sexual das pulsões é a pedra fundamental e intocável do edifício psicanalítico, tendo sido o pivô, inclusive, de diversas rupturas no interior de sua história. Mas, novamente, o próprio Freud destrói essa ilusão em "Além do princípio do prazer" (1920/2010e), subvertendo completamente

33 *Xibolete* é uma referência bíblica a uma passagem em Juízes na qual, visando escapar da morte, os efraimitas diziam ser, na realidade, gileaditas. Os verdadeiros gileaditas pediam, então, para os impostores pronunciarem a palavra *xibolete* – que significa *espiga* ou *curso d'água*. Por conta do sotaque de seu povo, os efraimitas, ao reproduzirem a palavra, diziam *sibolete*, sem poder pronunciar o som de "x" esperado no falar gileadita. Nessa toada, 42 mil teriam por isso perecido (Bíblia, Jz, 12:6).

suas próprias convicções ao afirmar que, na realidade, o princípio pulsional, por excelência, é a morte e não a sexualidade.

A propósito, lembremos que essa reformulação da teoria psicanalítica – para desespero dos que se afligem com a suposta sociologização da psicanálise – tem origem não no intocável domínio de uma clínica pura, tampouco em elucubrações lógicas ou metapsicológicas, mas, precisamente, nos impactos da Primeira Guerra Mundial, seja junto a novas modalidades de sofrimento que se mostram a Freud, seja na análise social direta do fenômeno, iniciada já em "Considerações atuais sobre a guerra e a morte" (1915/2010i). Lembremos, ademais, que esse movimento não é de forma alguma uma exceção, mas representa um recurso comum e recorrente na construção da teoria freudiana.

Outro exemplo dessa postura é mais claramente exposto em "A moral sexual 'cultural' e o nervosismo moderno" (1908/2015), texto no qual Freud liga o conjunto de doenças nervosas às quais tinha acesso em sua clínica às inalcançáveis exigências morais da sociedade. Há aí, portanto, não só uma análise da gestão social da sexualidade e das normas sociais, como também uma associação etiológica entre esse campo e o do sofrimento psíquico. "Quem é capaz de penetrar nos determinantes da doença neurótica, logo adquire a convicção de que seu aumento em nossa sociedade vem do crescimento das restrições sexuais" (Freud, 1908/2015, p. 376).

O trânsito entre análise social e teoria psicanalítica ocorre em diversos extratos e sob diferentes formas na obra freudiana. E não o faz apenas por meio de relações causais e modais entre exigências sociais e a psicopatologia psicanalítica, mas contribui intimamente para a própria construção da teoria do sujeito de Freud. A noção de identificação, central para a metapsicologia freudiana, tem seu mais detido desenvolvimento em um texto social, "Psicologia das massas e análise do eu" (1921/2011b), texto que, aliás, se inicia pela conhecida indistinção entre psicologia individual e social e, principalmente, utiliza-se da segunda para iluminar processos que, a princípio, diriam respeito à primeira.

Se tais expedientes podem parecer imaginarizações indevidas da doutrina psicanalítica que não estariam à altura da pureza da teoria, ampliemos nossa casuística para alguns pontos nodais do percurso intelectual de Jacques Lacan. O primeiro texto mais longo escrito, após sua tese de 1932, foi "Os complexos familiares na formação do indivíduo" (1938/2003a). Em linhas gerais, o texto busca, reiteradamente, demonstrar como a especificidade da família e da constituição do indivíduo depende, no ser humano, de fatores *culturais* em detrimento de disposições instintivas ou estruturais: "é na ordem original de realidade constituída pelas relações sociais que convém compreender a família humana" (Lacan, 1938/2003a, p. 33). O original e o real, portanto, devem ser buscados junto à sociedade, sendo a constituição da família e do indivíduo a ela submetidos, donde "as instâncias culturais dominam as naturais, a ponto de não podermos considerar paradoxais os casos em que, como na adoção, umas substituem as outras" (Lacan, 1938/2003a, p. 30). Temos, nesse texto, um Lacan menos preocupado com o Édipo e mais preocupado com o *complexo*: o recurso à noção de complexo serve aqui, precisamente, para sublinhar a primazia da dimensão social, já que o psicanalista insiste que se trata de algo distinto do instinto e que tem, inclusive, uma primazia em relação a esse.

Tais desenvolvimentos serão eclipsados por aquela que veio a ser a mais duradoura e impactante influência sofrida por Lacan, o estruturalismo. Não se deve esquecer que, se a proposta lacaniana de retomar o Édipo e a constituição subjetiva a partir da linguística e da antropologia obteve sucesso nos resultados clínicos e conceituais, foi porque, justamente, soube captar seu espírito do tempo e abrir mão do que, até então, se considerava intocável na teoria psicanalítica. Na mesma toada, as noções de *desejo* e de *sujeito* – que nem se colocavam enquanto tais para Freud – são alçadas a categorias incontornáveis do ensino lacaniano e vêm, diretamente, da recepção de Hegel na França (Butler, 1987).

Anos mais tarde, de maneira semelhante, a ideia de uma formalização mais frontal da noção de discurso se dá, justamente, por se tratar de um tema em voga na passagem da década de 1960 para a de 1970, muito impulsionada pelo uso que Foucault faz dela. É no interior desse debate, aliás, que se desenrolam reflexões importantes de Lacan indissociáveis dos eventos de maio de 1968. A própria noção de objeto *a* – considerada, aliás, pelo próprio Lacan, como sua única contribuição à psicanálise – é pensada pelo psicanalista como homóloga à mais-valia de Marx (Lacan, 1968-1969/2008d), autor que teria, segundo Lacan, "inventado o sintoma". Como sustentar, assim, que a psicanálise, também no seu regime epistêmico, não esteja sempre *sujeita* a sua própria reformulação no encontro com o Outro?

Assim, ao contrário do que a primazia absoluta do "campo psicanalítico" frente a outros saberes faria crer, Freud e Lacan rompem, repetidas vezes, com a insularidade da psicanálise não apenas estabelecendo diálogos, mas refundando a própria psicanálise a partir de problemas, conceitos e racionalidades importadas, seja do campo social, seja de outros saberes. Seriam, assim, as discussões junto às teorias *queer* e de gênero impropriedades conceituais? Ou seriam, ao contrário, a forma por excelência de estar à altura das epistemologias de nossa época?

Talvez a mais importante lição que Freud e Lacan nos tenham deixado sobre como proceder com a construção do conhecimento psicanalítico seja uma prática de humildade da teoria em face à emergência da alteridade. E é aqui que mais radicalmente a teoria psicanalítica encontra sua prática clínica: em ambas está em jogo uma postura metodológica de abertura do saber ante o encontro com o real. Se falharmos em escutar a radicalidade do novo legada pelo nosso tempo em benefício de uma suposta pureza da teoria psicanalítica, contraditoriamente, deixaremos de fazer psicanálise: nossa teoria é um saber que só sustenta sua originalidade tendo no horizonte a própria dissolução de suas bases. Talvez não seja por outro motivo que Freud insista na máxima metodológica de Charcot – sempre e repetidamente grafada em língua *estrangeira* em sua obra – *La théorie c'est bon mais* ça *n'empêche pas d'exister*[34] (Freud, 1923/2011d, p. 84). O gênero, esse estrangeiro, não deve, portanto, ser lido a partir da régua narcísica de uma psicanálise pura, mas como um *isso*, algo que fala de nós, lá onde ainda não nos reconhecemos, e que nos força a acertar as contas com o passado, rumo a um devir não de uma *pequena*, mas de uma *bela* diferença.

A História entre o impossível e o contingente

Após compreendermos o caráter central que a importância da exterioridade das questões e teorias traz para o campo psicanalítico, é tempo de retomar o trecho evocado por Lacan referente à centralidade do grupo no contexto da sexuação:

> *isso que preside a escolha do ser sexuado; aqui eu não posso inventar, eu não posso inventar por uma razão: que um grupo, que* um grupo é real. *E até mesmo é um Real que eu não posso inventar pelo fato de ser* um real recentemente emergido. *Pois enquanto não havia*

34 A ideia aqui é que há fenômenos que existem a despeito das categorias conceituais preexistentes e que, portanto, a teoria deve a eles se curvar. A frase em si comporta diversas sutilezas de tradução, entre elas, "A teoria é boa, mas não impede que *isso* exista" (grifo nosso).

> *discurso analítico, não havia psicanalista. (Lacan, 1973-1974, p. 190, tradução nossa, grifos nossos)*

A passagem sublinha que o real da emergência do grupo se sobrepõe àquilo que presidira a escolha do ser sexuado em termos lógicos. Lacan faz aqui uma referência à sua primeira formulação em 1973, apresentada sob a ideia de que mesmo se as fórmulas não tivessem sido escritas, o dizer da autorização seria verdadeiro. *Um real recentemente emergido*, referido ao discurso analítico, mostra que, para Lacan, o real não se opõe à história; pelo contrário: *é a marca do que emerge lá onde* ele não existia. Lembremos que, nessa mesma lição, há uma ideia semelhante quando, ao comentar o impróprio da nomeação *homossexual*, Lacan sublinha que, "ainda que isso tenha se alastrado desde o começo dos séculos... que se tenha levado um tempão justamente para taxar com esses termos... meio que, por acaso, impróprios... com esses termos tipo 'homossexual'" (Lacan, 1973-1974, p. 188). É nesse mesmo período de seu ensino que, contra acusações de que a História seria imaginária, Lacan sublinha que se trataria aí, antes, de um *simbólico que articula o real pelo escrito* e de um exercício de escrita que passa, no mínimo, por quatro mãos, conforme apresentamos alhures (Ambra & Paulon, 2018).

Assim, diferentemente do que se poderia supor, o real não é – nesse contexto – uma alteridade atemporal, imutável e soberana ao simbólico e ao imaginário. Trata-se, isso sim, do próprio caráter de imprevisibilidade da contingência próprio à História, mas que, mesmo assim, não abdica de sua função de escritura e inscrição. Lembremos que duas das definições mais correntes de real, como *contingente* e como *impossível*, definem-se respectivamente como *o que cessa de não se escrever* e o que *não cessa de não se escrever* (Lacan, 1972-1973/1985b, p. 198). A passagem do impossível no futuro ao contingente do aparecimento do imprevisível no presente é o momento no qual a história, de fato, se escreve. É esse tipo de noção que permite a Lacan firmar o real como emergência recente e é o que temos que ter em mente ao considerar os fenômenos ligados ao gênero na atualidade. Tratar a "diferença sexual" entre o homem e a inexistência da mulher como um rochedo pré-discursivo e não submetido à história ignora que o real se liga à própria emergência do novo e, insistentemente ao longo do seminário *Os não-bestas erram*, à invenção (Lacan, 1973-1974, pp. 57, 144, 147, 150, 194, 195).

Pensar as distintas formas de sexuação como alteradas ao longo da história e veiculadas por um discurso não é, necessariamente, um privilégio de nossa modernidade tardia. Laqueur (1998/2001) dá embasamento historiográfico à tese do caráter datado da emergência e construção do modelo dimorfista da sexuação em seu *Inventando o sexo*, conforme abordamos em Ambra (2015):

> *Hoje nos parece evidente a distinção entre os órgãos sexuais e os aparelhos reprodutivos masculino e feminino, sendo esta, a título de exemplo, durante todo o século XIX, uma metáfora dos papéis e diferenças sociais e psicológicas dos sexos. No entanto, essa ideia é relativamente recente. Antes disso, de acordo com Laqueur, figurava um modelo explicativo no qual um órgão sexual era apenas a inversão do outro, sem a localização de uma diferença entre eles. O fato de, em alguns casos, esse órgão ser interno ou externo era explicado, antes, pela teoria dos humores e da temperatura que cada fluido corporal poderia ter.*
>
> *A proposição de Laqueur deve ser lida a partir da ideia de uma primazia explicativa do que hoje vem sendo*

> *compreendido como gênero sobre a pretensa realidade biológica. É evidente que, ao contrário do horizonte buscado pelas lutas políticas atualmente, essa primazia do papel social sobre o corpo era extremamente hierarquizada. Mais especificamente, é o estatuto do corpo para a explicação das diferenças sexuais que aqui deve ser colocado em questão: foi apenas em 1559 que o clitóris foi, pela primeira vez, descrito anatomicamente. Renaldus Colombo, intrépido argonauta corporal dos prazeres femininos, chega a ridicularizar seus antecessores por não basearem suas observações na dissecação e por não registrarem com exatidão suas descobertas.*
>
> *Temos, neste ponto, que, durante um longo período do pensamento ocidental, "ser homem ou mulher era manter uma posição social, um lugar na sociedade, assumir um papel cultural, não* ser *organicamente um ou o outro de dois sexos incomensuráveis" (Laqueur, 1992, p. 19). Daí que se pode inclusive dizer que o corpo seria o epifenômeno, ao passo que o "gênero" estaria ao lado do primário ou real. (Ambra, 2015, p. 119, grifo do original)*

Pensar, assim, as *invenções do sexo* não enquanto voluntarismos, mas enquanto emergências de formas distintas de sexuação ao longo da história não nos parece, em absoluto, uma sociologização que secundarizaria a psicanálise; pelo contrário, isso sublinha o reconhecimento do caráter irredutivelmente dinâmico, inapreensível e real das expressões do inconsciente. Nas palavras de Oscar Wilde, "a única coisa que realmente se sabe sobre a natureza humana é que ela muda. Mudança é a única qualidade que podemos a ela predicar" (Wilde, 1900, p. 78, tradução nossa).

A identificação ao grupo

Mas e quanto ao grupo? Seria a afirmação de Lacan segundo a qual "o grupo é real" um rompante que não se liga a nenhuma outra definição de grupo desse momento de sua obra? Vejamos esta passagem na qual o psicanalista, ao comentar o passe, coloca o grupo num lugar de destaque não apenas junto a esse dispositivo de transmissão, mas a um traço mais fundamental da subjetividade:

> *[V]ocês ouviram falar da identificação? A identificação em Freud é simplesmente genial. O que eu almejo é o quê?* A identificação ao grupo. Porque é claro que os seres humanos se identificam a um grupo. *Quando não se identificam a um grupo, eles estão fodidos, estão enfurnados. Mas não estou dizendo, com isso, a que ponto do grupo eles têm de se identificar. O começo de todo nó social se constitui, digo eu, com a não relação sexual como furo. Não dois,* mas ao menos três; *e o que estou querendo dizer é que, mesmo se vocês forem só três, isso vai dar quatro. A mais-uma [pessoa] estará lá, mesmo se vocês forem só três. (Lacan, 1974-1975, p. 202, tradução nossa, grifos nossos)*

Eis um dos pontos mais fundamentais a serem sublinhados no que se refere à identificação sexuada: trata-se de uma identificação ao grupo. Não ao corpo, não ao significante *fulo*, não ao gozo, mas ao *grupo*. Mais precisamente, Lacan parece indicar que o ponto de identificação ao grupo não se dá a partir de determinados traços parciais de reconhecimento – como poderíamos supor a partir de Freud –, mas ao seu furo. "Não dois, *mas ao menos três*." A ideia aqui é que o caráter que funda um grupo e ao qual o sujeito vem a se identificar é uma emancipação do binarismo; a partir do momento em que há três, já está logicamente posto o horizonte de um *a mais* que funciona como nó social. Essa proposta, no entanto, ao contrário do que possa parecer, não é uma invenção revolucionária do último Lacan, que rompe com todo tipo de desenvolvimento já conduzido pelo psicanalista; mas, antes, trata-se do retorno de um tipo de pensamento presente no início de sua obra, porém eclipsado pela leitura que o psicanalista optará por fazer do estruturalismo. Retomaremos esse ponto no último capítulo.

Antes de encerrarmos esta discussão, é importante pontuar mais claramente a ideia segundo a qual a identificação a um grupo é fundamental no contexto da sexuação. Tomemos como exemplo a abertura das memórias de Herculine Barbin, um hermafrodita cujos diários, escritos pouco antes de seu suicídio, foram editados por Michel Foucault e tornaram-se conhecidos: "sofri muito e sofri só... Não havia um só ser humano que compartilhasse dessa imensa dor que se apoderou de mim no final da infância" (Foucault, 1978/1982, p. 13). O filósofo, na passagem comentada por Butler em *Problemas de gênero* (1990/2002, p. 155), retoma, na abertura das memórias de Herculine, o momento a partir do qual as intervenções médico-jurídicas decidem que Alexina/Herculine, que havia sido criada como menina, era agora decretada *homem*:

> *As memórias de sua vida, Alexina escreveu quando já havia sido descoberta e estabelecida sua nova identidade. Sua "verdadeira" e "definitiva" identidade. Mas é óbvio que não é do ponto de vista desse sexo enfim encontrado ou reencontrado que ela as escreve. Não é o homem que fala, tentando relembrar as sensações e a vida de quando não era ainda "ele mesmo". Quando Alexina redige suas memórias, não está longe do seu suicídio; ela tem sempre para ela mesma um sexo incerto;* mas

> é privada das delícias que experimentava em não ter esse sexo, ou em não ter totalmente o mesmo sexo que tinham aquelas com as quais vivia, amava e desejava tanto. *E o que ela evoca do seu passado é o limbo feliz de uma não identidade, que protegia paradoxalmente a vida dentro daquelas sociedades fechadas, estreitas e calorosas, onde se tem a estranha felicidade, ao mesmo tempo obrigatória e interdita, de conhecer apenas um único sexo.* (Foucault, 1978/1982, p. 6, grifo nosso)

Sublinhemos que Foucault aponta que a experiência deliciosa, da qual Herculine gozava, de ainda não ter esse sexo posteriormente imposto é, precisamente, *relacional*, na medida em que "seu sexo" só tem sentido quando pensado em relação, em comparação àquelas pessoas que – em realidade – formam o grosso da narrativa de Herculine, que pode ser compreendida quase como um inventário de encontros marcantes, no qual o papel das colegas de internato, por exemplo, é indispensável. A narrativa de suas profundas tristeza e solidão provocadas pela injunção ao pertencimento a um grupo com o qual não se identificava é também a marca de apagamento desse momento no qual o nó social se desata pela impossibilidade de uma pertença a um grupo socialmente designado, mas com o qual o sujeito não se identifica. Tem-se aqui uma contingência real que não se circunscreve, mas avança rumo aos domínios do imaginário e do simbólico, provocando sofrimento e impossibilidade de lidar dialeticamente com a questão da identidade.

Mas repensar a sexuação a partir de uma perspectiva borromeana exige que não nos fixemos exclusivamente na dimensão do real. Como essa autorização se constitui e se relaciona para além do real incessante que se inscreve e aparece no campo político das sexuações? É preciso que avancemos rumo ao domínio do simbólico.

2. Impasses do simbólico: normas, constelações e desejo

Se as sociedades são conjuntos mal unificados de meios, podemos negar-lhes o direito de definir a normalidade pela atitude de subordinação que elas valorizam com o nome de adaptação.

Georges Canguilhem, 1966/2009, p. 129

O Ser se mede pela carência própria à norma. Há normas sociais por escassez de toda e qualquer norma sexual, eis o que diz Freud.

Jacques Lacan, 1973, p. 6, tradução nossa

É preciso advertir a leitora e o leitor de que o capítulo que segue terá uma estrutura distinta daquela observada em nossa discussão anterior. Nosso caminho buscou, até o momento, apresentar uma possível aporia na aproximação entre a interpretação clássica das fórmulas da sexuação e a questão das identificações sexuadas, demonstrando como a teoria da autorização por si e por alguns outros responde melhor aos problemas apresentados pelas questões – políticas, teóricas e clínicas – trazidas pelo gênero. No entanto, a partir de agora será preciso retroceder a questões mais fundamentais do arcabouço lacaniano, antes que possamos avançar rumo à discussão do estatuto dos pequenos outros e da construção de uma matriz para se pensar a autorização.

É bem verdade que o núcleo duro de nossa argumentação estaria articulado entre o real (do sexual como diferença, da indecidibilidade do *alguns*) e o imaginário (a questão dos outros, do grupo e do *si mesmo*). Contudo, não podemos prescindir de uma discussão mais detida sobre as questões do simbólico, na medida em que é preciso dizer *qual simbólico* permite o tipo de articulação que gostaríamos de fazer. Ademais, como veremos, uma certa concepção de sexuação tem uma incidência central nas próprias bases do simbólico lacaniano, sendo preciso, então, revisitá-las, mas já amparados por uma racionalidade que pensa as identificações sexuadas a partir da autorização.

Por isso, este momento do texto terá a estrutura de uma cartografia celeste das relações entre a sexuação e pontos fundamentais da teoria lacaniana tradicionalmente ligados ao simbólico. Nossas discussões neste capítulo – que podem parecer, à primeira vista, desconexas ou esparsas – procurarão ser tecidas por meio de um exercício metodológico que, de partida, já se refere a uma teoria do simbólico por nós resgatada a partir da ideia de *constelação*. Cada subitem aqui, portanto, não deverá ser tomado como um *planeta* que orbita ao redor de um Sol conceitual comum, conhecido e confiável. Proponho que a leitura deste capítulo possa vir a considerar as sínteses de nossas incursões na qualidade de *estrelas* que – se sozinhas têm um brilho fraco –, numa dada constelação, podem nos ajudar a encontrar um sul de navegação, permitindo abandonar a nostalgia do continente das fórmulas da sexuação, calcados na esperança de aportar num novo mundo.

Há entre os comentadores algumas diferenças no que diz respeito às divisões possíveis no ensino de Lacan. Para alguns, suas diferentes reformulações teóricas seriam, em realidade, laterais, posto que versam sempre sobre uma ou algumas poucas questões comuns, o que garantiria uma unidade na teoria lacaniana (Safatle, 2008). Nessa mesma toada, Faria (2019) sublinha o fato de que os registros imaginário, simbólico e real estiveram desde o início presentes no horizonte lacaniano, sempre em relação e não submetidos a uma hierarquização. A interpretação mais amplamente aceita, contudo, defende que haveria relativa primazia de algum dos registros em determinado momento do ensino de Lacan. Fala-se, assim, de um primeiro ensino, ligado ao imaginário e à questão especular; um segundo, no qual haveria uma primazia do simbólico, a partir do significante; e um terceiro, no qual o real compareceria de maneira mais presente a partir da postulação da inexistência da relação sexual. Considerado por alguns uma espécie de palavra final sobre o assunto, o Seminário *R.S.I.* (Lacan, 1974-1975) é declaradamente dedicado ao registro do Real, por mais que ao longo de suas lições haja uma insistência em demonstrar a indissociabilidade dos três registros, cujo paradigma topológico é o nó borromeano.

Frente a tal quadro, nossa posição é a seguinte: pensar em uma datação, uma divisão ou uma hierarquia conceitual em Lacan não é uma postura frutífera, ou mesmo factível, se postulada de maneira generalista. Em outros termos, ela só é possível quando remetida a problemas específicos, e não à "obra", já que há posturas que, de fato, parecem não se alterar ao longo do seu ensino, ao passo que alguns conceitos efetivamente têm seu ápice e declínio. Como nosso problema se constrói ao redor da problemática da identificação em suas intersecções com a questão da sexuação, é a partir dela que se dará qualquer tipo de divisão e possível modificação do pensamento lacaniano. Em outras palavras, buscaremos verificar se a noção de identificação sofre modificações ao longo dos seminários e escritos de Lacan e de que forma.

A sexuação na base da identificação simbólica

Se ao final do ensino de Lacan localizamos uma incidência da identificação ligada à dimensão real do grupo, vejamos, então, em que contexto pôde se dar a emergência da noção de *identificação simbólica*. Observamos nos Seminários 1 e 2 uma sorte de continuidade e refinamento de algumas questões, que se desenvolviam desde os anos 1940, relativas à constituição do eu enquanto instância imaginária aliada ao movimento de retorno a Freud, no sentido da reinterpretação da primeira tópica em função da crítica à psicologia do eu. Quanto à identificação, é curioso notar como Lacan sublinha, nesse período, que haveria uma espécie de mal-entendido em relação à identificação: "a palavra 'identificação', tomada indiferenciadamente, em bloco, é inutilizável" (Lacan, 1953-1954/1986, p. 148); ou, ainda:

> *aí se escalona uma zona em que vocês poderão distinguir os planos disso que chamamos, em nossa linguagem imprecisa, 'identificações', com toda uma gama de nuances, todo um leque de formas que agem entre o imaginário e o simbólico, é o plano no qual deslocamos toda nossa experiência. (Lacan, 1953-1954/1986, p. 248, tradução modificada)*

Sublinhemos como – mesmo já nomeando o registro simbólico – Lacan ainda reconhece que há uma assimetria conceitual e clínica dessa noção-chave, por mais que ainda não ofereça um encaminhamento para o problema.

Contudo, a partir do seminário sobre as psicoses, o campo conceitual da identificação – e notadamente da identificação ligada à sexuação – perde seu caráter plural e assimétrico e passa a orbitar ao redor de um punhado de noções e referências bastante organizadas. Não esqueçamos que se trata do seminário no qual, com base em Saussure, o conceito de "significante" é densamente comentado e construído em sua diferenciação em relação ao significando e aos efeitos de significação; e, portanto, trata-se do momento em que o registro simbólico ganha seu operador teórico privilegiado. Assim, parece haver um esforço de Lacan para recolocar algumas questões centrais em novos termos, entre os quais aquele da identificação, que, a partir de agora, deixa de ser tratada no plural.

O significante e a questão da oposição

No que tange à sexuação, *homem* e *mulher* são, a partir desse momento conceitual, significantes e, portanto, definem-se por oposição. Em outras palavras, não haveria conteúdo ou essência que definisse nenhum dos dois, e sua significação adviria exclusivamente da relação que estes estabeleceriam em uma dada cadeia. Trata-se de uma articulação extremamente interessante e potencialmente frutífera para os estudos de gênero, posto que colocaria a identificação sexuada para além tanto de uma pura determinação biológica como de um essencialismo volitivo identitarista. Contudo, examinemos mais de perto de que tipo de oposição se trata:

> *Eu falava agora há pouco do dia e da noite, do homem e da mulher, da paz e da guerra. Poderia ainda enumerar um certo número de coisas que são algo que não se isola do mundo real, mas que dá sua armação, seus eixos, sua estrutura... que o organiza; [coisas] que fazem com que*

> *o homem ali se encontre, que fazem com que haja para ele, efetivamente, uma realidade, tal como a fazemos intervir na análise... supõem, no interior dele próprio, essa trama, essas nervuras de significante como tal. (Lacan, 1955-1956/1985a, p. 227, tradução modificada)*

Em outra passagem:

> *Se lhes falei do dia e da noite, é para lhes fazer sentir que, além de tudo que recobre o dia, a própria noção de "dia", a palavra "dia", a noção vinda do dia, é alguma coisa, propriamente falando, de inapreensível em alguma realidade. Não há nenhuma definição, nenhum limite se essa função da oposição do dia e da noite não for uma oposição significante, fundamental, que ultrapassa infinitamente qualquer espécie de significação que ela pode acabar por recobrir.* ***E se tomei como exemplo o dia e a noite, é naturalmente porque nosso tema é o homem e a mulher. E que o significante "homem", bem como o significante "mulher", são coisas diferentes de uma atitude passiva ou atitude ativa; de uma atitude agressiva ou atitude de ceder, ou de comportamentos****. Há sem nenhuma dúvida um significante escondido aí atrás que, é claro, não é absolutamente, em parte alguma, encarnável, mas que está assim mesmo encarnado o mais justo possível na existência da palavra* homem *e da palavra* mulher. *(Lacan, 1955-1956/1985a, p. 226, tradução modificada, grifos do original, negritos nossos)*

Em primeiro lugar, sublinhemos que estão em jogo aqui duas das primeiras e mais explícitas passagens de Lacan a respeito de sua apropriação da linguística estrutural. E é nesse registro que *homem* e *mulher* comparecem como exemplos privilegiados de significantes. Mais ainda, notemos que o caminho argumentativo de Lacan é utilizar-se da noção de "oposição significante" para pensar o que estaria em jogo na sexuação. Homens e mulheres são, aqui, opostos sem significado *a priori*. Mas o que implica pensá-los dessa forma?

Diferentemente da ideia – que surgirá no contexto das fórmulas da sexuação nos anos 1970 – de que a mulher teria um gozo *suplementar* (e não complementar ao do homem), aqui temos uma oposição logicamente distinta, posto que o tipo de exemplos trazidos (*guerra* e *paz*, *dia* e *noite*) sublinha se tratar de oposições *complementares*. Trata-se – da maneira como Lacan os apresenta – de pares fixos que se definem mutuamente, e não propriamente de elementos contingentes dentro de um sistema. O problema de tal abordagem é que, mesmo sublinhando a ausência de significado em si, um dos elementos do par complementar passa a figurar de maneira fixa (ainda que negativamente) como definidor do outro. Assim, homem passa a ser o *não mulher* e mulher passa a ser o *não homem*, tirando do horizonte quaisquer outras oposições possíveis.

Percebamos que a oposição entre dia e noite, guerra e paz, só se sustenta se, em algum lugar, ainda houver referência a um caractere sensível, fenomenológico ou de sentido que os diferencie. Na língua, os sentidos que emanam das oposições são contingentes e se pautam, sobretudo, pelo uso que se faz de determinado significante, em qual contexto ele se aplica. Assim, "dia da defesa", "Dia D", "Supermercados Dia", "dia a dia" e "O dia da marmota"[1] sublinham que as oposições são funções que dependem da lida com o significante em seu contexto e seu uso, a princípio contingentes. Os diferentes sentidos desses

1 E, indo além, tanto no registro da letra como na própria sonoridade presente na fala em análise, o significante "dia" poderia surgir destacado dentro de uma palavra, como *dia*bólico, in*dia*no, fo*dia*.

dias mencionados independem, portanto, da oposição artificial a *noite*. Mas tal ideia estaria amparada por Saussure?

Como sabemos, Lacan opera uma modificação da ideia saussuriana referente à relação entre significante e significado, relegando o signo para um outro plano. Assim, conforme Mello:

> *a noção saussuriana de "caráter diferencial" do signo linguístico, segundo a qual um signo somente adquire "valor" ou "unidade de sentido" através da relação com outros signos, é deslocada por Lacan para o plano do significante. Assim como para Saussure os signos são puras diferenças, para Lacan são os significantes que são concebidos como puras diferenças. (Mello, 2010, p. 197)*

De toda forma, ainda assim os signos seriam definidos, em Saussure, por pares fixos de opostos? Vejamos o que afirma o linguista:

> *No interior de uma mesma língua, todas as palavras que exprimem ideias vizinhas se limitam reciprocamente: sinônimos como* recear, temer, ter medo *só têm valor próprio pela oposição . . .* ***Assim, o valor de qualquer termo que seja está determinado por aquilo que o rodeia****. (Saussure, 1916/1966, pp. 134-135, grifos do original, negritos nossos)*

A passagem é cristalina: para Saussure, o valor do termo advém de sua posição, inclusive – e talvez principalmente – no caso de sinônimos, em que o apelo à diferença de significado perde força argumentativa. Vejamos uma outra passagem na qual o linguista utiliza a comparação ao jogo de xadrez para explicar a questão do valor dos elementos em uma língua:

> *Suponhamos que, no decorrer de uma partida, essa peça venha a ser destruída ou extraviada: pode-se substituí-la por outra equivalente? Decerto: não somente um cavalo, mas uma figura desprovida de qualquer parecença com ele será declarada idêntica, contanto que se lhe atribua o mesmo valor. Vê-se, pois, que nos sistemas semiológicos, como a língua, nos quais os elementos se mantêm reciprocamente em equilíbrio de acordo com regras determinadas, a noção de identidade se confunde com a de valor, e reciprocamente. (Saussure, 1916/1966, pp. 134-135)*

A identidade é, portanto, uma característica que advém do valor que determinado elemento recebe dentro de um sistema de regras determinadas. Cavalo define-se, portanto, por seu uso em relação às outras peças, e não por uma oposição complementar com nenhuma peça específica. *Cavalo* – assim como *homem* ou *mulher* – não teria nenhuma propriedade *a priori*, mas seria medido exclusivamente por sua diferença em relação a outros signos (para Saussure) ou significantes (para Lacan).

Dirá Milner (2010): "antes de Saussure são as propriedades que fundam as diferenças (e as semelhanças); depois de Saussure é a diferença que funda as propriedades, e não há estatuto possível para a semelhança". Entendemos que fixar a oposição entre *homem* e *mulher* resultaria numa tentativa de negar a infinidade de diferenças possíveis supostas pelo sistema, tomando a negação do outro significante como propriedade que antecederia a diferença em si. É curioso notar como a oposição sexual possui um valor tão relevante e estanque para Lacan nesse momento de seu ensino, chegando a figurar como um dos exemplos do funcionamento do significante. Ainda que não exatamente amparado em Saussure,

Lacan traz para o coração de sua formulação do simbólico a diferença sexual complementar.

De toda forma, é mister sublinhar que a teoria do significante se refina muito em Lacan ao longo dos anos. A construção da formulação "o significante é o que representa um sujeito para outro significante" (Lacan, 1961-1962/2003c) testemunha esse processo de formalização que se emancipa de uma oposição complementar simples em direção a um sistema que possibilita a existência de cadeias significantes, que, se pensadas a partir do sentido, seriam consideradas puramente contingentes.

Tomemos um exemplo dado por Lacan justamente no seminário sobre a identificação. A afirmação "guerra é guerra" (Lacan, 1961-1962/2003c, p. 55) demonstra que o sentido emana da posição dos significantes e não de seu pretenso significado, já que – sublinha ele – o dizer "*guerra é guerra*" não é uma tautologia. Fica claro aqui como a oposição é uma *função* contingente, e não um *a priori* do significante, motivo pelo qual "homem masculino" e "mulher feminina" apontam igualmente para o fato de que nenhum significante garante o sentido, pois se trata sempre de saber a qual jogo de significantes ele remete.[2] Afinal, no xadrez, como dizia Freud, conhecemos um pouco as aberturas e os fechamentos, mas o que se desenrola entre os poucos elementos ali presentes é de uma possibilidade quase infinita:

2 Por exemplo, a dita "verdadeira verdade" cantada pelo grupo Cidade Negra (Bernardo et al., 1991) induz um sentido precisamente por esse diferencialismo radical do significante. Ao retomar um dito popular que tenta, justamente, apagar o caráter potencialmente arbitrário desses significantes, Jocenir (1998) subverte a aparente oposição pela introdução de um terceiro termo em sua clássica "Diário de um detento", que, na voz de Mano Brown, narra as últimas horas no Carandiru antes do massacre de 1992: "*Homem é homem, mulher é mulher, estuprador é diferente, né?*".

> *A cada signo existente vem, então, se integrar, se pós-elaborar, um valor determinado . . ., que só é determinado pelo conjunto de signos presentes ou ausentes no mesmo momento; e, como o número e o aspecto recíproco e relativo desses signos mudam a cada momento, de uma maneira infinita, o resultado dessa atividade, para cada signo, e para o conjunto, muda também a cada momento,* numa medida não calculável. *(Saussure apud Basílio, 2010, p. 8, grifo nosso)*

Analogamente, a cadeia significante comportaria, portanto, regras de significação que vão muito além da oposição entre *homem* e *mulher*. Essa constatação é importante para que se possa ensaiar uma crítica a grande parte da comunidade lacaniana, que acusa os estudos de gênero – ou a pós-modernidade, ou os transexuais, ou a "sociologização do saber psicanalítico" – de promoverem um apagamento da diferença sexual tomada aqui quase como um sinônimo da diferença anatômica, ainda que travestida de simbólico. Essa crítica entende que as novas políticas de gênero ignorariam a centralidade da diferença fundamental da psicanálise (homem e mulher) e, portanto, operariam para além ou para aquém do simbólico como o concebemos. Ora, mas tal racionalidade ignora que não existe *a* diferença sexual, e sim antes diferenças puras no interior de sistemas significantes.

Dentro da apropriação estritamente lacaniana do simbólico, seria só a partir dos anos 1970 que esse tipo de oposição significante complementar entre *homem* e *mulher* poderia ser mais radicalmente posto em questão:

> *Dizer, então, que "não há relação sexual" é também dizer que "homem" ou "mulher" não são tomados, um e outro,*

> *igualmente a título de significante quando acontece de um sujeito se determinar sexualmente, se acomodar mais num campo do que no outro; que, enquanto significantes, decerto eles diferem, contudo não se opõem. É preciso, portanto, chegar a dizer que o simbólico – o domínio do significante, lá onde não há nada além de relação – não conhece a oposição sexual; não é capaz, por si só, de sustentá-la. Igualmente se revela inapto para sustentar a oposição vida/morte, que não lhe fede nem cheira. De forma mais geral, aliás, onde só há diferença, não há oposição – a não ser construída, secundariamente, mediante a borda; mas essa oposição não será, em nada, uma propriedade desse simbólico: somente o resultado de seu trabalho. (Le Gaufey, 1991/2017, p. 299)*

Assim, se para Saussure o paradigma da diferença seriam os sinônimos, da mesma forma podemos propor que as "novas diferenças sexuais" são diferenças puras justamente por sublinhar a impossibilidade de apelo ao sentido. Qual é a diferença entre "*female to male transgender man*", "*female to male transsexual man*", "F2M"; ou entre "*cis female*" e "*cis woman*"? Essas denominações, bem entendido, podem emaranhar-se numa gramática das chamadas políticas da identidade, que exploramos melhor em outro trabalho (Ambra & Silva Junior, 2016). No entanto, elas se proliferam segundo uma lógica pautada precisamente na diferença sexual, compreendida em um sentido ainda mais formal do que aquele defendido por Lacan no seminário sobre as psicoses. Jean Allouch chegará a definir *queer*, por exemplo, como um significante no sentido lacaniano do termo, ligado propriamente a um acontecimento sem sentido, mas que ajudaria a psicanálise a resistir a seu caráter pastoral (Barbero, 2005, p. 51). Contudo, trata-se de ensaiar pensar *a partir* de Lacan, e não propriamente *com* Lacan, posto que – voltando à vaca fria – nesse momento conceitual é mesmo de *homi-macho* e *mulé-fêmea* que se trata:

> *O complexo de Édipo quer dizer que a relação imaginária, conflituosa, incestuosa nela mesma, está destinada ao conflito e à ruína. Para que o ser humano possa estabelecer a relação mais natural, aquela do macho com a fêmea, é preciso que intervenha um terceiro, que seja a imagem de alguma coisa de bem-sucedido, o modelo de uma harmonia. Não é demais dizer – é preciso aí uma lei, uma cadeia, uma ordem simbólica, a intervenção da ordem da palavra, isto é, do pai. Não o pai natural, mas do que se chama "pai". A ordem que impede a colisão e o rebentar da situação no conjunto está fundada na existência desse nome-do-pai. (Lacan, 1955-1956/1985a, p. 114)*

Ou seja, o simbólico parece intervir aqui não para dotar o humano de uma pluralidade possível no domínio da sexualidade, mas, antes, para que ele possa (r)estabelecer a "relação mais natural, aquela do macho com a fêmea" – o que, nos animais, seria garantido pelo imaginário. Contudo, como vai ficando cada vez mais claro, Lacan parece insistir de toda maneira em descrever a relação entre homens e mulheres a partir do simbólico; e, principalmente, parece colocar a própria diferença sexual como base de uma oposição binária que marca o simbólico. Vejamos um último caso de tal argumento em "Instância da letra no inconsciente", de 1957, na qual Lacan refina os elementos trabalhados no seminário sobre as psicoses.

Ao comentar o chamado algoritmo S/*s*, Lacan critica a maneira clássica pela qual se apresenta a distinção entre significante e significado a partir de uma ilustração, nomeada pelo psicanalista como "incorreta".

Figura 2.1

Alternativamente, eis a ilustração considerada por ele como mais acertada:

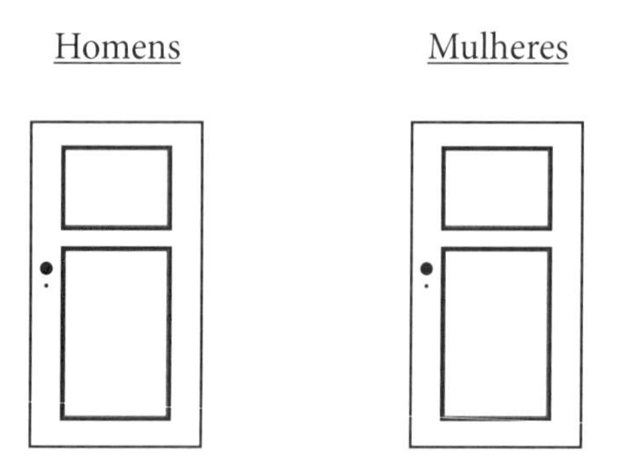

Figura 2.2

Após sublinhar que essa montagem uniria o "homem ocidental" à maior parte das comunidades primitivas, que contam com regras de segregação urinária, Lacan diz que nem mesmo esse exemplo estaria à altura da "vivência da verdade", e conta uma história que lhe teriam contado de uma lembrança infantil:

> *Um trem chega à estação. Numa cabine, um menino e uma menina, irmão e irmã, estão sentados um em frente ao outro, do lado em que a vidraça dando para o exterior descortina a visão das construções da plataforma ao longo da qual o trem parou: "Olha!, diz o irmão, chegamos a Mulheres!"; "Imbecil!, responde a irmã, não está vendo que estamos em Homens?"... A partir desse momento, Homens e Mulheres serão para essas crianças duas pátrias para as quais a alma de cada uma puxará sua brasa divergente, e a respeito das quais lhes será tanto mais impossível fazer um pacto quanto, sendo elas em verdade a mesma, nenhum deles poderia ceder da primazia de uma sem atentar contra a glória da outra.*
>
> *Paremos por aqui. Isso parece a história da França. (Lacan, 1957/1998h, pp. 503-504)*

Essa é, simplesmente, uma das demonstrações mais precisas já escritas por Lacan da relação entre significante e significado. E mais uma vez, surpresa ou não, aí está a identidade sexuada, marcada e binária, como suporte da oposição significante. Mais refinadamente do que aquela que compara *homem* e *mulher* a *dia* e *noite*, dessa vez temos aí uma tensão, uma dialética que inclui o tempo. E, comentando o trecho, Lacan dirá:

> *Além, com efeito, de os trilhos dessa história materializarem a barra do algoritmo saussuriano de uma forma que é a conta certa para sugerir que sua resistência pode ser*

> *outra que não dialética, seria preciso – essa é exatamente a imagem que convém – não ter olhos na cara para se atrapalhar quanto ao respectivo lugar do significante e do significado, e para não observar de qual centro irradiante o primeiro vem a refletir sua luz nas trevas das significações inacabadas. (Lacan, 1957/1998h, p. 503)*

Assim, os significantes "Homem" e "Mulher", supostamente emancipados de qualquer referência concreta, tomam para as crianças o valor de uma localidade, sendo significações mutuamente excludentes. Contudo, ao revirar tal ideia no caso específico de que a localidade do exemplo seja justamente a diferença sexual, começam os problemas: em matéria de gênero, as possíveis contingências do significante são, nesse momento conceitual, lançadas no campo imaginário, ao passo que a virilidade e a feminilidade transformam-se em atributos exclusivamente edipianos nos quais a não inscrição normativa é vista necessariamente como um desvio claramente psicopatológico. Se antes dos anos 1950 o imaginário fora um campo possível para se pensar o processo de sexuação a partir do semelhante – como veremos em nosso próximo capítulo –, nos anos 1950 temos o seguinte:

> *Suponhamos que essa situação [de uma subversão psicopática da personalidade] comporte precisamente para o sujeito a impossibilidade de assumir a realização do significante "pai" no nível simbólico. O que lhe resta?* Resta-lhe a imagem a que se reduz a função paterna. É uma imagem que não se inscreve em nenhuma dialética triangular, *mas cuja função de modelo, de alienação especular, dá ainda assim ao sujeito um ponto de enganchamento, e lhe permite apreender-se no plano*

> *imaginário. . . . A imagem adquire em si mesma e logo de saída a função sexualizada, sem ter necessidade de nenhum intermédio, de* nenhuma identificação com a mãe, *nem com quem quer que seja. . . . Essa verdadeira despossessão primitiva do significante, será preciso que o sujeito dela se encarregue e assuma sua compensação, longamente, na vida, por uma série de* identificações puramente conformistas a personagens que lhe darão o sentimento do que é preciso fazer para ser um homem.
>
> *É assim que a situação pode se sustentar durante muito tempo, que* certos psicóticos vivem compensados, têm aparentemente os comportamentos comuns considerados como normalmente viris, e de uma só vez, misteriosamente, Deus sabe por quê, se descompensam. *(Lacan, 1955-1956/1985a, p. 233, tradução modificada, grifos nossos)*

A passagem deixa claros dois pontos. Um primeiro diz respeito ao lugar de suplência que a identificação imaginária vem a ocupar: não se trata mais da definição de identificação dada no estádio do espelho (a transformação no eu quando da assunção de uma imagem), mas de "muletas imaginárias que permitiam ao sujeito compensar a ausência do significante" (Lacan, 1955-1956/1985a, p. 233). Um segundo é a sobreposição quase total de uma falha na inscrição do significante e de uma não assunção de virilidade; ou seja, uma não conformidade da identidade sexuada à sexualidade ou ao corpo não seria um epifenômeno, mas a base mesma da não inscrição do significante do nome-do-pai. Assim, compreendemos porque a aproximação entre transexualidade e psicose perdura tanto tempo em Lacan: não se trata de uma assertiva infeliz e pontual, mas é antes a expressão de que na base de sua teoria do significante está o gênero, compreendido enquanto uma diferença sexual complementar e binária.

O simbólico serviria, assim, como a estabilização da virilidade, para o homem, que permitiria que suas tendências femininas pudessem ser vividas de uma maneira, digamos, "sublimada". O Édipo aqui comportaria, em seu desenvolvimento neurótico-normal, três registros: o da *Verdrängung* (recalque), o da *Verneinung* (negação) e o da *Verdichtung* (condensação). Sobre ela, diz Lacan:

> *A* Verdichtung *é simplesmente a lei do mal-entendido, graças à qual nós sobrevivemos, ou ainda graças à qual fazemos várias coisas ao mesmo tempo, ou ainda graças à qual podemos, por exemplo, quando somos um homem, satisfazer completamente nossas tendências opostas ocupando numa relação simbólica uma posição feminina, embora permanecendo um homem, dotado de sua virilidade, no plano imaginário e no plano real. Essa função que é, com maior ou menor intensidade, de feminilidade pode ter assim oportunidade de ser satisfeita com esta receptividade essencial que é um dos papéis existentes fundamentais. Isso não é metafórico. (Lacan, 1955-1956/1985a, p. 100)*

Retomando a comparação com o imaginário, Lacan explicita o que virá a ser designado como estrutura psicótica – na medida em que se trata de uma montagem baseada na *Verwerfung* (foraclusão), a qual não seria um simples mecanismo de defesa distinto em jogo, quando em comparação com a neurose – a partir de um paradigma completamente diferente daquele que sustentara durante anos, ligado ao imaginário, ao ciúme e a outros operadores que, a partir de agora, poderão ser caracterizados como "defesas" ou "constelações conflitivas" – e, portanto, secundários à estrutura da psicose. "Não se trata de fenomenologia" (Lacan, 1955-1956/1985a, p. 230): o que está em jogo, na psicose, é uma questão ligada ao significante.

E, novamente, é nesse importante contexto de constituição da teoria lacaniana das estruturas clínicas como diferentes posicionamentos simbólicos que a sexuação e a parentalidade edípica se acoplam de maneira central e sensivelmente mais radical do que se poderia supor anteriormente. Ao comentar o desencadeamento da psicose, Lacan se perguntará:

> *[Q]ue se passa quando a verdade da coisa falta, quando não há mais nada para representá-la em sua verdade quando, por exemplo, o registro do pai está em falta?*
>
> *O pai não é simplesmente o gerador. Ele é também aquele que possui o direito à mãe, e, em princípio, em paz. Sua função é central na realização do Édipo, e condiciona o acesso do filho – que também é uma função, e correlativa da primeira – ao tipo da virilidade. O que se passa se uma certa falta se produziu na função formadora do pai? (Lacan, 1955-1956/1985a, p. 232)*

Ou seja, temos aqui que o mecanismo, posteriormente conceitualizado como foraclusão do nome-do-pai, de constituição da psicose não apenas alteraria a estrutura do eu ao tipo de relação que o significante permite construir da realidade, mas também à ascensão ao tipo viril – noção que congrega a teorização da sexuação nesse momento do ensino e comparece, aqui e no Seminário 5, na mesma acepção de um resultado sexuado do complexo de Édipo. Trata-se de uma função? Está no campo imaginário, simbólico ou real? São questões que ficam em aberto. Essa aproximação entre o tipo viril e o Édipo aparece também no texto "A psiquiatria inglesa e a guerra", no qual há uma passagem que beira o cômico, quando Lacan comenta os tipos psicológicos encontrados no exército francês, ligando uma suposta ausência de virilidade ao que ele mesmo descrevera anos antes como o "declínio social da imago paterna":

> *Referindo-me, pois, às indicações que pude retirar de uma experiência parcial, respondo-lhe [a Turquet][3] que o valor viril, expresso pelo tipo mais rematado da formação tradicional do oficial entre nós, pareceu-me, em várias oportunidades, uma compreensão daquilo que nossos ancestrais teriam chamado de uma certa fraqueza nos jogos amorosos.*
>
> *Seguramente, essa experiência é menos decisiva do que a que tive, em 1940, com um fenômeno molecular em escala nacional: refiro-me ao efeito macerante, para o homem, de uma predominância psíquica das satisfações familiares, e ao desfilar inesquecível, no serviço especial a que estive ligado, de sujeitos recém-saídos do calor da saia da mãe e da esposa, os quais, graças a evasões que os levavam mais ou menos assiduamente a seus períodos de instrução militar, sem que neste eles fossem objeto de nenhuma seleção psicológica, viram-se promovidos aos postos que são a alma do combate – do chefe de seção ao capitão. Essa última experiência só me permitia ter acesso às amostras que tínhamos da inaptidão dos quadros superiores para a guerra por ouvir dizer. Indicarei apenas que ali encontrei, em escala coletiva, o efeito de*

3 Chamado nesse texto de "amigo", Pierre Turquet, anos mais tarde, será o responsável pelo relatório encomendado pela International Psychoanalytical Association (IPA) sobre a investigação acerca da prática de Lacan.

> *degradação do tipo viril que havia relacionado com a decadência social da* imago *paterna numa publicação sobre a família, em 1938. (Lacan, 1947/2003b, p. 117)*

Voltando ao seminário sobre as psicoses, o psicanalista afirma:

> *Ora, a realização da posição sexual no ser humano está ligada, nos diz Freud – e nos diz a experiência – à prova da travessia de uma relação fundamentalmente simbolizada, a do Édipo, que comporta uma posição que aliena o sujeito, isto é, o faz desejar o objeto de um outro, e possuí-lo por procuração de um outro.* Encontramo-nos, portanto, aí numa posição estruturada na própria duplicidade do significante e do significado. É na medida em que a função do homem e da mulher é simbolizada, é na medida em que ela é literalmente arrancada ao domínio do imaginário para ser situada no domínio do simbólico, que se realiza toda posição sexual normal, consumada. É pela simbolização a que é submetida, como uma exigência essencial, a realização genital – que o homem se viriliza, que a mulher aceita verdadeiramente sua função feminina.
>
> *Inversamente, coisa não menos paradoxal, é na ordem do imaginário que se situa a relação de identificação a partir da qual o objeto se realiza como objeto de concorrência. O domínio do conhecimento é fundamentalmente inserido na primitiva dialética paranoica da identificação com o semelhante. É daí que parte a primeira abertura de identificação com o outro, a saber: um objeto. Um objeto se isola, se neutraliza, e como tal se erotiza*

> *particularmente. É o que faz entrar, no campo do desejo humano, infinitamente mais objetos materiais do que os que entram na experiência animal.*
>
> *Nesse cruzamento recíproco do imaginário e do simbólico reside a fonte da função essencial desempenhada pelo eu na estruturação da neurose. (Lacan, 1955-1956/1985a, p. 203, grifos nossos)*

Notemos que a identificação imaginária é agora reduzida à constituição, paradoxal, do objeto. A passagem especifica também ainda mais a relação entre imaginário e simbólico no que diz respeito à sexuação: a posição sexuada do sujeito neurótico[4] é fundamentalmente simbólica, isto é, ligada ao atravessamento do complexo de Édipo. Contudo, para que tal gramática se desenrole, há paradoxalmente uma constituição de objeto imaginária que constitui tanto o objeto quanto a relação própria de rivalidade, advinda da chamada *identificação mental* ao semelhante. Sublinha-se aqui, mais uma vez, que a sexualidade simbólica que Lacan tem em mente refere-se exclusivamente ao casal heterossexual; e, além disso, a uma "realização genital" que corresponde à realização de toda a "posição sexual normal". Fica clara a proximidade que Lacan ainda tinha com um tipo de desenvolvimentismo no que diz respeito ao gênero e à sexualidade (sendo a genitalidade homem-mulher sua forma consumada), ainda que já tivesse ferramentas conceituais que lhe permitissem avançar. Bem entendido, esse tipo de racionalidade cai por terra mesmo antes da proposição da inexistência da relação sexual, mas cumpre notar aqui, mais uma vez, que a questão da

---

4 Abre-se aqui um grande parêntese que só vai se fechar na teoria da sexuação nos anos 1970; a saber, que o sujeito sexuado e tudo o que diz respeito à identificação servem, nesse período, quase exclusivamente ao indivíduo neurótico. Sobre a questão do neuroticocentrismo, ver Dunker (2011).

sexuação como binária e complementar está ligada ao núcleo mesmo da conceituação mais geral do simbólico.

Vejamos como toda essa discussão se desdobra na análise de um caso clínico por Lacan.

Um caso clínico

Após a primeira metade do seminário, dedicada ao fenômeno psicótico, tomando Schreber como caso paradigmático, Lacan passa a detalhar aspectos mais gerais de sua concepção de linguagem como estrutura básica do inconsciente. Assim, em continuidade a seu projeto crítico da psicologia do eu aliada ao desenvolvimentismo psicossexual, Lacan sublinha:

> *Eu lhes falei do Outro enquanto fundamental da fala, na medida em que o sujeito admite, aí se reconhece e se faz reconhecer. É aí que está o ponto essencial. Numa neurose, o elemento determinante, o elemento que ressalta, não é essa ou aquela relação perturbada, como se diz, oral, anal, até mesmo genital; esse laço homossexual, como tal. Sabemos muitíssimo bem o quanto nos embaraça o manejo, por exemplo, dessa relação homossexual, que evidenciamos de uma forma permanente em sujeitos cuja diversidade não permite fazer intervir, no plano das relaçoes instintuais, propriamente, e de uma maneira uniforme, de relação homossexual. Isso de que se trata é, literal e propriamente falando, de uma questão, de um problema por onde o sujeito tem de se reconhecer, no plano do significante, no plano do* to be or not to be, *o que é e o que não é, no plano de seu ser. Quero ilustrar*

> *isso para vocês através de um exemplo. Não preciso procurar um particularmente favorável. Tomei uma velha observação de histeria; o que fez com que eu escolhesse essa é ser uma histeria traumática, é que ela coloca no primeiro plano essa fantasia de gravidez, de procriação, que é absolutamente dominante na história de nosso Presidente Schreber, pois, afinal de contas, todo o delírio desemboca nisto: é que tudo deve ser reengendrado por ele. Quando finalmente ele chegar ao fim, à sua feminização em relação a Deus, uma nova humanidade de espírito schreberiano, uma série de filhos schreberianos enfim nascerá. Bem, quero lhes falar desse caso de histeria porque justamente nos servirá para aproximarmo-nos bastante da diferença que existe entre uma neurose e uma psicose. Aqui, nenhum vestígio de elementos alucinatórios do discurso. Estamos em pleno sintoma histérico. (Lacan, 1955-1956/1985a, p. 193, tradução modificada)*

A passagem sublinha diversas questões, notadamente o reconhecimento de Lacan de que – apesar da diversidade – a homossexualidade não poderia ser simplesmente explicada pela teoria da fixação em zonas erógenas, mas antes por uma questão mais radical, "no plano de seu ser". Sem incorrer em injustiças anacrônicas, é preciso dizer que a esse Lacan faltaria um pouco de Foucault, na medida em que, mesmo diante de uma realidade clínica que mostra diversidade, o psicanalista insistiria em encontrar uma verdade última do "sujeito homossexual", ainda que amparada por um conjunto de operadores teóricos menos carregados de capturas imaginárias – isso sem nem entrar na discussão do quase notório horizonte de "curabilidade" do homossexual aqui insinuado. De toda forma, o que interessa a nossos propósitos aqui é a maneira pela qual o caso de histeria traumática[5] será revisitado por Lacan à luz da questão da sexuação em articulação com o simbólico.

Após um acidente em um bonde, no qual não houve nenhum tipo de sequela física grave, um condutor de 33 anos passa a relatar um mal-estar crescente, que começou com uma dor na altura de sua primeira costela. As crises se agravam, passam a durar dias, chegando mesmo a causar perda de consciência do sujeito. Refeitos os exames médicos, suspeita-se de uma histeria traumática, e o paciente é então encaminhado a "Hasler" – que, nos seminários editados por Miller, é indistintamente grafado dessa forma ou como *Eissler*. Lacan pinta a figura de "Hasler" como alguém que já estaria impressionado pela então nascente "psicologia do ego", mas que, igualmente, conhecia bem "as coisas mais antigas" (Lacan, 1955-1956/1985a, p. 194).

A partir de determinado momento, percebe-se que aquilo que teria desencadeado suas crises histéricas não teria sido o acidente em si, mas os exames radiológicos, o que leva à construção de uma hipótese referente a uma fantasia de gravidez. Vejamos a passagem na qual Lacan constrói sua interpretação sobre o caso, sublinhando a importância do simbólico:

> *A manifestação sintomática do sujeito é dominada por esses elementos relacionais que colorem suas relações com os objetos, de maneira imaginária. Pode-se reconhecer aí a relação anal, ou homossexual, ou isto, ou aquilo, mas esses elementos mesmos estão considerados na questão que é posta* – Será que sou ou não alguém capaz de

5 Esse quadro foi descrito pela primeira vez por Charcot, e foi pensado por Freud enquanto continuidade da histeria não traumática, que teria entrado em desuso entre os pós-lacanianos provavelmente pela valorização de uma psicopatologia estrutural (e não etiológica ou sintomatológica).

> procriar? *Essa questão se situa evidentemente ao nível do Outro, na medida em que a integração à sexualidade está ligada ao reconhecimento simbólico.*
>
> *Se o reconhecimento da posição sexual do sujeito não está ligado ao aparelho simbólico, a análise e o freudismo não têm mais por que existir, não querem dizer absolutamente nada. O sujeito encontra o seu lugar num aparelho simbólico pré-formado que dá a lei, que instaura a lei na sexualidade. E essa lei não permite mais ao sujeito realizar sua sexualidade senão no plano simbólico. É o que quer dizer o Édipo, e se a análise não soubesse disso, ela não teria descoberto absolutamente nada. (Lacan, 1955-1956/1985a, p. 195)*

A passagem é evidente quanto à posição de Lacan na construção de sua primazia do simbólico: relações objetais, caráter anal e homossexualidade são remetidos à esfera do imaginário, ao passo que a sexualidade passa a ser orientada a partir de um simbólico que pouco a pouco se desvelará como centralmente edípico. Lembremos que esse movimento não é apenas mais um passo na construção de sua teoria do sujeito, mas é igualmente uma sorte de recomendação clínica, que sublinha quais seriam então os tipos de relações e significantes a serem considerados na escuta analítica.

De toda forma, para continuar nosso percurso, é preciso sublinhar aqui um detalhe que não consta da edição dos seminários editada por Miller, detalhe referente à aproximação empreendida por Lacan entre maternidade e feminilidade. Retomemos a passagem anterior, como consta na versão da Staferla:[6] "ao que se relaciona o sintoma

---

6 Transcrição alternativa e mais completa dos seminários de Jacques Lacan. Disponível em http://staferla.free.fr.

é justamente no que esses elementos mesmos são considerados, é na questão que é posta – *Será que sou ou não alguém capaz de procriar?* **E de procriar segundo o registro feminino**" (Lacan, 1955-1956, p. 135, tradução modificada, grifo do original, negrito nosso). Ou seja, para Lacan, a fantasia de gravidez se liga direta e necessariamente a uma questão da identificação sexuada: há uma consideração implícita segundo a qual, no caso apresentado por "Hasler", uma representação inconsciente de um desejo de engravidar dar-se-ia necessariamente a partir de uma identificação à figura da mãe, logo, da mulher.

Observemos que todo tipo de gramática de oposições possíveis para se pensar a fantasia de gravidez é automaticamente reduzida à pergunta "Sou uma mulher?". Tal movimento só se justifica pelo tipo de centralidade que a oposição sexual representa para Lacan nesse momento de seu ensino; ela parece ser a relação simbólica por excelência, já que essa questão em jogo na fantasia da gravidez seria, ela mesma, uma questão mais fundamental relativa ou a "Quem sou eu?", ou até mesmo a "Eu sou?" – que, para o psicanalista, estaria ligada a um significante fundamental (Lacan, 1955-1956/1985a, p. 196). Essa é a mesma questão que Lacan liga ao problema do "tratamento dos homossexuais"; para o psicanalista está em jogo também essa pergunta fundamental ligada ao ser, que parece ser deduzida da (suposta) pergunta: "Sou uma mulher?".

Lacan defende ainda um caráter feminizado do sujeito, baseado, por exemplo, em algo que um dos médicos que o examinou teria dito à sua mulher: "Eu não consigo perceber o que ele tem. Parece que, se ele fosse uma mulher, eu o compreenderia bem melhor" (Lacan, 1955-1956/1985a, p. 196). "Hasler", por não ter tido acesso a um "aparelho analítico" estrutural e linguístico, não teria percebido que se tratava aí de algo além de toda relação atual ou inatual, algo ligado à pergunta fundamental: "Sou um homem ou uma mulher?". O psicanalista francês segue enumerando diversos detalhes do caso, sublinhando sempre que a questão gira ao redor da reprodução; inclusive o próprio acidente no bonde é lido como uma tentativa de dar à luz si próprio. Toda essa gramática fantasística condensa-se, para Lacan, na seguinte questão:

> *[E]nquanto significante de algo do qual todo o contexto nos mostra que é disso que se trata para ele, a saber, sua integração e sua não integração à função viril como tal, à sua função de pai, a qual ele nunca alcança precisamente. (Lacan, 1955-1956/1985a, p. 197)*

Outro exemplo dado nesse sentido seria o fato de o homem ter escolhido casar-se com uma mulher que já tivesse um filho, visando garantir que ele com ela tivesse "relações insuficientes", na suposição de Lacan. Vejamos a passagem que desembocará na primeira incidência da noção de *identificação simbólica*:

> *Pode-se notar que ele se arranjou para desposar uma mulher que já tinha uma criança, e com a qual ele só pôde ter relações insuficientes. E o caráter problemático para ele de sua* **identificação simbólica** *está aí, isso que sustenta toda compreensão possível da observação. Em outros termos, tudo o que é dito, tudo o que é expresso, tudo o que é gestualizado, tudo o que é manifestado, só ganha seu sentido em função de algo que é a resposta a ser formulada sobre esta relação fundamentalmente simbólica* – Sou eu um homem, ou sou uma mulher? *(Lacan, 1955-1956a/1985a, p. 197, grifo do original, negrito nosso)*

Vemos aqui um dos importantes pilares na construção do simbólico alicerçado, a partir de um caso clínico, diretamente sobre a sexuação. Além do fato de a identificação simbólica ser relacionada direta e explicitamente à questão da identidade sexual, é possível depreender da passagem que a questão relativa ao gênero seria a questão simbólica por excelência, a qual estruturaria toda a gramática do sujeito, posto que articulada necessariamente ao complexo de Édipo. Na retomada de Lacan do caso de "Hasler", a identificação aparece, assim, não como uma modalidade de formação sintomática, nem como um mecanismo centrípeto de formação do eu, mas como um componente estruturante universal da sexuação, ao qual esse sujeito teria ascendido de maneira "problemática". Lacan retomará em seguida o caso Dora, visando demonstrar que é a mesma questão que está em jogo.

Por conta da centralidade que esse caso parece ocupar na argumentação lacaniana referente ao lugar estrutural da diferença sexual no simbólico (e não apenas na psicose, mas na estrutura do sujeito enquanto tal), nos pareceu relevante encontrar a publicação original de "Hasler". Após um certo trabalho – posto que, entre outras questões, o nome do psicanalista não era Hasler –, foi possível encontrar o caso clínico, primeiro em sua tradução francesa e, depois, na tradução alemã.[7]

Há poucas informações sobre Mihály József Eisler (1882-1944). Sabe-se que ele foi membro da Sociedade Húngara de Psicanálise, tendo publicado diversos artigos no *Internationale Zeitschrift für Psychoanalyse*, periódico do qual constou o caso clínico retomado por Lacan, que tem como título "Uma fantasia de gravidez inconsciente em um homem sob a forma de uma histeria traumática (contribuição clínica ao erotismo anal)" (Eisler, 1920/1993).

7 Especula-se sobre uma primeira versão em magiar, que nunca teria sido encontrada. Há também uma tradução em inglês, mas que comporta muitos problemas, como reconhecido – em uma circunstância transferencialmente curiosa – por Ernest Jones, em carta a Freud de 21 de dezembro de 1921: "Um [texto] de Eisler (fantasia de gravidez) [foi] traduzido por um médico paciente meu, homem de Cambridge, filho de pais alemães; preciso admitir que não foi tão bem traduzido quanto eu poderia esperar; foi dado a ele como um teste" (Jones, 1921/1993, tradução nossa).

O caso é rico e prenhe de consequências. Para nossos propósitos, no entanto, bastará sublinhar que o caso em si – ao contrário do que infere o psicanalista francês – deixa clara uma total separação entre identidade sexual, sexualidade e gravidez. Ademais, Eisler parece fazer um movimento quase inverso àquele defendido por Lacan: se este quer usar o caso para demonstrar que a questão fundamental (estrutural, edípica e fálica) do sujeito é aquela referente a "Sou mulher ou sou homem?", o psicanalista húngaro, seguindo Freud, busca apontar como o erotismo anal seria uma espécie de matriz de toda a vida anímica do paciente, ao qual até mesmo a castração estaria submetida. Parece haver, para Eisler, uma ideia próxima àquela de Lacan nos complexos familiares, segundo a qual o Édipo seria um fenômeno secundário em relação a um processo anterior, ainda mais fundamental (Lacan, 1938/2003a).

A partir da indicação de Freud segundo a qual a angústia de castração do menino seria um desdobramento da constatação de que o primeiro objeto a ser separado de seu corpo são as fezes, Eisler demonstra que a suposta gravidez está, sobretudo, ligada a uma fantasia anal de geração da qual a mulher, justamente, não faria parte:

> *Uma outra série de fantasias versava sobre a rejeição [*Ablehnung*] do papel da mulher no ato da criação; no que ele procede de maneira análoga aos autores do antigo testamento. Ele nunca pôde verdadeiramente se resignar à ideia de que a natureza deixara esse assunto tão importante, a gestação e o parto de uma criatura humana, aos cuidados da mulher. Como podemos ver, ele se encontra bastante próximo ao complexo principal de sua neurose. (Eisler, 1920/1993, p. 126, tradução comparada nossa)*

Aqui uma diferença marcante em relação à interpretação lacaniana: o sujeito em questão desenvolve sua neurose a partir de uma fantasia de procriação na qual não está em jogo uma identificação em relação à mãe ou à mulher. Há raríssimas menções ao feminino – tanto no material trazido pelo paciente quanto na interpretação dada por Eisler. Quando ocorrem, ligam-se a um suposto desejo homossexual recalcado, mas que Eisler não trabalha à luz da fantasia de procriação. A ligação causal entre sexualidade e procriação feita por Lacan é uma espécie de leitura adulta das fantasias decorrentes das teorias sexuais infantis que não corresponde ao material apresentado: Eisler, afinal, conhecia "as coisas mais antigas". O caso é bastante claro quanto ao fato de que homossexualidade, narcisismo e gravidez estão alinhavados verticalmente com a questão do erotismo anal, e não horizontalmente, como se poderia supor ao tomar automaticamente o falo como organizador primeiro da gramática psíquica.

> *Supomos que há entre o narcisismo e a organização genital um penúltimo estágio do desenvolvimento que é a fase sádica - erótico-anal. Tudo isso demonstra a importância do erotismo anal para o desenvolvimento geral da psique.*
>
> *Toda neurose - ou histeria - pode ser considerada, em alguma medida, o enfrentamento autoerótico de representações tornadas inacessíveis à consciência posto que dissociadas da realidade. Em nosso paciente, essas representações consistiam em fantasias de desejos homossexuais [*gleichgeschlechtlichen Wunschphantasien*]. O êxito de sua neurose, ou seja, o conjunto de sintomas de sua doença, nos mostra que, ainda aí, a pulsão parcial erótico-anal continuara a dominar o narcisismo que, provavelmente, seria a defesa contra esse tipo de fantasia.*

> *Seu conflito, que é no fundo um conflito entre a libido e o eu, teve de buscar como saída um outro campo, aquele do complexo de castração. Pode-se supor* a priori *que um desejo homossexual passivo só se realiza numa neurose na medida em que o narcisismo do indivíduo aí se acomode. Por quais meios ocorre, então, a renúncia à atividade de seu próprio pênis e à sua própria virilidade [*Männlichkeit*]? A conclusão de que isso se explique por um erotismo anal estabelecido constitucionalmente, ou sua respectiva cooperação, sempre nos pareceu natural. (Eisler, 1920; 1920/1993, p. 136, tradução comparada nossa)*

Lacan critica Eisler por se perder frente à questão dos objetos parciais e por não reconhecer a centralidade unitária do grande Outro. O ponto é que uma leitura atenta do caso mostra que justamente a tentativa do psicanalista húngaro é mostrar que aquilo que se considera ou como libido ou como objeto parciais pode ter, na verdade, um papel de centralidade analítica. Se Lacan se esforça, no início dos anos 1950, para mostrar que todas as formações podem ser depreendidas do falo enquanto significante, Eisler defende que todas as estruturações posteriores – como o complexo de castração, a sexualidade genital, as formações secundárias – orbitariam ao redor do erotismo anal. A proposta de Eisler se aproxima aqui da máxima *queer* segundo a qual o cu seria o elemento igualador de *todes*.

De fato, o caso, lido à luz do simbólico fálico, conduz sua interpretação quase necessariamente a uma questão da sexuação que não nos parece estar lá. Por outro lado, se interpretado à luz do objeto *a* enquanto uma noção que criticaria a própria ideia de gênero (Porchat, 2014, p. 79), se abriria toda uma outra gama de reflexões possível. Mas, nesse momento de nascimento do simbólico, o problema não se coloca dessa forma para Lacan.

Sendo o ânus, e não o falo, o fator organizador da fantasia do paciente, a questão da sexuação começa a perder sua nitidez, posto que parece ser *enquanto homem* que o paciente se enxerga em sua fantasia de gravidez. Vejamos a explicação dada por Eisler das dores nas costelas sentidas pelo condutor de bonde: "Graças a um conjunto de experiências vividas pelo paciente, mais tarde me foi possível melhor identificar a dor nas costelas – por assim dizer, um suporte mítico do Gênesis que diz que Eva nasceu da costela de Adão" (Eisler, 1920; 1920/1993, p. 59, tradução comparada nossa).

Em uma nova referência ao antigo testamento, Eisler lembra que a fantasia de gravidez não toca a identificação sexuada do paciente. Lacan tem razão quando afirma que a questão fundamental parece ser relativa ao estatuto do ser, traduzida pela pergunta "Será que sou ou não alguém capaz de procriar?". No entanto, a adição feita "e de procriar segundo o registro feminino" é completamente estrangeira ao caso e se pauta em uma concepção binariamente complementar da sexualidade. A ideia de que a procriação é exclusiva da mulher – e, ademais, da mulher enquanto mãe – é uma edipianização e uma adultização que ignora todo o desenvolvimento e toda a insistência de Freud relativos às teorias sexuais infantis; e, principalmente, que não faz sentido em nenhum nível dentro da fantasia do condutor de bonde.

Não nos surpreende, assim, que o complexo de Édipo não seja evocado uma única vez no caso inteiro. Ademais, a figura que possivelmente tenha encarnado a alteridade estrutural é o avô:

> *As lembranças que evocam o avô são menos marcantes, ainda que as primeiras manifestações de transferência específicas (diferentemente daquelas, não personalizadas, descritas no início) se refiram a ele, que certamente foi o primeiro objeto de amor narcísico do paciente. (Eisler, 1920; 1920/1993, p. 126, tradução comparada nossa)*

O avô – muito mais do que o pai e a mãe – aparece em diferentes recordações que vão ajudando Eisler a montar o complicado quebra-cabeça daquela fantasia. Eisler sublinha, sim, que há um ciúme infantil em relação a uma irmã nascida depois dele, mas sem, em momento nenhum, dar alguma centralidade do desejo do sujeito em relação à mãe em comparação a outras relações objetais. De toda forma, há duas cenas que podem começar a nos esclarecer qual seria, então, o estatuto da mulher em tal fantasia, já que não se confunde com o daquele que engravida. É preciso, antes, pontuar que a mãe do paciente experienciou mais de catorze partos. A sutileza de Eisler em não interpretar rapidamente esse dado como uma identificação à mãe/mulher que teria configurado a neurose do sujeito se verifica na constatação de que foi o nascimento de uma irmã que sobrepôs duas realidades: uma referente ao parto e outra referente a suas atividades erótico-infantis: "os frequentes partos da mãe devem ser relacionados com as atividades erótico-anais infantis do paciente. Parece que também desta vez a pulsão recalcada (*verdrängte Trieb*) havia sido reforçada, em um momento propício, pelo evento (o nascimento da irmã)" (Eisler, 1920; 1920/1993, p. 60, tradução comparada nossa).

Em tal montagem a questão da diferença sexual é, simplesmente, inexistente. Qual seria, então, o lugar da mulher para esse sujeito? Tomemos a seguinte cena:

> *A partir do que lhe disseram, ele começa a andar ou, antes, a engatinhar com nove meses (ele foi precoce). Foi nesse momento que sua avó teria inadvertidamente pisado em seu dedão, que ele à época não mais chupava. É então à mulher que cabe o lugar da primeira estraga-prazeres [*Luststörerin*] em suas memórias. (Eisler, 1920; 1920/1993, p. 55, tradução comparada nossa)*

Mais à frente:

> *Brincando, a criança percebe um pedaço de pão que o pai havia deixado e tenta pegá-lo se agarrando à beirada da mesa; esse gesto deve ter incomodado a mãe, perdida em seus pensamentos. Ela se enfurece e lhe dá uma bronca. Como provavelmente a criança continua, ela saca a faca de pão que se encontra próxima a ela e a lança em sua direção. Sem querer, acerta o alvo. A ponta da faca atravessa a pequena touca de feltro que a criança veste (a cobertura habitual das crianças camponesas húngaras) e fica presa na pele acima da testa, do lado direito.*
>
> *Ele grita bastante alto e a mãe, horrorizada por seu gesto involuntário, corre em direção a ele. Ela arranca a faca, lava a ferida, leva a criança que chora para a sala de estar – ele se lembra com exatidão – e a deita ao pé da cama (lugar que, nos vilarejos, é reservado ao recém-nascido).*
>
> *Enquanto ele se acalma lentamente, sua mãe pega sua pequena touca furada pela faca e a remenda; ele se lembra, ainda hoje, do lugar do rasgo com uma linha vermelha. A pedido da mãe, ele esconde todo o incidente do pai, que nunca chega a saber de nada. A criança continua a usar por bastante tempo a touca remendada.*
>
> *Essa experiência infantil fundamental serviu frequentemente para orientar o curso da análise, e seus efeitos se fizeram sentir em diversas direções. Assim, pode-se supor que ela colocou um fim ao breve período de masturbação*

> *infantil e que teve mais tarde influências enquanto um tema na experiência de castração. Havíamos visto antes que a primeira ameaça de castração fora vivida do lado da avó, a quem ele igualmente atribuíra o fato de haver renunciado à sua libido oral. Essa era então a segunda vez que a mulher aparecia como estraga-prazeres [*Luststörerin*]. (Eisler, 1920; 1920/1993, p. 124, tradução comparada nossa)*

Notemos que a mulher não é sinônimo de mãe ou daquela que dá à luz: o central é que a mulher é aquela que rompe com os prazeres autoeróticos (masturbatório e oral); na cena com a mãe, ela é uma *Luststörerin*, termo que pode ser traduzido como "estraga-prazeres", "perturba-gozo" e, por que não, "empata foda".

O termo *stören* aparece em Freud em uma nota de rodapé no escrito sobre o Homem dos Ratos, num contexto similar, bastante elucidativo para o nosso caso:

> *O teor da vida sexual infantil consiste na atividade autoerótica dos componentes sexuais dominantes, em traços de amor objetal e na formação do complexo que poderíamos chamar de complexo nuclear das neuroses, que compreende os primeiros impulsos carinhosos ou hostis ante os pais e irmãos, depois que a curiosidade do pequeno é despertada, geralmente pela chegada de um novo irmãozinho. A uniformidade desse conteúdo e a constância das influências modificadoras futuras explicam facilmente por que, de modo geral, sempre se formam as mesmas fantasias sobre a infância, não importando se foi pequena ou grande a contribuição das vivências reais. Corresponde ao complexo nuclear infantil que o*

> *pai tenha o papel de rival sexual e perturbador* [Störers] *da atividade sexual autoerótica, e nisso a realidade tem boa participação geralmente. (Freud, 1909/2013, p. 80)*

Pontuemos que: (1) o papel do nascimento do irmão tem quase tanto peso quanto o papel dos pais. Trata-se de um disparador, o que é demonstrado também no caso de Eisler; (2) Freud diz que o pai chega a ter[8] o papel de *Störer* da sexualidade autoerótica, o que é exatamente a descrição que Eisler dá do papel da mulher para o sujeito (*Luststörerin*); (3) ou seja: pensando o caso edipianamente, não a mãe, mas a mulher, nesse caso, teria um papel estruturalmente análogo ao estatuto do pai; (4) e essa alteridade castradora – que em ambas as cenas é alguém que fere a criança – parece, em realidade, ser retomada no evento traumático que desencadeia a histeria, evento esse que, pontua Eisler, não é o acidente do bonde em si, mas os exames radiológicos feitos depois:

> *Primeiro, foi notado que o paciente pedia repetida e obstinadamente novas radiografias sob o pretexto racional de que sua doença (a dor do lado esquerdo) deveria ser de natureza orgânica. Esse desejo estereotipado chamou bastante minha atenção e acabou resultando na seguinte constatação: o exame radiológico feito no momento do acidente pelo cirurgião teve um grande impacto psíquico no paciente. Apenas se despir na frente do médico e, mais ainda, ser submetido às manipulaçoes preparatórias (para que o paciente não se movimentasse, entre outros, imobilizaram suas extremidades com pequenos sacos*

8 *Gelangen* (alcançar, adquirir, conseguir, atingir, chegar a): o verbo mostra que não se trata de um atributo natural do pai, mas uma espécie de caminho, construção desse papel.

> *de areia) lhe trouxeram um estado de espera ansiosa [*ängstlichen Erwartung*]. No momento em que a lâmpada acende e começa a funcionar com um ruído crepitante, ele se sente paralisado de medo [*Schrecken*]. Admite que o exame, em si, foi um pouco decepcionante. Em sua ansiedade [*Angst*], ele esperava que o médico procedesse, em seguida, a uma operação qualquer relacionada ao exame; por exemplo, pressionando bruscamente um instrumento contra a altura de sua lombar. No entanto, nada demais aconteceu. (Eisler, 1920; 1920/1993, p. 57, tradução comparada nossa)*

Essa montagem é importante, pois reaparece em algo que pode ser pensado como um *acting-out*: o paciente vai ao dentista e arranca os dentes incisivos, a princípio saudáveis – o que Eisler liga justamente a essa intervenção no corpo esperada, mas que não se deu. Supomos aqui se tratar de um *acting-out* pois parece, em alguma medida, endereçado a esse Outro punidor, posto que Eisler sublinha que as pulsões sádico-anais teriam sido desviadas para um masoquismo junto ao sujeito.

Há ainda duas passagens referentes à mulher que merecem comentários. Uma primeira parece fazer referência não a um possível estatuto simbólico, mas, antes, a uma modalidade de captura imaginária ligada à mulher. Após descrever a cena da faca, Eisler afirma que:

> *Sem dúvida, a virilidade narcísica [*narzißtische Männlichkeit*] do paciente havia sido ativada precocemente pelo ferimento na cabeça. Não devemos considerar que a virilidade narcísica seja uma disposição inata, como, por exemplo, o erotismo anal, que se dará em breve, mas,*

> *antes, um mote [*Motiv*] acidental, mas que, contudo, é responsável pela primeira fixação libidinal no desenvolvimento do paciente. (Eisler, 1920; 1920/1993, p. 124, tradução comparada nossa)*

Mais uma vez, vemos aqui uma formação sexual – virilidade narcísica – submetida ou, ao menos, secundarizada em relação ao erotismo anal. A virilidade parece aqui se tratar de um processo secundário que teria sido precipitado pela cena da faca. Mas quais seriam os resultados dessa montagem? Vejamos como Eisler continua a passagem:

> *Assim, diversos atributos eróticos e de caráter atuais do paciente confirmam essa hipótese. Em nome da clareza, eis uma descrição.*
>
> *O paciente é um homem enérgico e determinado. A despeito de seus sentimentos e interesses progressistas, combate de maneira virulenta toda a aspiração das mulheres à emancipação, cujas atividades ele gostaria de ver estritamente limitadas ao domínio doméstico. Ele contesta às mulheres todo senso de equidade (traço que importou tanto de seu pai quanto de seu avô) e toda capacidade para a educação. Ele próprio parece culpado incidentalmente por oferecer uma contraprova desse último ponto, pois todos os seus esforços para educar a filha ilegítima de sua esposa, assim como sua irmã caçula, cujo nascimento coincidiu com seu primeiro adoecimento neurótico, fracassaram. Ele atribui o fracasso de seu empenho não à sua própria impaciência com as criaturas femininas, mas à suposta inferioridade dessas. (Eisler, 1920; 1920/1993, p. 125, tradução comparada nossa)*

Essa é talvez a única referência a uma representação consciente da mulher trazida pelo paciente. Mesmo na contraprova referente ao esforço de educação da enteada, vemos, novamente, a representação da identificação feminina como ligada à questão do grupo, dado que as mulheres são aí referidas sempre no plural.

Uma segunda passagem, dita por um médico que não entendia o que se passava, quando de um episódio de constipação do paciente, antes da crise histérica, é citada por Lacan da seguinte forma: "Eu não consigo perceber o que ele tem. Parece que, se ele fosse uma mulher, eu o compreenderia bem melhor". Contudo, no texto de Eisler, verificamos um detalhe que sublinha bem o tipo de diferença aqui em jogo: "Ele [o médico] disse que minhas queixas não lhe eram muito familiares; se eu não fosse um homem, ele poderia me entender mais facilmente" (Eisler, 1920; 1920/1993, p. 125, tradução comparada nossa). O paciente, citando o médico, não teria dito – como quis Lacan – "se ele *fosse uma mulher*", mas sim "se ele *não fosse um homem*". O que poderia ser anódino nos parece, antes, sublinhar que, para o sujeito, de fato *homem* e *mulher* não parecem, em nenhum momento do caso, formar um par significante no qual a posição relativa de um em relação ao outro é que os definiria. Em Eisler eles não se definem mutuamente. Há, por outro lado, uma ideia *a priori* em Lacan na qual sexuação e parentalidade são quase indiscerníveis a partir do momento em que ele alça o Édipo estrutural a esse lugar tão central e organizador, ideia essa que não se confirma a partir de uma análise mais detida do caso.

Retomando Lacan, é nessa mesma lição do seminário que será sugerida como exemplo da estrutura significante a relação entre *dia* e *noite*, que não têm conteúdo em si, mas se definem por oposição. A ideia por trás do desenvolvimento de seu raciocínio é que, igualmente, *homem* e *mulher* seriam significantes que se definiriam por oposição complementar:

> *E se tomei como exemplo o dia e a noite, é naturalmente porque o nosso tema é o homem e a mulher. . . . Há sem nenhuma dúvida um significante escondido aí atrás que, é claro, não é absolutamente em parte alguma encarnável, mas que está assim mesmo encarnado o mais justo possível na existência da palavra* homem *e da palavra* mulher. . . . *Para que haja realidade, acesso suficiente à realidade, para que o sentimento da realidade seja um justo guia, para que a realidade não seja o que ela é na psicose, é preciso que o complexo de Édipo tenha sido vivido. Ora, não podemos articular esse complexo, sua cristalização triangular, suas diversas modalidades e consequências, sua crise terminal, dita declínio, sancionada pela introdução do sujeito em uma dimensão nova, a não ser na medida em que o sujeito é ao mesmo tempo ele próprio e os dois outros parceiros. É exatamente isso que significa o termo "identificação" que vocês usam a todo instante. (Lacan, 1955-1956/1985a, p. 226, tradução modificada, grifos nossos)*

Depois de alguns anos durante os quais Lacan defendeu que a identificação figurava como uma definição aberta e eventualmente mal utilizada pelos analistas, temos agora seu sentido forte: a identificação nesse momento conceitual em Lacan é, portanto, a própria identificação edípica – que, em um mesmo movimento, estrutura a identidade sexuada, o desejo e a relação com a realidade. Contudo, vimos que o caso clínico no qual o psicanalista francês se apoia não parece dar nenhum indício de que tal leitura seja possível. Retomemos os seguintes aspectos do caso:

1) o erotismo central organizador é anal, não fálico;
2) homem e mulher não são complementares. Há aí inclusive uma proximidade muito maior com a tese lacaniana dos anos 1970 relativa à inexistência da relação sexual;
3) o complexo de Édipo não é citado no texto;
4) as identificações são muito mais contingentes do que dadas de antemão por uma "estrutura";
5) quem ocupa o papel de interdição de gozo é a mulher;
6) retomando as teorias sexuais infantis, a gravidez não depende de uma identidade sexuada, posto que o erotismo anal é o que regula a fantasia do sujeito;
7) o Outro não é sexuado.

Por considerar *homem* e *mulher* enquanto um par de opostos análogo, fixo e simétrico àquele de pai e mãe, Lacan não concebe haver a possibilidade de outra constelação significante. A mulher aqui é a *Luststörerin*, motivo pelo qual ele pode ser homem e, mesmo assim, estar simbolicamente grávido, independentemente da contradição no nível consciente que isso representaria. Seu sintoma advém, portanto, não da pergunta "Sou mulher ou não?" – o que o levaria a se identificar, por exemplo, com a posição de *Luststörer* ou de inferioridade –, mas da pergunta "Posso ou não dar à luz?", o que, de nenhuma forma, para esse sujeito, toca na questão da paternidade ou da masculinidade. O sujeito se identifica, antes e mais radicalmente, com o dejeto. Com o avanço das discussões sobre o objeto *a*, a interpretação seria aqui completamente diferente. Mas não o é porque, nesse momento, Lacan pensa mãe/mulher e homem/

pai como o grande par significante estruturador da neurose. Não ocorre a ele que *mãe* possa estar em oposição a *genitor(a)* para esse caso, nem que possa haver, no campo da sexuação, um conjunto dado de significantes aos quais o sujeito responda sexuadamente para além de sua oposição binária.

Complexos

Antes de seguirmos rumo a outros aspectos do simbólico lacaniano, será preciso discutir aqui uma questão frequentemente esquecida em relação ao uso que Lacan faz da noção de "significante" e que nos pode ser útil no intuito de demonstrar de que forma é preciso, no que tange à sexuação, pensar um simbólico para além do dualismo ingênuo que acompanhou grande parte dos desenvolvimentos lacanianos sobre o tema.

Constelações e os Outros Simbólicos

Desde o início do ensino de Lacan, o conceito de "grande Outro" ocupa um lugar central em seus desenvolvimentos teóricos, se valendo de uma distinção marcada em relação ao pequeno outro da intersubjetividade, especular e imaginário. Mas em que contexto e de que maneira essa alteridade radicalmente simbólica aparece, pela primeira vez, no ensino lacaniano?

Trata-se da lição de 25 de maio de 1955, no Seminário 2, na qual Lacan apresenta tanto a noção de "grande Outro" quanto o Esquema L, e que é aberta com a estranha pergunta: "por que será que os planetas não falam?" (Lacan, 1954-1955/2010, p. 318). Em seguida, o psicanalista afere que, em geral, tratamos os homens como se fossem luas, calculando-lhes a massa, a gravitação. Cita inclusive Hitler, que, em *Minha luta* (1925/2016), compara as novas personalidades revolucionárias a "luas da humanidade" que só podem brilhar com o apagamento do sol dos modelos antigos.

É a esse modelo que o nascimento da noção de "grande Outro" se opõe. Tomemos a passagem que retrata o que Lacan tem em mente ao fazer, pela primeira vez, essa fundamental diferenciação entre pequeno e grande outro. Criticando o que chamou de "psicanálise de luas", o psicanalista afirma que "basta reportar-se imediatamente à experiência para ver a diferença" (Lacan, 1954-1955/2010, p. 319). O exemplo deixa claro que a experiência de que se trata não é apenas aquela da análise, mas a de algo que tange o sensível do desejo:

> *Por exemplo, estou raramente contente. Da última vez, eu não estava nada contente, porque tentara decerto voar alto demais – este bater de asas talvez não fosse o que eu lhes teria dito, se tudo tivesse sido muito bem-preparado. No entanto, algumas pessoas complacentes, as que me acompanham na saída, me disseram que todo mundo estava contente. Posição muito exagerada, imagino. Pouco importa, disseram-me isso. O que, aliás, na hora, não me convenceu. Ora bolas, pensei cá comigo – o principal é que vocês estejam contentes. É nisso que sou diferente de um planeta.*
>
> *Não é simplesmente por eu pensar isto cá comigo, mas por ser verdade: o essencial é que vocês estejam contentes. E digo mais: vindo-me confirmações de que vocês estavam contentes, pois bem, Deus meu, eu também ficava contente. Contudo, com uma pequena margem. Não de todo* contente-contente. *Tinha havido um espaço entre os dois. Até me dar conta de que o essencial é o outro estar contente, ficara eu com meu não contentamento.*

> *Então, em que momento é que sou realmente eu? No momento em que não estou contente ou no momento em que estou contente porque os outros estão contentes? Essa relação da satisfação do sujeito com a satisfação do Outro – entendam bem, em sua forma mais radical – está sempre em causa quando se trata do homem.*
>
> *Quisera eu que o fato de se tratar, neste caso, dos meus semelhantes não enganasse vocês. Tomei esse exemplo porque havia jurado a mim mesmo tomar o primeiro exemplo que viesse após a questão em que os deixara da última vez. Mas espero, hoje, fazer-lhes ver que estariam enganados se acreditassem tratar-se aí do mesmo outro que este outro, de que por vezes lhes falo, este outro que é o eu, o mais exatamente sua imagem. Existe aqui uma diferença radical entre minha não satisfação e a suposta satisfação do Outro. Não há imagem de identidade, de reflexividade; há, porém, relação de alteridade fundamental. (Lacan, 1954-1955/2010, p. 319, tradução modificada)*

A passagem nos parece clara: a noção de "grande Outro" nasce não de uma emancipação formal da figura da mãe ou da função instaurada pela "lei do pai", mas de uma *alteridade plural – vocês* – em relação à qual Lacan se percebe posicionado. Mais ainda, faz coincidir aqui o desejo do eu com o *desejo dos Outros*. É a percepção dessa distância – do *eu-descontente* (planeta imaginário) ao *eu-contente* (estrelas simbólicas) – que conduz Lacan tanto à central distinção entre a' (o pequeno outro) e A (o grande Outro) quanto ao Esquema L.[9]

---

9 Goldenberg (2017c) parece seguir na mesma linha ao comentar a questão desse tipo de alteridade no que tange à formação analítica: "Tudo na psicanálise diz respeito aos outros. A neurose é uma doença relacional e a sua cura também.

O que é importante reter dessa passagem é que *o nascimento do Outro é presidido por uma constelação plural de Outros*, ainda que tal ideia venha a eclipsar-se nos anos subsequentes. Em outra passagem, mais à frente, encontramos essa ideia mais explicitamente apresentada:

> *Em outros termos, nós nos endereçamos de fato aos A1, A2, que é aquilo que não conhecemos,* verdadeiros Outros, *verdadeiros sujeitos. Eles estão do outro lado do muro da linguagem, lá onde, em princípio, jamais os alcanço.* É a eles que, fundamentalmente, viso cada vez que pronuncio uma fala verdadeira, *mas sempre alcanço* a', a", *por reflexão. Viso sempre aos sujeitos verdadeiros, e tenho que me contentar com as sombras.* O sujeito está separado dos Outros, os verdadeiros, pelo muro da linguagem. *(Lacan, 1954-1955/2010, p. 331, tradução modificada, grifos nossos)*

Encontramos a mesma racionalidade mais à frente, dessa vez articulada tanto a uma das passagens freudianas mais repetidamente exploradas por Lacan quanto à ideia de final de análise:

> *Há dois sentidos a dar à frase de Freud,* "Wo Es war, soll Ich werden". *Este* Es, *tomem-no como sendo a letra* S. *Ele está aí, ele está sempre aí. É o sujeito. Ele se conhece ou*

De tanto repetir formulas como 'não há relação sexual' ou 'o psicanalista só se autoriza (a partir) de si mesmo' foi esquecido que nos analisamos com alguém, supervisamos com um colega, estudamos com um ou mais mestres, lemos livros escritos por outrem (e precisamos de um interlocutor para saber se entendemos algo do que temos lido). Não apenas não somos autônomos (as leis que nos determinam vêm de fora, não de nós mesmos), como tampouco somos independentes" (p. 5).

> *não se conhece. Isso nem sequer é o mais importante – ele está ou não está com a palavra.* ***No final da análise, é ele quem deve estar com a palavra, e entrar em relação com os verdadeiros Outros****. Ali onde o S estava, lá tem de estar o* Ich. *(Lacan, 1954-1955/2010, p. 334, tradução modificada, negrito nosso)*

Apresentamos esse resgate da esquecida noção de "grandes Outros" por compreender que ela sintetiza melhor o tipo de alteridade em jogo nas questões relativas à sexuação. Quando Lacan afirma que o ser sexuado só se autoriza de si mesmo e de alguns outros entendemos que, por um lado, devem-se pensar esses outros em sua dimensão imaginária, mas igualmente como alguns *Outros* em seu sentido simbólico. Se a linguagem, enquanto muro, é uma só, os mundos que ela cria por meio das constelações de Outros que constituem o sujeito são plurais, mas distintos dos semelhantes imediatos aos quais o eu se remete.

Isso porque o simbólico não tem como base apenas a oposição significante, reduzida ao binarismo homem-mulher na discussão da sexuação, no caso do condutor de bonde. Está em jogo, também, o simbólico enquanto estrutura formal que concebe o mundo como pensado a partir de constelações simbólicas que se movimentam, mas de maneira a fornecer um modelo de estabilidade propriamente simbólico. Trata-se justamente de *uma estrutura que, mesmo mudando, permanece a mesma*:

> *O movimento perfeitamente regular do dia sideral é certamente o que forneceu, pela primeira vez, aos homens a oportunidade de experimentar a estabilidade do mundo cambiante que os rodeia e de começar a estabelecer a dialética do simbólico e do real, onde o simbólico jorra*

> *aparentemente do real, o que naturalmente não tem mais fundamento do que pensar que as estrelas ditas fixas giram realmente em torno da Terra. Assim como não se deve crer que os símbolos tenham efetivamente vindo do real. Mas, nem por isso, causa menor impressão ver a que ponto foram cativantes essas formas singulares, cujo agrupamento, no entanto, nada vem fundamentar. Por que será que os humanos viram a Ursa Maior como tal? . . . Estes signos perpetuaram-se com tenacidade até os dias de hoje, o que fornece um exemplo bastante singular da maneira pela qual o simbólico agarra. As famosas propriedades da forma não parecem totalmente convincentes para explicar a maneira pela qual agrupamos as constelações. (Lacan, 1954-1955/2010, p. 323, tradução modificada)*

Lacan contrapõe aqui o real (como sinônimo de realidade) das formas aparentes das constelações ao seu caráter fundamentalmente simbólico, ligado a essa propriedade de fixidez simbólica que permite encontrar uma estabilidade no mundo. Assim, temos que a ideia de grande Outro nasce, por um lado, a partir de uma pluralidade que considera a existência de grandes Outros, e, por outro, a partir desse paradigma estelar.

Por acaso, ou não, a etimologia de *desejo* remete precisamente às estrelas e constelações: *desiderium* é justamente o *desaparecimento* dos astros, o momento pelo qual o sujeito deixa de guiar-se pela con*sideração* divinatória e lança-se a um destino imprevisível (Bonetti, 2010). Ao mesmo tempo, trata-se de um desejo que marca uma saudade, algo que se teve, mas que foi, em algum momento, perdido (Desiderium, 2017). Vejamos como a noção de "constelação" comparece novamente quando Lacan articula a passagem da consideração fixa do sistema significante à falta que o desejo vem a instituir. O psicanalista aproximava o conceito hegeliano de *Aufhebung* à ideia de anulação instituinte que marca o significante:

> *Há no significante, portanto, em sua cadeia e em sua manobra, sua manipulação, algo que está sempre em condições de destruí-lo de sua função na linha ou na linhagem – a barra é um sinal de abastardamento –, de destituí-lo como tal, em razão da função propriamente significante do que chamaremos de* consideração *geral. Quero dizer que o significante tem seu lugar no dado da bateria significante, na medida em que ela constitui um certo sistema de signos disponíveis num discurso atual, concreto – e em que ele pode sempre decair da função que lhe constitui seu lugar, ser arrancado da consideração em constelação que o sistema significante institui ao ser aplicado ao mundo e pontuá-lo. A partir daí, ele cai da desconsideração para o* rebaixamento *[*désidération*],*[10] *onde é marcado precisamente por isso, por deixar a desejar. (Lacan, 1957-1958/1999, p. 356)*

Assim, essa fixidez da constelação articula-se, por sua vez, a um horizonte de perda no qual o sistema é fixo em sua estrutura, mas modifica-se em seus elementos, como nos mitos. "O jogo imaginário do ideal do eu com referência à intervenção sancionadora da castração, graças a que os elementos imaginários *assumem sua estabilidade*

10 O termo empregado, *désidération*, tem etimologia que inclui os verbos *desiderare* (sentir falta de, lamentar a ausência ou a perda de, desejar, procurar) e *desidere* (abater, vir abaixo, afundar, enfraquecer-se, degenerar-se). [Nota original da tradução]

no simbólico, onde se fixa sua constelação" (Lacan, 1956-1957/1995, p. 217, grifos nossos)" Mais à frente, lemos:

> *Em outras palavras, a constelação significante opera mediante o que podemos chamar de um sistema de transformações, isto é, um movimento giratório que, se examinarmos mais de perto, cobre a cada instante o significado de uma maneira diferente e, ao mesmo tempo, parece exercer sobre este uma ação profundamente remanejadora. (Lacan, 1956-1957/1995, p. 310)*

Teríamos aqui uma outra abertura para pensar a sexuação, na medida em que os significantes a partir dos quais os sujeitos emergiriam enquanto sexuados não poderiam mais ser descritos plenamente a partir da oposição simples entre *homem* e *mulher*, mas deveriam ser, por um lado, *considerados* a partir de uma constelação plural de outros significantes, e, por outro, *lidos* com uma radicalidade simbólica que permitiria sempre um horizonte de modificação no qual cada elemento pode se transformar. Essa transformação, todavia, não é arbitrária: ela visa a um *desejo*.

Esse desejo é desejo de desejo de um Outro absoluto – implicado, literalmente, por uma constelação (Lacan, 1956-1957/1995, p. 382). Sexuar-se simbolicamente é, assim, posicionar-se perante uma constelação que representa essa alteridade, mas cujo processo é marcado por uma anulação de seu estatuto de elemento, conduzindo o sujeito a uma espécie de *outrorização sexual*. Se seguirmos a indicação de Lacan que liga a constelação a esse movimento significante da *Aufhebung* hegeliana,[11] temos que o lado simbólico da

---

11 Trata-se de um conceito central na fenomenologia do espírito, cuja amplitude do debate impede que ensaiemos qualquer apresentação. Cumpre notar, no entanto, que uma das mais interessantes definições que ligam o conceito à

sexuação é um processo de despossessão de si presidido por esse tipo de alteridade, cosmologicamente representada. Suspendamos, por enquanto, essa discussão sobre sexuação e desejo e voltemos ao fio da meada da constelação.

Além dessa articulação mais direta com o simbólico e o significante, a constelação é um operador importante junto à interpretação que Lacan faz do Homem dos Ratos em seu *O mito individual do neurótico*:

> *A constelação – por que não, no sentido em que dela falam os astrólogos?* –, a constelação original que presidiu ao nascimento do sujeito, ao seu destino e, quase diria, à sua história, a saber, as relações familiares fundamentais que estruturaram a união de seus pais, *mostra ter uma relação muito precisa, e talvez definível por uma fórmula de transformação, com o que aparece como o mais contingente, o mais fantasístico, o mais paradoxalmente mórbido de seu caso, a saber, o último estado de desenvolvimento de sua grande apreensão obsedante, roteiro imaginário a que chega como se fosse à solução da angústia ligada ao desencadeamento da crise.* A constelação do sujeito é formada na tradição familiar pelo relato de um certo número de traços que especificam a união dos pais. . . . *O que de fato se vê numa visão panorâmica da observação é a estrita correspondência entre* esses elementos iniciais da constelação subjetiva

questão do desejo foi dada por Butler em *Subjects of desire* (Sujeitos de desejo), no qual lemos: "O significado concreto de *Aufhebung* é aqui entendido como a sequência assim desenvolvida: um desejo insaciável [*consuming desire*], desejo de reconhecimento e desejo de desejo do outro" (Butler, 1987, p. 43, tradução nossa).

> e o desenvolvimento último da obsessão fantasística. *(Lacan, 1952/2008a, pp. 19-21, grifos nossos)*

Lacan refere-se nessas passagens a toda gama de relações entre elementos constitutivos dessa neurose obsessiva descrita por Freud (1909/2013). A dívida que deve ser paga, o casamento por conveniência com uma mulher mais rica e a paixão por uma moça jovem e bonita, porém pobre, são as *relações familiares fundamentais* que orquestraram a união dos pais. Ou seja, a união entre os pais, em si, não é propriamente o ponto de partida edipianamente inquestionável que preside o nascimento do sujeito, mas está submetida a essa outra constelação, simbólica e mítica, mais complexa, que qualifica sua fantasia fundamental e, portanto, sua gramática de sofrimento.

O mito individual do neurótico (Lacan, 1952/2008a), por ser um texto escrito num momento-chave de recepção do estruturalismo – e não propriamente de maturidade e consolidação –, guarda pontos de fuga bastante interessantes que nos ajudarão a especificar que tipo de problema a noção de "constelação" pode nos encaminhar. O valor das formações míticas na neurose, nesse texto, advém não necessariamente do caráter triangular do Édipo, mas propriamente de um chamado desdobramento narcísico do sujeito, que funciona como um quarto elemento, indispensável a qualquer interpretação simbólica. "Aí é onde podem realmente ser mostradas ao sujeito as particularidades originais de seu caso, de uma maneira muito mais rigorosa e viva para ele do que segundo os esquemas tradicionais resultantes da tematização triangular do complexo de Édipo" (Lacan, 1952/2008a, p. 31). Ademais:

> *O sistema quaternário, tão fundamental nos impasses, nas insolubilidades da situação vital dos neuróticos, tem uma estrutura bem diferente daquela dada tradicionalmente – o desejo incestuoso pela mãe, a interdição do pai,*

> *seus efeitos de barreira e, em torno disso, a proliferação mais ou menos luxuriante de sintomas. Creio que essa diferença deveria nos levar a discutir a antropologia geral que se depreende da doutrina analítica tal como foi ensinada até agora.* Numa palavra, todo o esquema do Édipo deve ser criticado. . . . O próximo passo, que nos faz entender de que se trata na estrutura quaternária, é o seguinte, que é a segunda grande descoberta da psicanálise, não menos importante que a função simbólica do Édipo – a relação narcísica. *(Lacan, 1952/2008a, pp. 38-40, grifo nosso)*

Ora, supreendentemente, o elemento que irá dar força à questão estruturalmente mítica e simbólica da neurose remete-nos ao... imaginário! Lacan termina o texto ligando a experiência do estádio do espelho à morte e às relações narcísicas, ponto central que funcionaria como um quarto elemento complementar à triangulação edípica, aqui frontalmente criticada. Notemos que, diferentemente de um banimento de toda e qualquer referência ao imaginário, o simbólico aqui é propriamente o tipo de articulação possível entre o Édipo enquanto estrutura clássica de triangulação do desejo e a constelação mítica que preside a localidade da vivência fantasística de cada sujeito. O ponto que gostaríamos de negritar é que essa ideia de constelação aponta para um tipo de simbólico cuja especificidade é a *localidade*, e não a *universalidade*. Almeida (1999) vai nesse sentido ao discutir a noção de "estrutura" em Lévi-Strauss quando afirma que "a análise de mitos é necessariamente local" (p. 187).

Retomaremos em breve a discussão entre universal e particular no contexto da antropologia estrutural. Por ora, apresentemos um último conjunto de ocorrências da noção de "constelação" em Lacan e aonde ele pode nos levar.

No Seminário 1, Lacan descreve o caráter simbólico do sujeito da seguinte maneira:

> *O caráter original determina certa* constelação simbólica *no inconsciente do sujeito, constelação que é preciso conceber sempre estruturada, organizada segundo uma certa ordem, e uma* ordem que é complexa. *Não é por nada que a palavra "complexo" chegou, podemos dizer, por uma espécie de força interna – pois vocês sabem que não foi o próprio Freud que a inventou, foi Jung –, à superfície da teoria analítica; ele indica bem, por si só, que*, quando nos dirigimos à descoberta do inconsciente, o que encontramos são situações estruturadas, organizadas, complexas. *(Lacan, 1953-1954/1986, p. 81, tradução modificada, grifos nossos)*

A constelação simbólica do sujeito é organizada segundo uma estruturação complexa, ou melhor, *do complexo*. A ausência do complemento esperado *de Édipo* é signo desse tipo de abertura pré-edípica que a noção de "constelação significante" permite – abertura que se dá tanto no sentido da estruturação mesma do sujeito quanto no nível propriamente epistêmico. A propósito, anos antes, Lacan chega a tratá-la como sinônimo de *complexo*: "o que chamamos de 'constelação' ou 'complexo' é, essencialmente, uma direção, um setor que funda a unidade desse desenvolvimento" (Lacan, 1937, p. 88, tradução nossa).

A ideia presente em *O mito individual*, segundo a qual o essencial em relação à estruturação da constelação que preside o nascimento do sujeito vem do caráter concreto e local das relações sociais e afetivas dos outros simbolicamente marcantes, já havia sido apresentada, em 1936, em "Para-além do 'princípio de realidade'"

(Lacan, 1936/1998a). Lacan insistia, na ocasião, no fato de que a "personalidade" não deveria ser localizada simplesmente em traços da "identificação parental", mas na configuração complexa e local que essa identificação veicularia. A "conduta do homem" refletiria, assim, "a situação efetiva em que se encontrava o pai [*parent*] que foi objeto da identificação quando ela se produziu – uma situação de conflito ou de inferioridade no grupo conjugal, por exemplo" (Lacan, 1936/1998a, p. 92, tradução modificada). Ou seja, temos aqui uma teoria da identificação que não é imaginária no sentido de sua especularidade ou imitação, mas se trata de uma identificação simbólica a uma determinada *posição* no complexo. A passagem segue:

> *Resulta desse processo que o comportamento individual do homem traz a marca de um certo número de relações psíquicas típicas em que se exprime uma certa estrutura social – pelo menos a* constelação *que, nessa estrutura, domina mais especialmente os primeiros anos da infância. Essas relações psíquicas fundamentais revelaram-se à experiência e foram definidas pela doutrina através do termo* complexos*: deve-se ver aí o conceito mais concreto e mais fecundo introduzido no estudo do comportamento humano, em contraste com o conceito de "instinto", que até então nesse domínio, se revelara tão inadequado quanto estéril. (Lacan, 1936/1998a, p. 93, tradução modificada, grifos do original)*

A passagem, novamente, descreve as constelações como redes de relações definidas pela noção de "complexo", ou melhor, de complexos. Notemos aqui esse plural, que passa a ser esquecido após a edipianização da teoria lacaniana: trata-se, antes de tudo, de *constelações, complexos.* Mas há aqui um dado a mais: trata-se de determinado número de relações psíquicas nas quais se exprime, literalmente, uma certa *estrutura social*.

A ideia de *complexos* pensados a partir de estruturas sociais não é uma ocorrência fortuita e isolada nesse texto, mas o próprio tema de um dos mais importantes textos lacanianos do período: "Os complexos familiares na formação do indivíduo".

Os complexos familiares

Trata-se aqui de um texto que nos interessa por alguns motivos. É o primeiro e um dos mais relevantes "textos sociais" de Lacan. Originalmente um verbete para a *Encyclopédie Française*, foi feito a pedido de Henri Wallon, o psicólogo do desenvolvimento que, pela primeira vez, trouxe a questão do espelho como paradigmática na estruturação psíquica da criança, e no qual Lacan se apoia para a proposição de seu *estádio do espelho*. Por outro lado, o convite foi igualmente feito por Lucien Febvre – que dirigia a *Encyclopédie* à época –, importante historiador, fundador da *Revue des Annales*, revista que representou, talvez, o mais importante giro na historiografia moderna. Temos nesse texto, coincidência ou não, um Lacan que busca, de fato, uma síntese entre desenvolvimento e História, entre o psicológico e o social.

Texto ainda hoje polêmico, "Os complexos familiares" é acusado por alguns lacanianos de ser um trabalho no qual Lacan resvalaria em um sociologismo que não é próprio à sua própria teoria. Édouard Pichon, mesmo compartilhando da ideia de que a família estava mais sujeita à tradição do que à hereditariedade, "rejeitava o procedimento da antropologia cultural, e foi com essa ótica que recusou o antropologismo lacaniano, que julgava 'marxista' e 'hegeliano'" (Roudinesco & Plon, 1998, p. 605). Poder-se-ia supor que, a exemplo de textos não publicados – como a primeira versão do *estádio do espelho* ou as três conferências perdidas sobre a identificação, feitas por Lacan em 1947, no Collège Philosophique, a convite de Jean Wahl –, o psicanalista teria interesse em que tais ideias não fossem discutidas, dadas todas as modificações conceituais sofridas por sua obra ao longo dos anos. No entanto, em relação ao trabalho sobre os complexos familiares não parece ter sido esse o caso, haja vista que, por exemplo, Lacan o inclui no currículo que apresenta em 1957 para uma candidatura na École des Hautes Études – não apenas em sua bibliografia selecionada, mas também na introdução do memorial biográfico de seu percurso (Lacan, 1957). O texto deveria, inclusive, ter sido publicado novamente pelo próprio Lacan, em 1966, nos *Escritos*, não fosse uma sanção feita pelo editor, conforme Miller aponta em nota retomada na publicação do texto nos *Outros escritos*: "Esse texto não foi incluído nos *Escritos* por iniciativa do editor, em razão de sua extensão" (Miller, 2003, p. 595).

Trata-se de um trabalho que apresenta a noção lacaniana de "família" – e, por extensão, sua teoria do sujeito, ainda que aqui nomeado "indivíduo" – anterior às suas incursões estruturalistas. Assim, se para muitos esse é "um Lacan não lacaniano", sublinhemos que essa não é nossa posição, já que, de certa maneira, as posturas e apostas teóricas e metodológicas desse primeiro momento surpreendentemente se aproximam daquelas do chamado "último Lacan".

Um Lacan culturalista

Em "Os complexos familiares", Lacan postula que uma das especificidades do ser humano é a plasticidade de seus instintos, que raramente têm um efeito localizável ou direto. Esse é o motivo pelo qual, no que diz respeito à família, "as instâncias culturais dominam as naturais, a ponto de não podermos considerar paradoxais os casos em que, como na adoção, umas substituem as outras" (Lacan,

1938/2003a, p. 30). Ora, a afirmação categórica, logo na segunda página do texto, quanto a uma *dominação*, a uma *substituição* da ordem natural pela ordem cultural, poderia ser digna de um construcionista americano, mas é vinda da pena de um Lacan do entreguerras que a encontramos.

Bem entendido, a teoria freudiana como um todo já havia tirado o primado do instintivo no que diz respeito à sexualidade, aliada a uma contribuição que hoje já não é tão evidente: Freud lutava, à época, contra teorias que consideravam não só que a sexualidade era instintiva, mas que sua finalidade era exclusivamente *reprodutiva*. Assim, toda a construção do complexo de Édipo se justifica também como um modelo alternativo à constituição familiar, que não baseava nem a sexualidade nem os laços afetivos no interior da família em instintos biológicos.

Já em Lacan, sua diferença em relação ao avanço freudiano é sublinhar, nesse texto, que não apenas as relações hierárquicas dentro da família não são naturais, como igualmente não podem ser completamente apreendidas pela chamada "psicologia concreta" nem pela psicanálise: a interpretação das relações psicológicas "tem então de ser esclarecida pelos dados comparativos da etnografia, da história, do direito e da estatística social" (Lacan, 1938/2003a, p. 30). Mais uma vez, a afirmação é surpreendente em um cenário – especialmente na França e no Brasil – em que boa parte das políticas de leitura na psicanálise de orientação lacaniana vê com extrema ressalva movimentos que busquem diálogos com outros saberes que não aqueles (tidos como) sacramentados por Lacan: filosofia, linguística, antropologia estrutural, matemática e, por vezes, literatura. Isso não quer dizer que atualmente não se discutam mudanças e fenômenos sociais, por exemplo. Mas o que se observa é que são, sobretudo, análises feitas *a partir* do saber psicanalítico sobre fenômenos sociais. Raros são os autores que ousam repensar a própria psicanálise, seja a partir de eventos, seja a partir de outros saberes – o que contrasta diretamente com a recomendação de Lacan já nos anos 1930.

Mesmo junto à antropologia, o recorte feito por Lacan aponta sobretudo para uma constituição histórica e plural da constituição familiar. Apoiado em Rivers e Malinowski, o psicanalista diz que a família primitiva desconhece ativamente o *papel dos laços biológicos de parentesco*. Em outras palavras, por mais que tenha ciência da linhagem em seu sentido biológico, a ignora do ponto de vista social: "O parentesco só é reconhecido por meio de ritos que legitimam os laços de sangue e criam, se necessário, laços fictícios" (Lacan, 1938/2003a, p. 32).

Ora, mais uma vez vemos demonstrada aqui a postura de Lacan de que "a família humana é uma instituição" (Lacan, 1938/2003a, p. 30). É esse tipo de método que reforça nossa tentativa de aplicar o mesmo princípio em relação às questões ligadas ao gênero, objeto de estudo que ainda não surgira enquanto tal no referido período, mas que partilha, sob esse prisma, de características semelhantes às da família. Se "é na ordem original de realidade constituída pelas relações sociais que convém compreender a família humana" (Lacan, 1938/2003a, p. 33), e não a partir de uma estrutura universal e fixa, temos aí igualmente a liberdade de aplicar o mesmo princípio para os processos de sexuação, na medida em que não se trata – conforme reagem alguns – de uma construção social voluntarista e consciente, mas sim de uma instituição condicionada a regras sociais que não ignoram, mas ressignificam, o biológico de acordo com seus discursos. Se Lacan (1938/2003a, p. 30) pontua que o que constituiria a família seriam, sobretudo, as cerimônias e ritos, não estaríamos tão longe assim de uma racionalidade próxima àquela de Butler, por exemplo – na medida em que um dos mais clássicos exemplos dos atos de fala de Austin, nos quais a autora se baseia para construir sua noção de "performatividade", é aquele do casamento: "Eu te aceito como minha legítima esposa".[12]

Mas o que reduziria tal definição de família mais plural e aberta, para a psicanálise, ao trinômio edípico? O próprio Lacan abandona tais desenvolvimentos após a constatação de que a família moderna não é uma simplificação, mas uma contração da instituição familiar, na qual todos os elementos desta estariam presentes naquela. Poderíamos ser levados a supor já aí uma intuição estruturalista nas reflexões de nosso autor, não fosse a seguinte passagem, referente ao reduzido grupo da família moderna, que mostra "uma estrutura profundamente complexa, da qual mais de um aspecto se esclarece muito melhor pelas instituições positivamente conhecidas da família antiga do que pela hipótese de uma família elementar que não se apreende em parte alguma" (Lacan, 1938/2003a, p. 33).

Ou seja, não se trata de buscar uma forma reduzida, simples e final de um núcleo familiar universal, mas, antes, de estudar a família moderna como uma espécie de condensado do que há de mais complexo na chamada "instituição familiar". Sublinhemos, porém, que se trata de *uma* família, no sentido de ser ela localizada *historicamente*. Nada obriga a tomá-la como um paradigma único e universal. Pelo contrário, sua escolha de analisar a família conjugal foi explicitada historicamente. Assim, a proposta aqui é partir do aparentemente

12 A chamada elocução performativa (*performative utterance*) de Austin (1962) é aquele ato de fala que não apenas descreve, mas cria a realidade no mesmo movimento que a profere. Tal ideia será criticada por Derrida (1988), já que Austin supunha, ainda, um sistema de autoria e destinação demasiado marcado por uma ontologia que não teria mais espaço no tipo de crítica pós-estruturalista empreendida pelo filósofo. É nesse contexto que Butler retoma a questão da performatividade para repensar o gênero, mas já afastada da ideia, aparentemente importante em Austin, de que o ato (de fala) marca um antes e um depois, posto que o que interessa à filósofa é o caráter reiterativo do ato.

mais simples e reduzido rumo a uma complexidade maior, mas, em alguma medida, universal em sua e pela sua diversidade.

O complexo

É tempo de comentarmos mais detidamente o uso feito da noção de "complexo", presente no título do artigo. Basicamente, o apelo ao operador popularizado por Jung – bem como aquele de imago, também bastante presente ao longo do texto – tem como objetivo explicar o "caráter essencial do objeto estudado: seu condicionamento por fatores culturais, à custa de fatores naturais". A pesquisa, assim, "nunca objetiva instintos, mas sempre complexos" (Lacan, 1938/2003, p. 33). Ora, se à época a discussão entre instinto e pulsão não tomara forma em termos da tradução de *Trieb*, Lacan parece aqui já se posicionar contra uma casuística instintual, mesmo que sua alternativa seja aqui social, e não pulsional ou psicológica, em sentido estrito. Em outras palavras, já ao negar o papel de determinação do biológico, Lacan parece estar em busca de outras fundamentações para o que seria próprio do sujeito – o que, no que tange à família, o conduziu à sociologia e à antropologia.

No entanto, não há aqui uma tentativa radical de apagar o domínio concreto do biológico, mas de relacioná-lo à maneira pela qual o sujeito vem a percebê-lo. Assim, a definição de complexo é, sobretudo, interativa, parecendo-nos uma espécie de quadro individual de modalidades dos destinos da pulsão, como pode nos esclarecer o seu mais conhecido representante, o complexo de Édipo. Lacan, todavia, nos lembra que o complexo possui uma estrutura mais geral, sendo o Édipo apenas uma de suas expressões no interior da família:

> *O complexo, com efeito, liga de forma fixa um conjunto de reações que podem concernir a todas as funções orgânicas,*

> *desde a emoção até a conduta adaptada ao objeto. O que define o complexo é que ele reproduz uma certa realidade do ambiente, e o faz de maneira dupla:*
>
> *Sua forma representa essa realidade no que ela tem de objetivamente distinto numa dada etapa do desenvolvimento psíquico; essa etapa especifica sua gênese. Sua atividade repete na vivência a realidade assim fixada, toda vez que se produzem certas experiências que exigiriam uma objetivação superior dessa realidade; tais experiências especificam o condicionamento do complexo. (Lacan, 1938/2003a, p. 33, tradução modificada)*

Temos aqui algumas diretrizes da definição lacaniana de complexo – que contrastarão com (ou em alguma medida especificarão) sua compreensão clássica. O complexo serve assim como anteparo entre o sujeito o mundo. Mas notemos a sutileza da argumentação lacaniana referente ao lugar dado à *realidade* no trecho citado. Sendo o complexo um conjunto de reações, afetos, o que o especifica é uma fixação a *uma certa* realidade, localizável em um dado momento do desenvolvimento e que se repetirá quando as condições objetivas o exigirem.

Tal ideia nos abre a possibilidade de pensar a noção de "realidade psíquica" não a partir de uma completa e radical separação da realidade concreta, mas, antes, como uma fixação de um traço de realidade que, em algum momento na história do sujeito, se ligou à sua experiência concreta, e que dará a forma de determinado complexo – enquadrando, assim, as formas pelas quais se organizam suas realidades psíquicas. Lembrando a discussão feita anteriormente, essa fixação a uma realidade se constrói a partir de uma dada constelação de relações, nas quais a realidade que será apreendida pelo sujeito refere-se, igualmente, à posição suposta que uma identificação veicularia.

Logo na sequência do último trecho citado, vemos mais uma vez Lacan insistir sobre o papel da cultura, dessa vez no que diz respeito ao complexo. Convém citar a passagem completa, dada a sua força:

> *Essa definição, por si só, implica que o complexo é dominado por fatores culturais: em seu conteúdo, representativo de um objeto; em sua forma, ligada a uma etapa vivida de objetivação; enfim, em sua manifestação de carência objetiva, considerando uma situação atual, isto é, sob seu aspecto triplo de relação de conhecimento, forma de organização afetiva e de prova do choque com o real, o complexo é compreendido por sua referência ao objeto. (Lacan, 1938/2003a, p. 34, tradução modificada)*

Refina-se aqui o argumento: do ponto de vista do *conteúdo*, o complexo não é um conjunto de associações de ideias ou imagens, mas representa *a referência a um objeto*. Notemos que não há aqui uma especificação que ligue o objeto ao que foi concretamente vivido. Parece antes estar em jogo uma independência do objeto, familiar ao pensamento freudiano no que diz respeito à pulsão – essa contingência aparece, aqui, ligada especificamente ao complexo. O que se refere, sim, ao vivido é antes a sua *forma*, ligada a uma "etapa vivida de objetivação". Assim, a partir de um objeto, o que se abstrai do vivido para o complexo é uma forma. Lembremo-nos da insistência de Lacan quanto ao fato de que todo esse processo ocorre necessariamente sob o domínio de fatores culturais. Assim, é lícito supor que *cada configuração social necessariamente produzirá seus próprios complexos, tanto em forma quanto em conteúdo.*

A leitora e o leitor já podem supor aonde queremos chegar: em que medida poder-se-ia defender – já amparados tanto na ideia de constelação quanto na estrutura solidária dos significantes entre si, dentro de um dado sistema – que o *caráter simbólico da sexuação pode ser pensado a partir da noção de "complexo"*? Ou que, ao menos, responde de maneira análoga aos critérios levantados para se pensar um complexo? O que ocorreria ao aplicarmos as definições de Lacan acerca do complexo a esse aspecto da vida anímica que apenas recentemente mostrou-se digno de uma discussão específica, apartada da (dita) realidade biológica?

Ora, temos, em primeiro lugar, a radical negação do domínio do instintivo – e, portanto, de um biológico que teria valor causal frente ao psicológico – em detrimento do cultural, no que diz respeito à configuração do complexo. Não é essa, igualmente, a definição corrente de "gênero"? Tal definição, bem entendido, não era exatamente o que Stoller (1964) tinha em mente com a noção de "identidade de gênero", posto que se tratava ali de um contexto médico no qual muitos dos fatores que determinariam o gênero, por mais que não fossem uma correspondência direta com os genitais, viriam de "uma força biológica ainda a ser descoberta". No entanto, o gênero compreendido como uma construção social ou psicológica relativamente independente do corpo tem como referências, por um lado, os estudos de John Money sobre os *papéis de gênero* (Money et al., 1957), no bojo do culturalismo americano, e, por outro, sua utilização política no contexto do feminismo, notadamente a partir de Gayle Rubin (1984). De toda maneira, em suas diferentes incidências até os anos 1990, criticava-se com o gênero o caráter natural e direto com o qual a identidade sexuada fora tratada com referência aos caracteres sexuais primários e secundários, bem como suas consequências nas divisões sociais de papéis, de trabalho e da própria sexualidade entre (até então) homens e mulheres.

Tal quadro paulatinamente se altera com aquela que pode ser chamada de *terceira onda do feminismo* e com a emergência dos estudos *queer*, que sublinham a insuficiência do modelo homem-mulher para pensar as questões de gênero e, mais radicalmente, da insuficiência da própria noção de identidade. Por mais que um descolamento entre sexo e gênero tenha sido operado, isso não implica que não se tenha importado um funcionamento binário e eventualmente hierárquico para o interior do gênero. Basear assim o gênero em um modelo que compreende apenas homem/mulher, hétero/homo, seria em alguma medida continuar restrito às amarras de um dualismo biológico,[13] não realizando um rompimento que a noção de "gênero" permitiria.

Com isso em mente, prossigamos a leitura do texto lacaniano de 1938. "É preciso reconhecer o caráter que especifica a ordem humana, a saber, essa subversão de toda fixidez instintiva, de onde surgem as formas fundamentais, *prenhes de variações infinitas, da cultura*" (Lacan, 1938/2003a, p. 34, grifo nosso). Ora, é bastante convidativo supor que a sexuação seja uma das formas fundamentais da cultura moderna, mas o interesse em tal reflexão de Lacan é outro e é duplo: por um lado, tais formas fundamentais se veiculariam, justamente, pela via dos complexos, e, por outro, tais complexos seriam *prenhes de variações infinitas*. Essa noção de variação – que está igualmente presente na ideia da "constelação significante" enquanto modificável – irá retornar, mais à frente, em nossa discussão sobre a questão da norma em Lévi-Strauss e Canguilhem. Mas já aqui tal consequência para o nosso objeto é de uma atualidade impressionante, posto que aquilo que se observa atualmente nas discussões – sejam acadêmicas, sejam mais ligadas a movimentos sociais – é referente justamente ao estatuto da proliferação de identidades sexuais e de gênero.

13 Mais preciso seria dizer *inocentemente biológico*, na medida em que, mesmo dentro da biologia, as definições dos limites entre masculino e feminino são bem menos evidentes do que poderíamos supor inicialmente.

Retomemos então as características do complexo visando verificar sua pertinência em relação à faceta simbólica da sexuação. Trata-se de um grupo de reações, emoções e condutas relativamente estável que organiza respostas do sujeito frente a uma confrontação com os objetos. Daqui depreende-se uma primeira consequência para pensar a sexuação: não se trata de uma identidade no sentido ontológico do termo, ou de uma verdade última e inabalável do ser. Ao pensarmos o sexo a partir do complexo, temos que se trata, antes de mais nada, de *um conjunto de modalidades de relações que permeiam a relação do sujeito com o mundo externo*. Tal complexo não advém, evidentemente, do instinto, mas igualmente não é nem decidido conscientemente pelo sujeito, nem completamente arbitrário. Trata-se, antes, de uma fixação de uma modalidade específica de relação com os objetos em algum momento da história do sujeito. Lembremos que aquilo que é reproduzido de *uma certa realidade* do ambiente é, sobretudo, uma forma, e não o objeto substancializado.

E é a partir daqui que podemos começar a empreender uma crítica à ideia que Lacan parece herdar de Freud e que atravessará todo seu ensino até os anos 1970, a saber: a sobreposição entre os processos de identificação às figuras parentais e o processo de aquisição de gênero. Pontuemos que aquilo que é fixado no complexo não é o objeto, mas um conjunto de relações, uma modalidade de laço. Em outras palavras, seria impreciso dizer que o complexo de Édipo, portanto, fixa as identidades sexuais ("tipo viril" e "tipo feminino", nas palavras de Lacan) a partir da identificação do menino e da menina com o pai e com a mãe, respectivamente, se esses últimos forem compreendidos como objetos. O complexo não é, assim, o resultado de identificações, mas um quadro a partir do qual dar-se-iam as identificações.

Da mesma maneira, a sexuação não pode ser definida enquanto uma identidade tributária de um objeto, ainda que ideal: estaríamos aí em um domínio quase caricatural do gênero (mulheres *são* assim, homens *são* assado). Pelo contrário, boa parte dos sofrimentos ligados a essa esfera em nossos pacientes diz respeito justamente a tomar um gênero como subsumido a um dado objeto, ligado ao ideal do eu na maior parte dos casos, ignorando se tratar de um complexo, uma malha de relações que fazem a mediação entre o eu e o outro. Posições como "eu não vou chamá-lo para sair porque é o homem que toma a iniciativa" mostram como uma inibição ou um sintoma neuróticos agem precisamente parasitando determinado objeto frente a um complexo de gênero. Está em jogo aqui uma dinâmica imaginária no que diz respeito ao objeto e uma racionalidade simbólica ligada ao complexo, uma vez que há justamente uma rede de relações vazias em si, mas cuja diferença gera efeitos, e não uma pretensa significação em si. Façamos agora um recurso a Butler, visando aprofundar nosso argumento.

A publicação de *Problemas de gênero* em 1990 reconfigura o campo conceitual no que diz respeito à relação de não paridade entre sexo e gênero (Butler, 1990/2014b). Em outras palavras, se havia uma concepção que assegurava a independência do gênero no domínio discursivo (cultural e psíquico) em relação à anatomia, Butler denunciará nesse trabalho que esse mesmo movimento de separação, aparentemente baseado em um construcionismo social, acabava por dar ao sexo biológico uma chancela de verdade: mesmo que a construção do gênero a negasse ou ignorasse, a anatomia continuava a ser um fato consumado, dada a sua natureza pré-discursiva. Para a autora, ao contrário, o sexo seria já uma categoria generificada (*gendered*) em si. Nesse sentido:

> *O gênero não deve ser meramente concebido como a inscrição cultural de significado num sexo previamente dado (uma concepção jurídica); tem de designar também o aparato mesmo de produção mediante o qual os próprios sexos são estabelecidos. Resulta daí que o gênero*

> *não está para a cultura como o sexo para a natureza; ele também é o meio discursivo/cultural pelo qual "a natureza sexuada" ou "um sexo natural" é produzido e estabelecido como "pré-discursivo", anterior à cultura, uma superfície politicamente neutra* sobre a qual *a cultura age . . . Essa produção do sexo* como *pré-discursivo deve ser compreendida como efeito do aparato de construção cultural que designamos por* gênero. *(Butler, 1990/2014, p. 26, grifos do original)*

Assim, em um argumento que nos parece um dos mais refinados desse momento de sua obra, Butler desestabiliza e denuncia a silenciosa confiança que, até então, depositávamos na materialidade do sexo, submetendo-o igualmente a um aparato discursivo. Mais precisamente, a autora conduz a construção de uma noção de "gênero" que possa incluir, portanto, o aparato discursivo de construção da (suposta) materialidade do sexo. A relação entre discurso e materialidade será mais bem trabalhada em *Corpos que importam* (Butler, 1993/2019), mas o argumento central é que o somático (sexo) não é um lócus passivo onde o cultural (gênero) viria a instalar-se. Há, antes, uma inversão: o gênero enquanto "aparato de produção" é o quadro a partir do qual podemos compreender o processo de materialização discursiva dado ao sexo. Há um primado, por assim dizer, do gênero enquanto produtor de um discurso de naturalização do sexo. Em outras palavras, sexo e gênero não são entidades independentes – que, em alguma medida, reatualizariam o dualismo cartesiano –, mas um (gênero) serve para esclarecer a aparente evidência do outro (sexo).

Dando seguimento a nossa argumentação referente ao caráter em alguma medida homólogo do gênero em relação ao complexo, no texto de 1938, isso seria equivalente a dizer que o complexo teria como característica a função de determinar os caminhos pelos quais compreendemos os instintos. Vejamos o que o seguimento do texto nos diz nesse sentido, na subseção denominada "O complexo e o instinto":

> *Embora o complexo, em seu pleno exercício, seja do domínio da cultura, e embora essa seja uma consideração essencial para quem quer explicar os fatos psíquicos da família humana, isso não equivale a dizer que não haja relação entre o complexo e o instinto. Mas, fato curioso, em razão das obscuridades opostas à crítica da biologia contemporânea, pelo conceito de "instinto", o conceito de "complexo", apesar de introduzido recentemente, se mostra mais bem adaptado a objetos mais ricos; é por isso que, repudiando o apoio que o inventor do complexo acreditava dever procurar no conceito clássico de instinto,* acreditamos que, por uma inversão teórica, é o instinto que atualmente pode ser esclarecido por sua referência ao complexo. *(Lacan, 1938/2003a, p. 34, tradução modificada, grifo nosso)*

Acreditamos que a passagem convide a pensar tratar-se de um movimento em alguma extensão semelhante àquele realizado por Butler, na medida em que, ao menos em nível metodológico, é no complexo-gênero que os mecanismos de produção do sexo-instinto devem ser buscados. Mais à frente, Lacan chegará mesmo a dizer que a rigidez do instinto deve ser transformada em *enigma*, para o qual deveríamos lançar mão de conceitos mais complexos (Lacan, 1938/2003a, p. 35). Mais uma vez está em jogo aqui uma desnaturalização ativa do supostamente somático a partir de uma ferramenta nomeada pelo autor como revolucionária para a psicologia. Ainda que a história tenha mostrado que o conceito de "complexo" não resistiria como noção forte para a psicanálise após a morte de Freud, acreditamos que sua retomada hoje, a partir da sexuação, possa completar o quadro dos diversos complexos elencados por Lacan na sequência do texto.

Complexo de desmame

Lacan inicia assim sua apresentação à série dos complexos familiares por ele isolados a partir do *complexo de desmame*. Esse primeiro complexo "representa a forma primordial da imago materna" (Lacan, 1938/2003a, p. 35); e, insiste o autor, mesmo aí trata-se de um complexo totalmente "dominado por fatores culturais" (Lacan, 1938/2003a, p. 35) – já que, diferentemente de uma regulação fisiológica, o desmame se dá estritamente por condições culturais. Assim, essa interrupção de uma relação biológica de caráter vital leva a uma primeira solução dialética e psíquica. As diferentes formas de recusa do desmame é que darão ao sujeito a "imago da relação de amamentação" (Lacan, 1938/2003a, p. 35), que, bem entendido, não é ainda de um objeto propriamente dito – já que não há um eu formado –, mas, sobretudo, de sensações próprias da idade precoce. O complexo de desmame seria propriamente uma primeira expressão psíquica "à imago mais obscura de um desmame mais antigo" (Lacan, 1938/2003a, p. 40): o nascimento. Lacan critica aqui autores que tomariam o nascimento como um primeiro trauma, posto que o estágio de mielinização do recém-nascido seria insuficiente para uma representação minimamente psíquica desse desamparo mais radical. Não obstante, isso não impede que a experiência seja, em alguma medida, representada pelo desmame *a posteriori*.

Tal estágio será marcado por sensações – majoritariamente desprazerosas – vivenciadas pelo sujeito: a asfixia do nascimento, o frio e o mal-estar labiríntico formam uma tríade que seria o protótipo da *angústia*. Essa noção é bastante distinta daquela proposta, anos mais tarde, no seminário dedicado a esse tema, já que aqui Lacan coloca a imago materna como ligada à suspensão dessa série de desprazeres pela presença materna, cessando a angústia – ao passo que mais tarde a angústia será sobremaneira definida pela impossibilidade da falta, justamente por uma intromissão do objeto no local que, estruturalmente, é designado para a falta.

É preciso, no entanto, que haja uma sublimação da imago materna para que se dê o *progresso da personalidade*. Lacan sublinha a dificuldade desse processo, lembrando como mesmo crianças mais velhas têm um apego às chamadas "saias da mãe"; mas pontua que, igualmente, a sua fixação pode transformar-se em um "fator de morte" (Lacan, 1938/2003a, p. 41). O autor não deixa de criticar Freud, nesse sentido, como tendo cedido ao "preconceito biológico" de postular um instinto de morte; mas sublinha o que há aí de paradoxal, posto que "a tendência para a morte é vivida pelo homem como objeto de um apetite" (Lacan, 1938/2003a, p. 41). Sendo o complexo a própria "insuficiência congênita dessas funções", o complexo de desmame é uma primeira separação dessa satisfação instintual, cujo fracasso levaria o sujeito à morte. Como exemplos o autor elenca algumas formas de suicídio – como as greves de fome, as anorexias nervosas e certas toxicomanias – não apenas pelo seu caráter oral, mas igualmente por se tratar de suicídios "não violentos". Assim, o complexo parece afigurar-se como um primeiro aparato de regulação da pulsão, que dará os pilares da construção do desejo.

A sublimação efetiva do complexo de desmame leva o sujeito a constituir um *sentimento familiar* no qual construirá laços com os outros membros do núcleo familiar sem, no entanto, impedir que haja novos desmames. Por exemplo, o abandono completo da dependência familiar muitas vezes seria o que leva o sujeito à liquidação completa do complexo. Lacan evoca Hegel (diga-se de passagem, pela primeira vez em um texto) para exemplificar o que aí se passaria: "todo remate da personalidade exige esse novo desmame.

Hegel formulou que o indivíduo que não luta para ser reconhecido fora do grupo familiar nunca atinge a personalidade antes da morte" (Lacan, 1938/2003a, p. 42). Cumpre notar aqui uma diferença importante quanto ao paradigma freudiano de constituição da família para o indivíduo, que se baseia fundamentalmente numa dinâmica edípica que retomaria a estrutura de ameaça, assassinato e culpa de "Totem e tabu".

Para Lacan, a consciência familiar nasceria no momento do desmame, como uma resposta a esses primeiros sentimentos mortíferos, por meio de uma sublimação. É nesse momento – e não no complexo de Édipo – que o sujeito passa a conceber a família como uma entidade que é diferente da simples soma contingente dos indivíduos ali presentes:

> *[A]través disso, tudo o que constitui a unidade doméstica do grupo familiar passa a ser, para o indivíduo, à medida que ele se torna capaz de abstraí-lo, objeto de uma afeição diferente das que o unem a cada membro desse grupo. (Lacan, 1938/2003a, p. 42, tradução modificada)*

Tal conquista abrirá caminho para o complexo que funda o estatuto do pequeno outro para o sujeito.

O segundo complexo elencado por Lacan será o complexo de intrusão, que discutiremos com maior profundidade em nosso próximo capítulo. Édipo, por sua vez, é o terceiro e último complexo apresentado no texto de 1938.

Édipos e castrações

Édipo, um complexo

Dada a inflação conceitual sofrida pelo Édipo, sublinharemos aqui apenas algumas passagens de sua primeira descrição em

"Os complexos familiares" – como esta, na qual o autor parece enxergar a importância exacerbada do pai na teoria analítica não como um universal estrutural, mas antes como um efeito da *dominação masculina*:

> *As formas sob as quais se perpetuam esses efeitos são designadas de supereu ou ideal do eu, conforme sejam, para o sujeito, conscientes ou inconscientes. Elas reproduzem, como se costuma dizer, a imago do genitor do mesmo sexo, assim contribuindo o ideal do eu para o conformismo sexual do psiquismo. Mas a imagem do pai, segundo a doutrina, teria nessas duas funções um papel prototípico em razão da dominação masculina. (Lacan, 1938/2003a, p. 58)*

Se compreendermos o "conformismo sexual do psiquismo" como algo próximo à precipitação de uma dada identidade sexuada, temos aqui a ideia de que ela se dá a partir da imagem do *ideal do eu*. Mas é possível inferir – dada a importância central que Lacan confere à cultura nesse texto – que as mudanças sociais das últimas décadas em relação às identidades de gênero possivelmente ofereceriam, assim, a possibilidade de que tal identificação ligada ao ideal do eu não necessariamente se desse conforme a anatomia. Notemos que a anatomia não é evocada aqui como suporte para uma dada assunção da identidade sexuada, que pode ser compreendida muito mais enquanto uma construção psíquica pautada a partir de uma gramática de relações do sujeito com o outro. A castração, ao contrário, seria ligada à questão da repressão da sexualidade e não tão dependente da experiência concreta da constatação, pela criança, da diferença dos sexos – mas, antes, ligada a uma fantasia primordial de despedaçamento do corpo. Além disso, a primazia fálica e a *nostalgia fálica* estariam, para Lacan, equivocadas: "a fantasia de castração é precedida, com efeito, por toda uma série de fantasias de despedaçamento do corpo, que regridem da desarticulação e do desmembramento, passando pela evisceração, pelo desventramento, até a devoração e o sepultamento" (Lacan 1938/2003a, p. 58, tradução modificada).

Avançando no texto, encontramos outra passagem que relativiza ainda mais a importância da diferença sexual na estruturação subjetiva, bem como mostra que o tipo de corpo que está em jogo nas fantasias infantis é muito distante daquele bem organizado e sexuado que podemos supor a partir de uma leitura rasa do complexo de castração:

> *O exame dessas fantasias revela que sua série se inscreve numa forma de penetração, de sentido simultaneamente destrutivo e investigador, que visa ao segredo do seio materno, mas que essa relação é vivida pelo sujeito de um modo mais ambivalente em proporção a seu arcaísmo. Contudo, os estudiosos que melhor compreenderam a origem materna dessas fantasias (Melanie Klein) atêm-se apenas à simetria e à extensão que elas conferem à formação do Édipo, revelando, por exemplo, a nostalgia da maternidade no menino. Seu interesse prende-se, a nosso ver, à evidente irrealidade da estrutura delas: o exame das fantasias que encontramos nos sonhos e em certos impulsos permite afirmar que elas não se relacionam com nenhum corpo real, mas com um manequim heteróclito, uma boneca barroca, um troféu de membros em que convém reconhecer o objeto narcísico cujo gênero evocamos mais acima: condicionada pela precedência, no homem, das formas imaginárias do corpo sobre o domínio do corpo próprio, pelo valor de defesa que o sujeito dá a essas formas, contra a angústia da dilaceração vital que é obra da prematuração. (Lacan, 1938/2003a, p. 59)*

O complexo de Édipo nos complexos familiares é, sobretudo, uma reatualização de uma angústia anterior, ligada à mãe. Essa concepção muito provavelmente foi herdada da recente descoberta que Lacan fizera da teoria de Melanie Klein, em especial do artigo "Estágios iniciais do conflito edipiano", conforme sublinha Roudinesco (1994, p. 155). A castração é, portanto, um capítulo específico dessa ameaça mais geral à *integridade corporal*. Lacan (1938/2003a, p. 59) tenta justificar tal ideia a partir da constatação – sociológica, dirá ele – de que socialmente os ritos de modificação corporal mostram a importância de tal marca para a formação do laço social:

> *A psicanálise revelou na criança pulsões genitais cujo apogeu situa-se no quarto ano de vida. Sem nos estendermos aqui em sua estrutura, digamos que elas constituem uma espécie de puberdade psicológica, muito prematura, como se vê, em relação à puberdade fisiológica. Ao fixar a criança, através de um desejo sexual, no objeto mais próximo que a presença e o interesse normalmente lhe oferecem, a saber, o genitor do sexo oposto, essas pulsões dão sua base ao complexo, cujo nó é formado pela frustração delas. Apesar de inerente à prematuridade essencial dessas pulsões, essa frustração é relacionada pela criança com o objeto terceiro que as mesmas condições de presença e interesse normalmente lhe apontam como o obstáculo a sua satisfação – ou seja, o genitor do mesmo sexo.* (Lacan, 1938/2003a, p. 52)

Vemos aqui Lacan reproduzindo uma concepção de constituição subjetiva que é tanto irrefletidamente heteronormativa quanto – por conta de um arsenal teórico advindo do estruturalismo que culminará em uma definição forte de grande Outro – muito imaginariamente presa à concretude da família conjugal, sem gozar ainda de uma potência que a noção de "estrutura", aliada a uma ideia de *função* materna/paterna, daria:

> *A doutrina vê nisso a obra de um narcisismo secundário; ela não distingue essa identificação da identificação narcísica: há igualmente uma assimilação do sujeito ao objeto; ela não vê nisso outra diferença senão a constituição, com o desejo edipiano, de um objeto de maior realidade, opondo-se a um eu mais bem formado; da frustração desse desejo resultaria, segundo as constantes do hedonismo, o retorno do sujeito a sua voracidade primordial de assimilação, e, da formação do eu, uma introjeção imperfeita do objeto: a imago, para se impor ao sujeito, justapõe-se somente ao eu, nas duas exclusões do inconsciente e do ideal. (Lacan, 1938/2003a, p. 60)*

Para Lacan, em 1938, a única especificidade do Édipo seria que aquilo que ocorre aí não estaria na alçada de uma identificação ao objeto de desejo, mas antes à figura que triangularia esse desejo: "não se assinala suficientemente que o objeto da identificação não é, aqui, o objeto do desejo, mas o que se opõe a ele no triângulo edipiano". Trata-se de uma espécie de triunfo narcísico ligado pelo psicanalista francês a um tipo de "protótipo da sublimação" (Lacan, 1938/2003a, p. 61).

Por fim, Lacan volta a insistir que, mesmo o Édipo sendo submetido a uma identificação ainda mais primária, ele não escapa de uma determinação cultural e – notemos – assimétrica:

> *Se ficou evidente na análise psicológica do Édipo que ele deve ser compreendido em função de seus antecedentes narcísicos,* isso não quer dizer que ele se funde fora da

> realidade sociológica. *O móbil mais decisivo de seus efeitos psíquicos, com efeito, prende-se a que a imago do pai concentra em si a função de repressão juntamente com a de sublimação;* mas isso é obra de uma determinação social, a da família patriarcal. *(Lacan 1938/2003a, p. 62, grifos nossos)*

Lacan então discutirá a questão do apagamento das sociedades matriarcais, tomando-o em uma espécie de analogia com o que comentara sobre a secundariedade do Édipo frente a uma primeira identificação. Propõe, inclusive, uma leitura do episódio da Esfinge no texto de Sófocles como uma representação da "emancipação das tiranias matriarcais" (Lacan, 1938/2003a, p. 64).

Em uma reiterada ressalva metodológica – bastante atual, a propósito –, Lacan lembra que compreender o sujeito é, também, compreender as imposições feitas pela cultura, bem como não se excluir enquanto pesquisador. Após sublinhar o fato de que a família moderna e burguesa teria aparecido apenas a partir do século XV, ele diz:

> *Com efeito, são as relações da psicologia do homem moderno com a família conjugal que se propõem ao estudo do psicanalista; esse homem é o único objeto que ele realmente submeteu a sua experiência e, se o psicanalista encontra nele o reflexo psíquico das condições mais originais do homem, porventura pode ter a pretensão de curá-lo de suas fraquezas psíquicas sem compreendê-lo na cultura que lhe impõe as mais altas exigências, e sem igualmente compreender sua própria posição diante desse homem no extremo da atitude científica? (Lacan 1938/2003a, p. 65)*

Assim, notemos que o psicanalista realiza sua análise sobre a *família conjugal* separando-a declaradamente de um conceito atemporal de família. Por fim, comentemos a passagem possivelmente mais conhecida desse texto, relativa ao declínio social da imago paterna:

> *Não estamos entre os que se afligem com um pretenso afrouxamento dos laços de família. Acaso não é significativo que a família tenha se reduzido a seu grupo biológico, à medida que foi integrando os mais altos progressos culturais? Mas um grande número de efeitos psicológicos parece-nos decorrer de um declínio social da imago paterna. Um declínio condicionado por se voltarem contra o indivíduo alguns efeitos extremos do progresso social: um declínio que se marca, sobretudo, em nossos dias, nas coletividades mais desgastadas por esses efeitos: a concentração econômica, as catástrofes políticas. Não foi esse fato formulado pelo chefe de um Estado totalitário como argumento contra a educação tradicional? Esse é um declínio mais intimamente ligado à dialética da família conjugal, uma vez que se dá pelo relativo crescimento, muito sensível na vida norte-americana, por exemplo, das exigências matrimoniais. (Lacan, 1938/2003a, p. 66)*

O contexto maior da passagem mostra que o declínio social da imago paterna parece ser uma característica inerente ao avanço cultural e – mais importante – às exigências matrimoniais. Ou seja, não se trata, em absoluto, de um afastamento do domínio do recalque e de uma lei universal. Pelo contrário, parece ser, sobretudo, um *efeito das exigências da cultura patriarcal*, e não sua relativização. Nesse mesmo sentido, logo em seguida Lacan reputa a esse contexto a emergência da própria psicanálise (Lacan, 1938/2003a, p. 67). O declínio social da imago paterna é, assim, não um fenômeno que vem perturbar uma ordem simbólica tradicional na qual operaria o recalque, mas antes a condição que a instaura. Não por outro motivo, Lacan elenca as características da personalidade desse pai como "carente, ausente, humilhada, dividida ou postiça".

Ao contrário de uma leitura que prega se tratar de uma pontuação profética em Lacan, fica evidente que tudo o que o neurologista descrevia era a sua cultura como ele a via em 1938. A nostalgia que parece inundar Lebrun (2009), Melman (2010) e companhia ignora o fato de que o declínio social da imago paterna é uma *condição*, e não um entrave à fantasia neurótica. Além disso, conforme aponta Askofaré (2010), há no domínio do pai uma diferença, por vezes ignorada, entre as dimensões da imago, da função e do nome: "considero problemática a equivalência que ela [a tese do declínio do pai] induz entre imago social do pai, nome-do-pai e função paterna" (p. 6, tradução nossa).

Assim, a distinção entre imago, nome e função seria essencial para pensar as questões ligadas à sexuação. No entanto, esse tipo de reflexão não pode ser abstraído das discussões presentes nesses quase vinte anos de produções lacanianas que antecedem a tomada do significante como pedra angular de seu edifício teórico: a importância do semelhante na constituição subjetiva pelo imaginário é tanto seu alcance quanto seu limite.

A edipianização do complexo

Apesar de, desde o início de sua produção, utilizar-se da noção de "identificação", explorando, em especial, suas incidências imaginárias, narcísicas ou especulares,[14] Lacan começa, a partir dos anos 1950, a pontuar como tal termo era vasto e eventualmente mal-empregado pela comunidade analítica (Lacan, 1955-1956/1985a, p. 226). A última dessas ressalvas é feita quando do aparecimento do significante de maneira mais premente nas teorizações do psicanalista, abrindo caminho para a conceituação de uma identificação simbólica em seu sentido ortodoxo, que liga – por meio do significante do nome-do-pai – parentalidade, sexuação e modalidade de lida com a lei (recalcamento, foraclusão ou denegação). Ou seja, as identificações, antes pensáveis a partir do plural de suas incidências, condensam-se no singular como uma das engrenagens da máquina edípica, que, em um só processo, produz um sujeito desejante, sexuado e, na melhor das hipóteses, neurótico.

> *Tudo o que ocorre em nossa literatura, os princípios fundamentais sobre os quais nos acomodamos, o implicam – para que haja realidade, acesso suficiente à realidade, para que o sentimento da realidade seja um justo guia, para que a realidade não seja o que ela é na psicose, é preciso que o complexo de Édipo tenha sido vivido. Ora, não podemos articular esse complexo, sua cristalização triangular, suas diversas modalidades e consequências, sua crise terminal, dita declínio, sancionada pela introdução do sujeito em uma dimensão nova, a não ser na medida em que o sujeito é, ao mesmo tempo, ele próprio e os dois outros parceiros.* É o que significa o termo "identificação", que empregamos a todo instante. Há, portanto, aí intersubjetividade e organização dialética. Isso é impensável se o campo

14 Sendo esses três níveis considerados sinônimos por Lacan (1953-1954/1986, p. 218).

> que localizamos com o nome de Édipo não tiver uma estrutura simbólica. *(Lacan, 1955-1956/1985a, p. 226, tradução modificada, grifo nosso)*

A identificação define-se aqui, portanto, como a experiência de ser ao mesmo tempo si-mesmo e dois outros parceiros. Há aí um jogo de oposições e uma triangulação que só é possível por meio de uma teoria do complexo de Édipo baseada na premissa estruturalista da separação entre significante e significado. Vejamos mais de perto como isso se dá e qual a relação de tal definição de identificação com a sexuação.

É bem verdade que o Édipo é de uma centralidade radical para a psicanálise – pelo menos em parte da teorização freudiana e na quase totalidade do ensino de Lacan –, e por isso um mergulho profundo em todos os seus meandros nos levaria demasiado longe de nosso problema. Convém destacar, no entanto, parte das leituras e críticas já empreendidas em relação ao famigerado complexo em sua articulação com a sexuação.

Faria (2010) apresenta o Édipo como mecanismo central da constituição subjetiva tanto em Freud quanto em Lacan. Contudo, conforme discutido no capítulo anterior, o próprio Freud vacila quanto à determinação de qual seria, de fato, o xibolete da psicanálise. Já Porchat (2014), ao retomar os comentários de Person e Ovesey sobre as interpretações psicanalíticas sobre o Édipo, afirma que esse seria, em Horney e Jones, dedutível de questões inatas, ainda que para os primeiros houvesse um entrelaçamento entre o substrato biológico e "os avatares ocasionados pelo Complexo de Édipo"; mas conclui que "seria ingênuo pensar que, em Freud, as coisas se passavam de maneira simples. Essa seria, afinal, uma leitura reducionista da teoria freudiana (Porchat, 2014, p. 33).

Mas a leitura de Freud não se restringe aos psicanalistas: o trabalho de Gayle Rubin, que tem como um de seus grandes méritos retirar mais abertamente o conceito de "gênero" de um enquadre médico e politizá-lo a partir de uma crítica tanto do estruturalismo quanto da psicanálise, talvez tenha sido um dos que mais sistematicamente organizou e propôs as críticas à psicanálise no quadro do feminismo norte-americano dos anos 1970.[15] O resgate de Rubin feito por Porchat sublinha que haveria, em Freud, não só um valor diferencial atribuído ao pênis, mas igualmente o pressuposto de uma *heterossexualidade compulsória*, já que, se tal premissa não estivesse presente, o desenvolvimento da menina seria outro: "se a lésbica pré-edipiana não se confrontasse com o heterossexualismo da mãe, certamente tiraria conclusões diferentes sobre o status relativo de seus genitais" (Rubin apud Porchat, 2014, p. 61).

Rubin, no entanto, reconhece a importância da psicanálise e de maneira nenhuma a rechaça como um todo, como atesta uma de suas mais conhecidas passagens:

> *A psicanálise compreende um conjunto único de conceitos para entender os homens, as mulheres e a sexualidade. É uma teoria da sexualidade na sociedade humana. Mais importante, a psicanálise dá uma descrição do mecanismo pelo qual os sexos são divididos e alterados, de como as crianças andróginas, bissexuais, são transformadas em meninos e meninas.*[16] *A psicanálise é uma teoria feminista* manquée. *(Rubin, 1975/1993, p. 33)*

15 Para os interessados em um apanhado sobre como a discussão se deu no feminismo francês, ver Cossi (2017).

16 "Ao estudar as mulheres, não podemos desprezar os métodos de uma ciência da mente, uma teoria que procura explicar como as mulheres se tornam mulheres e os homens, homens. A fronteira entre e biológico e o social, que se materializa na família, é o território que a psicanálise pretende mapear, o território onde as distinções sexuais têm origem" (Mitchell, Juliet. *Women's Estate*. New York, Vintage, 1971, p. 167. "Qual é o *objeto* da psicanálise... senão os '*efeitos*', ainda

Mas, nesse caso, qual seria a falta ou a *mancada* da psicanálise? Em entrevista concedida a Judith Butler, quase vinte anos após a publicação de *O tráfico de mulheres* (1975), Rubin fará o seguinte balanço de sua relação com a psicanálise:

> *Acho que adquirimos muito de nossa gramática do erotismo em tenra idade, e que a psicanálise tem modelos muito fortes para a aquisição ativa e para as transformações pessoais de sentido nas pessoas muito jovens. Mas não acho que as preocupações convencionais da psicanálise sejam tão esclarecedoras no que tange ao* conteúdo social e histórico cambiante daqueles significados. *Muito das informações – para usar uma frase feita – são omitidas, negadas ou deslocadas* (sic)*. Há muitas obras psicanalíticas interessantes, criativas e inteligentes. Mas quando eu queria refletir sobre a* diversidade sexual, *as abordagens psicanalíticas me pareciam menos interessantes. Elas pareciam tender a empobrecer a rica complexidade do sentido e do comportamento erótico. (Rubin & Butler, 1994/2003, grifo nosso)*

Ou seja, Rubin valoriza a psicanálise enquanto uma teoria da aquisição de gênero, mas encontraria poucos encaminhamentos interessantes naquela teoria para pensar a diversidade social e histórica, em caráter cambiante, do erotismo. A autora tem como uma de

presentes no adulto sobrevivente, da extraordinária aventura que, do nascimento ao encerramento da fase edipiana, transforma um pequeno animal gerado por um homem e uma mulher numa pequena criança humana... os 'efeitos' ainda presentes nos sobreviventes da 'humanização' forçada do pequeno animal humano, transformando-o em um *homem* ou uma *mulher*..." (Althusser, Louis. Freud and Lacan. *New Left Review*, n. 55, 1969, pp. 57, 59; os itálicos estão no original). [Nota do original] suas preocupações principais as questões relativas ao BDSM e outras práticas sexuais minorizadas. Mesmo assim, sua crítica permanece igualmente válida para pensarmos as variações da sexuação, posto que, para grande parte da leitura do complexo de Édipo, o que está em jogo é um processo que apagaria uma polimorfia primária, instaurando uma lei de desejo associada, irremediavelmente, àqueles e àquelas que o atravessam propriamente, à assunção binária de um gênero que corresponde ao sexo. Mas seria essa a única leitura possível? Haveria uma psicanálise sem Édipo?

Essa é a pergunta que guia as reflexões de Philippe Van Haute e Tomas Geyskens em *Psicanálise sem Édipo? Uma antropologia clínica da histeria nos trabalhos de Freud e Lacan* (2016).

Os autores iniciam seu percurso por uma retomada dos primeiros escritos freudianos, demonstrando que a construção da teoria do complexo de Édipo é relativamente tardia, mas assume um papel tão central que, por vezes, vem a se confundir com a própria psicanálise. Um exemplo refere-se à primeira edição do conhecido "Três ensaios sobre a teoria da sexualidade" (Freud, 1905/2016b), primeira grande publicação freudiana sobre a constituição do psiquismo, no qual não há nenhuma menção ao referido complexo. Mais ainda, a estruturação tanto da sexualidade em seu sentido de práticas quanto em seu caráter identitário parte de uma matriz denominada pelos autores como *patoanalítica*, na qual o que é considerado "normal" tem a mesma estrutura do dito "patológico".

Em outras palavras, Freud afirma que, no limite, toda sexualidade é perversa, no sentido de que não há um caminho preestabelecido entre a pulsão e seu objeto. Tal racionalidade é possível pois ele defende que há uma bissexualidade psíquica primária, e que, no limite, somos todos homens e mulheres, gays e héteros, cis e trans. Em contraste com essa abordagem, há o chamado *desenvolvimentismo edipiano*, no qual os processos de subjetivação e sexuação têm um roteiro relativamente bem estabelecido, partindo de uma indeterminação polimorfa, sem lei e patológica, e chegando a um estágio heterossexual, monogâmico e saudável. É precisamente a partir dessa segunda abordagem que o Édipo se torna a chave interpretativa maior da subjetividade em Freud, eclipsando outras leituras, como aquela da bissexualidade psíquica e da pulsão polimorfa.

Assim, ao sublinhar a existência de um Freud não desenvolvimentista, os autores apresentam leituras originais de textos classicamente pensados a partir do Édipo, como o "Caso Dora". A histeria torna-se aí, sobretudo, uma demonstração da incompatibilidade entre a teoria edipiana do desenvolvimento e os problemas encontrados na clínica, posto que a centralidade do complexo de Édipo diria respeito não à totalidade dos sujeitos, mas apenas a casos de neurose obsessiva. Não por outro motivo, Freud associa a histeria à literatura, lembrando não se tratar de uma patologia em si, mas de uma disposição com expressões universais, para além do Édipo.

Suas teses, no entanto, não param aí. Ao retomar a interpretação feita por Lacan do complexo de Édipo, Van Haute e Geyskens (2016) mostram que, mesmo se desvencilhando do desenvolvimentismo imaginário de Freud, Lacan carregaria ainda uma leitura demasiado normativa da histeria e da feminilidade. Tal compreensão só encontra uma conceptualização alternativa ao final de seu ensino, no qual, não por acaso, abandona explicitamente o Édipo.

Mas discutir o alcance do simbólico no início de seu ensino na década de 1950 permite uma crítica a determinados aspectos da redescrição estrutural operada por Lacan no caso do Édipo. É importante sublinhar que a função estruturadora da identidade sexual que esse complexo cumpre é, em sua primeira descrição, a partir do simbólico, *uma sorte de realização tardia que adviria apenas em seu terceiro tempo*. Assim, após a separação da criança do desejo materno e da instituição da castração materna, o nome-do-pai se apresentaria por meio de uma metáfora do desejo da mãe, instaurando, assim, a ordem simbólica neuroticamente centrada. E é apenas a partir daí que se daria a dita assunção do tipo ideal do sexo. Segundo Faria (2010, p. 73), "é no terceiro tempo que temos a configuração final do complexo de Édipo. É pelo terceiro tempo que se pode, finalmente, definir o Édipo como um ordenador da sexualidade humana".

O que é digno de nota, no entanto, é que, precisamente no que tange à questão da identidade sexuada, há um inesperado e atropelado retorno do imaginário anatômico lá onde se poderia esperar uma coroação do simbólico enquanto estruturador do desejo negativo. Se durante os dois primeiros tempos do Édipo é bastante claro que o falo não é o pênis, mas o significante do desejo do Outro, ao final do Édipo ele encontraria – um tanto mágica e necessariamente – justamente esse mesmo objeto que a tônica lacaniana insiste em separar do significante.

> *É nessa medida que o complexo de Édipo pode ser transposto, isto é, a etapa da identificação, na qual se trata de o menino se identificar com o pai como possuidor do pênis, e de a menina reconhecer o homem como aquele que o possui. (Lacan, 1957-1958/1999, p. 203)*

Assim, como se nada fosse, o avançado e estrutural Édipo lacaniano acaba por imaginarizar a entrada na sexuação a partir, justamente, da separação que o funda.

Faria (2010) aponta com muita precisão o paradoxo no qual nossa crítica se aloja:

> *Ao final do Édipo, o que se tem, portanto, é o final de uma construção, que é da identidade sexual. Entretanto, esse final aponta para um paradoxo em relação ao papel da anatomia na construção da sexualidade: de um lado, a teoria psicanalítica mostra que a anatomia não é o fator*

> *decisivo, que a construção da identidade sexual depende, antes de mais nada, de um ordenador simbólico – o falo –; por outro, ao final do percurso em que o falo constitui-se como esse ordenador simbólico, que recobre e re-significa o dado anatômico, reencontramos a posição do menino como portador do falo e da menina como aquela que não o tem e deve buscá-lo. Afinal, seria a anatomia o destino que o percurso edipiano só viria ratificar? De certa forma, sim, ao menos levando-se em consideração o que Freud e Lacan propõem como as saídas "normais" do complexo de Édipo. (Faria, 2010, p. 83)*

Ou seja, toda a potência conceitual e clínica que o Édipo estrutural aportaria para as discussões psicanalíticas referentes à estruturação do sujeito recaem, no campo da sexualidade, numa discussão sobre normalidade e prevalência da anatomia. Reforcemos nosso argumento a partir de outra perspectiva.

Na célebre passagem do seminário sobre as formações do inconsciente (Lacan, 1957-1958/1999) – no auge da redescrição estruturalista do complexo de Édipo e de sua teoria da constituição subjetiva a partir da entrada na linguagem –, veremos Lacan fazer uma diferenciação da função do referido complexo a partir de "três polos".[17] Um primeiro seria referente às questões do supereu e das neuroses sem Édipo; um segundo diria respeito às "questões concernentes às perturbações que se produzem no campo da realidade" (p. 170); e, finalmente, um terceiro, "não menos merecedor de comentários: a relação do complexo de Édipo com a genitalização, como se costuma dizer. Não se trata da mesma coisa" (p. 170).

17 O que não deixa de chamar a atenção, posto que a ideia de polaridade é sempre referida a dois. Mesmo sem perceber, já nos anos 1950, o caráter terceiro da sexuação já parecia se impor à enunciação de Lacan – a despeito de seu enunciado.

E Lacan prossegue:

> *Por um lado – ponto que muitas explorações e discussões na história fizeram passar para o segundo plano, mas que* continua implícito em todas as clínicas –, *o complexo de Édipo tem uma função* normativa, *não simplesmente na estrutura moral do sujeito, nem em suas relações com a realidade, mas quanto à* assunção de seu sexo. *(Lacan, 1957-1958/1999, p. 170, grifos nossos)*

As clínicas, portanto, demonstrariam que a função normativa do Édipo continuaria implícita não apenas no que diz respeito a questões morais e de relação com a realidade, mas igualmente à *assunção* de seu sexo. Em seguida, Lacan faz uma curiosa pontuação – se nos lembrarmos do contexto estruturalista de sua emergência – sobre a maturação biológica, ligando-a a uma questão orgânica e filogenética (Lacan, 1957-1958/1999, p. 169), para em seguida emendar dizendo:

> *A questão da genitalização é dupla, portanto. Há, por um lado, um salto que comporta uma evolução, uma* maturação. *Por outro, há no Édipo* a assunção do próprio sexo pelo sujeito, *isto é, para darmos nomes às coisas, aquilo que faça com que o homem assuma um* tipo viril *e com que a mulher assuma um certo* tipo feminino, *seja* reconhecida como mulher, *identifique-se com suas* funções de mulher. *A virilidade e a feminização são os dois termos que traduzem o que é, essencialmente, a função do Édipo. (Lacan, 1957-1958/1999, p. 170, grifos nossos)*

É bastante emblemático que, nesse momento do percurso lacaniano, as definições que ligam o Édipo à questão da sexuação – que aqui é, não por acaso, chamada de *genitalização* – sejam descritas não em termos simbólicos, mas *imaginários*: seja pela constatação de que está em jogo uma *maturação* filogenética, passando pela "assunção do próprio sexo" – que, dada a ambiguidade do termo, refere-se aqui indistinta e acriticamente, para Lacan, tanto aos órgãos genitais quanto à *estrutura sexuada do sujeito* –, seja pela vaga ideia de *tipo viril* e *tipo feminino* – que, *para darmos nomes às coisas*, aproximam-se muito mais de uma descrição tipológica, próxima aos desenvolvimentos de uma psicologia da personalidade –, seja pelo fato de que ela venha a ser *reconhecida como mulher* e que se identifique com suas *funções de mulher*. Ademais, virilidade e feminização *traduziriam a função* do Édipo.

Em vista desses problemas, talvez tenha sido por isso que – mesmo antes das fórmulas da sexuação –, no final dos anos 1960, Lacan tenha aposentado categoricamente a abrangência do Édipo, ao versar sobre o "caráter estritamente inutilizável desse complexo. É estranho que isso não tenha ficado claro mais rapidamente". E segue: "é estritamente inutilizável, salvo por esse grosseiro lembrete do valor de obstáculo que a mãe tem para todo investimento de um objeto como causa do desejo" (Lacan, 1969-1970/1992b, p. 93).

Sutilezas da castração: um retorno à diferença sexual em Freud

Mas antes de inutilizar o Édipo, é preciso que façamos um esforço para melhor circunscrevê-lo. Voltemos por um instante à discussão de Rubin, relativa a outro aspecto da apropriação lacaniana de Lévi-Strauss:

> *Nessa ciranda de troca familiar, as mulheres vão numa direção; o falo, em outra. Ele está onde nós não estamos. Nesse sentido, o falo é mais que um traço que distingue*

> *os sexos: ele é a encarnação do status masculino, a que os homens acedem, e que implica determinados direitos – entre os quais o direito a uma mulher. É uma expressão da transmissão do domínio masculino. Ele é transmitido através das mulheres e se estabelece entre os homens. Entre as marcas que deixa estão a identidade de gênero e a divisão dos sexos. Mas deixa mais que isso. Deixa também a "inveja do pênis", que expressa muito bem o desconforto da mulher numa cultura fálica. (Rubin, 1975/1993, p. 41)*

Lembremos que Rubin está ciente da noção de "falo" em Lacan, mas, ainda assim, sua análise sublinha que a simples separação retórica do pênis não seria suficiente para que não se recaia em uma inquestionada dominação masculina, ainda que "simbólica". Ela é o falo precisamente porque não pode tê-lo.

A leitora e o leitor notarão que houve aqui uma passagem sub-reptícia e insuspeita, à primeira vista, entre complexo de Édipo e complexo de castração. Esse movimento é decorrente de uma operação efetuada por Lacan que consiste em pensar a castração, simbolicamente, como a incidência do significante do nome-do-pai na estruturação do sujeito neurótico. Atravessar o Édipo neuroticamente implica realizar uma negação da lei paterna por meio do recalcamento, aceitando assim a castração – que é sobretudo a castração *materna*, que incide sobre o falo como significante do desejo da mãe.

É preciso que lembremos, no entanto, que em Freud essa sobreposição não é tão evidente; e que ela vai se mostrando mais problemática ao longo de sua obra. Não por outro motivo, os textos relativos à sexualidade feminina são cada vez mais frequentes nos últimos anos de sua produção, e percebemos neles uma espécie de estranha inquietação relativa à não simetria entre os caminhos do complexo de Édipo na menina e no menino. Em "Sobre a sexualidade feminina", Freud se debruçará sobre a fase pré-edípica da mulher, sublinhando que essa, naquele momento, "assume uma importância que até agora não lhe havíamos atribuído" (1931/2010g, p. 373). E vai além:

> *Como ela [a fase pré-edípica] pode conter todas as fixações e repressões a que fazemos remontar o surgimento das neuroses, parece necessário abandonar a universalidade da tese de que o complexo de Édipo seria o núcleo da neurose... pode-se dar ao complexo de Édipo um conteúdo mais amplo, de modo a abranger todas as relações da criança com os dois genitores. (Freud, 1931/2010g, p. 373)*

Freud chega mesmo a comparar a descoberta da fase pré-edípica com aquela da descoberta da civilização micênica por trás da grega, sublinhando se tratar aí de algo sensivelmente diverso do que desenvolvera ao longo de todos aqueles anos – lembremos que o texto é de 1931 – sobre o Édipo. Além da diferença referente à relação com a bissexualidade primária, um problema que Freud parece não conseguir resolver é aquele da suposta "inversão" do sexo do objeto ao final do Édipo na menina. Diferentemente do que defendera antes em diversas ocasiões – por exemplo, em "Psicologia das massas e análise do eu" (Freud, 1921/2011b) –, Freud lê agora como "novidade" o fato de que a forte dependência da mulher em relação ao pai seria herdeira de uma ligação anterior à mãe, "igualmente forte" e "inesperadamente longa" (Freud, 1931/2010g, p. 375). Assim,

> *o que afirmamos sobre o complexo de Édipo se aplica, a rigor, apenas ao menino... A fatal conjunção de amor a*

> *um genitor e ódio simultâneo a outro, como rival, existe apenas no garoto. Nele, é a descoberta da possibilidade de castração, demonstrada pela visão dos genitais femininos, que impõe a transformação do complexo de Édipo. (Freud, 1931/2010g, p. 377)*

Há aqui três pontos fundamentais em Freud, mas que são completamente elididos pela redescrição estruturalista do Édipo em Lacan. O primeiro é a reafirmação de que o Édipo seria um complexo exclusivamente masculino – e, dirão Van Haute e Geyskens (2016), apenas referente, no limite, à neurose obsessiva. Um segundo é que a abertura da questão da angústia de castração dar-se-ia pela *visão dos genitais femininos*, no menino, e vice-versa. Ao repensar o Édipo em termos de desejo, a castração em Lacan passa a ser um atributo estrutural sensivelmente distinto daquele que, em Freud, refere-se precisamente a um processo de sexuação. Bem entendido, esse movimento possibilitará a Lacan introduzir uma importante contribuição clínica a partir da ideia de diagnóstico estrutural, emancipando a psicanálise de um risco de redução a uma clínica exclusivamente sintomática. No entanto, ao aplicar a discussão simbólica do Édipo à assunção das identidades sexuadas, Lacan parece encontrar problemas semelhantes àqueles que Freud tivera ao se aproximar do "continente negro" da femilinidade.

A saída de Freud é apontar para o caráter, digamos, *não todo* de toda e qualquer explicação que possa dar a respeito dos estados pré-edípicos na estruturação subjetiva da mulher:

> *É bem possível que essa descrição de como a garota pequena se comporta ante a ideia da castração e a proibição do onanismo deixe no leitor uma impressão confusa e contraditória. Isso não é culpa inteiramente do autor.*

> *Na realidade, uma exposição universalmente válida é quase impossível. (Freud, 1931/2010g, p. 384)*

A passagem sublinha uma questão fundamental para que se possa discutir a última formulação do Édipo em Freud, tendo a mulher como paradigma: a independência, e até mesmo a prevalência, do complexo de castração ante o complexo de Édipo propriamente dito. Se, no menino, o complexo de Édipo seria aquele que viria em auxílio da angústia de castração, visando dissolvê-la, promovendo o recalque do desejo em relação à mãe e a identificação ao pai, na menina

> *o complexo de Édipo é uma formação secundária. Os efeitos do complexo de castração o precedem e o preparam. No que toca à relação entre complexo de Édipo e complexo de castração, surge um contraste fundamental entre os dois sexos.* Enquanto o complexo de Édipo do menino sucumbe ao complexo de castração, o da menina é possibilitado e introduzido pelo complexo de castração *(Freud, 1925/2011e, p. 296, grifos do original)*

Considerar, a partir de Freud, uma certa diferença entre o complexo de castração e o complexo de Édipo nos conduz a um terceiro ponto de interesse: a gênese da fantasia de castração não advém do desejo de um dos pais e do ódio a outro – como uma racionalidade estritamente edípica nos levaria a crer –, mas sobretudo da *masturbação*. O complexo de castração é, assim, uma primeira interpretação da criança sobre a relação de sua gestão de gozo com o Outro, que, posteriormente, poderá (para o menino) ser redescrita em termos de uma instauração superegoica do Ideal do eu, ligado à identificação paterna. Lacan, por mais que ignore a importância dessa questão no contexto de sua redescrição do Édipo, parece a ela retornar, justamente, no final do seu ensino, aproximando a masturbação do gozo fálico – tanto no Seminário 20 (1972-1973/1985b) quanto em "A terceira" (1974/2002), quando insiste que o gozo fálico é aquele que estaria para fora do corpo.

Mas ao se debruçar sobre a feminilidade, Freud esbarra nas complexas questões dos estados pré-edípicos. Após discorrer sobre a dificuldade em separar o que estaria em jogo em processos psíquicos de uma primeira fase do desenvolvimento psicossexual daqueles que ocorrem posteriormente, chega a afirmar que "o fato da castração será apreendido como punição pela atividade masturbatória, mas sua execução será atribuída ao pai, e *nenhuma das duas noções pode ser primária*" (Freud, 1931/2010g, p. 384, grifo nosso). Mas qual seria, então, esse núcleo primário da castração, já que não se articularia propriamente com uma fantasia?

> *Quando a garota pequena se dá conta do seu defeito, ao avistar um genital masculino, não é sem hesitação e relutância que ela aceita o indesejado conhecimento.... Em todos os casos a criança vê a castração, inicialmente, como um infortúnio individual; apenas depois a estende a* algumas outras crianças *e, por fim, a* certos adultos. *Com a percepção da natureza geral dessa característica negativa há uma grande desvalorização da feminilidade e, portanto, também da mãe. (Freud, 1931/2010g, p. 383, grifos nossos)*

Notemos que, cada vez que nos aproximamos daquilo que, no Édipo, seria estrutural em relação à identidade sexuada, somos levados alhures. Nesse caso, somos conduzidos de volta ao núcleo de nossa argumentação, na medida em que a passagem aponta para aquilo que sustentaria a castração enquanto complexo: a percepção de que a feminilidade – que, a princípio, apenas acometeria a própria criança – se aplicaria a *algumas outras crianças* e a *certos adultos.* Percebamos que a feminilidade é aqui, antes de tudo, um processo que recai sobre esse traço generalizado, em algumas outras crianças e certos adultos, e não uma atribuição tardia, à qual, por exemplo, psicóticos ou perversos não teriam plena entrada – donde se deduziriam casos de "transexuais" junto aos primeiros e de "homossexuais" nos segundos.

Poder-se-ia argumentar, não obstante, tratar-se aqui de uma imaginarização da questão da identidade sexual, posto que esse retorno a Freud elidiria completamente todo o esforço lacaniano de formalizar as estruturas de entrada na linguagem – e, portanto, de sexuação. É bem verdade que esse tipo racionalidade é bastante raro nas incursões realizadas a partir da segunda metade dos anos 1950 pelo psicanalista. Mas vejamos o que ele dirá sobre a questão no seminário sobre o semblante, em 1971, na mesma sessão em que discute, justamente, o texto de Stoller. Antes de afirmar que considera que seus termos "homem" e "mulher" referem-se ao que o colega americano chama de "identidade de gênero", sublinha aquilo que – a princípio – não teria ficado claro ao subsumir o sexo ao Édipo na década de 1950: "de modo algum precisamos esperar pela fase fálica para distinguir uma menina de um menino; já muito antes eles não são iguais, em absoluto" (Lacan, 1971/2009, p. 31). Mas qual seria o processo em jogo, então, na castração? Qual a relação entre castração e identidade?

> *A verdade com a qual não há um desses jovens seres falantes que não tenha de se confrontar é que existe quem não tenha falo. É uma dupla intrusão na falta, porque existe quem não o tenha e, ainda por cima, essa verdade faltava até então.* A identificação sexual não consiste

> em alguém se acreditar homem ou mulher, mas em levar em conta que existem mulheres, para o menino, e existem homens, para a menina. *E o importante nem é tanto o que eles experimentam, o que é uma situação real, permitam-me dizer. É que, para os homens, a menina é o falo, e é isso que os castra. Para as mulheres, o menino é a mesma coisa, o falo, e ele é também o que as castra. (Lacan, 1971/2009, p. 33, grifo nosso)*

Testemunhamos aqui, em pleno debate de Lacan com a nascente noção de gênero, a primeira incidência da noção de *identificação sexual* e os termos nos quais ela se dá. Esperamos que vá ficando cada vez mais claro que a ideia, presente em 1974, segundo a qual o ser sexuado só se autoriza de si mesmo e de alguns outros não é um arroubo esporádico, mas se tece numa trama não explorada da teoria psicanalítica segundo a qual o processo de sexuação se dá numa gramática em que o Outro em questão é, propriamente, um grupo, um conjunto de outros aos quais o sujeito (não) pertence. Essa é, segundo a passagem – que resgata uma intuição freudiana –, a essência do que está em jogo na castração: o falo enquanto ausente é aquilo que marca minha identidade, não propriamente por uma interpretação da diferença anatômica, mas por ser a marca daquilo que não sou. Nesse sentido, Lacan avança em relação a Freud, na medida em que universaliza o mesmo processo para meninos e meninas, sublinhando que a castração se articula com o reconhecimento de uma certa generalidade em relação a um grupo do qual o sujeito está excluído, fundando, em contrapartida, um grupo no qual ele ou ela estaria incluído. Mas teria esse tipo de reflexão algum respaldo nas bases simbólicas com as quais Lacan constrói seu Édipo estrutural?

O simbólico entre a lei e norma

O Lévi-Strauss de Lacan

Sabemos que uma das principais matrizes conceituais de que Lacan se utiliza para pensar o Édipo estrutural é a leitura que faz das *Estruturas elementares do parentesco* (1947/2012), de Claude Lévi-Strauss. Vejamos em que contexto se dá a primeira evocação ao antropólogo.

Ao responder a um desenvolvimento de Anzieu, Lacan, em seu seminário sobre o eu na teoria de Freud e na técnica da psicanálise, dirá, a respeito do Édipo:

> *Foi por isso que eu disse que o complexo de Édipo, com a intensidade fantasística que nele descobrimos, a importância e a presença que tem no plano imaginário para o sujeito com o qual lidamos, devia ser concebido como um fenômeno recente, terminal, e não original, com relação àquilo de que Lévi-Strauss nos fala. (Lacan, 1954-1955/2010, p. 43)*

Ou seja, a intensidade da fantasia que o Édipo aportaria ao sujeito diz respeito sobretudo a um fenômeno (1) imaginário e (2) recente. Mas qual seria, então, o interesse primeiro de Lacan pela obra de Lévi-Strauss?

Lacan sublinha nesse seminário, muito pertinentemente, que o antropólogo trabalha em *As estruturas elementares do parentesco* (Lévi-Strauss, 1947/2012) justamente o fundamento *universal* das estruturas *elementares*, e não das estruturas *complexas* do parentesco. Antes da introdução da linguística saussuriana, Lacan se empenha, já a partir de 1954, a partir da antropologia, em propor um sistema estrutural que possa abarcar a totalidade da *ordem humana*, cuja função simbólica "intervém em todos os momentos e em todos os níveis de sua existência" (Lacan, 1954-1955/2010, p. 46). E vai além:

> *esta ordem simbólica, já que ela se coloca* sempre como um todo, *como se formasse por si* só um universo – *e inclusive constituísse o universo como tal,* na medida em que é distinto do mundo –, *deve, igualmente, ser estruturada* como um todo, *ou seja, ela forma uma estrutura dialética* que se sustenta, que é completa. *(Lacan, 1954-1955/2010, p. 47, grifos nossos)*

A leitora e o leitor já intuem aqui o problema que tal apropriação estrutural de Lévi-Strauss apresenta face ao que se desenvolverá a partir dos anos 1970, na medida em que a descrição do falasser ultrapassará, a partir do Seminário 20, a unidade totalizante então preconizada. Como já discutimos, haverá, a partir de determinado momento do percurso lacaniano, uma reticência quanto ao tipo de universalidade implícita no simbólico, entrando mais declaradamente em jogo um terceiro termo na díade simbólico/imaginário, mais insistentemente explorada até então: o *real*. Esse real – que se mostrou em nossa leitura do Seminário 21 como ligado ao tipo de furo que a inconsistência do grupo apresenta – parece ainda estar fora do horizonte de Lacan em 1954. Mas a leitura dessa passagem de 1954 talvez nos levasse a crer que haveria em Lévi-Strauss uma defesa da universalidade natural de uma lei simbólica única, sendo as ditas variações culturais meros epifenômenos. Seria esse exatamente o caso?

Foi necessário, então, realizar uma leitura de *As estruturas elementares do parentesco* (Lévi-Strauss, 1947/2012), o que nos permitiu lançar reflexões sobre alguns pontos importantes relativos às particularidades da leitura que Lacan faz da antropologia estrutural nesse momento de sua obra, bem como apresentar nuances que podem ter vindo a ficar fora dessa apropriação.

Uma primeira questão, inclusive pontuada pelo próprio Lacan, refere-se à diferença sensível entre as estruturas *elementares* do parentesco analisadas pelo antropólogo e as estruturas *complexas*, em que se encontrariam, entre outras, as sociedades ocidentais contemporâneas. Um dos grandes méritos de Lévi-Strauss nesse empreendimento foi demonstrar que as regras que proíbem e prescrevem relações de parentesco não decorrem de uma naturalidade biológica de eco evolucionista, mas sim da instauração da condição mesma das relações sociais. Daí que, mesmo reconhecendo que a genética prescreve o aumento de malformações decorrentes dos casamentos consanguíneos, afirma no prefácio à segunda edição da obra que a etnologia não necessitaria de tal hipótese e que continua a crer, em 1966, que "a proibição do incesto explica-se inteiramente por causas *sociológicas*" (Lévi-Strauss, 1947/2012, p. 22, grifos nossos).

Vemos assim uma defesa, recorrente ao longo do livro, do afastamento de explicações biológicas para o tabu do incesto, dado que esse só se explicaria pela universalidade de regras para formação de grupos (o que nos aproxima, mais uma vez, de nosso campo conceitual para pensar a sexuação) – por exemplo, a exogamia.

> *A exogamia fornece o único meio de manter o grupo como grupo, de evitar o fracionamento e a divisão indefinidos que seriam o resultado da prática dos casamentos consanguíneos. . . .* o vínculo de aliança com uma família diferente assegura o domínio do social sobre o biológico, do cultural sobre o natural. *(Lévi-Strauss, 1947/2012, p. 522, grifo nosso)*

Em outra passagem, Lévi-Strauss sublinha igualmente o caráter estrutural referente à posição da *maternidade*. Assim, aquilo que a biologia considera plenamente localizável na filiação humana, do ponto de vista genético e gestacional, e que a psicanálise pôde pensar em termos de *função*, a antropologia considerará como uma relação não apenas com os filhos – o que, em certa medida, *individualizaria* a mãe –, mas sim com a *comunidade*. A maternidade seria, assim, pensada a partir de uma relação da mulher "com todos os outros membros do grupo, para os quais não é mãe, mas irmã, esposa, prima ou simplesmente estranha no que respeita ao parentesco" (Lévi-Strauss, 1947/2012, p. 525).

Mas a primeira grande questão que se apresenta a Lévi-Strauss é que uma tal constituição societária dessa natureza possui diferenças sensíveis em relação à nossa configuração ocidental contemporânea, por, ao menos, dois motivos.

Um primeiro é econômico, posto que o sistema de trocas e alianças é, em realidade, uma forma que tem como resultado o estabelecimento do simbólico e das políticas de aliança, mas que, inversamente, precisa de tal funcionamento social para garantir sua sobrevivência. Assim, o casamento nas sociedades primitivas, em relação às sociedades modernas,

> *apresenta uma importância completamente diferente, não erótica, mas econômica. A diferença entre a situação econômica do solteiro e a do homem casado em nossa sociedade reduz-se quase exclusivamente ao fato de o primeiro dever mais frequentemente renovar seu guarda-roupa. A situação é inteiramente diversa nos grupos onde a satisfação das necessidades econômicas repousa inteiramente sobre a sociedade conjugal e sobre a divisão do trabalho entre os sexos. (Lévi-Strauss, 1947/2012, p. 77)*

Uma segunda razão – articulada com a primeira – que apresenta diferenças entre sociedades modernas e as teses de Lévi-Strauss refere-se à questão da escolha e, em última análise, à do *desejo*. As estruturas elementares do parentesco guiam – consciente e inconscientemente – as possibilidades de contração de matrimônio em um quadro de escassez econômica e necessidade de estruturação da comunidade; e, por isso, acabam sendo, de fato, muito mais detalhadas do que as estruturas complexas – que seriam, segundo Lacan, caracterizadas por serem "muito mais amorfas" (Lacan, 1954-1955/2010, p. 47).

Amorfas ou polimorfas? O fato é que o casamento moderno[18] parece prescindir do excesso de tais categorias normativas, ao mesmo tempo que introduz uma variável que Lévi-Strauss, estratégica e metodologicamente, exclui de sua análise: a *história pessoal*, os *gostos*, e, enfim, aquilo que convencionou-se considerar na modernidade como *indivíduo*.

Lévi-Strauss precisa, em 1966, que a diferença entre as estruturas elementares e complexas se dá quando a escolha do cônjuje ultrapassa os critérios de parentesco, quando se explica "pelo fato de a esposa desejada ser loura, esbelta, ou inteligente" (Lévi-Strauss, 1947/2012, p. 28), sendo que, nesse caso, "trata-se sem dúvida de um critério social, cuja apreciação é relativa, *não sendo estruturalmente definido pelo sistema*" (Lévi-Strauss, 1947/2012 p. 28, grifo nosso).

Ao sublinhar o problema existente em analisar as relações de partentesco em grupamentos humanos mais numerosos e fluidos, perder-se-ia a fineza da análise propiciada pelas estruturas elementares, que reduzem drasticamente o lugar da escolha pessoal. E sobre esses grupos de caráter mais polimorfo, o antropólogo se pergunta:

---

18 Que, aliás, é hoje já sensivelmente distinto do que fora nos anos 1950; e, por sua vez, de significação muito distinta na França e no Brasil, por exemplo.

> *Mas como saber se, sem perceber, faz alguma coisa a mais (ou a menos) do que seria o caso se seus membros escolhessem o cônjuje em função de sua história pessoal, ambições e gostos? É nesses termos, segundo me parece, que se levanta o problema da passagem das estruturas elementares às estruturas complexas, ou, se preferirmos, da extensão da teoria etnológica do parentesco às sociedades contemporâneas. (Lévi-Strauss, 1947/2012, p. 29)*

Evidentemente, nossa evocação dessa diferença não está a serviço de um subjetivismo ingênuo, quase pré-freudiano. A aparentemente mais livre escolha, de alguma maneira, sempre estará sobredeterminada por uma estrutura, por um discurso, por um Outro, por outros ou por um real. Ocorre que, ao importar muito rapidamente o quadro lévi-straussiano para o interior do registro simbólico, Lacan parece perder de vista algumas especificidades centrais, cujos efeitos serão sentidos em sua descrição "estrutural" do parentesco, e, consequentemente, da difença sexual, posto que a totalidade que o simbólico assume em determinado momento do ensino de Lacan faz com que a assunção de uma dada identidade sexuada seja edipianamente concebida.

Discutindo a leitura lacaniana de *Antígona* (Sófocles, 441 a.C./ 1990), Butler, ao retomar uma preciosa ressalva feita por Hyppolite no Seminário 2, logo após a apresentação de Lacan de sua leitura de Lévi-Strauss – na qual o filósofo sublinha que o simbólico, para Lacan, teria uma função de transcendência, posto que não se poderia nem nele estar nem dele sair (Lacan, 1954-1955/2010, p. 58) –, afirmará que:

> *Se, tal como Lacan argumenta, Antígona representa um tipo de pensamento que se opõe* ao simbólico *e, portanto,*

> *se opõe à vida, talvez isso ocorra justamente porque os próprios termos da viabilidade da vida [*livability*] encontram-se estabelecidos por* um simbólico *que é desafiado pelo tipo de reivindicação que ela faz. (Butler, 2002/2014a, p. 81, grifos nossos)*

O simbólico ou *um* simbólico? A simples enunciação dessa questão pode evocar, para alguns lacanianos, uma reação alérgica aguda, na medida em que suporia que o simbólico enquanto tal poderia, de alguma forma, ser comparado a formas culturais específicas, e não a uma lei humana universal e intocável. Shepherdson (apud Cossi, 2017, p. 143), por exemplo, critica a interpretação segundo a qual Irigaray proporia um "simbólico feminino", na medida em que "essa empreitada só faria sentido se se equalizassem simbólico e contexto sócio-histórico, o que não se dá em Lacan e nem na teoria de Irigaray".

Mas voltemos a Lévi-Strauss. Quais são, de fato, os conceitos de "lei" e de "universal" em jogo em sua teoria?

Em primeiro lugar, é preciso lembrar que Lévi-Strauss discute sempre *sistemas simbólicos*, nos quais não haveria, por um lado, nem uma estrutura absolutamente elementar que prescrevesse com precisão qual cônjuge seria escolhido, nem, por outro, nenhum sistema no qual haveria uma liberdade irrestrita para contração de matrimônio (Lévi-Strauss, 1947/2012, p. 15). Assim, *As estruturas elementares do parentesco* é um conjunto de descrições detalhadas de diferentes modalidades culturais de estabelecimento de proibições e prescrições matrimoniais em que – graças à sua descrição estrutural – fenômenos como o casamento entre irmãos ou entre adultos e crianças de menos de 2 anos de idade de maneira alguma romperiam o tabu do incesto, mas o explicariam, na medida em que tais alianças se submetem a outras regras culturais. Contudo, não está em jogo em Lévi-Strauss uma defesa do caráter irredutível do culturalismo, tampouco uma crítica ao universalismo.

Um dos maiores méritos desse trabalho do antropólogo foi, precisamente, instituir uma saída metodológica fundamental à dicotomia entre natureza e cultura, universal e particular, lei e norma, universo e mundo. A definição estrutural do incesto funciona para o antropólogo como um objeto de pesquisa que permite articular essas duas dimensões, na medida em que o incesto se insere cultural e diferencialmente em cada sociedade de maneira variada – sendo, no entanto, e ao mesmo tempo, o universal e o natural, pois não há sociedade que não prescreva algum tipo de norma. O universal do incesto é, portanto, a estrutura mesma de sua variação; ou, em outras palavras, a única coisa que a *lei universal* prescreve é que *há normas*. Nas palavras do próprio autor:

> *os dois critérios, o da norma e o da universalidade, oferecem o princípio de uma análise ideal que pode permitir – ao menos em certos casos e certos limites – isolar os elementos naturais dos elementos culturais que intervêm na síntese de ordem mais complexa. Estabeleçamos, pois, que* tudo quanto é universal no homem depende da ordem da natureza e se caracteriza pela espontaneidade, e que tudo quanto está ligado a uma norma pertence a uma cultura e apresenta os atributos do relativo e do particular . . . *a proibição do incesto apresenta, sem o menor equívoco e indissoluvelmente reunidos, os dois caracteres nos quais reconhecemos os atributos contraditórios de duas ordens exclusivas, isto é,* constituem uma regra, mas uma regra que, única entre todas as regras sociais, possui ao mesmo tempo o caráter de universalidade. *(Lévi-Strauss, 1947/2012, grifos nossos)*

É precisamente essa articulação elíptica que se perde de vista ao considerarmos, em psicanálise, "o simbólico" muito rapidamente como sinônimo de "o universal", opondo-o frontalmente às culturas nas quais ele se apresenta. Essa posição contraria frontalmente toda a postura e todo o percurso lévi-straussiano, supondo que é possível conceber a "lei simbólica" como imediata, posto que a única lei universal possível para Lévi-Strauss se extrai precisamente do funcionamento das diferentes normas sociais: "se a raiz da proibição do incesto está na natureza, entretanto, é apenas por seu termo, isto é, *como regra social, que podemos apreendê-la*" (Lévi-Strauss, 1947/2012, p. 67, grifos nossos).

Assim, a frequente crítica de "sociologização do simbólico" é, pura e simplesmente, uma contradição: o simbólico é a própria fronteira entre um dado funcionamento social e o fato de que todo funcionamento social carece de normas de parentesco e de aliança. É a análise de cada cultura, portanto, que revelará a maneira pela qual o simbólico se inscreve e produz possibilidades e proibições. Pensar o universal do incesto, assim, passa longe de elevar a interdição de uma função paterna ao acesso de uma mãe proibida a uma categoria metafísica ou metassocial, mas antes sublinhar que a proibição do incesto "não se exprime sempre em função das regras de parentesco real, mas tem por objeto sempre os indivíduos que se dirigem uns aos outros empregando certos termos" (Lévi-Strauss, 1947/2012, p. 68). E, nesse sentido, "é a relação social, situada além do vínculo biológico implicado pelos termos 'pai', 'mãe', 'filho', 'filha', 'irmão' e 'irmã', que desempenha o papel determinante" (Lévi-Strauss, 1947/2012, p. 67).

A interpretação enviesada feita por Lacan e pelos pós-lacanianos do conceito de "incesto" em Lévi-Strauss, resultando numa "lei simbólica" que universaliza e desculturaliza sua aplicação, tem ainda mais um capítulo. Na maneira pela qual a psicanáise usualmente lê essa discussão antropológica parece haver uma implicação evidente entre a proibição do incesto e a sexualidade – o que é bem verdade em Freud, dado que ele parte das fantasias infantis e da referência direta ao mito de Édipo. Contudo, essa aproximação entre proibição e sexualidade não é, de maneira alguma, amparada pelo estruturalismo antropológico de Lévi-Strauss.

O caráter universal da proibição do incesto diz respeito, precisamente, às modalidades de *matrimônio* e formação de *alianças*, mas não à maneira pela qual a sexualidade é gerida. O termo *incesto* aqui acaba servindo a uma ambiguidade conveniente a Lacan, quando, por exemplo, cita Lévi-Strauss, mas tem em mente o incesto enquanto *desejo* em Freud, ligando-o a *das Ding* no seminário sobre a ética da psicanálise (Lacan, 1959-1960/2008b, p. 84); ou quando enuncia que, para a psicanálise, a lei fundamental do sexo é a interdição do incesto, já que não haveria nenhum "ato sexual" que não tivesse uma relação referencial fundamental ao casal parental, novamente citando o antropólogo (Lacan, 1966-1967/2008c, p. 300).

Lévi-Strauss, no entanto, é bastante claro quanto a essa distinção, na medida em que, frente ao potencial desequilíbrio que a proporção entre homens e mulheres assumiria nas sociedades por ele estudadas, o fato que estabelece a necessidade das normas de parentesco é *econômico* e *social*, e não *erótico* (Lévi-Strauss, 1947/2012, p. 77). Assim, frente à questão mais fundamental em jogo,

> *[s]uas implicações sexuais são secundárias. A sociedade primitiva, com efeito, ainda mais do que a nossa, dispõe de múltiplos meios para resolver esse aspecto do problema. A homossexualidade em alguns grupos, a poliandria e o empréstimo de mulheres em outros grupos, e finalmente quase em toda parte a extrema liberdade das relações pré-maritais, permitiriam aos adolescentes conseguir facilmente uma esposa,* se a função de esposa se limitasse

> às satisfações sexuais. *(Lévi-Strauss, 1947/2012, p. 76, grifo nosso)*

Assim, a centralidade do Édipo enquanto instância simbólica e organizadora tanto da subjetividade quanto da sexualidade e da sexuação distancia-se ainda mais das problemáticas lévi-straussianas em jogo em *As estruturas elementares*. É importante pontuar nesse momento de nosso trabalho que, ao apresentar esses problemas, nem foi preciso recorrer à longa esteira da crítica feminista ao androcentrismo da análise de Lévi-Strauss e/ou de sua importação acrítica por Lacan - em Rubin (1975/1993), Collier e Yanagisako (1987) e Schneider (1980), por exemplo. Ainda que se trate de uma discussão central, ao considerar a antropologia estrutural nas discussões ligadas ao gênero, uma retomada dessas análises nos levaria demasiado longe do nosso escopo.

O interesse de nosso retorno a Lévi-Strauss se limita a compreender qual foi a modalidade de apropriação feita por Lacan, e, principalmente, o que ela deixa de fora e que pode vir a nos auxiliar no argumento apresentado no capítulo anterior, referente à redescrição da sexuação em termos de autorização e da importância do grupo. Nesse sentido, convém agora levantar a última e mais importante discussão presente nas estruturas elementares, discussão essa que é completamente ignorada por Lacan no momento da redescrição estrutural do Édipo, nos anos 1950.

O papel da universalidade da cultura do incesto é, em [Lévi-Strauss], precisamente aquele que aponta – ao contrário de uma leitura classicamente edipiana – a *separação* da determinação direta entre filiação, sexualidade e laço social a partir de um quarto termo que sobredetermina todos os outros: "se a relação entre pais e filhos é rigorosamente determinada pela natureza dos primeiros, a relação entre macho e fêmea só é determinada pelo acaso e pela probabilidade" (Lévi-Strauss, 1947/2012, p. 69). No entanto, após discutir a anterioridade da natureza em relação à cultura, o autor vai localizar precisamente o momento no qual a cultura surge e intervém:

> *Mas a cultura, impotente diante da filiação, toma consciência de seus direitos, ao mesmo tempo que de si mesma, diante do fenômeno, inteiramente diferente, da* aliança, *o único sobre o qual a natureza já não disse tudo. Somente aí, mas por fim também aí, a cultura pode e deve, sob a pena de não existir, afirmar "primeiro eu" e dizer à natureza: "Não irás mais longe". (Lévi-Strauss, 1947/2012, p. 69, grifo nosso)*

É surpreendente notar como a psicanálise parece ignorar precisamente o ponto no qual a força do argumento do antropólogo se mostra com maior brilho: as diversas regras que regulam o incesto nas diferentes sociedades estudadas por Lévi-Strauss têm como função não fundar o desejo enquanto categoria negativa, nem mesmo regular o gozo instaurando uma "lei simbólica" de acesso ao corpo do outro, mas, antes, formar *alianças*. O que emanciparia, assim, o humano do domínio da natureza é essa capacidade de mutabilidade no estabelecimento de laços, que tem como contrapartida a instauração de normas de regência da circulação de bens, palavras e pessoas.

> *O problema [da articulação entre natureza e cultura] esclarece-se quando admitimos a indiferença da natureza [e, portanto, do* universal...*] – corroborada por todo o estudo da vida animal – às modalidades das relações entre os sexos. Porque é precisamente a aliança que fornece a dobradiça, ou mais exatamente o corte, onde a dobradiça pode fixar-se. A natureza impõe a aliança sem determiná-la, e a cultura só a recebe para*

> *definir-lhe imediatamente as modalidades. Assim se resolve a aparente contradição entre o caráter de regra da proibição e sua universalidade. A universalidade exprime somente o fato de a cultura ter sempre e em toda a parte preenchido essa forma vazia, assim como uma fonte jorrante preenche primeiramente as depressões que cercam a sua origem. (Lévi-Strauss, 1947/2012, p. 69, tradução modificada)*

O universal é, assim, indiferente às modalidades de relações entre os sexos e – avançaríamos –, igualmente, às suas pretensas definições, nomeações ou números. Qualquer uso dessa discussão antropológica para defender uma lei simbólica calcada na "diferença sexual" que um Édipo cisnormativo e heterocentrado aportaria ignora que o ponto central da tese de Lévi-Strauss é, precisamente, o caráter fluido e maleável com o qual as diferentes culturas inventam regras para lidar com suas *alianças*, com seus dispositivos de formação de grupos e suas relações.

Desse modo, a mais grave transgressão não é ignorar o tabu sexual referente a parentes cujo matrimônimo é, em determinada cultura, proscrito, mas antes abster-se de contribuir para o fortalecimento do grupo e de suas alianças. Lévi-Strauss narra que uma das impressões mais profundas que guarda de suas primeiras experiências etnográficas no Brasil refere-se à visão de um jovem "acocorado horas inteiras no canto de uma cabana, sombrio, malcuidado, terrivelmente magro e, ao que parecia, no estado de mais completa *abjeção*" (Lévi-Strauss, 1947/2012, p. 77, grifo nosso). Esse jovem raramente saía, estava sempre solitário e, por vezes, dependida de parentes para alimentar-se. "Quando, intrigado com este singular destino, perguntamos finalmente quem era este personagem, a quem atribuíamos alguma grave doença, responderam-nos, rindo de nossas suposições: 'é um solteiro'" (Lévi-Strauss, 1947/2012, p. 77).

Pierre Clastres, em seu clássico *O arco e o cesto* (1978), descreve uma situação semelhante, aproximando ainda mais diretamente as questões de sexuação que nos interessam. Ao analisar os Guayaki, Clastres percebe uma oposição clara entre homens e mulheres referente às suas atribuições sociais no interior da tribo: os homens carregavam *arcos* e as mulheres carregavam *cestos*. Há, inclusive, um tabu que prescreve maldições para quem tocar o objeto não prescrito para seu sexo. Tal distinção, evidentemente, reflete as diferenças nas atividades sociais e de sobrevivência. Ocorre que havia na comunidade dois homens que não portavam arcos, mas cestos. Um era viúvo e com dificuldades de se integrar junto à sua família e caçar; o outro, "um pederasta", que utilizava seu cesto em atividades junto às mulheres da tribo.

Na mesma esteira do observado por Lévi-Strauss, Clastres nota que quem é sujeito à abjeção é, justamente, o nativo que se alija do laço social, e não, como se poderia esperar, o "invertido inconsciente" (*sic*), dado que ele cumpre todas as funções do que poderíamos inferir como gênero feminino – inclusive do ponto de vista sexual, com outros homens; e, por isso, a sociedade trata o fato de aquele homem carregar um cesto como algo aparentemente indiferente. O critério de humanidade aqui é, portanto, o fato de pertencer claramente a um grupo de forma coesa aos discursos e regras de determinada cultura.

Lévi-Strauss insiste na importância da subordinação da família ao grupo, renegando a "anterioridade institucional da família sobre o grupo" (Lévi-Strauss, 1947/2012, p. 79). E irá além, afirmando que, "em seu aspecto puramente formal, a proibição do incesto, portanto, é apenas a afirmação, pelo grupo, que em matéria de relação entre os sexos não se pode fazer o que se quer. O aspecto positivo da interdição consiste em dar início a um começo de organização" (Lévi-Strauss, 1947/2012, p. 81).

O incesto é, assim, a maneira pela qual determinado grupo gera e gesta suas fronteiras, que são, ao mesmo tempo, sua condição de sobrevivência. Ao rechaçar a hipótese genética da proibição do incesto, Lévi-Strauss insiste que, sem essa, as famílias tenderiam a se ensimesmar e impossibilitar a vida social propriamente dita. É, portanto, visando estabelecer alianças – que são num mesmo movimento individuais e sociais – que o casamento se sustenta, sendo a exclusão de determinadas modalidades de laço um meio para tal. A proibição, assim, central para Lacan, parece ter em Lévi-Strauss um estatuto secundário à ordem simbólica em si.

A demonstração do caráter prescritivo que a proibição mascararia é dada por um exemplo que o antropólogo retira de Margaret Mead, quando esta indaga informantes Arapeshe sobre o que aconteceria ao se romper a proibição, por exemplo, casando-se com a irmã. O Arapeshe tem extrema dificuldade em entender a pergunta de Mead, na medida em que se pergunta "por que alguém faria isso?". Após muita insistência, ele então responde o que diria ao suposto transgressor: "O que há contigo? Não queres ter cunhado? . . . [Não compreendes que] se te casares com a própria irmã, não terá nenhum? E com quem irás caçar? Com quem fará as plantações? Quem irás visitar?" (Mead apud Lévi-Strauss, 1947/2012, p. 528).

Diferentemente do que esperaríamos ouvir caso nossa alma edipiana fosse, de fato, universal e estrutural, a transgressão do incesto não representa, junto às estruturas elementares do parentesco, uma potencial dissolução da lei com graves consequências morais ou jurídicas, nem um tipo de denegação ou foraclusão. Ela está mais ligada a um *nonsense*, a um real fora da razão simbólica humana, na medida em que impede o laço social baseado na unidade do grupo – este, sim, essencial. Não por outro motivo Lévi-Strauss afirma que a proibição do incesto e a exogamia têm uma função "essencialmente positiva" e que "sua razão de ser consiste em estabelecer, entre os homens, um vínculo sem o qual não poderiam elevar-se acima da organização biológica para atingir a organização social" (1947/2012, p. 529).

> *Estas [proibições do casamento]* ***são só proibições em caráter secundário e derivado****. Antes de serem uma proibição que afeta uma certa categoria de pessoas, são uma prescrição que visa a outra categoria. Como a teoria indígena a esse respeito é mais clarividente do que tantos comentários contemporâneos! Nada existe na irmã, na mãe, nem na filha que as desqualifique enquanto tais. O incesto é socialmente absurdo antes de ser moralmente culpável. A exclamação incrédula arrancada ao informante:* Mas então não queres ter cunhado? ***fornece a regra de ouro do estado da sociedade****. (Lévi-Strauss, 1947/2012, p. 529, grifos do original, negritos nossos)*

O cunhado aparece aqui como o objeto simbólico central que se esconde atrás da proibição. Talvez não por outro motivo seja a ambiguidade presente na noção de "cunhado" e "irmão" em algumas tribos brasileiras que vá ser evocada pelo antropólogo como prova de que a troca de mulheres não seria a única forma de estabelecimento de alianças. Diferentemente do irmão, cujo paradigma é aquele da solidariedade mecânica, o cunhado – com quem, sublinha Lévi-Strauss, o sujeito teve, na infância, trocas homoafetivas – possui uma *eficácia funcional*, ligada à solidariedade orgânica. Esta, diferentementemente da primeira, que não acrescentaria nada, "*realiza uma integração do grupo em um outro plano*" (Lévi-Strauss, 1947/2012, p. 528, grifos nossos).

É tempo de retomar o argumento desenvolvido no capítulo anterior. Apresentamos de que maneira a teoria da sexuação de

Lacan foi, no seminário *Os não-bestas erram* (1973-1974), revisitada e repensada a partir da ideia segundo a qual o ser sexuado só se autoriza de si mesmo e de alguns outros. Para além da crítica à primazia da função fálica e da proposição da ideia de não todo e do gozo do Outro, realizada em 1973 nas fórmulas da sexuação, haveria, a partir da introdução da teoria borromeana, outra montagem do problema. A indecidibilidade presente entre uma autorização que parte de si, mas, ao mesmo tempo, de alguns outros, carregaria a marca do não todo, na medida em que o *alguns* sublinharia o caráter aberto e contingente do grupo a partir do qual o sujeito viria a se posicionar, bem como a relação moebianamente tensa entre uma autorização que só é de si na medida em que é também de alguns outros (Lacan, 1973-1974, p. 191).

Foi nessa toada que discutimos, a partir da modalidade de uma certa luta política no interior das questões de gênero, que havia aí não propriamente uma proliferação de identidades imaginárias e idênticas a si, mas respostas sociais ao real da diferença sexual, pensada não mais em termos de todo/não todo, mas a partir da insistência que o sexual aporta nas mais diversas e novas formas de nomeação da experiência sexuada. Esse "real recentemente emergido", assim, é propriamente o fato de que o "grupo é real" (Lacan, 1973-1974, p. 191), não em sua configuração fechada e de leis que garantiriam uma relativa unidade, mas propriamente no caráter aberto que é dado tanto pelas fronteiras inconclusas que toda nomeação aporta quanto pelo fato de que cada *alguns outros*, sendo não todo, cessa de não se escrever e, no horizonte mesmo de sua incompletude, encontra seu universal. *LGBTTQQIAAP...*, portanto, enquanto paradigma de um movimento que carregaria essas indecidíveis contradições em ato, condensaria o próprio do tipo de universalidade não toda preconizada pela sexuação. Assim, seguimos Moreira, para quem

> *[a]s questões levantadas pelo filósofo [Safatle] estão em consonância com o que fora apresentado sobre os modos de se fazer política do feminismo* queer *e sua relação com o feminino. Assim como no feminismo* queer, *há algo do campo do indeterminado, do monstruoso, nesse sujeito antipredicativo, que por isso tem relação com o S(Ⱥ). Esse corpo político fora da imanência identitária que poderia unificá-lo, ou seja, um corpo político sintetizado em uma constelação, a partir de um nome que seja capaz de desestabilizar identidades, remeteria à formação de um universal singular, assim como ocorre nas multidões* queer. *(Moreira, 2017, p. 109)*

No entanto, seria um erro compreender que o real presente na contingência de um movimento cuja universalidade é não identitária seria suficiente para abarcar todos os registros da experiência presente na questão da sexuação. Não obstante, as saídas simbólicas propostas por Lacan nos anos 1950 são bastante problemáticas se pensadas à luz de teorias e fenômenos contemporânos de gênero, por exemplo, "identidades" *gender fluid*, questionando, ou mesmo a oposição entre os níveis cis/trans e homo/hétero. Conforme vimos no caso de gravidez histérica, retomado de Eisler, Lacan funda a identificação simbólica a partir de um sistema de oposições complementares cujo paradigma são o homem e a mulher enquanto significantes que se significam mútua e exclusivamente. Encontramos um limite semelhante ao analisarmos a imaginarização do falo ao final do percurso edípico estruturalmente concebido, na medida em que, mesmo após atravessada toda a dialética simbólica, meninos e meninas "normais" acabariam por se definir enquanto tais pelo seu imaginário corporal parcializado de presença e ausência, respectivamente.

Foi a partir dessa constatação que nos pareceu necessário retroceder e pensar o tipo de apreciação feita por Lacan de uma das bases do seu estruturalismo, a antropologia de Lévi-Strauss. Parece-nos que, por conta de seus propósitos naquele contexto, Lacan deixa de lado dois pontos fundamentais das estruturas elementares: (1) a tensão constitutiva entre lei universal e norma local; (2) a proibição não como fundadora, mas como consequência de uma prescrição positiva referente à formação de grupos.

Pois bem, nos parece que são precisamente esses os dois pontos que podem ser resgatados na formulação da sexuação a partir da ideia de uma identificação a um grupo. Como dizíamos, é um erro pensar que a totalidade dos fenômenos subjetivos pode ser descrita a partir das contingências do real – o que tem consequências graves, por exemplo, a relação entre destinos da teoria lacaniana e apropriações neoliberais (Lana, 2017). Assim, a ideia de que um ser sexuado se autoriza em relação a uma alteridade grupal precisaria, igualmente, responder a critérios simbólicos. Entendemos, a partir dessa retomada de Lévi-Strauss, que a faceta simbólica da sexuação pode ser localizada precisamente no fato universal de que todo ser é sexuado, $\forall x.\Phi x$, mas de que tal universalidade só se mostra na medida em que há, sempre, normas locais de sexuação que prescrevem modalidades de formação de grupo e de alianças – sexuais ou não – junto a outros grupos. Que a teoria lacaniana dos anos 1950 tenha reduzido essa possibilidade apenas a "homens" e "mulheres" não deve nos fazer esquecer que essa racionalidade nos permite ir além desse binômio.

Normatividade e normalização

A partir dessa leitura de Lévi-Strauss, temos que a discussão da lei universal é apenas um lado do simbólico. No limite, seria aquele que no fundo menos corresponderia ao simbólico em si, na medida em que a lei universal quase pertenceria ao domínio do natural, já que é no campo local da instauração cultural da *aliança* que o propriamente humano sobrepujaria o domínio de uma universalidade inespecífica (Lévi-Strauss, 1947/2012, p. 69). Assim, do ponto de vista simbólico, importaria pouco o fato universal de que para todo ser falante há um sexo, e muito mais a maneira pela qual cada *sistema simbólico* instaura suas balizas de grupo e de relações prescritas e proibidas. Em outras palavras, para nossos propósitos, seria preciso pensar um simbólico não pautado pela *lei de uma interdição* específica, mas antes pela análise das *normas simbólicas locais* segundo as quais o princípio universal de uma sexuação se coloca como necessário.

Bem entendido, refundar o simbólico deslocando o paradigma da lei para aquele da norma não é uma tarefa para um subcapítulo, mas para uma vida inteira, se é que seria possível. Não obstante, nos permitiremos aqui lançar uma hipótese que possibilite, seguindo os passos de Lévi-Strauss apagados por Lacan, angariar ferramentas para que se possa considerar a sexuação enquanto um processo de subjetivação simbólico que se dá em função do estabelecimento de determinada posição dentro de dado grupo.

Ser sexuado é, assim, não propriamente identificar-se ao significante "homem" enquanto complementarmente oposto a "mulher", ou vice-versa, como quis Lacan (1955-1956/1985a); nem assumir um "tipo viril" ou "tipo feminino" no último tempo do Édipo (Lacan, 1957-1958/1999, p. 170); tampouco identificar-se como tendo ou sendo o falo; mas, antes, *identificar-se como tendo uma dada posição frente a um grupo de outros, cuja norma prescreve regras de aliança, de relação e de proibição, mas sempre com um horizonte último de coesão social.* Se o "Mas então não queres ter cunhado?", de acordo com Lévi-Strauss (1947/2012, p. 529), fornece a regra de ouro da sociedade, elevando as normas de aliança entre pares à centralidade do corpo social, é preciso pensar que a autorização do ser sexuado advém, igualmente, das balizas simbólicas segundo as quais a pertença a determinado gênero se dá.

Isso não significa uma ignorância completa, por exemplo, dos determinantes biológicos em jogo nas determinações de gênero, mas que eles estão sempre submetidos ao que dita determinada norma a respeito de sua função simbólica no interior de dado grupo. Se numa França de meados do século XIX a autorização sexual de um indivíduo dependia de um quadro biopolítico e jurídico segundo o qual um sexo anatômico implicava um gênero "correspondente", a norma simbólica a partir da qual a identificação binária ao grupo "homens" ou "mulheres" se constrói vai orbitar precisamente ao redor dessa diferença. Assim, *homem* ou *mulher*, nesse contexto, advém menos da realidade corporal do que daquilo que essa diferença implica em termos de uma identificação simbólica de posição social dentro de um ou de outro grupo.

Herculine Barbin, por exemplo, não sofre pelo caráter ambíguo de sua genitália, nem por seu "corpo um tanto desengonçado, pouco gracioso e cada vez mais aberrante" (Foucault, 1978/1982, p. 6). Ao contrário, são esses mesmos traços que permitem sua circulação social e o estabelecimento de laços e amores, na medida em que "o calor que aquela presença estranha dava aos contatos, às carícias e aos beijos que circulavam através dos jogos daquelas adolescentes era acolhido com tanta ternura que não dava lugar à curiosidade" (Foucault, 1978/1982, p. 6). Mas é a partir do momento em que a intervenção jurídica legisla sobre a posição "correta" que Herculine deveria ocupar, forçando-a agora a denominar-se "homem", que seu sofrimento parece ser desencadeado, conduzindo-a a seu suicídio. A impossibilidade de ocupar uma posição sexuada prescrita legalmente não a leva, portanto, a promover uma transgressão foraclusiva ou denegativa, como se poderia esperar de uma reflexão pautada numa noção estreita de simbólico em Lacan. Ao contrário, o que Herculine relata é justamente a abjeção de uma exclusão social paralela àquela descrita por Lévi-Strauss em relação ao solteiro, ou ao Guayaki de Clastres: "Sofri muito, e sofri só! Abandonado por todos! Não havia lugar para mim nesse mundo que me evitava e me considerava maldito" (Foucault, 1978/1982, p. 13). O suicídio de Herculine – como o de muitas pessoas não enquadradas em normas sociais prescritas – revela que o sofrimento ligado ao gênero pode ser, assim, pensado como a impossibilidade de viver identificado a uma lei simbólica que se coloca como única forma possível de norma.

Butler, ao discordar da leitura de Foucault, segundo a qual Herculine gozaria de uma felicidade irrestrita e não submetida ao dispositivo da sexualidade, sublinha que é a partir de sua sanção jurídica como "homem" que sua categoria de gênero se mostra menos fluida. E assevera:

> *Os prazeres e desejos de Herculine não correspondem de modo algum à inocência bucólica que medra e prolifera antes da imposição da lei jurídica. Tampouco está ela/ele completamente fora da economia significante da masculinidade. Ela/ele está fora da lei, mas a lei abrange esse "fora", mantendo-o em seu interior. Com efeito, ela/ele encarna a lei, não como sujeito autorizado, mas como um testemunho legalizado da estranha capacidade da lei de produzir somente as rebeliões que ela pode garantir que – por fidelidade – derrotarão a si próprias e os sujeitos que, completamente submetidos, não têm alternativa senão reiterar a lei de sua gênese. (Butler, 1990/2002, p. 155)*

A oposição entre o caráter total de submissão à lei – abarcando, inclusive, aquilo que está para fora dela –, defendido por Butler, e o de um uso dos corpos que subverte o princípio de identidade jurídica, defendido por Foucault, em alguma medida passa ao largo da distinção que procuramos propor entre uma lei totalizante e uma norma de aplicação local de identificação a uma posição perante um grupo. Talvez isso decorra da escolha de um paradigma exclusivamente linguístico-legal para a apreciação das questões relativas aos controles e à gestão da sexualidade em suas normas. No entanto, talvez seja preciso aventar a possibilidade de se pensar a noção de "norma" a partir dos desenvolvimentos de Georges Canguilhem.

Não é, de maneira alguma, nosso intuito propor uma noção de *norma* que venha a substituir total e coextensivamente a noção de *lei* no que diz respeito ao simbólico, mas sublinhar que – visando pensar a sexuação a partir de sua última descrição por Lacan – talvez a noção de "normatividade", como apresentada por Canguilhem, possa esclarecer alguns pontos referentes ao processo pelo qual uma determinação que pode vir a ser chamada de simbólica opera nesse campo.

Lembremos que a grande contribuição do filósofo pautou-se, precisamente, pelo deslocamento de uma noção de "saúde" baseada na homeostase ou no simples "silêncio dos órgãos" proposto por Bichat, bem como por uma crítica igualmente potente em relação à ideia de normalidade pensada estatisticamente. Sua proposta é, então, pensar o organismo normal a partir não de sua proximidade a uma norma estatística ou homeostasicamente dada, mas da capacidade de instaurar para si novas normas a partir das variações do meio.

> *Quando A. Mayer escreve: "A medida da atividade máxima da musculatura, no homem é, precisamente, o objeto do estabelecimento dos recordes esportivos" [82, 4.54-14], faz lembrar o gracejo de Thibaudet: "São as tabelas de recordes e não a fisiologia que respondem a esta pergunta: a quantos metros o homem pode saltar?"[19] Em suma,*

19 *Le bergsonisme*, I, 203. [Nota do original]

> *a fisiologia não passaria de um método certo e preciso de registro e aferimento das latitudes funcionais que o homem adquire, ou melhor, conquista progressivamente. Se podemos falar em homem normal, determinado pelo fisiologista, é porque existem homens normativos, homens para quem é normal romper as normas e criar novas normas. (Canguilhem, 1966/2009, p. 64).*

A normatividade é, assim, um processo vital que permite ao indivíduo manter suas funções a partir não da observância de normas, mas da capacidade de subvertê-las: "o normal é viver em um meio em que flutuações e novos acontecimentos são possíveis" (Canguilhem, 1966/2009, p. 71). A atividade normativa "indica uma 'capacidade transitiva', isto é, uma capacidade de entrar em movimento, passando de uma situação a outra, recusando limitações. As normas vitais não conhecem determinações semânticas estáveis" (Safatle, 2016b, p. 65, tradução nossa).

Assim, o normal

> *multiplica a regra, ao mesmo tempo que a indica. Ele requer, portanto, fora de si, a seu lado e junto a si, tudo o que ainda lhe escapa. Uma norma tira seu sentido, sua função e seu valor do fato de existir, fora dela, algo que não corresponde à exigência que ela obedece. (Canguilhem, 1966/2009, p. 189)*

Essa ideia advém de uma concepção segundo a qual o meio é um *mundo de acidentes possíveis* (p. 78) e segundo a qual o "homem normal" só saberia que o é "em um mundo em que nem todo homem o é, e sabe, por conseguinte, que é capaz de ficar doente, assim como um bom piloto sabe que é capaz de encalhar seu barco, ou como um homem educado sabe que é capaz de cometer uma gafe" (p. 131). A normalidade, assim, inclui em seu horizonte a doença, a exceção que lhe funda, sendo inclusive essa uma curiosa teoria do mal-estar em Canguilhem, dada pelo fato de não estar doente em um mundo em que há doentes (p. 131).

A norma, no entanto, não é a lei. E isso na medida em que, se carrega em si a possibilidade de inversão de termos, ela só o faz a partir dessa polaridade em relação ao anormal que a constitui. Nesse sentido, ela se propõe a reabsorver a diferença, unificar. Mas, ao contrário da lei da natureza, a norma não acarreta o seu efeito. Ela se propõe, mas não se impõe. Ela é vazia; precisa de um propósito para ter efeito; precisa de uma vontade de substituir um estado insatisfatório por um estado satisfatório (Canguilhem, 1966/2009, p. 109).

Contudo, Ganguilhem tem consciência da diferença de níveis entre a sociedade e o organismo, e suas aproximações nesse campo são receosas. Não obstante, é curioso notar que, ao citar Lévi-Strauss, numa passagem na qual o antropólogo defende que em toda sociedade haveria um resto de iniquidade entre os membros do grupo que se oporia a qualquer tentativa de organização social total, Canguilhem argumenta que, "se o indivíduo levanta a questão da finalidade da sociedade, não seria porque a sociedade é um conjunto mal unificado de meios, por falta justamente de um fim com o qual se identificaria a atividade coletiva permitida pela estrutura?" (1966/2009, p. 117).

É essa a sutileza que afasta Canguilhem de um uso da ideia de normatividade como adaptacionista ou de um mero darwinismo social. Diferentemente do ambiente, cuja regulação do meio é estável, a sociedade inventa, a todo momento, novos orgãos, novas funções, muitas vezes incompatíveis entre si.

> *Definir a anormalidade a partir da inadaptação social é aceitar mais ou menos a idéia de que o indivíduo deve aderir à maneira de ser de determinada sociedade, e, portanto, adaptar-se a ela como a uma realidade que seria, ao mesmo tempo, um bem. Em virtude das conclusões de*

> *nosso primeiro capítulo, parece-nos lícito poder rejeitar esse tipo de definição sem ser tachado de anarquismo. Se as sociedades são conjuntos mal unificados de meios, podemos negar-lhes o direito de definir a normalidade pela atitude de subordinação que elas valorizam com o nome de adaptação. (Canguilhem, 1966/2009, p. 129)*

Há, contudo, uma última distinção central feita por Canguilhem, ao utilizar-se da noção de "norma" para pensar processos sociais. Se é bem verdade que a sociedade é um conjunto mal-unificado de meios, não é por isso que ela não se arroga o direito de instituir "normas" que – diferentemente da noção vital do termo – terão como traço distintivo a instauração de parâmetros fixos de conduta, sendo, desse modo, conceituadas como uma *normalização.*

> *Assim,* a norma social se origina da fixação de escolhas valorativas determinadas quanto ao que se deve tomar como socialmente positivo ou negativo. *Que tais valores se imponham ao social por meio da subsunção dos casos desviantes ao seu normal é o que Canguilhem tem claro ao afirmar que os processos de racionalização de esferas sociais tão diversas quanto a gramática, a medicina, a indústria, a pedagogia, a artilharia, as necessidades individuais, o transporte ferroviário etc. redundam numa* normalização. *(Franco, 2012, p. 109, grifos nossos)*

Tendo então em mente a diferença entre os níveis de normalização e normatividade, retomemos agora a questão presente em Herculine Barbin. Notemos que a discussão que opunha lei, de um lado, e não identidade, de outro, pode ser agora repensada em outros termos: do ponto de vista do sofrimento que culminará em seu suicídio, a mudança representada pela intervenção médico-jurídica, que a/o decretava como "homem" a partir de determinado momento, atua não propriamente como uma "norma" – no sentido que Canguilhem dá ao termo –, mas como uma *normalização* que fixa uma dada forma de vida ao redor de um signo com determinadas coordenadas culturais fixas. Nas questões relativas à sexuação, é como se os discursos normalizantes impedissem a própria capacidade normativa de viver num mundo de acidentes possíveis, dado que transforma o sujeito num acidente do meio.

Mas Butler também tem razão ao criticar a ingenuidade foucaultiana de acreditar que Herculine vivia feliz em um limbo de não identidade. É claro que, partindo das próprias discussões de Foucault em *A vontade de saber*, parece ficar patente a forma pela qual, mesmo encontrando-se em um corpo ou em uma posição "anormal" frente às colegas de internato, Herculine não deixaria de veicular algumas normas sociais e de estar sujeita às amarras do poder presente no dispositivo da sexualidade.

Mas o que a noção canguilhemiana de norma parece aportar a essa discussão – em consonância com o projeto, tanto de Foucault quanto de Butler, de pensar a subjetividade em seu caráter prescritivo, produtivo e não proibitivo – é que o sofrimento em causa no relato de Herculine é ressignificado a partir da introdução de um discurso de normalização no interior de uma normatividade que – ainda que carregasse as contradições da sexualidade – permitia a instauração de normas próprias que lhe possibilitaram estabelecer laços e se posicionar simbolicamente frente a outras pessoas. Podemos supor, assim, que Herculine adoece pela subsunção de seu caráter normal, porque normativo, a uma normalização que se aplica enquanto lei que fixa e que vem a condicionar sua normatividade.

Herculine sustenta seu discurso de diferença sexual mesmo nesse contexto ostensivamente homossexual: ela/ele nota e goza de sua diferença em relação às jovens que deseja; contudo, essa diferença não é uma simples reprodução da matriz homossexual do desejo.

Ela/ele sabe que sua posição nessa troca é transgressiva, que ela é "usurpadora" de uma prerrogativa masculina, como ela/ele diz, e que contesta tal privilégio até mesmo ao reproduzi-lo (Butler, 1990/2002, p. 148).

Ou seja, mesmo com a condição biológica hermafrodita, Herculine sustentava uma posição sexual e sexuada *normal*, na medida em que, performativamente, criou as condições necessárias ao seu desejo e à sua vida – enquanto sujeito posicionado simbolicamente frente e em relação a outros – não propriamente para além de qualquer lei, mas instaurando a viabilidade de sua vida na medida mesma em que reconhecia os limites possíveis da lei. Mas, lévi-straussianamente, *sabendo que não se pode fazer o que se quer*, instaura uma norma que, ao mesmo tempo, respeita a universalidade – seja do caráter antropológico da proibição, seja da inexistência de uma metalinguagem ou mesmo de um lugar discursivo fora dos exercícios de poder. "Nesse sentido, o organismo não está jogado em um meio ao qual ele tem de se dobrar, mas, ao contrário, ele estrutura seu meio ao mesmo tempo que desenvolve suas capacidades de organismo" (Canguilhem, 1966/2009, p. 130).

Pensar o caráter simbólico do processo de sexuação, portanto, pressupõe localizar a capacidade normativa no interior de um posicionamento frente à identificação sexual do sujeito num dado grupo social. Já estamos longe, assim, de uma leitura tipológica que considere a identificação simbólica como a assunção, pelo sujeito, de um "tipo feminino" ou de um "tipo viril", conforme lemos em Lacan, no Seminário 5. O simbólico, precisamente por se afastar do caráter fixo que o significado imporia ao significante, é o domínio no qual a sexuação se emanciparia da ideia de tipos ideais dados, a partir dos quais os sujeitos passivamente se identificariam. Antes, aquilo que pressupõe a existência de um universal é a multiplicidade de maneiras pelas quais se autorizar de si e de outros constitui a forma pura e, portanto, fluida em seus conteúdos mediante a qual cada sujeito sexuado escapa da morte (que, nesse sentido, se aproxima da abjeção social), instaurando sua posição frente à comunidade. Simbolicamente, portanto, ser hermafrodita, homem, *butch*, gay, *gender fluid* etc. é, assim, não uma identidade fechada nem um *script* bem delimitado de atos, práticas e discursos, mas a própria maneira de performá-los com um dado grau de liberdade que permita a normalidade de movimentar-se e viver referido a uma dada posição, sem que a vida e o laço social estejam ameaçados pela ininteligibilidade ou pela expulsão.

Schreber e o caso de Eisler, nesse sentido, aproximam-se na condição de sofrimentos que têm como causa a redução da capacidade normativa – no nível da fantasia – de simbolizar o desejo de, mesmo enquanto "homem", poder procriar. No entanto, à diferença de Schreber, o condutor de bonde húngaro tem relativo sucesso em instaurar uma nova norma simbólica em consonância com seu desejo por meio do sintoma histérico (gravidez psicológica), que não o alija totalmente do meio social, mas que lhe permite tentar encontrar, dentro dos tratamentos aos quais se submete, uma nova forma de vida. Já o presidente Schreber adoece de maneira mais patentemente grave precisamente pela incapacidade de instaurar novas normas simbólicas ao reconhecer um desejo homossexual. Donde seu delírio passará, justamente, por recriar não mais no simbólico, mas no real do delírio, uma outra sociedade, dada a incapacidade de habitar uma nova norma simbólica que lhe garantisse sua posição sexuada.

É importante não esquecer, no entanto, que a incidência dos outros nos processos normativos da sexuação é igualmente ativa e produtiva, donde a dificuldade de Canguilhem em estabelecer um paralelo total entre normatividade vital e normatividade social. Daí a ideia de propor a noção de "normalização". Resumidamente, poderíamos dizer que a sociedade produz normalizações que excluem e abjetam determinadas formas de vida, restringindo assim a capacidade normativa que todo processo de sexuação, a princípio, exigiria. O que chamamos, então, de "norma social" pode ser tomado agora em termos de normalização, mas que – inevitavelmente – produz resistências. A capacidade normativa é portanto uma forma de resistência à fixidez da normalização. Não obstante, a incidência de normalizações hegemônicas produz o expurgo de normas de vida que se veem aí incapazes de normatizar-se segundo critérios vitais.

A noção de "masculinidade hegemônica", de Connell (2005), pode fornecer um exemplo da maneira pela qual a normalização no campo sexual produz e limita subjetividades em seu exercício normativo sem que se confundam essas duas dimensões, como pode ocorrer com certo emprego totalizante da noção de *patriarcado*. Na outra ponta da discussão, uma das mais preciosas críticas de Beauvoir (1949/1970, p. 12) é aquela segundo a qual – diferentemente de trabalhadores, por exemplo – às mulheres não seria possível formar um *grupo*, sendo para sempre descritas e pensadas enquanto o *Outro sexo* do homem.

A questão do feminino como espinhosa para o simbólico parece passar, assim, por essa dificuldade em estabelecer um lugar estruturalmente definido dentro do laço social que permita o estabelecimento de uma normatividade própria. A ignorância do componente homossexual em Dora, bem como a patente insistência de Freud em aproximar sua cura ao reconhecimento de um desejo genital, conjugal e heterossexualmente direcionado, fala de uma escuta normalizadora que, justamente, ignora o movimento simbólico de estabelecimentos de novas normas no interior de uma dada "identidade".

A importância dos diferentes grupos "identitários" dentro da *multidão queer* que Preciado (2011) preconiza e as formas de vida que tentam, a todo custo, lutar por uma condição de viabilidade vital possível apresentam-se, assim, como tentativas de instauração de meios (discursivos) possíveis para o estabelecimentos de normas outras. Desse modo, taxar determinada luta por reconhecimento e direitos de "identitária" ignora o fato de que propor outras nomeações e coordenadas simbólicas distintas daquelas hegemonicamente postas é a modalidade possível de normatividade no interior de formas de vida abjetas.

Ser para o Outro

Contudo, é preciso que digamos que – mesmo que nosso objetivo aqui seja o de sublinhar o caráter potencialmente horizontal da identificação – o processo de identificação sexuada não é completamente independente da verticalidade representada pelo Édipo. Lembremos que, em grande parte das famílias, são precisamente pais e mães cisgêneros que encarnam o representante maior do gênero e que, igualmente, a identificação amorosa a um dos pais é sempre e necessariamente marcada pela diferença sexual. Um exemplo de discussão que considera a importância da triangulação edípica na constituição do gênero pode ser encontrado, por exemplo, na refinada exposição de Butler referente à discussão da *melancolia de gênero* (Butler, 1990/2002, p. 73).

Butler, Lacan e Laplanche: conversas possíveis

Butler tem o mérito de retomar uma teoria da identificação em Freud que nunca fora usada para pensar a questão da assunção sexual, a saber, a identificação ao objeto perdido na melancolia. Visando afastar o primado das ditas disposições masculinas e femininas, Butler defende que elas seriam, sobretudo, o efeito de uma identificação ao genitor do mesmo sexo, e não sua causa. A ideia central é que as identidades de gênero seriam formadas, sobretudo, a partir de uma proibição primeira não ao incesto, mas à *homossexualidade*. Ao deparar-se com tal interdição, a criança internalizaria o genitor do mesmo sexo, identificando-se a ele para preservá-lo, mantendo assim uma homossexualidade melancólica que sustentaria sua identidade de gênero.

> *Se as disposições femininas e masculinas são o resultado da internalização efetiva [do tabu contra a homossexualidade], e se a resposta melancólica à perda do objeto do mesmo sexo consiste em incorporar e, na verdade, em* se tornar *aquele objeto através da construção do ideal do ego, então a identidade de gênero parece ser, primeiramente, a internalização de uma proibição que se mostra formadora da identidade. Além disso, esta identidade é construída e mantida pela aplicação consistente desse tabu, não apenas na estilização do corpo em conformidade com categorias de sexo distintas, mas na produção e na "disposição" do desejo sexual. (Butler, 1990/2002, p. 81, grifos nossos)*

Há uma importante inversão em jogo aqui, na medida em que Butler coloca a noção de *disposição* não como rochedo pré-linguístico, fundante dos processos de sexuação, mas como uma produção: o resultado do apagamento melancólico de uma identidade primeira.[20] Esse movimento argumentativo é possível porque a autora submete a noção de "disposição" a uma análise propriamente significante. É importante sublinhar que um dos trunfos argumentativos de Butler

---

20 Van Haute e Geyskens (2016), ao comentarem a oposição entre Édipo e bissexualidade, relembram que há, igualmente, uma oposição análoga referente ao trauma, de um lado, e a *disposição*, de outro, no contexto das discussões etiológicas sobre a histeria. No entanto, os autores defendem que a disposição seria uma sorte de contrapartida biológica inevitável da teoria do psiquismo pautada na bissexualidade primária e no que denominam *patoanálise*, em oposição a um desenvolvimentismo edipiano.

passa, justamente, por uma análise de linguagem relativa à questão da disposição, na medida em que:

> *A linguagem das predisposições evolui de uma formação verbal* (estar disposto) *para uma formação substantival em consequência do que se cristaliza* (ter predisposições)*; a linguagem das "predisposições" desdobra-se assim em um falso* fundacionismo, *sendo os resultados da afetividade formados ou "fixados" pelo efeito da proibição. Como consequência, as predisposições não são fatos sexuais primários do psiquismo, mas efeitos produzidos por uma lei imposta pela cultura e pelos atos cúmplices e transvalorizadores do ideal do ego. (Butler, 1990/2002, p. 81)*

Assim, qualquer articulação possível entre identificação, gênero e parentalidade – por exemplo, o complexo de Édipo – não deve perder de vista o fato de que tanto as "predisposições" quanto a "anatomia" interpretada pela criança não são dados pré-linguísticos. O que está em jogo é, antes de mais nada, o lugar que esses "dados" ocupam na estrutura discursiva do adulto que as nomeia. Da mesma forma que Laqueur (1998/2001) sublinha que é só a partir de uma dada episteme biopolítica que o quadro normativo passa a comportar a existência de dois sexos, a criança se sexua melancolizando-se a partir daquilo que a cultura abjeta; e, principalmente, interpretando e construindo sua identidade a partir do lugar que a anatomia ocupa no discurso do Outro.

Safatle (2016a) sublinha que a escolha da categoria de melancolia não se daria apenas por ser um modo privilegiado de identificação inconsciente, mas igualmente pela herança foucaultiana de Butler. Na medida em que a concepção de poder em Foucault se desloca de um paradigma vertical coercitivo e busca pensá-lo por meio de uma produção ativa, tem-se a concepção de um indivíduo que não é um depositário passivo de interdições, normas e conteúdos – como podem levar a crer algumas leituras preguiçosas que tomam Butler como uma construcionista social ingênua. Para Foucault, "jamais os indivíduos são o alvo inerte ou consentido do poder, são sempre seus intermediários. Em outras palavras, o poder transita pelos indivíduos, não se aplica a eles" (Safatle, 2016a, p. 187). Assim, a escolha da melancolia por Butler sublinha, de acordo com Safatle, que não seria "apenas a exterioridade que define a sujeição, mas principalmente a conformação de si a algo que tem a forma da vontade do Outro" (Safatle, 2016a, p. 190).

Mas qual seria propriamente a relação entre desejo, gênero e produção com a teoria da identificação em Lacan?[21]

Em 1961, Lacan anuncia que seu seminário se dedicará, naquele ano, à discussão da noção de *identificação* (Lacan, 1961-1962/2003c). Trata-se de um momento na teorização lacaniana no qual a identificação não dirá respeito nem ao semelhante nem a uma identificação simbólico-edípica, na qual a função normativa parental iria – ao mesmo tempo – instaurar tanto a identidade sexual quanto a escolha de objeto e, mais abrangentemente, a estrutura subjetiva referente ao estatuto do nome-do-pai.

A premissa de Lacan nesse ano de seu seminário é a de que a estrutura básica da identificação – e, mais radicalmente, do significante – é o *traço unário* (*einziger Zug*). Tal expressão é retomada de Freud em seu célebre "Psicologia das massas e análise do eu" (1921/2011b), na discussão sobre identificação. O que era, em Freud, uma modalidade de formação sintomática torna-se, em Lacan, a forma mais elementar de

---

21 Partes dos desenvolvimentos desta seção, relativos à questão da identificação e ao traço unário, foram apresentadas no colóquio "La psychanalyse face au genre: identités et identifications" (A psicanálise perante o gênero: identidades e identificações), por nós organizado (Ambra, 2016a).

identificação. Mais ainda, o traço unário seria, a partir desse momento, uma base do significante como tal, em uma discussão que terminará por mudar o estatuto lacaniano da noção de "letra". De toda forma, é importante lembrar que aquilo que dá a possibilidade da extensão de uma tal discussão a partir do traço unário nesse seminário é precisamente a crítica do princípio de *identidade*.

Se a teoria da linguagem que embasa a psicanálise é estruturalista, por princípio, não há identidade entre os significantes. Conforme já havíamos apresentado no início deste capítulo, quando dizemos "guerra é guerra" (Lacan, 1961-1962/2003c, p. 55) não estamos, em absoluto, no domínio de uma tautologia, pois há um sentido que emana simplesmente do fato de que as duas palavras "guerra" não sejam o mesmo significante, pois justamente o que define um significante é sua posição enquanto sujeito para outro significante, que, retroativamente, nos faz supor um sentido para o primeiro e, por consequência, outro para o segundo. O traço unário pode então ser concebido como essa unidade mínima de diferença na repetição, por um lado, e da igualdade na diferença, por outro. Essa ideia conduzirá Lacan à apresentação de uma de suas primeiras incursões mais detidamente topológicas, a saber, que a estrutura do sujeito é a estrutura do toro.

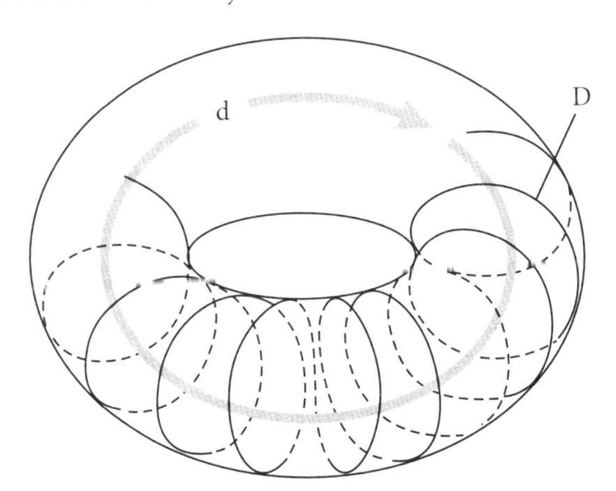

Figura 2.3 Voltas unárias da demanda.

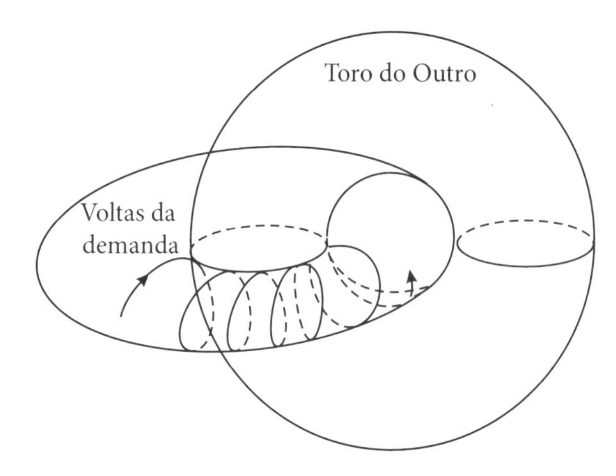

Figura 2.4 Toro do sujeito e toro do Outro.

As pequenas voltas no interior do toro podem ser caracterizadas pelo que Lacan denomina o "unário da repetição" no contexto da demanda. Por exemplo, em um dado estágio do desenvolvimento, as crianças entram na chamada "fase dos porquês". Tal repetição incessante – que é, ao mesmo tempo, diferente em seus objetos e igual em sua performance – tem uma estrutura unária. Nenhuma resposta satisfará a criança, posto que sua demanda se constitui ao redor de um *desejo* – esse furo central – enquanto instância radicalmente negativa e exterior, mas que, ao mesmo tempo, constitui o sujeito. O mantra lacaniano segundo o qual o analista não deve responder à demanda versa justamente sobre o fato de que o analista se orienta pelo desejo, e não pela demanda, e, portanto, a abstinência analítica visa sublinhar o que há de real nas repetições sintomáticas do sujeito.

Mas o que tudo isso tem a ver com identidade sexuada? Butler tornou-se uma referência essencial para os estudos de gênero precisamente após a publicação de *Problemas de gênero*, em 1990 (Butler, 1990/2002). Seu subtítulo, por vezes esquecido, é "*feminismo e subversão da identidade*". Butler descreve os impasses das subjetividades e políticas que se baseiam na identidade, entendida aqui como uma essência que unificaria todas as mulheres sob a bandeira do feminismo, por exemplo. De uma maneira diferente daquela de Lacan, Butler parece aproximar-se, em alguma medida, da mesma conclusão: a de que "a mulher", enquanto tal, não existe. Contudo, de um ponto de vista político, Butler parece ser mais radical, na medida em que, no limite, *nenhuma identidade sexuada existiria enquanto substância fixa e idêntica a si,* donde sua crítica ao uso da noção de "identidade de gênero" como ontologizante. Para a autora, o gênero não teria o estatuto de uma essência masculina ou feminina (ainda que socialmente construída), mas, sobretudo, o de uma ilusão criada a partir de reiterações performativas.

Tomemos esta passagem em Butler, que, apesar de longa, problematiza a proximidade desses dois universos conceituais:

> *A noção de "paródia de gênero" defendida aqui não presume a existência de um original que essas identidades parodísticas imitem. Aliás, a paródia que se faz é* da *própria ideia de um original; assim como a noção psicanalítica de* **identificação com o gênero** *é constituída pela fantasia de uma fantasia, pela transfiguração de um Outro que é desde sempre uma "figura" nesse duplo sentido, a paródia do gênero revela que a identidade original sobre a qual se molda o gênero é uma imitação sem origem. Para ser mais precisa, trata-se de uma produção que, com efeito – isto é, em seu efeito –, coloca-se como imitação. . . . Como imitações que deslocam efetivamente o significado do original, imitam o próprio mito da originalidade. No lugar de uma* **identificação original** *a servir como causa determinante, a* **identidade de gênero** *pode ser concebida como uma história pessoal/*

> *cultural de significados recebidos, sujeitos a um conjunto de práticas imitativas que se referem lateralmente a outras imitações e que, conjuntamente, constroem a ilusão de um eu marcado pelo gênero primário e interno [*a primary and interior gendered self*], ou parodiam o mecanismo dessa construção. (Butler, 1990/2014b, p. 197, tradução modificada, grifos do original, negritos nossos)*

Notamos aqui uma dupla relação de Butler com a noção psicanalítica de "identificação". Por um lado, a identificação serve como *modelo* da paródia, no sentido de que aquela se realiza como constituída da *fantasia de uma fantasia*, na incorporação de um Outro que, em realidade, é uma figura, que desde sempre já está para além do princípio de realidade. Por outro lado, Butler parece criticar a ideia de uma "identificação original", compreendendo a constituição do gênero como uma espécie de repetição que, em seu exercício, constituiria, *a posteriori*, uma ilusão paródica.

Parece-nos que a identificação pensada a partir do traço unário dialogaria com tal especificidade da teoria butleriana do gênero, dado que se baseia na repetição como base possível de qualquer subjetivação, distanciando-se do familiarismo edípico no qual a função do Outro parece sempre tributária de captura imaginária, seja da mãe, seja do pai. A partir do traço unário, o Outro – ou, mais propriamente, o desejo do Outro – é sobretudo um efeito que aparece junto com o sujeito, ao fechar-se o ciclo da demanda.

De toda forma, ao aproximarmos essas duas teorias, mesmo se tomarmos a ideia butleriana segundo a qual os sujeitos performam cotidianamente seu sexo, seria necessário igualmente refletir que toda performance se faz visando a uma alteridade radical, posto que não há teatro sem público. Por outro lado, conviria fazer uma crítica a Lacan no contexto da identificação unária, já que seus desenvolvimentos parecem ignorar o estatuto da sexuação. De maneira surpreendente, no seminário consagrado à identificação, não há nenhuma referência que trate da sexuação à luz do traço unário, do toro etc.

Mas ao utilizarmos esse aparato conceitual, parece estar em jogo que o sexuar-se, a partir de Butler e Lacan, pode ser pensado também como uma *resposta performada ao desejo do Outro*. No contexto de entrada na linguagem, é imperativo lembrar-se de que nos constituímos enquanto sexuados sempre *para alguém* e, mais precisamente, para preencher o que supomos ser o desejo desse Outro. A identidade de gênero seria, assim – moebianamente –, muito mais uma resposta aparentemente endógena de um desejo aparentemente exógeno do que um dado "natural".

Por outro lado, seria a partir da demanda (descrita pelo traço unário em sua repetição) que o sujeito buscaria responder ao desejo do Outro. Ora, se definirmos o caráter sexuado do sujeito como uma resposta ao desejo do Outro, haveria uma dimensão da demanda própria ao gênero, ligada ao que Lacan chamava de "repetição unária". Tal repetição da unidade mínima do significante pode ser descrita a partir da reiteração performativa de Butler, na medida em que todos os atos cotidianos – ligados ao corpo, à linguagem, ao trabalho e ao desejo – portariam a dimensão do gênero.

Lembremos que a ideia de uma repetição ligada ao ato não é, em realidade, tão alheia a Lacan; isso porque, poucos anos mais tarde, ele afirmará, ao discutir o objeto *a*: "nós o definimos e metaforizamos como o que cai na estrutura, no nível do *ato mais fundamental da existência do sujeito, uma vez que é o ato de onde o sujeito, como tal, se engendra, a saber, a repetição*" (Lacan, 1966-1967/2008c, p. 311, grifo nosso).

Seria precisamente essa repetiação que constituiria o sujeito sexuado, e não uma identidade *a priori*, decorrente de uma simples constatação anatômica. Assim, o processo de sexuação seria constituído também como uma demanda de reconhecimento performada e alienada no desejo do Outro e que precipitaria sua aparente fixidez no *après-coup*. E é a partir dessa ideia que o lugar do corpo deve ser repensado. A anatomia não é uma verdade em si, mas terá sua importância medida pelo lugar que ocupa no desejo e no discurso do Outro.

Contudo, se tomarmos o processo de sexuação também a partir desse viés, é importante que possamos encaminhar as seguintes questões: (1) se o sujeito se sexua por meio de uma resposta ao desejo do Outro, qual seria, de fato, o papel da cultura, da normatividade veiculada pela família, posto que esse Outro seria aí, sobretudo, uma entidade formal?; e (2) será possível manter o caráter singular dessa alteridade simbólica? Ou de fato seria preciso pensar – na esteira da proposta do Seminário 21 – que a sexuação é um processo cuja alteridade é plural?

Nesse momento, é importante que retomemos uma das proposições de Laplanche, segundo a qual o gênero não seria uma impregnação cerebral hipotética, nem uma tomada de consciência em determinado momento do desenvolvimento, tampouco uma marca ou um hábito, na medida em que essas definições seriam sobremaneira *ipsocentristas*, ou seja, centradas somente no indivíduo (Laplanche, 2015). A saída conceitual de Laplanche seria aquela do gênero pensado a partir da *designação* pelo outro. Seja no registro civil, na Igreja, no parentesco, Laplanche sublinha não se tratar de um "processo pontual, limitado a um único ato" (p. 166).

Há nesse campo uma insistência de Laplanche – que vai no mesmo sentido da conceituação butleriana –, que tem como contraponto direto a "inflação lacaniana da noção de significante" (Laplanche, 2003/2015, p. 166). É bem verdade que – haja vista a enviesada leitura que Lacan promove do caso Eisler – a noção de "significante" pode vir a vitrificar ou "unitarizar" a questão da diferença sexual, na medida em que tomaria *homem* e *mulher* enquanto significantes que se definiriam mutuamente, numa oposição exclusiva. No entanto, é preciso pontuar que o significante é um conceito que só existe se pensado em termos *relacionais*. O nome próprio, ao qual Laplanche se refere na passagem, tem, inclusive, um estatuto bastante distinto do significante *tout court* em Lacan.

Assim, ao considerar os desenvolvimentos da noção de "significante" – em especial a partir do seminário sobre a identificação, mas igualmente a partir da ideia de *constelação significante* –, fica claro que "o significante" em si não existe enquanto sentido único, pontual e localizável. Tomá-lo dessa maneira seria, no limite, confundi-lo com seu oposto operacional em Lacan, o significado.

Feita essa ressalva, a proposta de Laplanche pode ser resumida a partir da ideia segundo a qual a designação é "um conjunto de atos que se prolongam na linguagem e nos comportamentos significativos do entorno" (Laplanche, 2003/2015, p. 166). Ademais, estaria aí em jogo uma designação prescritiva e ostensiva, chegando até mesmo a ser descrita como um "bombardeio de mensagens".

Há, então, um refinamento do argumento de Laplanche que parece reforçar a já apresentada especificidade da alteridade em jogo no processo de sexuação, na medida em que discutirá agora quem seria o agente de tal designação:

> *Cuidado! Diz-se que "o gênero é social", "o sexo é biológico". Cuidado com o termo "social", pois ele envolve aqui pelo menos duas realidades que se cruzam. De um lado, o social ou o sociocultural em geral. É certamente no "social" que se inseriu a designação, ainda que seja apenas no famoso registro inicial junto às estruturas institucionais de determinada sociedade. Mas quem insere não é o social em geral, é o pequeno grupo dos* socii

> *próximos. Em outras palavras, o pai, a mãe, um amigo, um irmão, um primo etc. É, então, o pequeno grupo dos* socii *que insere no social, mas não é a Sociedade que designa. (Laplanche, 2003/2015, p. 167, grifo do original)*

Essa distinção em Laplanche é preciosa. Ela resgata uma passagem, quase sempre esquecida, do mesmo "Psicologia das massas e análise do eu" que conduziu Lacan a repensar sua teoria da identificação, na qual Freud especifica o que entende por social, logo após o conhecido trecho no qual aponta a indissociabilidade entre psicologia individual e psicologia social. Freud dirá que as relações de um indivíduo com "seus pais e irmãos, com o objeto de seu amor, com seu professor e seu médico, isto é, todas as relações que até agora foram objeto privilegiado da pesquisa psicanalítica, podem reivindicar ser apreciadas como fenômenos sociais" (Freud, 1921/2011b, p. 14).

O movimento de Freud é bastante claro: não está em jogo nesse texto simplesmente "aplicar" o saber psicanalítico a fenômenos de grupo, tomando uma série de conceitos oriundos da clínica e da reflexão teórica como matrizes para pensar "o social". Antes, o psicanalista submete sua prática e seu saber *ao social*, sublinhando que todas as relações classicamente descritas em termos "individuais" são, em realidade, já sociais. Freud insistirá, mais uma vez, na enumeração dos outros do laço social (adicionando dessa vez os amigos) e iniciará um movimento de crítica em relação à tônica da época, que pensava a psicologia coletiva exclusivamente a partir de um número elevado de pessoas:

> *Nas mencionadas relações com os pais e irmãos, com a amada, o amigo, o professor e o médico, o indivíduo sempre sofre a influência de apenas uma pessoa, ou um número mínimo delas, cada uma das quais adquiriu*

> *para ele significação extraordinária. Quando se fala de psicologia social ou de massas, existe o hábito de abstrair dessas relações, e isolar como objeto de investigação a influência que um grande número de pessoas exerce simultaneamente sobre o indivíduo, pessoas às quais ele se acha ligado de algum modo, mas em muitos aspectos elas lhe podem ser estranhas. (Freud, 1921/2011b, p. 15)*

Lembremos que esse é o fulcro do início da argumentação central do texto, segundo a qual não há um *instinto gregário* próprio às massas, mas antes demandas de amor e reconhecimento veiculadas por meio da *identificação*. E é aqui que Laplanche introduz uma novidade, ao mudar o vetor da identificação do que diz respeito ao gênero, já que não estaria em jogo uma identificação *com* – matriz da ideia, por exemplo, da identificação com o pai da pré-história pessoal, cara a certa vertente do pensamento lacaniano (Laplanche, 2003/2015, p. 167). O que ocorre com a ideia de designação é que haveria não uma identificação *a*, mas uma identificação *por*. Assim o sujeito não se identificaria – ao final do Édipo, por exemplo – ao pai ou à mãe, mas antes a assunção de seu gênero se daria pela *identificação pelo* socius *da pré-história pessoal.*

Em continuidade à sua teoria da sedução generalizada, Laplanche sublinha que essa identificação seria veiculada por meio de *mensagens de designação do gênero*, mas que seriam, também, portadoras de "ruídos", trazidos pelos "adultos próximos – pais, avós, irmãos –, suas fantasias, suas expectativas inconscientes ou pré conscientes" (Laplanche, 2003/2015, p. 169). Laplanche, então, segue:

> *Um pai pode desejar conscientemente o gênero masculino ao filho, mas pode ter esperado uma filha ou mesmo desejar inconscientemente penetrar uma filha. . . . Esses desejos inconscientes também vêm infiltrar-se na*

> *designação do gênero. É, pois, o sexuado e principalmente o Sexual dos pais que vêm* provocar ruído *na designação. Digo "principalmente o Sexual", pois prezo muito a ideia de que, em última instância, os adultos na presença da criança reativam, sobretudo, sua* sexualidade infantil. *(Laplanche, 2003/2015, p. 169, grifos do original)*

Laplanche sublinha, assim, não apenas a designação ostensiva, marcada por uma cultura que toma a anatomia como único farol no estabelecimento de uma identidade sexuada, mas a importância fundamental daquilo que, no adulto, escapa ao controle do eu na designação do gênero da criança. Esquivando-se, assim, de um construcionismo ingênuo, Laplanche pensa o gênero igualmente a partir da dimensão do desencontro promovido pelo inconsciente no campo do Outro.

Ademais, resgatando a tese freudiana relativa à especificidade do lugar do social, lembra que essa alteridade fundadora não é única, mas estende-se pelo grupo que recebe simbolicamente a criança. E na medida em que esse encontro com a criança promove no adulto um encontro com seu próprio Sexual infantil, o que há no campo inconsciente, antes de mais nada, é uma identificação que se daria *entre crianças*, na qual a dimensão do *semelhante* – que será abordada em breve – é tão importante quanto a interpretação da assimetria "traumática" feita pela criança sobre a posição do adulto.

O que a apreciação de Laplanche não deixa claro é o papel da criança nesse processo. Não nos parece que o psicanalista ignore o papel da agência do sujeito na sexuação, mas a ênfase do seu texto recai no enigma que o Sexual dos adultos veicula nas mensagens dirigidas à criança.

É nesse sentido que compreendemos que a discussão sobre a identificação no contexto do entrelaçamento dos toros é essencial, na medida em que sublinha que o desejo do Outro – entendido aqui já a partir de sua potencial pluralidade – é criado, precisamente, a partir da repetição unária de uma demanda de reconhecimento pelo sujeito que se sexua. Ocorre que o endereçamento de tal performance não é feito exclusivamente ao desejo consciente e explícito do Outro, mas inclui também os seus ruídos. Assim, pensar a sexuação a partir do desejo e dessa modalidade de inscrição simbólica ligada ao traço unário é pensá-lo, sim, a partir do desejo do Outro, na medida em que o sujeito se constitui tentando a ele responder. Toda performance se constitui e constitui seu sujeito a partir de um endereçamento que tem como base tanto o buraco que representa o desejo do Outro quanto uma demanda de reconhecimento que a ela se entrelaça; e isso sem ignorar, não obstante, que o Sexual inclui, nessa relação, perturbações irredutíveis – cuja tradução em termos identitários e performáticos escapa a qualquer controle.

Mas talvez seja importante, nesse momento, aproximar-se um pouco mais dessa noção que, até agora, apenas inferimos: o *reconhecimento*. Se é verdade que Butler aporta aos estudos de gênero a radicalidade da antecedência do ato ao sujeito, não fica claro, por um lado, de que forma a negatividade com a qual Lacan constrói seu edifício teórico comportaria tais discussões, e, por outro lado, se nesse nível Butler também permitiria reflexões relativas ao estatuto dos *outros* no contexto da sexuação.

Alteridade e reconhecimento

A herança hegeliana de Butler[22] não permite que encerremos a discussão sobre desejo sem uma consideração sobre sua noção

22 Essa herança que vai muito além de seu doutorado, quando chega a assumir, por exemplo, que "todos os meus trabalhos permanecem no interior da órbita de um certo conjunto de questões hegelianas" (Butler apud Safatle, 2016a, p. 179).

de "reconhecimento". Pois, se é bem verdade que a relação que estabelecemos entre desejo, reconhecimento e constituição sexuada considera tanto o caráter performativo quanto a relação entre desejo e demanda, ela não explora que noções de "Outro" e de "desejo" – termos fundamentais para se discutir o registro simbólico – podem estar em jogo.

Ao comentar o livro de Jessica Benjamin *The shadow of the other* (A sombra do outro), Butler (2004/2017) revisita – exatos trinta anos após seu doutorado – alguns temas relativos à dialética hegeliana, visando comentar pontos referentes ao estatuto da alteridade e da intersubjetividade presentes nos desenvolvimentos da psicanalista. Benjamin compreende – no contexto da intersubjetividade – a alteridade como um ideal de transcendência, um terceiro que serviria como ponto de referência para o desejo recíproco que excederia a representação (Butler, 2004/2017, p. 189). Butler, no entanto, discorda de Benjamin, pois, para além de uma simples "negatividade", a destruição não seria, para a filósofa, um acontecimento "ocasional e lamentável" (Butler, 2004/2017, p. 188), como defenderia Benjamin, mas antes constitutiva de qualquer processo de reconhecimento.

Butler segue seu argumento retomando os motivos pelos quais se desloca, igualmente, de uma concepção psicanalítica que toma o falo como esse elemento terceiro; e, mesmo "entendendo" que os progressistas lacanianos sejam rápidos em distinguir falo e pênis, sublinhará que aquilo que esses mesmos lacanianos não explicam é

> *a forma pela qual a própria distinção que converte o "falo" e o "paternal" em algo seguro que se possa usar continua dependendo e reinstituindo as correspondências pênis/falo e paternal/maternal que as distinções dizem superar. Acredito no poder da ressignificação subversiva até certo ponto e aplaudo os esforços para difundir o falo*

> *e cultivar, por exemplo, os pais lésbicos e casos parecidos. Porém seria um erro, acredito, privilegiar o pênis ou a paternidade como os termos a serem mais ampla e radicalmente ressignificados. Por que esses termos, e não outros? O "outro" desses termos é, claro, a pergunta feita aqui, e Benjamin nos ajuda a imaginar, teoricamente, uma paisagem psíquica em que o falo não controla o circuito dos efeitos psíquicos. Mas acaso estamos equipados para repensar o problema da triangulação agora que compreendemos os riscos da redução fálica? (Butler, 2004/2017, p. 190, tradução modificada)*

Butler toca em um ponto nevrálgico: se todo significante tem seu significado como efeito exclusivamente da posição que ele ocupa junto a outros significantes, como explicar, por um lado, o fato de que "falo" continue – por certa tradição lacaniana – a ser o significante privilegiado para se pensar a diferença sexual (aprisionado, portanto, numa cadeia que irremediavelmente se refere também ao pênis ou à diferença sexual binária), e, por outro, a insistência em sublinhar precisamente essa separação entre significante e significado? Além disso, esse movimento não teria, como um de seus efeitos, justamente promover a hipóstase do que se considera como "pênis", colocando-o em um domínio puramente biológico e pré-linguístico? Assim, compreendemos que a mesma crítica que Butler aplica à distinção sexo/gênero pode ser igualmente aplicada à distinção pênis/falo: os efeitos discursivos do primeiro, ao tentarem separar-se radicalmente do segundo, acabam não só por reforçá-lo, mas propriamente por criá-lo.

Em relação à discussão lacaniana sobre o falo, parece que estamos próximos a um movimento que muito lembra aquele descrito por Freud a partir da noção de *negação* (Freud, 1925/2014a): nega-se para fazer passar uma meia verdade, ou, mais precisamente, uma verdade que se mostra como *invertida*: *sonhei com uma mulher, não era minha mãe*; *o falo é o objeto de desejo da mãe, mas o falo não é o pênis*. Talvez não por outro motivo Lacan tenda, cada vez mais, a deixar de lado esse conceito, seja transformando o falo em uma *função*, seja deslocando a ideia de "falo" como objeto do desejo para um objeto *causa* do desejo, a partir de uma *invenção pautada na letra*, o objeto *a*.

Voltando a Butler, notemos como ela é bastante generosa com Lacan ao lembrar que seu paradigma do desejo não é unicamente descrito nos termos do falo, mas é, antes de tudo, um *desejo de reconhecimento*. Nesse sentido, falar em *objeto de desejo* torna-se bastante problemático, na medida em que os objetos seriam aí secundários em relação à matriz de reconhecimento que é o Outro, "que excede a construção psíquica do objeto em termos complementares" (Butler, 2004/2017, p. 187). Dito de outra forma, podemos pensar o desejo do sujeito como um objeto, e não *de* um objeto, já que esse desejo só é desejo na medida em que é objeto do desejo do Outro. Notemos que se tal montagem articula um problema a mais para o falo, ela é subvertida a partir da proposição de um objeto causa do desejo, que funcionará, inclusive, como um novo paradigma de alteridade em Lacan, a partir de meados dos anos 1960 (Quinet, 2012).

Mas Butler insiste que, em Lacan, o desejo nunca é diádico em sua estrutura. A ideia de desejo como *desejo do outro*, que chegará a Lacan por meio do resgate de Hyppolite da ideia de *desejo de desejo* em Hegel, sublinha que o desejo não apenas buscaria sua própria renovação, mas igualmente procuraria ser objeto para o Outro. Assim, na leitura da retomada da introdução do ambíguo genitivo no desejo em Lacan, Butler afirma:

> *o desejo se redobra a si mesmo; busca sua própria renovação, mas para consegui-la deve se duplicar a si mesmo e se tornar assim algo mais do que havia sido.*

> *Não permanece em um lugar como um único desejo, mas se torna outro para si mesmo, tomando uma forma que está fora de si mesmo . . . se aceitarmos que o desejo pelo Outro pode ser desejo pelo desejo do Outro e se aceitarmos também a miríade de formulações equívocas dessa posição, então me parece que reconhecer o Outro requer assumir que a díade raramente é, se alguma vez foi, o que parece ser . . . se o desejo trabalha através de interruptores cujas pegadas nem sempre são fáceis de traçar, então quem sou para o Outro estará, por definição, em risco de deslocamento. Pode-se encontrar o Outro que se ama além de todos os Outros que habitaram alguma vez o lugar desse Outro? Pode-se libertar o Outro, por assim dizer, de toda a história da condensação psíquica e do deslocamento ou, de fato, do precipitado das relações de objeto abandonadas que formam o próprio ego? Ou faz parte do que significa "reconhecer" o Outro reconhecer que ele ou ela chega, por necessidade, com uma história que não tem a si mesmo como seu centro? Isso não faz parte da humildade necessária em todo reconhecimento e também parte do reconhecimento que está envolvido no amor? (Butler, 2004/2017, p. 192)*

A partir da análise da passagem na qual Hegel apresenta a ideia de que a autoconsciência "saiu de si mesma" e "perdeu-se, pois se encontra como outro ser", Butler entende que o eu só encontra a si a partir de uma reflexão de si *no* outro, implicando, portanto, uma perda de si mesmo – nunca mais sendo "devolvido" ao que era após essa experiência. Entretanto, em virtude de tal estatuto externo da reflexão, ele se recuperará apenas em algo externo a si e, nesse instante, continuará repetidamente a se perder. O preço do autoconhecimento será, então,

> *a perda de si mesmo e o Outro propõe a possibilidade de proteger e minar o autoconhecimento. O que se torna claro, entretanto, é que o eu nunca retorna a si mesmo livre do Outro, que sua "relacionalidade" se torna constitutiva de quem é o eu. (Butler, 2004/2017, p. 202)*

Butler sublinha, no entanto, que esse eu hegeliano é, necessariamente, dividido, já que a diferença que a presença da alteridade pressupõe na dialética do desejo o impede de ser idêntico a si:

> *Em meu ponto de vista, Hegel nos deu uma noção ex-stática do eu, que está, necessariamente, fora de si, não autoidêntico, diferenciado desde o início. É o eu aqui que considera sua reflexão ali, mas está igualmente lá, refletido e refletindo. Sua ontologia deve ser precisamente dividida e expandida em formas irrecuperáveis. De fato, qualquer que seja o eu que emerge no curso da* Fenomenologia do espírito, *está sempre em uma remoção temporal de sua aparência anterior; transforma-se por seu encontro com a alteridade, não para retornar a si mesmo, mas para se tornar um eu que nunca foi. A diferença o lança em um futuro irreversível. Ser um eu é, nesses termos, estar distante do que é, não gozar da prerrogativa de autoidentidade (o que Hegel chama de autocerteza), mas ser lançado, sempre fora de si mesmo, como outro de um mesmo. (Butler, 2004/2017, p. 202)*

Esse movimento de Butler pode nos ajudar aqui a pensar, a partir de outra perspectiva, a separação entre *trauma* (edípico) e *disposição* (sexual). A partir dessa leitura de Hegel, a aparente oposição toma outra forma, na medida em que a disposição sexual – tanto aquela da decantação "material" do *après-coup* linguístico quanto a do "estar disposto a", resgatado por Butler – é já e sempre o efeito de um "trauma" do encontro com a destruição que a alteridade hegeliana carrega. Da mesma forma, esse trauma é indissociável da própria relacionalidade que suspende a divisão entre "eu" e "outro". Assim, compreender o Édipo como um processo simbólico de sexuação no qual a divisão se opera a partir da separação entre *identificação* por um sexo – posto que há *desejo* pelo outro – é desconhecer o caráter, de partida, dividido do sujeito do desejo, supondo uma unidade anterior idêntica a si.

> *Se assumimos que o eu existe e então ele se divide, assumimos que o status ontológico do eu é autossuficiente antes de sofrer sua divisão (um mito aristofânico, poderíamos dizer, ressuscitado dentro da metapsicologia da psicologia do ego). Mas isso não é compreender o primado ontológico da relacionalidade em si e suas consequências para pensar o eu em sua necessária (e consequentemente ética) desunião. (Butler, 2004/2017, p. 204)*

Esse me parece ser o problema de fundo que o seminário sobre a identificação tenta equacionar. Lembremos que nesse seminário, em que não há nenhuma aproximação entre a questão da identidade sexuada e a noção de "identificação", não há também quase nenhuma menção forte ao Édipo, sendo ele mencionado apenas como um *nó* que articula uma demanda que é tomada como uma lei e um desejo, que é do Outro (Lacan, 1961-1962/2003c, p. 206). No entanto, todo o reposicionamento da teoria do sujeito e do significante em Lacan se dá, nesse momento, a partir de uma estruturação subjetiva que se baseia, propriamente, na unidade fundamental da diferença. É aí também que veremos a topologia comparecer, pela primeira vez, com maior contundência na explicitação da lógica em jogo na constituição de um sujeito pela repetição de uma demanda de reconhecimento que, ao mesmo tempo, funda um sujeito e constitui o desejo de seu Outro no interior de seu furo. Essa leitura, em nosso entender, mais do que a dialética edipiana, é a que se aproxima da apresentação butleriana de Hegel.

Mas lembremos que esse exercício não teve como propósito uma aproximação ingênua entre dois autores que, em realidade, diferem sensivelmente em diversos pontos: nosso foco é retomar a proposta lacaniana segundo a qual o ser sexuado se autoriza de si na medida em que se autoriza de outros. Nesse sentido, analisemos mais de perto a maneira pela qual Butler encerra seu texto, após afirmar que a perspectiva relacional, mas não intersubjetiva, derivada de Hegel não seria "uma ideia particularmente 'pós-moderna', uma vez que é derivada do idealismo alemão e das tradições de extáticas medievais anteriores" (Butler, 2004/2017, p. 205).

> *Ela [essa ideia] simplesmente reconhece que o "nós" que somos relacionais não nos separamos dessas relações e que não podemos pensar em nós mesmos separadamente dos efeitos descentradores que essa relacionalidade implica. Além disso, quando consideramos que as relações mediante as quais estamos definidos não são diádicas, porém sempre se referem a um legado histórico e horizonte de futuro que não está contido no Outro, mas que constitui algo como o Outro do Outro, então parece deduzir-se que quem "somos" é, fundamentalmente, um sujeito em uma cadeia temporal de desejo que só ocasional e provisoriamente assume a forma da díade. Quero reiterar que deslocar o modelo binário para pensar sobre a relacionalidade também nos ajudará a apreciar os ecos triangulares no desejo heterossexual, homossexual e bissexual, e a compreender melhor a relação entre a sexualidade e o gênero.*

> *A Jessica Benjamin agradeço por ter iniciado o mais importante diálogo sobre gênero e sexualidade que temos nos interstícios da filosofia e da psicanálise. Comecemos agora a pensar novamente no que pode significar reconhecer um ao outro* quando se trata de muito mais do que de dois. *(Butler, 2004/2017, p. 205, grifo nosso)*

A ideia que abre a passagem sublinha que, se a constituição subjetiva tem como base a materialidade mesma da relação entre o eu e a alteridade que o constitui, é impossível pensar-se a si mesmo fora da inquietude que esse descentramento aporta. É importante, não obstante, notar como Butler, nesse momento final do texto, passa a se utilizar da primeira pessoa do plural, num movimento que desemboca na abertura do *muito mais do que dois*. Essa abertura – longe de apontar um multiculturalismo ingênuo e imaginário – retoma a ideia de um *legado histórico e horizonte de futuro* que constituiria o *Outro do Outro*. Rapidamente somos convidados aqui a relembrar a máxima lacaniana de que não há Outro do Outro como uma sorte de defesa contra a argumentação de Butler. Mas reflitamos com um pouco mais de calma sobre esse ponto.

A ideia da inexistência de um Outro do Outro (Lacan, 1959-1960/2008b, p. 308) é solidária à crítica da metalinguagem. Considerando o inconsciente estruturado como uma linguagem, não haveria instância exterior a partir da qual esse Outro (linguístico) pudesse ser pensado. Notemos como, em outras palavras, há uma preocupação semelhante em Butler, ao afirmar que não haveria como se pensar a si mesmo fora do que a relacionalidade hegeliana implicaria. Mas, nesse caso, como entender essa aparente contradição?

Seria o Outro do Outro, ainda assim, um Outro? Butler sublinha muito precisamente que o caráter desse Outro do Outro não é o mesmo da alteridade que ameaça a minha existência, mas antes esse *legado histórico, horizonte de futuro, cadeia temporal de desejo*. É uma sorte de alteridade processual descentradora que impediria qualquer sujeito de identificar-se a si a partir de uma simples identificação ou sujeição ao Outro. O Outro do Outro é, aqui, sobretudo o efeito do desejo de reconhecimento ao longo do *tempo*;[23] é a fratura, a contingência a que a materialidade da relação ao desejo do Outro está sujeita. Ora, não é essa a ideia que nos apareceu ao discutirmos o *real* no contexto da sexuação? Seria o real, nesse contexto, o Outro do Outro?

Essa ideia parece defensável na medida em que, nos últimos desenvolvimentos de Lacan, a ideia da inexistência do Outro do Outro é sempre referida ao registro do *simbólico*.[24] Sim, é bem verdade que, para que o sistema simbólico lacaniano opere enquanto tal, é necessário que não haja uma outra posição ou alteridade que possa se narrar a si mesma enquanto alheia às mesmas leis que a presidem. No entanto, a introdução das últimas versões da noção de "real" vem aí para balançar o caráter total que o império da linguagem representara até então para a sua teoria do sujeito. As referências à questão da temporalidade e à pluralidade que a passagem de Butler evoca nos remetem diretamente à discussão empreendida no capítulo anterior, na qual a sexuação fora pensada, precisamente, num entroncamento entre o real do grupo e a emergência na história – marcada, por um lado, pela contingência de sua aparição, e, por outro, pela infinitude incontável do real. A ek-sistência do real em relação ao sujeito – que reaparece na discussão sobre a alteridade em Hegel por Butler (2004/2017, p. 203) – é, ao mesmo tempo, o que marca seu impossível e o que constitui a possibilidade do reconhecimento. De toda forma, a tessitura descontínua que o real aporta para a

---

23 Para uma discussão sobre a aproximação entre *tempo* e *real*, ver o resgate das discussões de Juraville (Dunker, 2017).

24 Cf. Lacan (1974-1975) – lições de 11 de fevereiro de 1975 (p. 73) e 18 de março de 1975 (p. 131).

dimensão do reconhecimento não exclui o simbólico ou o lugar do Outro, mas aponta para seu descentramento, seu caráter não todo.

Digamos com outras letras. Com a palavra, Pessoa (1933/1995):

Entre o sono e o sonho,
Entre mim e o que em mim
É o quem eu me suponho,
Corre um rio sem fim.

Passou por outras margens,
Diversas mais além,
Naquelas várias viagens
Que todo o rio tem.

Chegou onde hoje habito
A casa que hoje sou.
Passa, se eu me medito;
Se desperto, passou.

E quem me sinto e morre
No que me liga a mim
Dorme onde o rio corre –
Esse rio sem fim.

Os diversos *eus* do poema dão a dimensão dessa modalidade de reconhecimento que – ao se valer do reconhecimento oriundo da diferença fundamental produzida pela repetição na escrita – constrói um autor ao mesmo tempo uno e múltiplo, o que é bastante comum em Pessoa. O que esse poema, em especial, nos dá a ver é que, nesse processo, há uma insistência inapreensível do tempo, que aparece aqui na forma de um *correr do rio*. A deriva, *Trieb*, do rio é, então, ao mesmo tempo, a inexorabilidade do impossível da identidade do eu e toda a multiplicidade de eus que ao redor dela orbita. É um rio, como o real, sem fim, mas que flui; e, ao fluir, permite o reconhecimento de alteridades e a suposição de unidade(s).

O inquietante irrepresentável que o sexual e o sexuado, assim, aportam em sua deriva é, conforme Safatle (2016a, p. 175) retoma de Butler, propriamente um *modo de ser despossuído*, mas não pelo caráter total de um Outro, nem propriamente por um real da diferença sexual que assumiria o lugar de uma nova metafísica. A aposta de Butler, ao criticar a noção de "autonomia" em *Undoing gender* (2004) – rebatendo críticas que, até hoje, ainda sobre ela recaem –, é reposicionar o eixo ético para fora de si,[25] sublinhando a trajetória de desejos na qual se é

> *tirado de si e ressituado irreversivelmente em um campo de* ***outros****, no qual não se é o centro presumível. A sociabilidade particular que pertence à vida corporal, à vida sexual e ao generizar-se [*becoming gendered*] (que é sempre, em certa medida, generizar-se* para ***outros****) estabelece um campo de enredamento ético com* ***outros*** *um senso de desorientação para a primeira pessoa, ou seja, a perspectiva do ego. (Butler, 2004, p. 25, tradução nossa, grifo do original, negritos nossos)*

---

25 Talvez numa certa oposição à aposta de *cuidado de si*, derivada de uma certa tradição de leitura de Foucault.

Tornar-se sexuado é, assim, sexuar-se sempre para *outros*. Mas esse tipo de reflexão começa a borrar ou a, no mínimo, questionar a fronteira entre Outro e outro – entre uma alteridade simbólica e uma alteridade imaginária. Avancemos a discussão sobre desejo, reconhecimento e designação a partir de outras coordenadas.

3. Dos outros à nomeação: assunção, júbilo e sinthoma

A identidade foi e continua sendo um erro necessário.

Gayatri Spivak apud Mezié (2006, tradução nossa)

Os nomes são tão inevitáveis, tão impostos
de fora como as personalidades.

Fernando Pessoa apud Gil (1986, p. 203)

Identificação ao semelhante

Na série de usos da identificação – desde os primeiros escritos de Lacan até o seminário sobre as psicoses –, parece-nos haver, salvo algumas exceções, um organizador comum, a saber: a identificação ao *semelhante*. Ou, melhor ainda, aos *semelhantes*, no plural; afinal, durante o primeiro momento conceitual de Lacan não parece haver, em consonância com a redescrição da sexuação em termos da autorização em relação ao grupo, uma instância fixa unificadora da subjetividade. Conforme discutimos, a partir de meados dos anos 1950 fica claro que o psicanalista irá majoritariamente – por conta da interpretação que faz do estruturalismo – procurar pontos de orientação únicos; e observaremos, a partir daí, que conceitos que – tanto em Freud como no próprio Lacan dos anos 1930 e 1940 – antes eram contingentes e múltiplos (recalques, identificações, pulsões etc.) passam a ser trabalhados no singular.

Em nosso contexto, até determinado momento, tanto as identificações em si quanto suas fontes – os semelhantes – serão plurais. Bem entendido, provavelmente tal ideia nos seja próxima por conta de uma crítica empreendida contra ela a partir dos desenvolvimentos sobre o simbólico a partir do final de meados de 1950. A centralidade que o conceito de "grande Outro", simbólico, ocupará frente aos demais operadores é tributária justamente de sua diferenciação do pequeno outro, *a*, imaginário, que optaremos por chamar aqui de *semelhante*. O semelhante é – em sua etimologia, do latim *similis* – aquele que parece, que se assemelha, que tem similitude (ou, do grego, que é análogo) sem, no entanto, ser o *idem*, o mesmo, o exatamente igual.

Notadamente em "Os complexos familiares" (1938/2003a), Lacan utiliza a expressão *identificação mental* para se referir ao princípio básico que organizaria o estágio de ciúme e agressividade entre irmãos – chamado de "complexo de intrusão" –, estágio em que reina uma transitividade entre o eu e o outro, na qual, como sublinha Lacan, é necessário haver inclusive uma faixa etária semelhante:

> *Ora, embora uma tal reação possa ser muito precoce, ela se mostra determinada por uma condição tão dominante que se afigura unívoca; a saber, um limite que não pode ser ultrapassado na distância etária entre os sujeitos. Esse limite restringe-se a dois meses e meio no primeiro ano do período considerado, e continua igualmente estrito ao se ampliar. (1938/2003a, p. 43)*

Fica claro aqui como o estatuto do outro passível de identificação é de uma horizontalidade bastante estrita. O que se passa com o estatuto do semelhante nos anos 1950 é um declínio gradual de sua importância, posto que aquilo que até então era central para a estruturação do sujeito passa a ser um mecanismo específico de constituição do ego. E como uma primeira parte do ensino de Lacan constituiu-se majoritariamente contra a centralidade do ego em psicanálise, a questão do semelhante parece ter sido apagada nesse contexto. Mas vejamos como, em 1954, o semelhante ainda comparece enquanto noção. Trata-se de uma passagem em que Lacan discute a questão da dificuldade de chegar à fala plena e como o discurso do ego do analisante é, por vezes, feito para interessar ao analista:

> *Em outros termos, a relação do ego com o outro, a relação do sujeito com esse outro si-mesmo, com esse semelhante em relação ao qual ele inicialmente se formou, e que constitui a estrutura essencial da constituição humana, e que é certamente a função imaginária a partir da qual podemos compreender, conceber, explicar o que é o ego na análise. (Lacan, 1953-1954/1986, p. 67, tradução modificada)*

A identificação é ligada ao semelhante, que, por sua vez, se liga ao imaginário. Mas o que isso teria a ver com a questão da sexuação?

A conhecida tese de 1932 (Lacan, 1932) versava sobre um caso de psicose paranoica, que teve como grande feito encaminhar discussões até então incompatíveis entre a psiquiatria francesa e a alemã. Há poucas referências à noção de "identificação" nesse trabalho, e nenhuma delas liga a identificação à questão da assunção de um sexo.

Pontuemos, no entanto, um conceito aparentemente formulado pelo próprio Lacan, consistindo em uma das quatro características do delírio: a *identificação iterativa* – por ele considerada o princípio organizador das outras três (a *qualidade significativa*, a *imprecisão lógica* e o *valor de realidade*) – apresenta a característica de ser justamente "pré-lógica", posto que não respeitaria as leis de identidade propostas por Meyerson (Lacan, 1932, p. 297-298).[1]

Em "O problema do estilo", de 1933, Lacan dá uma definição mais bem-acabada da noção:

> *Caracterizamos nos símbolos uma tendência fundamental que designamos pelo termo "identificação iterativa de objeto": o delírio se orienta, de fato, muito fecundamente em fantasias de repetição cíclica, de multiplicação onipresente, de retornos periódicos sem fim dos mesmos eventos, em duplas e trios de mesmos personagens, por vezes em alucinações de duplicação da pessoa do sujeito. Essas intuições são manifestamente parentes de processos bastante constantes de criação poética e parecem uma das condições da tipificação, criadora do estilo. (Lacan, 1933, p. 69)*

Pontuemos aqui um possível paradoxo: como pode um princípio pré-lógico que não reconhece a identidade ser, ele mesmo, uma identificação a um objeto que reiteradamente volta aos mesmos personagens, eventos e alucinações? Serão necessários muitos desdobramentos conceituais até que esse aparente impasse possa ser encaminhado na economia teórica lacaniana, com o traço unário, trabalhado anteriormente com base na ideia de uma iteração própria da demanda no contexto de constituição do sujeito a partir do desejo do Outro. Ocorre, nessa passagem, que Lacan irá ligar tais processos à questão da poética e do estilo.

---

1 Para mais informações sobre Meyerson, consultar http://goo.gl/5PQkZV.

Lacan tradutor

Posto que a paranoia parecia interessar ao então jovem doutorando no início dos anos 1930, não nos surpreende o fato de este ter empreendido uma tradução de Freud sobre o tema. Como sabemos, a clínica freudiana é basicamente centrada na neurose, sendo, portanto, menos numerosas as suas publicações referentes à psicose, por mais que sua metapsicologia se proponha a ter um alcance global. Para além dos dois casos clínicos – Schreber e "Um caso de paranoia que contraria a teoria psicanalítica da doença" (Freud, 1915/2010d) –, talvez o principal texto de Freud sobre o assunto tenha sido "Sobre alguns mecanismos neuróticos no ciúme, na paranoia e na homossexualidade", de 1922 (2011c), cuja primeira tradução para o francês foi feita por Lacan, em 1932, e publicada na *Revue Française de Psychanalyse* (Freud, 1922/1932).

Em que pese o fato de tratar-se de uma tradução com muitos problemas, ela nos interessa aqui na medida em que mostra que Lacan se interessava pelo tema e, muito provavelmente, seguia Freud integralmente, posto que retoma a tese sobre a homossexualidade como ligada à paranoia no caso Aimée (Lacan, 1932), bem como centra boa parte de sua análise na noção de "ciúme", que será igualmente retomada em outros textos, como "A agressividade em psicanálise" (1948/1998d), "O estádio do espelho" (1949/1998e) e "Os complexos familiares" (1938/2003a). O texto de Freud parece mostrar algo que será muito importante nesse momento conceitual, a saber: a importância estrutural da relação com o semelhante na constituição do sujeito e, mais ainda, sua sensível submissão a padrões culturais – o que nos interessa sobremaneira.

No texto freudiano de 1922, diferentemente dos três tipos de identificação classicamente retomados do Capítulo 7 de "Psicologia das massas e análise do eu" (Freud, 1921/2011b), temos a identificação como um mecanismo definidor da *homossexualidade*. Ainda que chegue a reconhecer causas orgânicas da homossexualidade, Freud foca seus esforços em refletir sobre os processos psíquicos que estariam em sua origem (Freud, 1922/2011c, p. 65), chegando mesmo a descrever o chamado "processo típico", no qual o jovem rapaz, intensamente fixado à sua mãe – notemos aqui a silenciosa assunção do masculino como modelo –, encontrará uma "crise" alguns anos após a adolescência.

Façamos aqui um parêntese de tradução. Em relação à mudança nesse período de puberdade do "jovem homossexual", Lacan faz duas escolhas de tradução bastante curiosas. Comparemos os trechos:

> *O reconhecimento do fator orgânico da homossexualidade não nos dispensa de estudar os processos psíquicos que estão em sua origem. O processo típico, bem estabelecido em numerosos casos, consiste no fato de que, no jovem rapaz, até então extremamente fixado à mãe, se produza alguns anos após a puberdade uma* crise*; ele se identifica a si mesmo com a mãe e busca em seu amor objetos nos quais ele possa se reencontrar consigo mesmo e tenha o prazer de amar, como sua mãe o amou. Como vestígio desse processo, uma condição de atração se impõe ao sujeito, habitualmente por muitos anos: que os objetos masculinos tenham a mesma idade de quando a* perturbação *ocorreu.*[2] *(Freud, 1922/1932, p. 398, tradução nossa, grifos nossos)*

Os termos que gostaríamos de destacar em relação ao texto original (Freud, 1922/1998) são os seguintes: (1) *Wendung*, que em alemão diz respeito a algo como uma torção, virada, mudança – sendo

2 Utilizamos nesse trecho exclusivamente a tradução de Lacan – sem consulta ao original – para justamente sublinhar suas escolhas de tradução.

essa última a escolha de tradução de Paulo César de Souza (Freud, 1922/2011c) –, é, por exemplo, o nome da manobra feita em natação quando se atinge o fim da raia e é preciso voltar. Entre os múltiplos termos de que Lacan dispunha para vertê-lo (*tournure*, *retournement*, *changement*, *revirement*, *virage* etc.), opta por *crise*, o que, além de impreciso, parece já denotar certo posicionamento moral em relação ao processo em jogo na homossexualidade.

No mesmo parágrafo temos o termo (2) *Umwandlung*, usado por Freud como um sinônimo de *Konversion*, de origem latina, na histeria, no caso Elisabeth (Freud & Breuer, 1895/1987), além de ser o nome do processo que converte o conteúdo latente do sonho em conteúdo manifesto (Freud, 1900/1987), cujas traduções mais comuns são justamente *conversão* e também *transformação* – opção adotada por Souza (Freud, 1922/2011c). Trata-se, em alemão, do nome da manobra no xadrez na qual um peão que chega à ultima casa pode ser vertido em bispo, cavalo ou dama. Em português, tal manobra é conhecida inclusive como *promoção*. Trata-se aí claramente, então, de uma modificação que não implica uma desvalorização, mas simplesmente uma passagem de estado. Pois bem, *Umwandlung* é traduzido por Lacan como *bouleversement*, que tem o sentido, em francês, de uma perturbação grave ou de uma alteração relativamente intensa, que modifica um estado inercial ou uma continuidade regular, que sinaliza uma mudança de equilíbrio. Pode igualmente ser traduzido como "desordem", "devastação", "irrupção", "agitação", "confusão", e até mesmo "trauma". A *Larousse* (Bouleversement, 2017) cita como exemplo o estado de uma cidade após um terremoto. Sublinhemos a distância desse campo semântico daquele de uma transformação ou conversão, no qual não há necessariamente a ideia de uma situação correta ou esperada que foi rompida.

Para além desses dois exemplos, comparemos a última frase do trecho citado, na tradução de Lacan, com a tradução de Souza:

> *Como vestígio desse processo, uma condição de atração se impõe ao sujeito, habitualmente por muitos anos: que os objetos masculinos tenham a mesma idade de quando a perturbação ocorreu. (Freud, 1922/1932, p. 398, tradução nossa da tradução de Lacan)*

> *Característica desse processo é que normalmente, por muitos anos, uma condição necessária do amor será que os objetos masculinos têm que ter a idade em que nele ocorreu a transformação. (Freud, 1922/2011c, p. 221, tradução de Souza)*

Fica claro como Lacan força a mão em algo que o texto original trata com muito mais leveza. *Crise, vestígio, se impõe, perturbação* são algumas das marcas das escolhas de tradução que revelam não que sua "tradução era notável", conforme afirma Roudinesco (1994, p. 48), mas que se tratava de uma posição normalizante em relação à homossexualidade – que parece se estender epistemologicamente em relação à transexualidade tanto para Lacan quanto para os pós-lacanianos.

We band of brothers

Mas retomemos o texto em si. Freud afirma que a fixação à mãe evitaria a passagem a um outro objeto feminino e que a identificação à mãe – aqui sinônimo de "fixação" – é que, no fundo, permite que o indivíduo continue fiel a esse primeiro objeto, tendendo, em seguida, a uma escolha narcísica de objeto. Mais à frente, afirmará que "a pouca estima pela mulher, a aversão e até mesmo horror a ela, procedem geralmente pela descoberta, feita bastante cedo, de que a mulher não possui pênis" (Freud, 1922/2011c, p. 211). Tal ideia da homossexualidade masculina como se constituindo a partir de um desgosto ou horror do feminino perdurará durante muitas décadas no pensamento psicanalítico – inclusive nas mais diferentes filiações teóricas.[3] É curioso notar que a homossexualidade feminina dificilmente é descrita a partir de uma "repulsa do masculino". No caso de Csillag, a jovem atendida por Freud cuja queixa dos pais seria seu relacionamento com outra mulher, o psicanalista busca (inclusive já no título) uma psicogênese de sua homossexualidade. No entanto, logo vai deixando claro no texto que qualquer explicação universal seria psicanaliticamente imprecisa (Freud, 1920/2011a).

Supor que certa modalidade pretensamente estável de escolha objetal tem como correlato o desprezo de outra nos levaria à questão inversa, que se demonstra ser igualmente falsa: um homem heterossexual não despreza o sexo masculino. Ao contrário, o desprezo pelas mulheres é inclusive uma das características mais marcantes do machismo, ou até mesmo da própria masculinidade (Ambra, 2015). E aqui, a passagem rápida feita por Freud entre identificação à mãe – sinônimo automático de mulher heterossexual – e desprezo pela mulher não é explicada senão pela dificuldade em psicanálise de separar, de fato, identificação e escolha objetal – questão pontuada por Lacan já no seminário sobre a relação de objeto (Lacan, 1956-1957/1995, p. 173).

Vejamos como o problema é abordado por Butler, em "Le transgenre et les 'attitudes de révolte'" (O transgênero e "as atitudes de revolta"), visando utilizar a homossexualidade como um paradigma para se pensar a questão trans. Reproduzo aqui a passagem, que, apesar de longa, apresenta bem uma crítica aplicável ao núcleo da argumentação de Freud nesse primeiro tempo de seu texto sobre a homossexualidade masculina:

---

3 Na tradução feita por Lacan, lê-se: "Le mépris de la femme, l'aversion pour elle, voire le dégoût qu'elle provoque, se rattachent dans la règle à la découverte tôt faite que la femme ne possède pas de pénis" (Freud, 1922/1932, p. 399).

Por exemplo, alguns psicanalistas, incluindo as feministas, poderiam argumentar que os intensos vínculos homossexuais entre meninos indicam que esses meninos repudiaram sua mãe. Isso é então entendido como uma ruptura na capacidade relacional em si. A pressuposição é a de que a relação com a mãe é primária e que qualquer violação dessa relação é uma violação em qualquer capacidade relacional. O psicanalista Ken Corbett refutou esse ponto de vista, sugerindo que quando os meninos curtem seu prazer fálico juntos, são tomados por um modo de relação distinto daquele que podem ter com meninas ou mesmo com o materno. Não há nenhuma razão para inferir imediatamente que o deslocamento em direção à homossexualidade masculina é um repúdio da mãe.[4] *Não é porque tais jogos fálicos, particularmente entre os meninos, geralmente não envolvem meninas ou mulheres – embora seja possível – que eles têm por princípio um repúdio às meninas ou às mulheres. Na verdade, uma coisa é que o desejo seja dirigido a um gênero, e não a outro, e uma outra é fundar seu prazer sobre a exclusão motivada pela agressividade ou mesmo pelo ódio em relação a esse gênero. Ao considerar a relação com a mãe como a relação primária, arrisca-se, estranhamente, acabar por explicar tais jogos entre meninos fazendo referência ao materno, que é uma forma de se afastar de seu modo de relação próprio. Na verdade, corre-se o risco de acabarmos tendo uma teoria da sexualidade masculina, concebida para proteger o narcisismo da*

---

4 Iríamos além de Butler, pois nada de fato demonstra que seja mesmo um deslocamento.

> *mãe presumidamente heterossexual. (Butler, 2009, p. 15, tradução nossa)*

A argumentação de Butler segue no sentido de usar esses mesmos questionamentos para se pensar uma constituição da identidade transexual para além do repúdio ao sexo. Notemos que há em Butler uma crítica que se articula de duas formas distintas. Em primeiro lugar, *coloca-se em causa a primazia da mãe como matriz das relações sexuais*, e mesmo sociais, posto que qualquer outro vínculo deve remeter-se a esse primeiro, nem que seja de maneira agressiva – tal é a hipótese de alguns psicanalistas evocados, entre os quais poderíamos incluir alguns desenvolvimentos de Freud e Lacan. Assim, Butler abre a possibilidade de se pensar um vínculo para além, ou para aquém, do Édipo; ou, no mínimo, como não tão radicalmente comprometido com uma alteridade tão normalizadora como o que virá a ser o grande Outro. Outra crítica, que se articula com essa primeira, é a *valorização desse vínculo entre semelhantes*, fora de um regime de simples desdobramento edípico – no caso, aqui, entre jovens rapazes. Notemos, no entanto, que Butler realiza tal movimento visando colocar de lado tendências agressivas dirigidas em relação à mãe. Mas teria tal reflexão algum tipo de embasamento no arsenal conceitual freudo-lacaniano?

Voltemos ao texto "Sobre alguns mecanismos...". Logo no início, diz Freud sobre o ciúme "normal":

> *é profundamente enraizado no inconsciente, dá continuidade aos primeiros impulsos da afetividade infantil e vem do complexo de Édipo ou do complexo de irmãos* [Geschwisterkomplex] *do primeiro período sexual. No entanto, é digno de nota que algumas pessoas o experimentam de forma bissexual, ou seja, pode haver no homem, além da dor pela mulher amada e do ódio pelo*

> *rival, tristeza [*Trauer*] por causa do homem inconscientemente amado e ódio pela mulher como rival, num ciúme reforçado. (Freud, 1922/2011c, p. 189)*

É a primeira e única ocorrência do termo *Geschwisterkomplex* (complexo fraterno, complexo de irmãos) em Freud; e não seria digna de nota não fosse o tipo de argumento em jogo nesse artigo, bem como sua retomada por Lacan e relativa permanência conceitual por, no mínimo, duas décadas, a partir do já mencionado estatuto do semelhante, cujo modelo é o *irmão/irmã*. Essa passagem chama a nossa atenção não apenas pela presença desse estranho complexo, mas igualmente pelo seu estatuto de anterioridade em relação ao Édipo, sendo considerado referente ao *primeiro período sexual*. Na sequência, outra pontuação sobre o ciúme – que, lembremos, será posteriormente definido por Lacan como *identificação mental* – sublinha seu caráter bissexual: enraizado profundamente no inconsciente, o sentimento de ciúme em alguma medida ignora seja a identidade sexual do parceiro, seja a fixação de escolha objetal (hetero ou homossexual).

Juliet Mitchell foi talvez quem mais sistemática e verticalmente discutiu a importância dos irmãos na clínica, em especial na análise da histeria. Seu trabalho *Loucos e medusas* (2000/2006) organiza-se ao redor de uma articulação cuidadosa entre três eixos. Um refere-se à dispersão epistemológica e diagnóstica da categoria de "histeria" ao longo do século XX, trabalhada em especial no capítulo "Para onde foi toda a histeria?". Reconstrói-se aí a ideia de que essa categoria flertava, desde seu nascimento, com a iminência de seu próprio desaparecimento, mas que uma análise cuidadosa da natureza mimética de suas manifestações demonstra que

> *não há como a histeria não existir: ela é uma resposta particular a aspectos particulares da condição humana de vida e morte. Através das culturas e da História, suas*

> *modalidades são várias, mas serão todas variações sobre o tema de uma forma particular de sobreviver. (Mitchell, 2000/2006, p. 383)*

Um segundo eixo refere-se à consideração da centralidade da pulsão de morte na compreensão da histeria – fato pouco explorado diretamente pelos pós-freudianos, talvez porque a pulsão de morte toma força na obra do psicanalista num momento em que a teorização da histeria já fora consolidada. "Quando não se permite que a histeria desapareça, há outra teoria de psicanálise a ser escrita – uma que assuma a total importância das pulsões conflituosas de morte e vida construídas no contexto da condição de prematuridade do nascimento humano" (Mitchell, 2000/2006, p. 383).

Mas é um terceiro eixo de discussões que nos interessa mais aqui, articulado intimamente com a consideração das pulsões destrutivas. Trata-se do resgate da importância dos laços horizontais tanto na histeria quanto na constituição do psiquismo. Na esteira da conceituação freudiana que discutíamos anteriormente, Mitchell sublinha o fato de que diversos traços da constituição do eu advêm não de identificações edipianas, mas de soluções ao lugar dado às pulsões dirigidas aos semelhantes. Isso não quer dizer que Mitchell ignore ou secundarize o Édipo, mas que o revisita a partir do lugar de destaque do semelhante na histeria – a análise dessa questão no caso Dora (Freud, 1905/2016b) e na própria autoanálise de Freud são preciosos nesse sentido.

Estaria em jogo, para a autora, uma espécie de regressão edípica na histeria, ocasionada pelo questionamento do lugar do pequeno outro na constelação do sujeito. Em outras palavras, seria precisamente na entrada em cena de um irmão – tomado como rival – que o drama edípico se armaria da maneira classicamente apresentada. A pulsão de morte tem aí um papel primordial, na medida em que a angústia em jogo se refere precisamente a esse horizonte de destrutividade total aportado pela presença do outro lateral. Retomando nossa análise da noção de complexo enquanto um quadro de relações simbólicas a partir do qual a relação do sujeito com a realidade é estruturada, temos que tal complexo fraterno nos fornece outra gramática de relações sociais e, portanto, de constituição subjetiva, não mais exclusivamente pautada na estruturação edípica, mas tecida junto a ela.

> *O relacionamento entre irmãos é importante porque, diferentemente da relação parental, é nosso primeiro relacionamento* social. *O modo do tratamento psicanalítico obscurece este fato e a teoria o ignora. Com o surgimento de um irmão mais novo ou com a percepção da diferença de um irmão mais velho (ou substituto de irmão) o sujeito é desalojado, deposto, e fica sem o lugar que era seu: ela ou ele devem mudar totalmente em relação tanto ao resto da família quanto ao mundo externo. Se a criança é uma menina mais velha, insistem para que se torne uma "mãezinha", se é um menino, para que se torne o "irmãozinho" (a assimetria é notável aqui). Para ambos, entretanto, o assassinato está no ar. O desejo de matar o pai (parte do complexo de Édipo) que possui a mãe e que, com ela, é responsável pelo usurpador, é secundário frente à necessidade de eliminar aquele/aquela que tomou o seu lugar e o exilou de si mesmo.* (Mitchell, 2000/2006, p. 38, grifos do original)

Mitchell critica em Freud a ignorância do caráter retroativo da interpretação do Édipo, já que é "a percepção inicial da presença dos irmãos que produz uma situação psicossocial catastrófica de desalojamento. E isso deflagra uma regressão aos relacionamentos parentais anteriores que, até esse momento, estavam sem suas implicações psíquicas" (Mitchell, 2000/2006, p. 40).

Com essa inversão em mente, diversos detalhes começam a se mostrar mais relevantes. Por exemplo, o desejo radical de *Antígona* é aquele de enterrar o *irmão*, Polinice – que fora morto, por sua vez, por seu outro *irmão*, Etéocles (Sófocles, 441 a.C./1990). Em realidade, o marco zero da trilogia tebana se dá por meio de um impasse entre semelhantes, Laios e Crísipo, o qual discutiremos adiante.

Da mesma maneira, a tragédia de *Hamlet* – tão importante para Lacan em seu seminário *O desejo e sua interpretação* (1958-1959/2016) – tem como início da trama um fratricídio. "Na histeria vemos a assombração que surge quando a encenação não se transforma em poesia nem é ritualizada (como, pelo aparecimento do Fantasma, o assassinato de um irmão atormenta a peça de Hamlet)" (Mitchell, 2000/2006, p. 49).

Mitchell resgata diversos trechos da biografia freudiana contemporâneos à redação dos *Estudos sobre a histeria* (Freud & Breuer, 1895/1987), nos quais há, na descrição que Freud faz sobre si mesmo a Fliess, uma passagem de uma *pequena histeria* a um estado mais "normal". De acordo com a autora, esse processo que se entretece com o luto pelo pai refere-se, em realidade, a uma elaboração sobre um irmão morto. Em meio a uma racionalidade edipocêntrica,

> *ignora-se o fato de que mãe e pai são tão importantes e problemáticos porque outros, além da própria pessoa, reivindicam-nos. Esses outros – no caso de Freud, Wilhelm Fliess como reencarnação emocional de seu irmão morto – são o efeito que fica quando algo capacita o histérico a resolver sua histeria por meio da resolução do complexo de Édipo. Só para continuar com Freud como caso exemplar de um problema generalizado, embora ele tenha se recuperado, nunca foi capaz de tolerar relacionamentos laterais com homens como colegas. (Mitchell, 2000/2006, p. 71)*

Menos especulativa, mas igualmente precisa, é sua leitura sobre o caso Dora (Freud, 1905/2016a). Apesar de Freud afirmar que havia em Dora uma histeria desde a infância, sendo a manifestação sintomática – analisada junto à constelação formada por ela, seus pais e o casal K. – uma atualização de questões anteriores, o psicanalista não discute propriamente a etiologia ou questões estruturais desse caráter mais estruturalmente histérico do caso. "O que não se vê é que a histeria de Dora *precede* o fato de ser um objeto de troca entre homens que são mais velhos o bastante para serem seus pais" (Mitchell, 2000/2006, p. 137). A autora condensa, então, sua interpretação: "embora posteriormente haja algumas indicações de que Dora fez uma identificação paterna, a histeria emana na infância a partir do momento da interrupção de sua identificação com o *irmão*" (Mitchell, 2000/2006, p. 137).

> *Assim, o relacionamento social que deflagrara os desejos edipianos de Dora e o fracasso de sua solução era entre irmãos. Ela quisera posicionar-se na família quando criança de forma igual ao irmão, só para descobrir que não era igual a ele no sexo e que (provavelmente) ele, sendo homem e primogênito, tinha o amor da mãe. (Mitchell, 2000/2006, p. 137)*

A questão da importância dos irmãos, no entanto, talvez não fosse assim tão desconhecida por Freud, como atesta o texto "Sobre alguns mecanismos neuróticos no ciúme, na paranoia e na homossexualidade" (1922/2011c), bem como "A etiologia da histeria" (1896/1980), no qual – ainda sob a égide da teoria da sedução traumática – Freud sublinha que o abuso (ou a fantasia sobre o abuso) era cometido por pessoas que poderiam ser divididas em três grupos: (1) desconhecidos; (2) conhecidos próximos, como babás, governantas, tutores; e "o terceiro grupo, finalmente", que "contém relações infantis propriamente ditas – relações sexuais entre duas crianças de sexo diferente, em geral um irmão e uma irmã, que se prolongam com frequência além da puberdade e têm as mais extensas consequências para o par". Ou seja, nesse momento de sua teorização, o trauma ocasionado pelos irmãos teria, inclusive, consequências mais graves do que aquele referente a adultos.

Outro aspecto ligado a essa questão – e sumariamente ignorado por Lacan – é que Schreber tinha um irmão que se suicidara com um tiro aos 38 anos, antes de sua primeira internação. O que poderia ser um dado biográfico lateral torna-se mais relevante por dois aspectos. O primeiro é que, após a morte do pai, em 1861, Schreber – ao contrário de sua predileção, na adolescência, por Ciências Naturais – resolve estudar Direito, "seguindo as pegadas do irmão mais velho" (Carone, 1984, p. 9). Se lembrarmos que a interpretação clássica liga o desencadeamento do surto de Schreber à sua *nomeação* a juiz presidente da Corte de Apelação, chama a atenção o fato de o suicídio do irmão ter se seguido, precisamente, à sua *nomeação* ao cargo de conselheiro do Tribunal. Um segundo aspecto tornaria essa possível identificação ao irmão ainda mais digna de desenvolvimentos posteriores, na medida em que seu prenome era o mesmo de Schreber, *Daniel*, prenome esse que era também o do pai e o do avô, além de remetido a um suposto antepassado do dr. Flechsig, Daniel Fürchtegott Flechsig (Schreber, 1905/1984, p. 85).

Retomaremos a questão do nome próprio no momento apropriado. Por ora, um último comentário referente à importância dos laços laterais vai nos aproximar novamente das questões de sexuação. John Money – além de ter cunhado a expressão "papel de gênero", a partir da qual Stoller desenvolveu o conceito de "identidade de gênero" – foi o psiquiatra responsável pela decisão de redesignação de gênero naquele que ficou conhecido como o caso David Reimer, nos anos 1960. Após complicações em uma circuncisão aos 7 meses de vida, os pais do jovem David procuraram Money depois de ouvirem o "especialista em gênero" em um programa de rádio. Baseado em seus estudos, que defendiam uma neutralidade de gênero primeva, Money assegurou aos pais que seu filho – dada a mutilação sofrida – seria mais feliz se criado como uma menina, sugerindo uma cirurgia de construção vaginal. Lembremos que tal proposta foi amparada pela ideia de que, como uma língua, o gênero se aprende a partir de um social relativamente estável, conhecido e controlável. Trata-se, portanto, de um papel, que pode ser exercido independentemente do dado biológico constitutivo. Aos 14 anos, David opta por assumir um papel de gênero (novamente?) masculino, por meio de intervenções hormonais e cirúrgicas; casa-se com uma mulher, assumindo a paternidade de três filhos. Após anos de severa depressão, suicida-se aos 38 anos (Ambra, 2017).

O caso Reimer é frequentemente citado por radicais de direita, em geral religiosos, para atestar os perigos daquilo que denominam "ideologia de gênero", nomeando o caso como uma das experiências mais monstruosas do século XX, comparável a Auschwitz. Contudo, conforme bem observado por Porchat (2016), um detalhe que é pouco discutido nesse caso refere-se ao fato de que o gêmeo de David, Brian, tem um surto esquizofrênico justamente após a publicação da biografia de David e comete suicídio aos 36 anos. David, devastado pelo suicídio do irmão, fica responsável pela limpeza e pelos cuidados de sua sepultura e suicida-se apenas dois anos após o acontecido (Gayla, 2006).

Mas, voltando à Freud, haveria, de fato, espaço para discussões dessa natureza? Ou a questão da horizontalidade dos laços, em última instância, sempre faria referência ao Édipo?

Uma discussão que Lacan localiza em Freud (mas que novamente diz respeito também a seus desenvolvimentos) refere-se à *anterioridade da identificação ao pai em relação à mãe na estruturação do sujeito* (Lacan, 1960-1961/1992a, p. 343). Assim, uma argumentação a partir dessa ideia sublinharia o fato de que tal laço entre semelhantes só é possível porque antes – tempo cronológico – houvera uma identificação primitiva ao pai, o que possibilitou esse tipo de ligação aparentemente horizontal. Como em uma espécie de retomada ontogenética do movimento mitológico de "Totem e tabu" (Freud, 1913/2012a), uma economia de afetos entre semelhantes só é possível dada a anterioridade de um laço com um pai primevo. Bem entendido, a retomada que Butler faz de Corbett sublinha o fato de que tal laço é diretamente sexual, posição oposta à de Freud no referido texto, para quem

> *[a] necessidade sexual não une os homens, ela os divide. Os irmãos haviam se aliado para vencer o pai, mas eram rivais uns dos outros no tocante às mulheres. Cada um desejaria, como o pai, tê-las todas para si, e na luta de todos contra todos a nova organização sucumbiria. Nenhum era tão mais forte que os outros, de modo a poder assumir o papel do pai. (Freud, 1913/2012a, p. 220)*

No entanto, uma passagem logo à frente no mesmo texto permite-nos complexificar o quadro um pouco mais:

> *Assim, os irmãos não tiveram alternativa, querendo viver juntos, senão – talvez após superarem graves incidentes – instituir a proibição do incesto, com que renunciavam simultaneamente às mulheres que desejavam, pelas quais haviam, antes de tudo, eliminado o pai. Assim salvaram a organização, que os havia fortalecido e que pode ter se* baseado nos sentimentos e atividades homossexuais que teriam surgido entre eles no tempo da expulsão. *(Freud, 1913/2012a, p. 220, grifos nossos)*

Retomemos um detalhe supreendentemente pouco explorado sobre "Totem e tabu". A ferocidade do pai primitivo e sua gestão de corpos – poderíamos dizer, até mesmo, sua *política sexual* – não produziu diretamente uma revolta que levou a seu assassinato. Houve, antes, um importante *período de exílio*. Nele os irmãos encontraram-se fora da horda, longe tanto da ameaça do pai quanto das mulheres – que, nesse momento, encontravam-se indistintas entre "aquelas da família" e as "de fora", já que tal divisão só teria espaço com a instauração do tabu do incesto, que depende do assassinato do pai. Antes do Édipo, há, portanto, *o exílio dos semelhantes*. E é precisamente esse exílio – no qual a identificação entre os semelhantes mistura-se à prática sexual, no que tange ao laço social – que funcionará como *base* da *organização que os fortaleceu*.

Ou seja, ao contrário de uma leitura clássica que coloca o assassinato do pai como central e exclusivo, a leitura dessa passagem – baseada igualmente em nossas pontuações referentes à importância da aliança em Lévi-Strauss – permite apresentar um paradoxo, na medida em que a base da organização dos irmãos se dá num período de exílio no qual não imperava uma lógica de "partilha das mulheres", tampouco de ódio ou culpa pelo assassinato do pai. A instauração do incesto tem, assim, duas faces: uma ligada a uma lei comum de aliança; outra referente ao desejo de estabelecer laços horizontais – na medida em que o incesto se mostra, na passagem, como a única alternativa possível para os irmãos viverem juntos.

"Totem e tabu" pode ser considerado um "mito moderno" na medida em que tem tanto como passado mítico quanto como horizonte de futuro esse estado comum de sociabilidade, mas que necessita, ainda, de uma expulsão do feminino do lugar de sujeito desejante e de uma lei que não apenas impede o "acesso" desses irmãos (homens) às mulheres, mas que igualmente as impede de assumir uma posição semelhante, de "formar um grupo", como expressam as fórmulas da sexuação. No entanto, nos parece que a ideia da sexuação como ligada à autorização por si e por alguns outros abre, justamente, a possibilidade de se conceber um universo de vários *alguns outros* possível, no qual a unidade do grupo não seja estabelecida falicamente pela expulsão de uma forma de desejar (e, portanto, de laço), mas pelo limite interno que cada constelação sexuada coloca ao sujeito, considerando tratar-se de *uma* constelação frente a um céu estrelado de algumas e muitas outras. Mas, por enquanto, sigamos Freud.

É nesse contexto de "superação de difíceis incidentes", portanto, que aparece uma menção a ligações não heterossexuais. Com efeito, seu lugar parece ser bastante revelador. Há, inicialmente, uma ideia de que tais sentimentos e práticas precisam de um espaço específico, externo e não regulado para que possam ocorrer. No entanto, não estamos aqui em um domínio de "um limbo feliz de uma não identidade", como pontuará Foucault a respeito de Herculine Barbin; tampouco em um ambiente com menor repressão pulsional, como insistirá Freud sobre a Antiguidade clássica; e nem mesmo no campo de uma paixão entre iguais, como conta a história da escola de Safo, em Lesbos.

Trata-se propriamente de um exílio (*eine Vertreibung*) – e lembremos que há em *Vertreibung* o mesmo radical de *Trieb*, pulsão. *Vertreibung* é, literalmente, uma ex*pulsão*. Curioso notar como esse exemplo liga a homossexualidade não necessariamente a um desvio da pulsão – cujo objeto é necessariamente contingente –, mas à ideia de que há um centro pulsional, que é heterossexual e familiarista, no qual aparentemente toda a organização será provisória e fará referência à horda. Não há aqui possibilidade de se constituir um funcionamento alternativo, mas antes o que parece ter se passado no exílio da horda foi a constituição das possibilidades do retorno, do assassinato do pai e da instauração do tabu do incesto.

No entanto, ao seguirmos a letra freudiana, percebemos que é propriamente nos laços homossexuais (efetivamente, e não pela via da sublimação) que repousa qualquer possibilidade de organização que levará à instauração da vida em civilização. Se seguirmos a intuição de Freud de um estatuto análogo entre filogênese e ontogênese, haveria, portanto, um *tempo de compreender* horizontal entre semelhantes, que se colocaria entre um *instante de ver* violento, no qual gozo e relações familiares não seriam geridos por uma sexualidade pensada a partir do recalque, e um *momento de concluir*, no qual a instauração da lei se faz a partir do par assassinato/pacto entre os irmãos.[5] E, como sabemos, é tal pacto que será o cerne do drama edípico.

Convém pontuar aqui um detalhe majoritariamente esquecido em relação à tragédia de Édipo. A maldição narrada pelo oráculo de Delfos sobre o destino do filho de Laios (matar o pai e esposar a mãe) tem um antecedente digno de nota:

> *Laios (o torto, em grego), de acordo com a mitologia grega, é o pai de Óidipous ou Édipo, e filho de Lábdacos, rei de Tebas. Seu pai foi morto por bacantes vingativas pela repressão ao culto a Dionísio. Como Laios ainda era criança, a regência de Tebas foi entregue a Lico. Quando os tiranos Anfião e Zeto mataram o regente e tomaram o poder na cidade, o príncipe de Tebas foi exilado, ainda bebê, na Frígia, na corte do rei Pélops.*
>
> *Lá foi educado e cresceu. Mais tarde, Pélops teve um filho, Crísipo, príncipe-herdeiro do trono frígio. Quando este*

5 Monique David-Ménard (2016) lembra que, no pensamento freudiano, a ideia de uma subjetividade pensada a partir de um ordenamento jurídico não faz sentido. Lei, em Freud, refere-se sobremaneira à ideia de lei das ciências duras, isto é, um modo preditivo e universal de regulação. E nos parece que é esse o sentido de lei do incesto pensado de uma maneira estritamente freudiana. Já em Lacan, o caso é completamente diferente.

> *se tornou adolescente, Pélops pediu a Laios que fosse seu preceptor, e este se apaixonou pelo menino.*
>
> *Esse amor homossexual – tolerado pelos costumes gregos enquanto relação pedagógica/pedofílica – deveria ser interrompido quando Crísipo se tornasse adulto. Mas não foi o caso.*
>
> *Para continuar a viver seu amor, Laios armou um plano: ofereceu-se para escoltar o rapaz até os jogos de Neméia, onde ele iria participar como atleta. Após as competições, em vez de retornar a Frígia, Laios raptou Crísipo e fugiu para Tebas, onde pretendia recuperar o trono de seu pai, Lábdacos.*
>
> *Furioso, Pélops perseguiu-os. Por ter perdido o herdeiro, Pélops culpou Laios e lançou sobre ele uma maldição:* "Se tiveres um filho ele te matará e toda tua descendência desgraçada será!" *(Quinet, 2009, grifo do original)*

Curiosa aproximação desse tempo zero da tragédia com "Totem e tabu": um laço homossexual, entrelaçado no contexto de uma ex*pulsão* – dado que se trata de uma paixão impossível na cidade – cujo desfecho é o paradigma da sexualidade freudiana (a constituição do tabu do incesto edípico). É surpreendente o fato de nem Freud, nem Lacan – nem mesmo a própria Butler, em *O clamor de Antígona* – fazerem menção a esse fato que não nos parece anódino, posto que, para muitos autores gregos, o rapto de Crísipo por Laios teria sido a relação que inaugurou os amores homossexuais na Grécia (Vorsatz, 2013, pp. 222-223). Parece haver, portanto, antes das séries de identificações familiares, uma sorte de laço – e, presumidamente, de identificação – sexual que independe da verticalidade edípica, ainda que pareça haver sempre esse um ao qual a horizontalidade se refere em seu exílio (seja o pai primevo, em Freud; seja Pélops, na tragédia).

Essa "coincidência" entre a anterioridade homossexual em "Totem e tabu" e na tragédia edípica nos remete novamente à discussão butleriana da anterioridade do tabu contra a homossexualidade em relação ao tabu do incesto. Conforme discutimos, Butler entende que o próprio movimento de proibição do amor pelo genitor de um dos sexos, em Freud, é aquele responsável por uma identificação melancólica com esse (Butler, 1990/2002, p. 98). Essa proposta encaminha bem, a nosso ver, a discussão referente ao destino da bissexualidade primária, tão cara a Freud, para além das formações sintomáticas na neurose, já que o amor "homossexual" – no caso de crianças futuramente "heterossexuais" – é preservado em forma de uma identificação. Esse processo de sexuação pode ser pensado, assim, como uma dada autorização do sujeito em preservar esse tempo do amor não interdito por meio de uma identificação que o/a coloca num dado lugar frente à comunidade que chancela, em cada contexto histórico, quais as modalidades de trocas e identidades possíveis. Tanto a culpa dos irmãos quanto a maldição tebana são as marcas desse abandono melancólico e da constituição de uma identidade, ainda que marcada por uma estrutura de relações de poder inscritas historicamente.

Mas tanto em "Totem e tabu" quanto no romance de Laios e Crísipo, é importante dizer que tal possibilidade de instauração de lei diz respeito apenas aos *homens*. Por mais que Freud (1913/2012a) afirme que a morte do pai significou que as mulheres teriam sido libertadas, deve-se compreender essa frase a partir da perspectiva desses homens – ou seja, as mulheres foram libertadas como objetos, mas não como sujeitos. Por mais que ao longo do texto haja alguns poucos exemplos de agência em mulheres, ao descrever o mito fundador, Freud reservará às mulheres exclusivamente o lugar de objeto – o que, mais à frente em sua obra, terá como polo complementar a aproximação da mulher à figura da *mãe*. Mas, como é comum ao longo de sua obra, encontramos outras modalidades de se pensar o mesmo problema.

Retomemos agora o "Sobre alguns mecanismos...". Freud inicia sua apresentação do problema com a retomada da seguinte explicação, à época considerada clássica, da homossexualidade: uma identificação, tomada aqui como sinônimo de fixação, à figura materna, associada a uma aversão pelas mulheres. Não obstante, em determinado momento do texto, dirá: "nós nunca acreditamos, porém, que essa análise da gênese da homossexualidade fosse completa" (Freud, 1922/2011c). E aqui o texto começa a apresentar algumas considerações interessantes, nomeadas pelo próprio Freud como um "novo mecanismo" na escolha homossexual de objeto: "a observação me fez atentar para alguns casos em que haviam surgido, na primeira infância, impulsos de ciúmes particularmente fortes oriundos do complexo materno, dirigidos contra rivais, geralmente irmãos mais velhos" (p. 222).

Trata-se, assim, de um achado, fruto de uma observação clínica na qual, evidentemente, a homossexualidade ainda não se encontrava desvinculada de um quadro patológico, no sentido clássico do termo. Não obstante, ao pensar a questão da patologia em psicanálise, uma certa inversão precisa ser feita: nosso *universal* é o patológico, na medida em que nossa teoria do sujeito nele se baseia não como exceção, mas como regra. A normalidade só pode por nós ser compreendida a partir do *singular*, na medida em que cada sujeito encontrará uma montagem relativamente estável e normal, dadas as contingências de sua constituição subjetiva. Discutimos alhures (Ambra, 2016c) a ideia de que a inadequação entre corpo e consciência não seria exclusiva da chamada "disforia de gênero", mas constitutiva de todo e qualquer ser falante. E, nesse sentido, Freud realiza nesse texto um movimento análogo no campo conceitual, tomando a homossexualidade como paradigma mesmo dos laços sociais.

Prosseguindo, Freud afirmará que tais tendências agressivas contra os irmãos, que podem até mesmo chegar ao desejo de assassinato, não resistirão à ação do desenvolvimento e serão – a partir da educação, mas igualmente da impotência de seus desejos – *recalcadas*. O resultado imediato de tal processo é que serão esses mesmos antigos rivais, do mesmo sexo, os primeiros objetos de amor: eis seu novo achado clínico sobre a gênese da homossexualidade. Freud vai além e pontua que esse tipo de resultado do apego à mãe seria o mesmo da *paranoia persecutória* – em que primeiros objetos de amor tornam-se perseguidores e pessoas odiadas tornam-se amadas. Donde se compreende o motivo pelo qual é discutido nesse texto justamente o que haveria em comum nos mecanismos do ciúme, da paranoia e da homossexualidade; ou seja, há um traço comum entre todas essas manifestações, a saber: a base de toda possibilidade de comportamento social.

> *Além disso, [a* paranoia persecutória*] representa uma exageração do processo que, segundo a minha concepção, leva à gênese individual das pulsões sociais. Tanto aqui como ali, há inicialmente impulsos de ciúme e hostilidade que não podem obter satisfação, e os sentimentos de identificação afetuosos e sociais aparecem como formações reativas contra os impulsos agressivos reprimidos. (Freud, 1922/2011c, p. 223, tradução modificada)*

Temos aqui, portanto, uma sorte de correspondente subjetivo de aspectos mais gerais presentes em "Totem e tabu", como a agressividade na base dos laços sociais, a partir de uma transformação de moções hostis em amor. Há, igualmente, a ideia de que a base para a instauração dos laços sociais passa pela homossexualidade como modalidade primeira de relação, que sofre então a ação do recalque. Temos aí, num mesmo movimento, uma teoria tanto psicológica quanto social, na medida em que o recalque estruturaria tanto o desejo quanto a regulação do *socius*. Extrai-se do texto, assim, uma teoria de sexuação em Freud segundo a qual uma dada identidade sexuada[6] advém, portanto, da superação de tendências agressivas em relação ao semelhante.

Mas se em Freud tal ligação é possível e visível, qual seria seu estatuto em Lacan?

Complexo de intrusão

É hora de retomarmos a discussão lacaniana referente a "Os complexos familiares". Após atravessar o complexo de desmame, o sujeito enfrentará, agora, um segundo, o *complexo de intrusão*, que Lacan define como a experiência do sujeito que percebe que seus semelhantes também participam com ele da relação doméstica (Lacan, 1938/2003a, p. 42). O curioso é que só depois dessa primeira definição mais geral é que o autor falará que se trata de um reconhecimento "entre irmãos". Atentemos igualmente para o fato de que Lacan não cita *mãe* ou *pai*, mas "relação doméstica", para delimitar o objeto dessa primeira relação. Ou seja, por mais que os comentadores ou as interpretações clássicas insistam que se trata do ciúme do irmão em relação à mãe, o autor parece aqui bastante cauteloso em dar uma primeira definição puramente formal: o complexo de intrusão se define, em sua forma mais pura, pela percepção (e por que não dizer, até mesmo, pela *instauração*) da figura do semelhante, que partilha da mesma posição que ele frente à(s) figura(s) da primeira

6 Por mais que hoje saibamos que há uma diferença entre escolha objetal e identidade, notemos que para Freud essas instâncias não se separam, motivo pelo qual, metodologicamente, é possível nos utilizarmos da homossexualidade em Freud como, também, um processo de identificação sexuada, mesmo não ignorando a distinção entre gênero e orientação sexual.

relação. Suporíamos aqui a *imago* materna, dada a sua importância na fase anterior do complexo de desmame, ainda que o autor não a especifique dessa maneira, ao menos não no início da descrição.

É aqui que entra a passagem, retomada por Lacan, de Santo Agostinho, relativa ao ciúme:

> *Certa vez, vi e observei um menino invejoso. Ainda não falava, e já olhava pálido e com rosto amargurado para o irmãozinho colaço. Quem não terá testemunhado isso? Dizem que as mães e as amas tentam esconjurar este defeito com não sei que práticas. Mas se poderá considerar inocência o não suportar que se partilhe a fonte do leite, que mana copiosa e abundante, com quem está tão necessitado do mesmo socorro, e que sustenta a vida apenas com esse alimento? Mas costuma-se tolerar indulgentemente essas faltas, não porque sejam insignificantes, mas porque se espera que desapareçam com os anos. Por isso, sendo tais coisas perdoáveis em um menino, quando se acham em um adulto, mal as podemos suportar.* (Agostinho, 397-398/1999)

Duas pequenas pontuações merecem lugar aqui. A primeira diz respeito ao caráter totalmente indiferenciado entre irmão e irmão de leite e entre mãe e ama de leite: a estruturação do ciúme não parece se dar por uma anterioridade universal da estrutura familiar, mas sim pelo *sensível de uma experiência*. É curioso notar também nessa passagem como o trecho se insere no Capítulo VII das *Confissões*, "Os pecados da primeira infância", cujo mote é justamente mostrar que – contrariamente ao que se pensa – há pecado na criança; e isso no que se refere não à teoria do pecado original, mas justamente ao fato de ela *desejar o seio que alimenta* (Agostinho, 397-398/1999).

Curiosamente, essa possível ponte para a teoria da sexualidade infantil não foi comentada por Lacan ao retomar essa passagem diversas vezes ao longo de seu ensino; mas convém aqui notar que na base dessa cena descrita pelo teólogo está não uma inveja pura e simples, mas o efeito de um desejo, que vai claramente além da necessidade: tal identificação mental que se exprime no ciúme passa, certamente, pelo pulsional da cena cujo pivô não é a mãe, mas o seio.

Lembremos que o título original no início dessa seção do texto de 1938 é "Ciúmes, arquétipo dos sentimentos sociais".[7] Tal hipótese organizará a construção lacaniana a respeito desse estágio do desenvolvimento:

> *A observação experimental da criança e as investigações psicanalíticas, ao demonstrarem a estrutura do ciúme infantil, esclareceram seu papel na* gênese da sociabilidade *e, através disso, do próprio conhecimento enquanto humano. Digamos que o ponto crucial revelado por essas pesquisas é que o ciúme, no fundo, representa não uma rivalidade vital, mas uma* identificação mental. *(Lacan, 1938/2003a, p. 43, tradução modificada, grifos nossos).*

Mais à frente: "[nesse estágio] a identificação, específica das condutas sociais, baseia-se num sentimento do outro que só pode ser desconhecido sem uma concepção correta de seu valor *imaginário*" (Lacan, 1938/2003a, p. 44).

A passagem demonstra que a premissa que, até então, utilizamos para a discussão acerca do estatuto eminentemente social da identificação nesse momento conceitual em Lacan – o que tem ecos interessantes na maneira pela qual as teorias de gênero ancoram

7 Tal divisão, cumpre notar, foi sugerida por Wallon e Febvre – e aceita por Lacan.

suas reflexões –, aliada à inclusão do semelhante para se pensar a identificação imaginária, é uma questão sensivelmente ligada a determinações sociais e culturais.

O estádio do espelho sexuado

Apesar de ser citado nos complexos familiares, o estádio do espelho é uma proposta conceitual que irá conhecer diversas fases e construções, conforme apontado por Boni Júnior (2010). Para nossos propósitos, comentaremos sua versão de 1949, republicada e consolidada nos *Escritos*, em 1966.

Logo no início do texto, encontramos uma definição de *identificação* que resume o campo no qual tal noção se desenrola nesse paradigma conceitual:

> *Basta compreender o estádio do espelho como uma identificação, no sentido pleno que a análise atribui a esse termo, ou seja, a transformação produzida no sujeito quando ele assume uma imagem – cuja predestinação para esse efeito de fase é suficientemente indicada pelo uso, na teoria, do antigo termo "imago". (Lacan, 1949/1998e, p. 97)*

Temos, assim, uma definição de identificação que postula se tratar aí de um mecanismo no qual há uma transformação no sujeito, dada pela assunção de uma imagem – mais especificamente pela *imago*. Seguindo essa ideia, uma identificação sexual seria, então, o sujeito transformado ao assumir uma *imago* (masculina, feminina). Dito isso, façamos aqui um parêntese relativo a uma precisão conceitual do termo *imago*, presente nos complexos familiares, mas que desaparece no trecho citado.

É curioso notar como aqui Lacan não define a imago a partir de uma imagem ou um outro localizado, mas como uma *relação*, a qual parece ser, em alguma medida, a estrutura básica de representação que o *infans* tem do mundo ao seu redor. Ainda que estejamos distantes de uma lógica significante, é importante sublinhar o lugar de primazia dado à relação em detrimento de conteúdos propriamente ditos, mesmo no estágio mais precoce de subjetivação. Mas o que a empoeirada noção de *imago* pode nos trazer no que tange às identificações e, mais especificamente, à identificação sexuada?

O conceito de "imago" fora originalmente proposto por Jung em 1912,[8] em *Metamorfoses e símbolos da libido* (1911-1912), a partir de um romance de título homônimo. *Imago*, escrito por Carl Spitteler em 1906, narra a história de Viktor, um poeta que, após sofrer uma desilusão amorosa, cria uma imago – a representação ideal da mulher ideal, apaixonada e livre – com a qual ele pode viver em sua imaginação um amor ideal. Jung, impressionado pela força do romance, toma o termo visando *substituir* a noção de "complexo", até então utilizada. Tal substituição será ainda alvo de uma nova reformulação que, por fim, levará o psiquiatra a adotar o conceito de *arquétipo*, que sublinha seu caráter transcendental e coletivo. A imago, no entanto, será restrita, em seu início, às categorizações paterna, materna e fraterna.

Freud utiliza o termo poucas vezes, das quais destacamos a seguinte, em "A dinâmica da transferência":

> *É perfeitamente normal e compreensível, portanto, que o investimento libidinal de uma pessoa em parte*

8 A primeira parte do texto foi publicada em 1911 e a segunda, no ano seguinte. Cumpre notar que é igualmente esse texto que explicita a diferença teórica entre Jung e Freud em relação à natureza essencialmente sexual da libido e do inconsciente.

> *insatisfeita, mantido esperançosamente em prontidão, também se volte para a pessoa do médico. Conforme nossa premissa, tal investimento se apegará a modelos, se ligará a um dos clichês presentes no indivíduo em questão ou, como podemos também dizer, ele incluirá o médico numa das "séries" que o doente formou até então. Combina com os laços reais com o médico o fato de, nessa inclusão, ser decisiva a "imago paterna" (para usar a feliz expressão de Jung).*[9] *Mas a transferência não se acha presa a esse modelo, pode também suceder conforme a imago da mãe, do irmão etc. (Freud, 1912/2010b, p. 136)*

Tal passagem denota, assim, uma repetição transferencial de uma *identificação* da figura do médico àquela da imago paterna (materna, fraterna etc.) e seus efeitos. Imago, sob a pena de Freud, é então um "modelo" (protótipo), um "clichê" que a transferência atualizaria.

Lacan parece fazer uma interpretação um tanto exagerada do alcance e do peso da imago em Freud, dizendo, em "Para-além do 'princípio de realidade'", tratar-se de um "uso genial da noção" (Lacan, 1936/1998a, p. 92). De toda forma, ainda que não falando da transferência, mas da formação da personalidade, Lacan igualmente aproxima-a da identificação:

> *Ele demonstrou essa função desvendando na experiência o processo da* identificação: *bem diferente da* imitação, *que distingue sua forma pela aproximação parcial e tateante, a* identificação *opõe-se a ela não somente como assimilação* global *de uma estrutura, mas como a*

9 Freud refere-se a *Wandlungen und Symbole der Libido* (Transformações e símbolos da libido) (Jung, 1911-1912, p. 164).

> *assimilação* virtual do desenvolvimento *implicado por essa estrutura em estado ainda indiferenciado.* (Lacan, 1936/1998a, p. 92, grifos do original)

Temos aqui que a identificação é assim distinta da imitação, dado seu caráter global e *estrutural*; e, igualmente, que se trata de uma assimilação virtual do desenvolvimento. Há aqui já alguns elementos que serão retomados no estádio do espelho, mas que já nos ajudam a formatar o que poderia começar a se desenhar mais claramente como uma primeira teoria da identificação em Lacan. Ademais, o fato de o caráter de um homem poder apresentar similaridades com a identificação parental, mesmo muito tempo depois de sua influência primeira, justifica-se por se tratar aí de uma transmissão feita por *traços*, que dariam "a forma particular de suas relações humanas ou, dito de outra maneira, de sua *personalidade*" (Lacan, 1936/1998a, p. 92). Na sequência, Lacan especifica a relação entre a imago e os complexos: tais traços de relações sociais (imago) formariam uma *constelação*, e é a esse conjunto que daríamos o nome de "complexo". Assim, a imago afigura-se, em Lacan, como a unidade fundamental do complexo, definição que não estava presente nem em Jung nem em Freud.

Mas, de volta ao *estádio do espelho*, de onde tal *imago* capaz de produzir uma mudança no sujeito ganharia a sua força? Não dos pais enquanto objetos de identificação, posto que o momento no qual isso se daria seria aquele do complexo de Édipo, que em alguma medida viria a ser dependente do estádio do espelho:

> *A identificação afetiva é uma função psíquica cuja originalidade a psicanálise estabeleceu, especialmente no complexo de Édipo. . . . Mas o emprego desse termo, na etapa que estamos estudando, é mal definido na doutrina: foi isso que tentamos suprir com uma*

> *teoria da identificação cujo momento genético designamos pela denominação de estádio do espelho. (Lacan, 1938/2003a, p. 46)*

Mas qual a característica de tal identificação primeira? Lacan sublinha que há uma "identificação jubilatória", pivô do momento-chave do referido estádio, consequência da prematuração do nascimento humano, que orbita ao redor da integração unitária do corpo próprio, até então experienciado enquanto despedaçado (Lacan, 1956/2003, p. 429).

Teríamos, assim, que uma identificação nesse contexto seria tanto ligada a uma identificação a uma imagem quanto à experiência de júbilo do reconhecimento de uma unidade corporal, localizada em um momento crítico do desenvolvimento – literalmente tratado por Lacan como uma passagem do eu alienado para o eu social (Lacan, 1949/1998e, p. 101). Seja o estádio do espelho tomado a partir de uma temporalidade lógica (anos 1950), seja tomado enquanto mais próximo a um estágio do desenvolvimento, aliado a um kleinismo recém-descoberto por Lacan (anos 1930), haveria um dado momento no qual se dá um processo de unificação imaginária do eu ideal.

Em que termos poderíamos propor uma aproximação entre esse processo e aquele em jogo na redescrição da sexuação a partir da ideia da autorização? Em primeiro lugar, é importante não ignorar que o caráter imaginário da sexuação sublinha que se trata de uma identificação *global*, ou seja, a experiência em jogo no estádio do espelho diferencia-se por seu caráter total de estabelecimento de uma identidade primeira a partir de uma especularização. A identificação à imagem refletida no espelho – ou, simplesmente, à presença do corpo do semelhante – promove uma sorte de unificação do eu que se dá não por uma soma das partes nem por uma metonímia, mas pelo reconhecimento de uma unidade que é, em um mesmo movimento,

(1) localizada no outro, (2) rebatida no sujeito, (3) reconhecida como um único corpo e (4) marcada pelo júbilo.

Essa modalidade de identificação imaginária contrasta frontalmente com aquela segundo a qual o processo de sexuação se colocaria como uma interpretação simbólica de uma diferença anatômica circunscrita aos genitais, ao final do complexo de Édipo, explorada no capítulo anterior. Pelo contrário, a constituição sexual em seu sentido identitário se daria a despeito da constatação da diferença anatômica entre os sexos, na medida em que a angústia de castração não pode ser descrita propriamente, no menino, como uma angústia de "feminização".

Tomar a "parte pelo todo", nesse caso, implicaria ao menos três problemas: (1) subsumir a "verdade" do sexo a um traço do corpo na consciência; (2) a secundarização do outro, na medida em que ele só seria encaixado no lugar duma fantasia que apenas confirmaria o anatômico e (3) ignorar que a castração é secundária em relação às fantasias de despedaçamento do corpo, de um lado, e de fantasias anais, de outro.

Todavia, a fantasia de despedaçamento ou de ausência de unidade corporal não tem como modelo uma série metonímica de objetos intercambiáveis, como é o caso das fantasias de parcialidade corporal ordenadas por uma lógica fálica – ou anal, se levarmos a sério a horizontalização proposta por Freud. Parece estar em jogo um modelo do corpo distinto, posto que não se trata de possuir ou produzir algo, mas propriamente tornar-se essa unidade que se identifica ao outro e, por conseguinte, poderia se oferecer ao seu gozo. Essa identificação global viria, então, como uma resposta a esse estádio de indiferenciação do despedaçamento. O que nos parece pouco explorado é que esse processo carrega – necessariamente, em nossa sociedade – uma marca sexuada que irá, num só movimento, outorgar um corpo já sexuado ao sujeito e localizá-lo numa constelação de outros específica. Para nossos propósitos, então, a sexuação deveria ser concebida não à luz da castração, em seu sentido anatômico, mas antes como a assunção de uma imagem em uma dada montagem do desenvolvimento subjetivo, assunção essa ligada à unificação corporal.[10]

Uma leitura como essa poderia recolocar em outros termos, por exemplo, toda a questão da força das demandas de cirurgia de redesignação sexual. Nesse sentido, não estaria em jogo na transexualidade, como quisera Lacan ainda em 1971, um erro referente à tomada do órgão como significado, e não como significante: estamos de volta à problemática da indiferenciação entre falo e pênis. É curioso ver nessa passagem como Lacan parece se atrapalhar ao não conseguir, salvo pela questão imaginária da cirurgia, diferençar o "erro" do transexual do "erro comum":

> *É como significante que o transexual não o quer mais, e não como órgão. No que ele padece de um erro, que é justamente o erro comum. Sua paixão, a do transexual, é a loucura de querer livrar-se desse erro, o erro comum que não vê que o significante é o gozo e que o falo é apenas o significado. O transexual não quer mais ser significado como falo pelo discurso sexual, o qual,*

---

10 Bem entendido, as referências posteriores a 1949 do estádio do espelho irão procurar redescrever essa experiência em termos edípicos, propondo que o bebê se ofereceria em sua unificação como falo da mãe. Trata-se de uma tentativa de equacionar essa questão e que encontra um curioso paralelo com a ideia presente no Seminário 5 (Lacan, 1957-1958/1999), segundo a qual o homem seria aquele que *tem* o falo, ao passo que a mulher seria aquela que *é* o falo. Seria a mulher um (eterno) bebê, realizando-se apenas por ser o falo para o marido/mãe? Esperando ir mais além dos problemas que a introdução do falo aporta para a teoria da sexuação, iremos discutir mais à frente uma outra forma de aproximação do estádio do espelho, com a concepção tardia de *feminilidade* em Lacan.

> *como enuncio, é impossível. Existe apenas um erro, que é querer forçar pela cirurgia o discurso sexual, que, na medida em que é impossível, é a passagem do real. (Lacan, 1971-1972/2012, p. 17)*

A passagem parece indicar que Lacan, nesse momento, parece desviar o olhar de um registro fundamental do corpo, a saber, o *imaginário*. A discussão em termos de órgão, *falo*, *significante*, *real* e *discurso sexual* parece girar em falso, na medida em que não há uma análise detida do que se passa em cada um dos registros no que tange à sexuação, levando-o – a essa altura do campeonato – a referir-se ao real quase como sinônimo de realidade, justamente porque ignora todo um arsenal teórico que pensa o corpo a partir do regime especular. Nessa toada, Lacan erra ao ignorar a *errância do erro*, que, poucos anos mais tarde, alcançará outro estatuto conceitual.

Errar no que tange ao órgão e ao seu caráter significante não distingue, de maneira alguma, sujeitos *cis* de não *cis*. Podemos localizar aí, inclusive, um dos (muitos) nascimentos da psicanálise: Freud consegue começar a decifrar o que está em jogo na histeria justamente por perceber que a anatomia fantasística não corresponde àquela descrita pela ciência médica. O seminário *Os não-bestas erram* (Lacan, 1973-1974) sublinha, em nossa leitura, um momento no ensino de Lacan no qual, alçado a uma categoria outra, mais radical e universal, o erro não apenas se coletiviza, mas marca o ponto de partida de uma outra teoria do sujeito, na medida em que o erro (*erreur*) ali se define como um impulso, um lançamento, um ímpeto, um mais além: "talvez vocês saibam o que estou querendo dizer: uma pernada [*erre*]. É algo como um impulso. O impulso de algo quando aquilo que a propulsiona para e ainda continua correndo" (Lacan, 1973-1974, p. 4, tradução nossa).

Para além da esfera do engano, errar é um ato, é uma errância que não se separa de seu caráter performativo. O "erro comum" pode então ser recolocado nos termos de um "errar comum" ou um errar partilhado. Mas se não é da especificidade do órgão que se trata, qual seria a estrutura do primeiro impulso/erro em jogo na sexuação? Voltemos ao estádio do espelho:

> *Esse desenvolvimento é vivido como uma dialética temporal que projeta decisivamente na história a formação do indivíduo: o estádio do espelho é um drama cujo* impulso precipita-se da insuficiência para a antecipação e que fabrica para o sujeito, apanhado no engodo da identificação espacial, as fantasias que se sucedem desde uma imagem despedaçada do corpo até uma forma de sua totalidade que chamaremos de ortopédica. *(Lacan, 1949/1998e, p. 100, grifo nosso)*

A autorização na sexuação envolveria, então, a *projeção da formação do indivíduo em uma história*, posto que não está em jogo um desenvolvimentismo linear, mas antes uma *dialética temporal.* Nesse sentido, no limite, pouco importaria se a assunção dar-se-ia em conformidade ou não com o corpo biologicamente determinado, ou mesmo com um dado momento do "desenvolvimento sexual", já que a dialética temporal se assenta *na projeção da formação em uma história.* O que define, portanto, a formação da história que se projetará na dialética temporal é menos uma linearidade temporal do que a história que a assunção identificatória projeta para a frente e para trás de si a partir do momento em que ela se dá. Propomos, assim, que a autorização no contexto da sexuação carrega a marca de um *impulso errante*, central na passagem da insuficiência à antecipação, ato no qual o sujeito se unifica perante um corpo e, ao mesmo tempo, a uma identidade sexuada. No entanto, está longe de ser uma "aceitação" passiva do corpo; trata-se de *assumir* um eu que vem de fora, seja do semelhante especular, seja do lugar que o olhar do Outro confere ao eu, como discutiremos a seguir.

Notemos que esse momento é nomeado por Lacan como *assunção*, expressão que não por acaso é a mesma usada para pensar tanto essa primeira identificação quanto aquela do terceiro tempo do Édipo, no qual haveria a "assunção do tipo ideal de seu sexo" (Lacan, 1957-1958/1999, p. 171), discutida no capítulo anterior. Assunção é – além da crença católica segundo a qual o corpo da Virgem subiu aos céus após sua morte – uma noção que remete ao ato ou efeito de *assumir* algo (Assomption, 2012). Lembremos que, no contexto das sexualidades minorizadas, esse passo segundo o qual se enuncia uma dada posição sexuada é chamado, justamente, de *assumir-se* – seja para família e amigos, seja para *si mesmo/a*. Assumir para si goza curiosamente do mesmo aparente paradoxo apresentado em nosso primeiro capítulo referente à autorização por si mesmo, mas que se desfaz ao tomarmos a questão a partir do estádio do espelho: a assunção é o passo antecipatório que separa – ao mesmo tempo que instaura – o despedaçamento da unidade, mas ela o faz sempre a partir do suporte de um outro eu.

O nascimento do eu especular é uma espécie de mágica que vai do zero ao dois para poder contar o um. A assunção é, portanto, esse impulso equívoco que toma o outro como um eu; e que, inversamente, permite pensar o eu já como um outro. Nesse sentido, autorizar-se por si mesmo é já, e desde sempre, autorizar-se perante uma alteridade que constitui o eu. Nessa toada, a diferença no processo de autorização sexuada para sujeitos cis, trans, *queer*, homens, mulheres (binários ou não) se desmancha no ar, pois em todos os casos está em jogo poder assumir uma imagem, um corpo e um nome que, de partida, não lhe pertencem. A diferença coloca-se, não obstante, no campo dos dispositivos de poder a partir dos quais tal assunção será ou não reconhecida pelo outro em seu sentido comunitário – o que irá, retroativamente, seja apagar, seja expor ou ressignificar os caminhos pelos quais alguém vem a sexuar-se.

Esse tipo de racionalidade nada tem a ver com a matriz hegemônica de compreensão da sexuação segundo a qual se trata, ainda, de pensar a posição na sexuação a partir da interpretação da "pequena diferença" anatômica ou do falo/castração como elemento terceiro ao qual homens e mulheres posicionam-se diferentemente. Assunção é, antes de tudo, uma hipótese *acordada* (Assomption, 2017b), sem amparo direto na realidade. É, a propósito, um dos nomes dados à *proposição* dita *menor* em um silogismo (Assomption, 2012); mas, fundamentalmente, ela implica um *ato sem garantias*: "ato de assumir, de encarregar-se, com todas as suas implicações. *Assunção de um risco*" (Assomption, 2012). É a ação mesma de assumir (Assomption, 2017a). Sua etimologia sublinha, ainda, que o latim *assumptio* tem a conotação de *tomar* e *escolher*, apontando juridicamente, no direito romano (por volta do século III), a ação de arrogar-se, passar-se por alguém, usurpar uma função ou um *nome*. Voltaremos a esse ponto em breve.

A assunção em jogo no estádio do espelho parece-nos, portanto, tecer-se com os fios de uma peculiar autorização na qual o sujeito que dela advém o faz por dividir-se em dois, de partida, para poder se contar, se narrar, *to give an account* de si, para retomar a feliz expressão de Butler (2015).[11] Encontramos o mesmo tipo de questão em jogo em Ricœur (1991):

> O si mesmo como outro *sugere logo de saída que a ipseidade do si-mesmo implica a alteridade num grau*

---

11 Lembremos que Lacan afirma que esse momento diferencia o ser humano de outros primatas não por questões etológicas, mas, precisamente, por se tratar de um *drama*, de uma projeção na *história*. A assunção jubilatória é, antes de tudo, uma narrativa de si para o outro.

> *tão íntimo que uma não pode ser pensada sem a outra, uma passa dentro da outra, como se diria em linguagem hegeliana. Ao "como" gostaríamos de atribuir o significado forte, não só de comparação – si mesmo semelhante ao outro –, mas sim de implicação: si-mesmo na qualidade de... outro. (Ricœur, 1991, p. xv)*

A autorização sexuada seria, portanto, tomar-se antecipadamente como outro sexuado, suspendendo – mas apoiando-se nela e instaurando-a – a distinção entre eu e outro, mas também aquela entre *Je* e *moi*, entre enunciação e enunciado. Contudo, essa dialética não parece ser suficiente para encaminhar propriamente a diferença entre instauração de um eu sexuado a partir da imagem do semelhante e o caráter de designação que localiza o sujeito em determinada posição frente às partilhas do sexual. Em outras palavras, a autorização não é uma mimese simples do outro sexuado à moda de um *imprinting*, como postulava Stoller, mas a assunção de uma imagem que se organiza a partir do reconhecimento dado pelo olhar do Outro.

O Outro aqui tem seu caráter maiúsculo menos por assentar-se numa gramática que o coloque como lugar do tesouro de significantes ou por aproximá-lo do que seria uma gener(o)alização da mãe como Outro primordial. Tomar a si mesmo como um outro depende não apenas da assunção jubilosa da alienação e das constituições primordiais dadas pelo semelhante, mas de um reconhecimento do momento ou melhor, do *movimento*-chave no qual o sujeito se conta como um, uma ou umx. O Outro é, assim, a instância de onde advirá o testemunho da autorização que – paradoxalmente – já ocorrera, mas carece de um reconhecimento para se efetivar.

Talvez não seja por outro motivo que o momento pelo qual o estádio do espelho se metaforizou e popularizou não é exatamente aquele descrito no Congresso de Zurique, em 1949, e publicado em 1966 na coletânea dos *Escritos*. Nesse curto texto, de apenas oito páginas, não está presente a figura do olhar da (suposta) mãe que seguraria o bebê frente ao espelho, dando-lhe sustentação e anuência. Depois de ser trabalhada por quase uma década ao longo dos seminários, essa definição aparecerá de maneira mais acabada em 1960 (1998i), na "Observação sobre o relatório de Daniel Lagache", na tentativa de sublinhar que a presença do Outro espreitara, desde sempre, a constituição imaginária do eu. Tomemos mais de perto a passagem:

> *É que o Outro em que o discurso se situa, sempre latente na triangulação que consagra essa distância, não o é a tal ponto que não se exponha até mesmo na relação especular em seu momento mais puro: no gesto pelo qual a criança diante do espelho, voltando-se para aquele que a segura, apela com o olhar para o testemunho que decanta, por confirmá-lo, o reconhecimento da imagem, da assunção jubilatória em que por certo* ela já estava. *(Lacan, 1960/1998i, p. 685, grifo do original)*

Temos, em primeiro lugar, o fato de que o Outro é o lugar onde o *discurso se situa*. É onde está o discurso, portanto, que se deve buscar o Outro, descrito nesse mesmo texto como *a mola da fala*. O Outro nada mais é, na passagem, que aquele lugar que impulsiona a fala por ser ele mesmo um discurso. Em segundo lugar, a função do Outro é bastante clara: trata-se de reconhecer a imagem do eu a partir de um apelo. O Outro é, assim, o discurso que testemunha a autorização jubilatória, que chancela o fato de que o eu é um outro; e, por isso mesmo, é *um*, *uma*. Um testemunho que seria, a princípio, dispensável, dado que se trata de uma imagem que *por certo já estava*. Não obstante, esse caráter terceiro parece-nos imprescindível para a estruturação da unidade corporal e do eu, já que ela não existe fora de um regime de reconhecimento no qual se entrelaça, também, um discurso.

Da mesma feita, no que tange à autorização no contexto da sexuação, portanto, não se pode prescindir de um discurso terceiro que reconheça e nomeie o caráter sexuado do sujeito, para além de sua autorização diretamente dada pelo semelhante. Essa passagem nos parece especificar mais detalhadamente o tipo de incidência presente na proposição laplanchiana segundo a qual o gênero se explicaria melhor por uma identificação *por*, em vez de uma identificação *a*. Ainda que haja uma assunção imaginária cujo espectro é o semelhante, é indispensável que o Outro (enquanto lugar do discurso) que a chancela assuma uma posição terceira de *reconhecimento do reconhecimento*, mediada pela palavra e pela instauração do eu enquanto uma posição em relação ao outro.

Ocorre que a edipianização da teoria psicanalítica por vezes impede que tomemos a noção de "Outro" em sua radicalidade simbólica, descolada das marcadas figuras materna e paterna; e, por isso, ela parece não permitir constatar que o reconhecimento necessário ao processo de sexuação independe do *tipo* ou da *natureza* "intrínseca" desse outro. Coincidentemente ou não, a passagem citada há pouco descreve fenomenologicamente o Outro como "aquele que segura a criança", e não "a mãe" ou "o pai". Insistindo nesse caráter puramente formal da triangulação necessária em jogo, Lacan sublinha: "mas isso já não nos deve enganar no que concerne à estrutura da presença que é aqui evocada como terceiro: ela não deve nada à anedota do personagem que a encarna" (Lacan, 1960/1998i, p. 685).

Reduzindo, assim, esse caráter do discurso a seu estatuto formal, podemos compreender de maneira mais clara a função da adição do *alguns outros* à formulação da autorização de si mesmo da sexuação: para além de uma racionalidade que imaginariza a função do Outro na assunção jubilatória do eu, compreendemos que o discurso representado pelos semelhantes que chancelam (ou não) uma dada identidade sexual tem papel fundamental na maneira pela qual um sujeito vem a atravessar o desfiladeiro identificatório que unifica corpo e eu. Assim, seguimos a indicação de Laplanche segundo a qual quem designa o gênero não é "a Sociedade" (nem uma identificação "ao pai"): "quem insere não é o social em geral, é o pequeno grupo dos *socii* próximos. Em outras palavras, o pai, a mãe, um amigo, um irmão, um primo etc." (Laplanche, 2003/2015, p. 167, grifo do original).

Não obstante, é um discurso social hegemônico que oferta a maneira pela qual – ou os significantes privilegiados segundo os quais – alguns outros designarão o que a criança demanda em termos de testemunho. Retomando Canguilhem, temos que esse momento de designação representa a *normalização de uma normatividade vital* que impunha a si o próprio movimento de autorregulação. Em Herculine Barbin, enquanto havia balizas a partir das quais a assunção se dava pautada por uma posição designada por suas amigas, o sofrimento encontrava outras formas de narrativa possíveis, ao passo que, ao experienciar uma mudança no regime de designação sexuada, temos uma espécie de quebra do espelho, na medida em que o outro não reconhece mais o que sou, pois aponta e nomeia uma outra imagem distinta daquela com a qual a unificação alienante se deu.

Sublinhemos que há agora uma porta dupla da interpretação da função do *alguns outros*: autorizar-se de si e de alguns outros é ser por outros designado, sublinhando o caráter de uma alteridade coletiva – pouco explorada por Lacan, mas presente em sua obra –; trata-se igualmente, contudo, do fato de que tal designação não aponta para uma identificação do caráter substancial ou anatômico da sexuação, mas posiciona o sujeito em função de algum grupo, e, consequentemente, da relação que esse grupo estabelece ou não com um dado corporal.

> *[N]as relações interpessoais, algo de fictício se introduz sempre, que é a projeção de outrem sobre nós mesmos. Isso se liga sem dúvida ao fato de que nos reconhecemos como corpo* na medida em que esses outros, indispensáveis para reconhecer o nosso desejo, têm também um corpo, ou, mais exatamente, que o temos como eles. *(Lacan, 1953-1954/1986, p. 197, grifo nosso)*

A passagem, escrita quase dezessete anos após a primeira apresentação do estádio do espelho no Congresso de Marienbad, é potente para nossos propósitos: o dado ficcional de toda e qualquer relação interpessoal se dá pelo caráter projetado que o outro assume para o eu. Essa passagem, no entanto, inclui fundamentalmente o corpo *dos outros*, os quais servem precisamente à instauração do desejo, na medida em que o eu se reconhece como também tendo um corpo *como eles*. A importância do caráter grupal da identificação imaginária que vemos na passagem citada talvez venha da própria referência walloniana de Lacan, na medida em que, "para Wallon, o espelho se refere a uma etapa da maturação natural da criança, a uma fase que ela precisa atravessar '*para finalmente chegar a perceber-se a si mesma como um corpo entre os corpos, como um ser entre os seres*'" (Garcia, 2015, p. 30, grifo nosso).

É aqui que a introdução da sexuação deve fazer-se presente, no sentido de que em nossa sociedade o corpo é, desde o princípio, já marcado pela sexuação – não biologicamente, mas pelo discurso do Outro. Em outras palavras, não é o reconhecimento especular horizontal que introduziria a partilha sexual nos conhecidos termos binários, mas um olhar terceiro que testemunharia e nomearia a relação em jogo entre aqueles semelhantes. "Você é um menino, como papai e titio" ou "meninos pra cá, meninas pra lá" representam, para a criança, a chancela identificatória que unificará seu eu e marcará seu corpo como sexuado, *como alguns outros*.

Sofrimento e reconhecimento

O corpo é, assim, um fator central na constituição imaginária do eu, na medida em que é experienciado como uma unidade que o identifica como outros corpos, mas, ao mesmo tempo e justamente por isso, como um eu distinto. Mas esse processo é sustentado por uma exposição que, no limite, tangencia a própria vida. Butler, ao retomar a filósofa feminista Adriana Cavarero, diz:

> *Há aqui pelo menos dois pontos a serem observados. O primeiro tem a ver com nossa dependência fundamental em relação ao outro, o fato de que não podemos existir sem nos endereçarmos ao outro e sem sermos endereçados pelo outro, e de não haver como nos desfazermos de nossa socialidade fundamental (vocês podem ver que recorro aqui ao plural,* nós, *muito embora Cavarero o desaconselhe, precisamente porque não estou convencida de que devamos abandoná-lo). (Butler, 2004, p. 33, tradução nossa, grifo nosso)*

O resgate do caráter coletivo desse horizonte de reconhecimento feito por Butler nos parece essencial para trazer à luz a especificidade do sofrimento social vivido por pessoas cujo processo de identificação não se deduz dos discursos normalizadores dominantes. As práticas de violência e exclusão contra sujeitos minorizados no campo do gênero tocam, precisamente, nesse caráter fundamental da constituição do eu que passa pelo outro no que tange ao reconhecimento do corpo. Em outras palavras, mesmo as violências que não se enquadram como violências "físicas" acabam por remeter a esse núcleo da socialização, na medida em que o corpo é, também, a unidade sexuada a partir da qual narro a mim mesmo/a e, principalmente, suponho que o outro pode me narrar.

Ignorar o nome social para uma pessoa trans ou utilizar pronomes de tratamento com os quais ela não se identifica, por exemplo, são – em certa medida – ataques "corporais", uma vez que despedaçam o quadro de reconhecimento com o qual seu eu se sustenta. Sendo tão marcada em nossa sociedade a importância do caráter sexuado do eu, o não reconhecimento social de uma dada identidade sexuada é uma espécie de retirada do espelho, o que pode remeter o sujeito a angústias próximas àquelas de despedaçamento corporal. A importância de comunidades e eventos, como a parada do orgulho LGBTTQQIAA, localiza-se, assim, na oferta de alternativas aos discursos normalizadores hegemônicos (ainda que à custa da instituição de novas normalizações), a partir das quais haja outros que chancelem sua integridade sexuada e corporal – o que, para a maior parte da população, é tacitamente garantido pela assim chamada heterocisnormatividade.[12] Lembremos que tais movimentos que demandam direitos fundamentais por meio da coletivização de narrativas de exclusão são os que permitem a passagem de um estado de mal-estar a um sofrimento propriamente dito, pois articulado a uma demanda. Conforme a descrição de Dunker, afinal, "o sofrimento é sempre estruturado como uma demanda, daí sua ligação com a lógica transitivista do reconhecimento" (Dunker, 2015, p. 60).

Não há, portanto, uma unidade psicopatológica do tipo "sofrimento de gênero" ou "disforia de gênero". Os diferentes – e supostos – traços distintivos de cada sexo adquirem força e podem causar sofrimento não em si mesmos, mas justamente porque incluem ou retiram o sujeito de um quadro de inteligibilidade prévio que o localiza como parte de um todo. Prova disso é que a cirurgia de transgenitalização – ao contrário do entendimento presente no

---

12 Isso significa, no entanto, não que nesses casos não haja fraturas, questionamentos e descontinuidades no que tange à sexuação, mas que, em geral, tais rompantes não remetem o sujeito a esse desamparo primordial de reconhecimento da unidade corporal.

senso comum e partilhado por Lacan – é uma demanda minoritária entre transexuais, e menor ainda se considerarmos o todo de pessoas que não se veem identificadas no grupo sexual ao qual foram designadas ao nascer. Considerar determinada vivência identitária exclusivamente a partir de tal enquadre médico é, como defende Ayouch (2015, p. 23), uma postura antipsicanalítica, na medida em que toma a transexualidade como uma categoria ontológica que existe em si, ignorando as sobredeterminações, sejam pulsionais, sejam de dispositivos de poder no plano coletivo.

Um estudo (Robles et al., 2016) apresenta sistematicamente dois dados importantes que há muito já vinham sendo trazidos pela militância LGBTTQQIAA. Um primeiro diz respeito à constatação de que o sofrimento e a "disfuncionalidade" que figuram como critérios diagnósticos da CID-10 e do DSM-5 para o diagnóstico de disforia de gênero não advêm da "condição transexual" em si, mas precisamente da rejeição social e da violência das quais essa população é alvo. Por meio de entrevistas e correlações estatísticas, o estudo conclui que "modelos multivariados de regressão logística indicam que o sofrimento e todos os tipos de disfunções são fortemente previstos por experiências de rejeição social (Razões de possibilidade [ORs] 2,29 – 8,15) e violência (1,99 – 3,99)" (Robles et al., 2016, p. 1, tradução nossa). Ou seja, ao pensar questões de sofrimento ligadas ao gênero, devemos ter em mente, invariavelmente, que a escuta não deve ignorar o dado de sofrimento real – que impede determinadas subjetividades de instaurarem suas normatividades num horizonte de liberdade de alienações –, o qual não se resume à miséria neurótica.

Um segundo dado do estudo refere-se à incompatibilidade entre a vivência trans e o imperativo cirúrgico que ainda continua sendo, por muitos, visto como critério diagnóstico-normativo de vivências não cis. Das 250 pessoas trans entrevistadas, apenas 14%

se submeteram a algum tipo de cirurgia, sendo que a maior parte dessas intervenções (81%) não visa propriamente ao dito "erro comum" lacaniano, sendo majoritariamente relativas a implantes de silicone e rinoplastias. Ademais, a questão dos hormônios – ainda que não de maneira hegemônica – parece ser muito mais central do que a chamada "mudança de sexo". Segundo tais critérios "psicanalíticos", apenas 3% dessa população poderia ser, portanto, considerada "transexual", o que nos coloca num discurso no qual seria quase impossível separar a psicanálise da mais vulgar racionalidade de psiquização e patologização da vida. Não por outro motivo, hoje é possível considerar a transexualidade como uma categoria obsoleta, dada a multiplicidade de vivências transidentitárias e o esfacelamento de critérios diagnósticos (Alessandrin, 2012). Mais ainda: "cabe ver que a categoria de transexualidade proposta pela medicina não corresponde mais, tanto qualitativa quanto quantitativamente, às demandas das pessoas trans" (Ayouch, 2015, p. 29).

Assim, para muito além do fetiche genital que não permite pensar a sexuação a partir de outras coordenadas que não uma dada relação com o pênis ou a vagina, o que está em jogo junto às coordenadas identificatórias coloca-se muito mais próximo da ordem do *semblante* do que de um suposto "real da diferença sexual". A mesma pesquisa também sublinha que, entre mulheres trans, o desconforto com a barba, por exemplo, é maior do que com a genitália (Robles et al., 2016, p. 6). Notemos que a frase anterior poderia – sem o menor prejuízo – prescindir da palavra trans, na medida em que os enquadres normalizantes de gênero são democráticos em sua irradiação biopolítica: nesse sentido, exceto por um discurso que eleva a anatomia à categoria de verdade, nada diferenciaria mulheres *cis* e trans, pois, mais importante que o corpo para o sujeito, é o corpo que o discurso do outro reconhece como inteligível.

Semblante

A noção de "semblante", apresentada com maior densidade no seminário empreendido em 1971, permitiria pensar com bastante justeza essa vertente da sexuação ligada ao reconhecimento, posto que relativiza a oposição entre verdadeiro e falso a partir de um exercício de subjetivação que produz uma dada "identidade" visando ao outro, mas que não possui essência em si. Por esse motivo, também, trata-se da noção que será usada para se pensar o lugar de agência nas teorias dos quatro discursos e, inclusive, a posição do analista enquanto aquele que ocupa o lugar de semblante do objeto *a* (Lacan, 1971/2009).

Não obstante, é preciso que tal uso seja matizado, na medida em que Lacan pensa o semblante, sim, como uma categoria na qual o ser se sexua a partir do reconhecimento do (pequeno) outro, mas em um enquadramento bastante específico, a saber, aquele do encontro sexual, adulto, entre um homem e uma mulher.

> *Para o homem, nessa relação, a mulher é precisamente a* hora da verdade. . . . *Se falei em hora da verdade, é por ser a ela que toda a formação do homem é feita para responder, mantendo, contra tudo e contra todos, o status de seu semblante. É certamente mais fácil para o homem enfrentar qualquer inimigo no plano da rivalidade do que enfrentar uma mulher como suporte dessa verdade,* suporte do que existe de semblante na relação do homem com a mulher. *(Lacan, 1971/2009, p. 33, grifos nossos)*

Ou seja, nesse sentido, toda constituição sexuada masculina seria feita visando responder a esse suposto e futuro momento de encontro com uma verdade supostamente aportada por uma mulher.

Num movimento sensivelmente antifreudiano, Lacan parece ignorar aqui tanto o caráter fundamentalmente perverso polimorfo da sexualidade – e, portanto, da subjetividade – quanto o fato de que a sexuação é um processo de identificação plural que compreende não apenas usos heterogenitais de corpos, mas também: fantasias; decantados de experiências infantis; ideais que estão aquém e além da (não) relação sexual. O adultocentrismo lacaniano nesse momento é tão patente que chega a redefinir a constituição sexual infantil não em termos de pulsão e castração, mas num horizonte futuro no qual o infantil é achatado pelo adulto:

> *é preciso darmos conta de que* o que define o homem é a sua relação com a mulher, e vice-versa. *Nada nos permite abstrair essas definições do homem e da mulher da experiência falante completa, inclusive nas instituições em que elas se expressam, a saber,* no casamento. *Para o menino, na idade adulta, trata-se de parecer-homem. É isso que constitui a relação com a outra parte. É à luz disso, que constitui uma relação fundamental,* que cabe interrogar tudo o que, no comportamento infantil, pode ser interpretado como orientando-se para esse parecer-homem. *Desse parecer-homem, um dos correlatos essenciais é dar sinal à menina de que se o é. Em síntese, vemo-nos imediatamente colocados na dimensão do semblante. (Lacan, 1971/2009, p. 30, grifos nossos)*

De toda forma, ainda que tal noção do semblante padeça de tais marcas normalizantes que pensam a sexuação como constituída a partir de um horizonte muito restrito de sexualidade (marital, heterossexual e adulto), há nessa discussão um ponto que nos parece muito relevante, que é a elevação da categoria de "semelhante" – abandonada ainda nos anos 1950 – a um estatuto de constituição subjetiva da sexuação.

Ao considerar a dimensão da sexuação no estádio do espelho e a importância do corpo dos outros na constituição do eu, o semblante ganha outro estatuto: tornar-se homem ou mulher seria um processo inteiramente permeado pela relação que se tem com o semelhante, e, principalmente, pelo lugar que esse semelhante tem no discurso do Outro, posto que a constituição do eu ideal se dá mediada pelo Outro que o nomeia já como sexuado; e que, portanto, qualquer apreensão da diferença e da semelhança dos pequenos outros vai se dar já marcada por essa dimensão que – lembremos da discussão maior dos complexos familiares – é cultural. Na medida em que há a inclusão social da diferença sexual no processo de constituição subjetiva, *há semelhantes mais semelhantes que outros*. Dada essa constatação, podemos ler a partir de outra perspectiva o enunciado de Lacan no Seminário 18, sobre "de modo algum [precisarmos] esperar pela fase fálica para distinguir uma menina de um menino; já muito antes eles não são iguais" (Lacan, 1971/2009, p. 31).

Se esse processo parece ter sido apagado nos casos de identidades sexuadas conformes às normalizações hegemônicas, a normatividade que instaura uma dada sexuação em casos de gêneros não inteligíveis expõe o caráter central do reconhecimento pelos semelhantes em seu processo de assunção. Acompanhemos este trecho do relato de Karina, mãe de Mel, garota transexual em idade escolar:

> *"Na escola o Miguel reclamava que não pertencia ao grupo dos meninos, que faziam* bullying *com ele, e nem ao das meninas, que o excluíam quando queriam fofocar", continuou Karina. "Mas vinte dias atrás eu deixei ele se vestir de menina. Ficou tão feliz que resolveu fazer uma palestra para os amigos. Explicou o que é transgênero,*

> *que vai tomar remédio, que vai ser menina. Ele já sabe tudo, não sei como, acho que viu na internet. Todo mundo aplaudiu."* (Kaz, 2017, p. 26)

Que tipo de felicidade pelo reconhecimento é essa? Voltaremos a esse ponto. Notemos, por ora, o quanto o atravessamento desse processo de sexuação é marcado por um reconhecimento dos *socii*, como pontuava Laplanche (2003/2015). No momento que antecedeu essa apresentação – que tem como enunciado o tema *transgênero*, mas, como enunciação, o próprio processo e momento da sexuação –, Mel conta o que ouviu de uma amiga: "a Luiza, minha melhor amiga, tinha dito que se eu não conseguisse, ela me ajudava" (Kaz, 2017, p. 26). A autorização do ser sexual por si e por alguns outros enquanto teoria da sexuação não pode ser, assim, pensada exclusivamente entre o registro real e simbólico – como a interpretação canônica das tábuas de 1973 –, mas deve igualmente considerar a importância desse nível imaginário.

Assim, cumpre notar que, mesmo tardiamente, a importância do semelhante, no que tange ao sexual, é não apenas possível, mas torna-se (ou volta a se tornar) aparentemente central para Lacan a partir de determinado momento de seu ensino. Depreende-se, então, que o semblante não é apenas uma báscula entre verdadeiro e falso, mas igualmente entre eu e outro, tendo em vista que o semblante é sempre *endereçado* – porém, notemos, não a um grande Outro radicalmente estruturante (seja ele encarnado ou não, por exemplo, na figura da analista ou em um pequeno outro perseguido da paranoia), mas sim a um pequeno outro sexuado:

> *A identificação sexual não consiste em alguém se acreditar homem ou mulher, mas em levar em conta que existem mulheres, para o menino, e existem homens, para a menina. E o importante nem é tanto o que eles*

> *experimentam, o que é uma situação real, permitam-me dizer. É que, para os homens, a menina é o falo, e é isso que os castra. Para as mulheres, o menino é a mesma coisa, o falo, e ele é também o que as castra, porque elas só adquirem um pênis e isso é falho. (Lacan, 1971/2009, p. 33)*

É bem verdade que a passagem, mais uma vez, deixa clara a irrefletida matriz heterossexual e genital com a qual Lacan pensa a diferença sexual. Contudo, se nos ativermos à forma, é curioso perceber que Lacan dá aqui uma definição de gênero potencialmente muito interessante: não se trata de crer-se homem ou mulher – portanto, de uma construção egoica e consciente –, mas de reconhecer uma diferença a partir de *alguns outros*. Mesmo o falo e a castração podem agora ser redescritos não como as experiências fundamentais da constituição da identidade sexual, mas quase como efeitos desse reconhecimento que, notemos, não é exclusivamente especular, pois não se apoia apenas na intersubjetividade pura e biunívoca, mas num reconhecimento do lugar do outro, ainda que esse outro não necessariamente me reconheça enquanto *x* ou *y*.

"O sujeito localiza e reconhece originariamente o desejo por intermédio não só de sua própria imagem, mas também do corpo do seu semelhante" (Lacan, 1953-1954/1986, p. 196). Assim, o corpo sexuado próprio seria, por essa via, um desdobramento da maneira pela qual o sujeito organiza a divisão sexual em seus semelhantes; e, portanto, os reconhece como mais ou menos semelhantes, na medida em que haveria semelhantes, *como eu*, e semelhantes *do(s) outro(s) sexo(s)* – que, notemos, têm seu caráter diferenciado não por uma evidência anatômica, mas pela marca de diferença num discurso daquele ou daqueles que assumem o lugar de Outro frente ao ser que se sexua.

Tempo lógico e a coletivização dos meios de sexuação

É o momento de nos perguntarmos até que ponto essa passagem que fazemos entre o semelhante – enquanto suporte especular da unificação do eu – e os semelhantes – na esteira dos *alguns outros* – é possível; ou, mais especificamente, qual seria sua estrutura. Para tanto, retomemos um aspecto pouco comentado de um dos mais conhecidos textos de Lacan, resgatado por Beer e Franco (2017) quando de uma discussão sobre a indissociabilidade entre clínica e política.

Christian Zervos, editor dos *Cahiers d'Art*, convidara Lacan para escrever um texto que comporia um volume do periódico, mas não um volume qualquer. A publicação fora interrompida em 1940 por conta da Segunda Guerra e retomada somente em 1945, quando o editor organiza um número que serviria, justamente, para cobrir o período referente ao conflito.

> *É a esse convite que Lacan responde . . . não somente ele [o texto] foi escrito logo após a guerra, como o tema do convite era o período de guerra em si, e a revista em que foi publicado não era de psicanálise ou psicopatologia, mas de artes. (Beer & Franco, 2017, p. 171)*

Estamos falando de "O tempo lógico e a asserção de certeza antecipada: um novo sofisma" (Lacan, 1945/1998b). Bem entendido, o trabalho se tornará conhecido por sua relação com as chamadas "sessões curtas" ou "sessões de tempo variável", mas – na esteira de "Os complexos familiares" – é um texto que discute diretamente questões ligadas ao laço social. Surpreendentemente ou não, trata-se, mais uma vez, de pensá-lo a partir do pequeno outro, e não a partir do grande Outro edípico. Insistamos: essa posição não é marginal ou um delito de juventude de Lacan, mas atravessa momentos-chave de sua obra e comparece com força não apenas na antecâmara do nascimento do simbólico nos anos 1950, mas em todas as discussões que circundam cronologicamente a teoria da sexuação – como o *semblante*, o lugar fundamental do pequeno outro no matema dos discursos e a redescrição da sexuação em 1974. Lacan chegará mesmo a ironizar tal rechaço do imaginário em seu Seminário 21:

> *[É] justamente o que atribuíram a mim, querer que o Imaginário seja "caca, dodói": um mal. E o que seria bom seria o Simbólico. E cá estou eu de novo formulando uma ética. É disso que quero dissipar o mal-entendido, através do que avento este ano, para vocês, dessa estrutura de nó. (Lacan, 1973-1974, p. 173, tradução nossa)*

Mas a especificidade que liga a discussão do tempo lógico à questão da autorização de si e de alguns outros é o que está em jogo ali não apenas no estatuto do semelhante, mas também de sua configuração *coletiva*. Lacan propõe no texto de 1945 um sofisma no qual um de três prisioneiros seria solto caso resolvesse primeiro um enigma. Trata-se de descobrir a cor de um círculo, que seria colocado em suas próprias costas, a partir das cores dos outros dois círculos afixados da mesma maneira, um em cada colega. Num total temos três círculos brancos e dois pretos, dentre os quais seriam escolhidos três e respectivamente designados a cada prisioneiro. O diretor da prisão, então, opta por colocar os três círculos brancos nas costas dos prisioneiros, visando descobrir por meio de qual lógica algum deles primeiro descobriria – por certeza, e não por probabilidade – a cor de seu círculo.

> *Depois de se haverem considerado entre si* por um certo tempo, *os três sujeitos dão juntos* alguns *passos, que os levam simultaneamente a cruzar a porta. Em separado, cada um fornece então uma resposta semelhante, que se exprime assim:*
>
> *"Sou branco, e eis como sei disso. Dado que meus companheiros eram brancos, achei que, se eu fosse preto, cada*

um deles poderia ter inferido o seguinte: 'Se eu também fosse preto, o outro, devendo reconhecer imediatamente que era branco, teria saído na mesma hora, logo, não sou preto.' E os dois teriam saído juntos, convencidos de ser brancos. Se não estavam fazendo nada, é que eu era branco como eles. Ao que saí porta afora, para dar a conhecer minha conclusão."

Foi assim que todos três saíram simultaneamente, seguros das mesmas razões de concluir. (Lacan, 1945/1998b, p. 198, grifos do original)

Há aí uma importante subversão da própria lógica do jogo, que previa que apenas a um – o primeiro prisioneiro a descobrir sua cor – seria concedido o benefício da liberdade. A certeza advém, precisamente, do caráter simultâneo do *reconhecimento do reconhecimento* dos outros que informa sobre a identidade do eu. O que o sofisma expõe é que a certeza sobre si advém da suposição radical de que os outros me reconhecem da mesma forma que eu os reconheço. Daí que o titubear dos outros entre o segundo e o terceiro tempo lógico é o que precipita a certeza de que eles, assim como eu, são determinados pela lógica coletiva de reconhecimento.

O eu é, assim, uma referência a um denominador comum "do sujeito recíproco, ou, ainda, aos outros como tais, isto é, como outro uns para os outros. Esse denominador comum é dado por um certo *tempo para compreender*, que se revela como uma função essencial da relação lógica da reciprocidade" (Lacan, 1945/1998b, p. 211). O índice de indeterminação que havíamos ligado, no primeiro capítulo, à ideia de *alguns* outros comparece aqui não em relação ao seu número, borda ou fronteira, mas em relação ao tempo indefinido (lembremos do grifo que Lacan coloca em *por um certo tempo*, ao apresentar o sofisma) que separa o instante de ver do momento de concluir.

Mas o horizonte que pauta essa asserção de certeza é aquele do *erro*. É pelo medo de errar – que Lacan ligará à ideia de barbárie, no final do texto – que o sujeito se antecipa sobre a sua certeza a partir da hesitação reconhecida nos outros. "A verdade se manifesta nessa forma como antecipando-se ao erro e avançando sozinha no ato que gera sua certeza" (Lacan, 1945/1998b, p. 211). A passagem do erro à verdade é um *ato* antecipado. Notemos que a oposição entre *erro* e *verdade* dissolve-se ao longo do ensino de Lacan,[13] mas já aqui esses dois polos são indissociáveis.

Mas em sua articulação encontramos uma *antecipação*, noção que, não por coincidência, aparece igualmente na constituição do eu no estádio do espelho. Trata-se, inclusive, de uma antecipação performativa, ligada a um fazer que encerra em si mesmo sua verdade. O termo usado por Lacan para definir esse momento-chave na estruturação subjetiva é "azáfama jubilatória" (*affairement jubilatoire*), que traz a marca justamente de um fazer, de um ato ou atividade. *Affairement*, que pode ser traduzido literalmente por "atarefamento", traz a marca de um excesso, de uma agitação precipitada, de uma sobrecarga. Não estamos tão distantes aqui de uma racionalidade butleriana que pensa o processo de sexuação como pautado por um fazer que, retroativamente, constitui um sujeito. A diferença aqui é o caráter de enlaçamento que esse tipo de ação constitutiva do eu tem com a coletividade:

> *Basta fazer aparecer no termo lógico dos* outros *a menor disparidade para que se evidencie o quanto a verdade depende, para todos, do rigor de cada um, e até mesmo que a verdade, sendo atingida apenas por uns, pode gerar, senão confirmar, o erro nos outros. E também*

---

13 Como na ideia de uma verdade ligada ao semidizer, na aproximação do inconsciente ao equívoco, e na própria noção de "erro" construída em *Os não-bestas erram*.

> *que se, nessa corrida para a verdade, é apenas sozinho, não sendo todos, que se atinge o verdadeiro, ninguém o atinge, no entanto, a não ser através dos outros. (Lacan, 1945/1998b, p. 212)*

É com essa teoria do sujeito em mente que Lacan afirmará que essa lógica é aquela que auxiliaria na aplicação "do manejo do 'complexo' na prática psicanalítica" (Lacan, 1945/1998b, p. 212). Notemos que o autor não faz aí referência ao Édipo, mas ao complexo enquanto tal: constelação de outros aos quais o sujeito se refere e é referido.

Uma leitura desatenta do texto de 1945 pode dar a entender que estaria ali em jogo exclusivamente uma discussão sobre o tempo lógico em seu contexto clínico, bem como que o paradigma dos prisioneiros remete-se ao *três* por ter uma ligação com o Édipo ou com os três registros. Não obstante, o movimento final do texto busca, justamente, emancipar a proposta de sua aplicação de uma *coletividade*, com um número definido de indivíduos, rumo a uma *generalidade*, "que se define como uma classe que abrange abstratamente um número indefinido de indivíduos" (Lacan, 1945/1998b, p. 212).

O psicanalista evoca aí o ditado *tres faciunt collegium*,[14] antecipando a ideia – que só aparecerá com força novamente a partir

---

14 Na língua latina, *collegium* significava a ação de ser colega; confraria, associação, corporação; companheiro no mesmo ofício, colega (Tonini & Goldenberg, 2003). Apesar da origem da expressão ser obscura, considera-se como seu primeiro uso de peso aquele feito na regência de Numa Pompílio, o segundo rei de Roma, em 700 a. C., que determinava a modalidade de formação dos colégios de artesãos no Império. "A regulamentação mais importante, considerada indispensável, determinava que um Colégio jamais poderia formar-se com menos de três membros. Esta regra foi de tamanha magnitude que a expressão *tres faciunt collegium* foi considerada uma máxima da lei civil" (Tonini & Goldenberg, 2003). Em um uso mais moderno, mas que continua a sublinhar o caráter da importância de uma unidade mínima que marque a coletividade, Karl Marx usa a expressão em uma

dos anos 1970 – segundo a qual, para que algo se institua, é preciso haver *ao menos três*.[15] Para nossos propósitos, assim, a autorização no contexto da sexuação deve ser tomada também a partir desse paradigma: a esses alguns outros a partir dos quais o sujeito irá se autorizar são, assim, imputadas suposições de uma generalidade, ainda que esteja em jogo uma lógica da *coletividade*. Parece-nos que há aqui um movimento similar ao de Freud em "Psicologia das massas" (1921/2011b), que parte, como lembra Laplanche, da lógica que rege a relação do sujeito com os *socii* para explicar fenômenos de massa mais amplos e anônimos.

"O tempo lógico" termina, nessa toada, com a proposição de uma nova lógica da definição do que seria humanidade, mais precisa do que aquela em jogo na lógica clássica ("O homem é um animal racional"):

> 1) *Um homem sabe o que não é um homem;*
>
> 2) *Os homens se reconhecem entre si como sendo homens;*
>
> 3) *Eu afirmo ser homem, por medo de ser convencido pelos homens de não ser homem.*
>
> *Movimento que fornece a lógica de toda assimilação "humana", precisamente na medida em que ela se coloca*

---

correspondência para Ferdinand Lassale, justificando sua demora em responder: "você deveria ter recebido uma resposta imediata... entretanto, não para formular meus pontos de vista, mas porque *tres faciunt collegium*, queria submeter a questão a Engels e Lupus para saber sua opinião. Desde que suas impressões e a minha própria coincidam, você pode considerar o que se segue como nossa opinião unânime" (Marx apud Tonini & Goldenberg, 2003).

15 Lembremos, também, que Lacan chega a demonstrar logicamente no próprio texto que o sofisma dos prisioneiros seria igualmente válido caso se tratasse de quatro, e não três (Lacan, 1945/1998b, p. 212), para com isso demonstrar que não é um número fixo que define tal lógica de reconhecimento, mas uma *generalidade*.

> *como assimiladora de uma barbárie e, no entanto, reserva a determinação essencial do [eu]... (Lacan, 1945/1998b, p. 213)*

Chega-se, assim, à máxima redução lógica da proposta lacaniana de 1945, que se coloca para além da demonstração ligada aos três prisioneiros. O "tornar-se homem" – e aqui, dados os nossos propósitos, devemos já introduzir o caráter sexuado da questão e ler *homem* como o nome de *um* grupo, de *uma forma* de atravessar o processo de sexuação – é um devir indissociável da suposição dessa masculinidade junto a um grupo que é o pivô das próprias coordenadas de reconhecimento do sujeito. O grupo enquanto instância de reconhecimento precipita a antecipação do eu, pautada na negação de um horizonte de barbárie possível. Em outras palavras, seria a evitação de uma expulsão que conduziria à formação (sexuada) do eu. Essa expulsão não é propriamente aquela fálica experienciada pelos irmãos de "Totem e tabu" (Freud, 1913/2012a) no exílio imposto pelo pai da horda, mas, precisamente, uma *expulsão da expulsão*, uma rejeição ainda mais radical que lançaria os sujeitos para fora do quadro de inteligibilidade presente no reconhecimento coletivo dado pela categoria *irmãos*: uma foraclusão.[16]

A partir de nossa leitura do *estádio do espelho*, é possível defender que esse tipo de impossibilidade identitária de reconhecimento remete a experiências mais relacionadas ao despedaçamento do corpo do que a uma angústia de castração propriamente dita. Assim, junto ao resgate que Butler faz de Kristeva sobre a operação de abjeção – que, ao criar fronteiras identitárias, necessariamente produz seu abjeto, sua exclusão (Butler, 1990/2002, p. 169) –, deveríamos considerar que o

16 É nesse mecanismo de expulsão, e não numa diagnóstica estrutural de gêneros não inteligíveis, que podemos melhor localizar a ideia de *foraclusão* na discussão sobre as identificações sexuadas.

processo de identificação é pautado, já de partida, por esse temor da barbárie de um estado de não reconhecimento. O eu erige-se contra o não eu, sempre e necessariamente, suportado por um dado lugar numa coletividade. A importância da coletividade – apagada pela política de comentadores da Lacan – é tamanha que o texto termina não exatamente com as (curiosas) reticências da passagem citada há pouco, mas com uma nota de rodapé que convida o leitor a ler toda a coletânea, *Escritos*, sem se esquecer da importância dessa discussão:

> *que o leitor que prosseguir nesta coletânea volte à referência ao coletivo que constitui o final desse artigo, para situar o que Freud produziu sob o registro da psicologia coletiva (*Massenpsychologie und Ich Analyse, *1920): o coletivo não é nada senão o sujeito do individual. (Lacan, 1945/1998b, p. 213, grifo do original)*

Essa nota inserida em 1966, portanto atravessada pelo estruturalismo e por toda a releitura do Édipo, demonstra como, mesmo com poucas incidências textuais, a centralidade da coletividade na teoria do sujeito em Lacan atravessa de ponta a ponta sua produção e seu ensino: de "Os complexos familiares", passando pelo tempo lógico e sua reedição em 1966, e chegando, finalmente, na teoria da sexuação e da formação do analista por meio dos *alguns outros*.

Essa coletividade, notemos, não se apoia em uma *mimesis* consciente de traços identificáveis no grupo, mas precisamente numa suposição de grupo. Ninguém sabe o que é um homem, uma mulher, uma *drag queen* ou uma *transbutch*. Mas sabemos que há pessoas que se reúnem coletivamente sob essas identidades a despeito de suas diferenças. Ramos resgata essa mesma passagem do tempo lógico para pensar o estatuto do tornar-se analista – que, lembremos, é igualmente o paralelo feito por Lacan no contexto da autorização por si e por alguns outros –, sublinhando precisamente esse caráter contingente da identificação ao grupo:

> *A tomarmos a lógica da asserção subjetiva antecipatória do Lacan (1945/1998) do final de* O tempo lógico, *1) um psicanalista sabe o que não é um psicanalista; 2) os psicanalistas se reconhecem entre si como sendo psicanalistas; 3) eu afirmo ser psicanalista, por medo de ser convencido pelos psicanalistas de não ser psicanalista. Enfim, sabemos o que não é um psicanalista e reconhecemo-nos entre nós como psicanalistas sem sabermos o que é um psicanalista, mas não sem que cada um negue não ser psicanalista diante dos psicanalistas. Afirmar-se psicanalista, reconhecermo-nos psicanalistas uns aos outros, implica necessariamente uma marca, mas uma marca contingente, que não se deixa universalizar, dado que não temos um atributo universal que diria o que é um psicanalista e nos permitiria sabê-lo. Poderíamos até tentar dizer que* alguma coisa a gente tem em comum, *mas este em comum é sempre da ordem do que* parece, mas não é. *(Ramos, 2016, p. 10, grifos do original)*

Mas como compreender esse traço de contingência e de crítica do universal a partir de uma lógica que, a princípio, seria marcada por um reconhecimento especular, no qual a alteridade radical advém de um coletivo formado por semelhantes? Seria lícito supor que existe uma borda ou uma zona de indeterminação entre *imaginário* e *real*?

Do júbilo ao gozo

É tempo de sublinharmos uma questão que quase sempre passa despercebida nos comentários sobre o estádio do espelho, questão essa referente ao qualificativo da assunção da imagem ortopédica do eu. Trata-se de uma assunção *jubilatória*. *Jubilat*ório (*jubilatoire*) é o estado em que se encontra o indivíduo tomado de uma grande alegria (Jubilatoire, 2017), mas que carrega como marca etimológica propriamente o grito de uma exclamação que transborda o articulável racional ou simbolicamente: do latim, *iubilo* (Jubilo, 2017). O júbilo, em si, seria propriamente *um dizer sem dito*, na medida em que dá a ver uma posição do sujeito, é verdade, mas sem a captura significante de um horizonte metonímico sem fim.

Isso se deve ao fato de que o caráter jubilatório da assunção é ligado não à linguagem em seu sentido estritamente estrutural, mas, antes, à lalíngua (ou *alingua*, ou *lalangue*), veiculando, portanto, um dizer que é, em si, parte do corpo e não se separa deste. A assonância *lala* remete, também, aos dizeres primeiros trocados entre a criança e seus cuidadores – mas, não esqueçamos, também entre seus irmãos, colegas e todos aqueles a quem ela se remete. Trata-se de uma lida com a linguagem que não opera por meio de uma lógica de separação entre significado e significante, em que não há propriamente um sentido que decante das diferenças advindas dos significantes na fala, mas um dizer performado que é seu próprio sentido, posto que corpo.

É claro que esse tipo de uso da língua tecido junto ao corpo não se resume exclusivamente à fala do bebê, da mesma forma que o estádio do espelho não se localiza em um momento *x* ou *y* do desenvolvimento. Conforme discutido na disciplina "Sofística, performatividade, enunciação: as dissoluções do sujeito pela linguagem na obra de Fernando Pessoa", Silva Junior (2017a) sublinha que há em Alberto Caeiro uma abordagem da língua que o aproxima de discussões propriamente performativas – e não estruturais – de linguagem. Vejamos um conhecido poema que pode nos ajudar a ver essa presença do júbilo na linguagem, júbilo esse intimamente ligado ao corpo e ao ser – para além da metafísica do pensamento:

Sou um guardador de rebanhos.
O rebanho é os meus pensamentos
E os meus pensamentos são todos sensações.
Penso com os olhos e com os ouvidos
E com as mãos e os pés
E com o nariz e a boca.
Pensar uma flor é vê-la e cheirá-la
E comer um fruto é saber-lhe o sentido.

Por isso quando num dia de calor
Me sinto triste de gozá-lo tanto,
E me deito ao comprido na erva,
E fecho os olhos quentes,
Sinto todo o meu corpo deitado na realidade,
Sei a verdade e sou feliz. (Pessoa, 1925/1993b)

Ora, estamos aí dispostos e deitados, como Caeiro, na relva de um sentido que se confunde com o próprio domínio do corpo. Há, inclusive, uma passagem no poema – bastante similar àquela do estádio do espelho – na qual, num primeiro momento, o pensar se dá concretamente pelo sentir das partes desconexas e concretas, em que há uma indistinção entre representação e coisa; e, em seguida, uma experiência de verdade e felicidade que ultrapassa a culpa do gozo (retroativamente fálico e parcial) por meio de uma unificação corporal de um deitar-se na realidade. É importante que se pontue aqui que o *um* de que se trata na unificação em jogo na assunção jubilatória não é o *um* fálico que pode ser descrito por meio de uma função na qual *para todo x* teríamos *y*. Esse *um* que a criança reconhece no espelho se liga ao *um* da singularidade, do *uma a uma* descrito no Seminário 20 para pensar o caráter não todo da mulher, mas que nosso percurso permitiu ampliar para todo o espectro dos seres sexuados.

Assim, seguimos Silva Junior (2017a), que afirma ser Caeiro o poeta que trata o real da realidade por meio da linguagem, mas adicionando que este o faz não sem o intermédio do imaginário. Defendemos que é precisamente nessa fronteira que é preciso situar a assunção jubilatória, posto que há um tipo de corpo e de eu que surge num movimento unificatório que é promovido por um gozo que está para além da linguagem fálica. Caeiro, como a criança do espelho, se vê em júbilo pelo olhar e pela imagem que testemunham seu nascer como um corpo que se concebe para além dos signos:

> *Sei ter o pasmo essencial*
>
> *Que tem uma criança se, ao nascer,*
>
> *Reparasse que nascera deveras...*
>
> *Sinto-me nascido a cada momento*
>
> *Para a eterna novidade do Mundo...*
>
> *Creio no Mundo como num malmequer,*
>
> *Porque o vejo. Mas não penso nele*
>
> *Porque pensar é não compreender...*
>
> *O Mundo não se fez para pensarmos nele*
>
> *(Pensar é estar doente dos olhos)*
>
> *Mas para olharmos para ele e estarmos de acordo...*
> *(Pessoa, 1914/1993a)*

O mundo de Caeiro é o malmequer, dado que esse poeta nada pode dizer sobre o universo, mas sobre os mundos que se criam e nascem em cada olhar – e, portanto, não são dados ao pensar, mas ao acordar.[17]

Lembremos que Lacan evoca, logo na primeira página do texto sobre o estádio do espelho, a noção de *Aha-Erlebenis* (Experiência de a-há!/Vivência de Eureka), que pode ser pensada quase como a tradução literal do júbilo. A descoberta do nascimento do eu num mesmo movimento é inventada, experienciada e vivida no corpo; ou, mais radicalmente, ela é o próprio *momento* do corpo. Vai se tornando, assim, inevitável trazer à luz um conceito que – a princípio – poderia ter sido trabalhado no capítulo referente ao registro do real, mas que parece ganhar maior força se articulado ao imaginário: o conceito de *gozo do Outro*.

Estar de acordo com o olhar para o mundo se dá, no estádio do espelho, mediante o olhar do Outro, que, igualmente, partilha desse dizer jubiloso da criança, pois – não esqueçamos – o Outro goza igualmente dessa descoberta. O júbilo da criança – ao pensarmos como Caeiro – é também o júbilo do Outro, posto que ela se torna quem é pelo brilho do olhar que testemunha seu eu-corpo. Já em 1953, Lacan aproxima essa demanda de reconhecimento na dialética especular da criança literalmente ao gozo do Outro (Lacan, 1953/1998f, p. 251). O gozo do Outro nos parece, assim, ganhar um estatuto operativo muito mais articulável do que aquele que o aproximara do "gozo feminino", na medida em que se emancipa da

17 Esse mesmo tipo de concretude do dizer que questiona a totalidade metafísica que antecederia a experiência apresenta-se, no mesmo poema, a partir da questão da unidade de Deus: "Mas se Deus é as flores e as árvores / E os montes e sol e o luar, / Então acredito nele, / Então acredito nele a toda a hora, / E a minha vida é toda uma oração e uma missa, / E uma comunhão com os olhos e pelos ouvidos. // Mas se Deus é as árvores e as flores / E os montes e o luar e o sol, / Para que lhe chamo eu Deus?" (Pessoa, 1914/1993a).

captura de sentido generificada de partida e nos permite pensá-lo como um índice identitário em si, que o liga muito mais a um processo do que à Mulher – inexistente e barrada.

Sublinhemos que essa leitura do gozo do Outro não é de maneira alguma arbitrária, uma vez que o próprio Lacan, em "A terceira", repensa o gozo do Outro não mais como ligado às fórmulas da sexuação de 1973, mas como um tipo de gozo que se distingue do fálico por ser ligado ao *corpo*. Isso é possível porque Lacan aproxima o gozo fálico à masturbação, como algo que estaria fora do corpo: "que o gozo fálico se torne anômalo ao gozo do corpo, isso é algo que já foi percebido mil vezes" (Lacan, 1974/2002, p. 13). Trata-se, sobretudo, de um gozo pautado pela parcialidade própria à logica fálica, ligada a uma ou outra parte erotizada do corpo, mas que não é gozada senão a partir da fantasia. Por outro lado, o gozo do Outro se liga ao corpo em si – que, nesse momento, não por acaso, é sinônimo de imaginário.

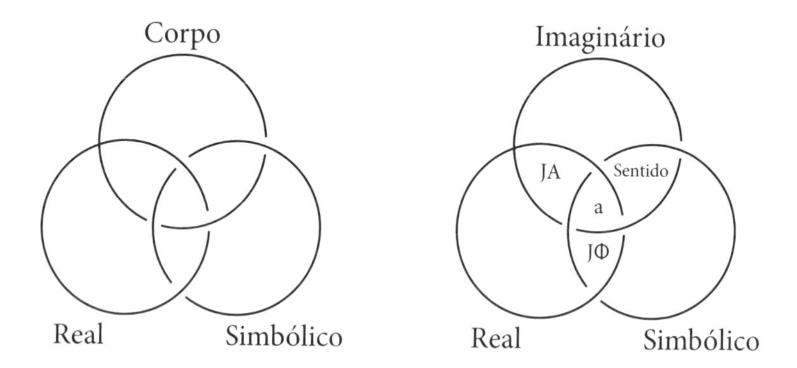

Figura 3.1 Gozos e os três registros.

O gozo do Outro (JA) está, assim, na fronteira entre o real e o imaginário/corpo. Não há, em nosso entender, nesse último período do ensino de Lacan – ao contrário do que se possa defender –, uma reinvenção da noção de "corpo" a partir do real. Entendemos que há, na verdade, um retorno respeitoso à noção primeira de "subjetivação", ligada ao imaginário, sem o desprezo a este registro no qual uma certa leitura do estruturalismo acabou por resultar:

> *Ele, o corpo, se introduz na economia do gozo (foi daí que parti) pela imagem do corpo. A relação do homem, do que se chama por esse nome, com seu corpo, se há algo que sublinha bem que ela é imaginária, é o alcance que aí toma a imagem; e, no início, sublinhei bem isso, é que era preciso para tal, mesmo assim, uma razão no real, e que a prematuração de Bolk – não é minha, é de Bolk, eu nunca quis ser original, quis ser lógico – é que não há, para explicá-la, senão a prematuração, essa preferência pela imagem que vem do fato de que ele antecipa sua maturação corporal (Lacan, 1974/2002, p. 13)*

Jadin e Ritter também acompanham essa leitura e entendem o júbilo especular como um momento de fascinação marcante e de uma alienação fundamental do sujeito que se vê constituído *como um outro*: "'como um outro' e, *ipso facto*, por seu gozo, tanto quanto ele aparece como 'o gozo do Outro' – como indicará Lacan um pouco mais tarde, a propósito da reconstrução da imagem especular no âmbito da cura analítica" (Jadin & Ritter, 2009, p. 14, tradução nossa).

Retornando mais cerradamente a nosso problema, é mister, assim, pensar que a autorização no contexto da sexuação se dá com tamanha força identitária precisamente porque é marcada, de partida, por um gozo que está aquém e além da linguagem; e que, portanto, não pode ser redescrito e pensado em termos "fálicos" – na acepção ampla do termo. O caráter desse gozo do Outro na maior parte das vezes está excluído do campo possível da experiência cotidiana, posto que os enquadramentos normalizantes de gênero impedem que tal experiência seja retomada, na medida em que recobrem tal descoberta do eu sexuado com discursos ontológicos que o remetem a uma anatomia essencialista. Mas a partir do momento em que a autorização no campo da sexuação oferece resistência normativa ao discurso hegemônico normalizante, esse tipo de experiência de satisfação não redutível ao falo pode vir à luz.

Em um recente documentário, a cartunista Laerte conta que o momento central no percurso de sua descoberta como mulher trans não teria sido propriamente a primeira calcinha – como sugere a entrevistadora –, que já vinha sendo usada, mas sem causar nenhum tipo de efeito dessa natureza:

> *A primeira roupa que eu usei foi uma roupa que eu tirei, na verdade. Foi o fato de ter tirado os meus pelos. O primeiro impacto dessa mudança – mais do que ter botado uma calcinha e olhado no espelho . . . – [foi quando] eu vi [no espelho] as partes de mim aparecendo. Assim: "nossa, a minha perna!". Isso já era, assim, o prelúdio.*
>
> *[A entrevistadora:]* — O que é que tu viu no espelho?
>
> *Uma* outra pessoa, *e eu queria* me ver inteira. *Quando eu me vi, eu não acreditava; fiquei pulando assim, ó [gargalha]. (Brum & Barbosa, 2017, grifos nossos)*

Essa cena não deve ser tomada na qualidade de uma caricatura, mas de uma demonstração da importância central da experiência sexuada como ligada a uma totalidade corporal de júbilo, e não limitada à interpretação da genitalidade – que, por tantas décadas, reduziu o pensamento psicanalítico sobre os processos de sexuação. A despeito da parcialização fálica que metonimicamente elege um órgão (ou peça íntima que o recobriria...) que simbolicamente organizaria a experiência sexuada, o júbilo de se ver inteira no espelho é o que remete Laerte ao tomar-se como mulher.

No entanto, qual seria a natureza do enlaçamento entre esse regime de corporeidade sexuada imaginária e o processo de designação por meio do qual o eu é localizado pelos outros enquanto sexuado? A partir dessa seção inicia-se um outro e último momento de nossa empreitada, que buscará propor uma amarração das discussões empreendidas a partir da sexuação nos três registros.

Nomeações

Para pensar a sexuação a partir do estádio do espelho, é importante sublinhar o fato de que a *nomeação* que vem do Outro é tão importante quanto o olhar de chancela que marca a assunção jubilatória. Já havíamos apontado como a questão da designação é central para Laplanche, tendo agora uma volta a mais no problema, posto que essa designação incide num momento de estruturação subjetiva no qual nome e percepção do corpo próprio entrelaçam-se intimamente numa dada consistência.

> *O poder de nomear os objetos estrutura a própria percepção. O próprio percipi do homem só pode se sustentar dentro de uma zona de nomeação; a tal ponto que é pela nomeação que o homem mantém a subsistência desses objetos numa certa consistência. (Lacan, 1954-1955/2010, p. 215, tradução modificada)*

A nomeação do Outro, assim, difere e vai muito além de uma "construção social", aos moldes de uma *tabula rasa* em que o sujeito recebesse um nome e um sexo da alteridade que o sustentaria, na medida em que essa nomeação se entrelaça fortemente à constituição do eu em seu sentido imaginário e corporal, mas também real na dimensão do gozo e, como veremos, também no simbólico. O texto "O estádio do espelho" (1949/1998e) não sublinha claramente, contudo, um importante aspecto dessa constituição em relação ao Outro – que, a essa altura, sabemos englobar igualmente o seu caráter plural contido em *outros* –, a saber: o traço iterativo e repetido das mensagens de nomeação que vêm do Outro.

Laplanche retoma a questão da sedução em Freud a partir da importante constatação segundo a qual, se há um discurso psicanalítico corrente do abandono da teoria da sedução traumática como etiologia da histeria em Freud, há também de se reconhecer que essa concepção não é, de fato, completamente dispensável, deixando as suas marcas na teorização psicanalítica – por exemplo, na importância da ideia de *après-coup*. Mas Laplanche vai além e propõe haver, na constituição mesma do inconsciente de todo e qualquer *infans*, traços do sexual infantil do Outro, que são veiculados por meio de uma *mensagem enigmática*:

> *as mensagens do adulto são mensagens pré-conscientes--conscientes, elas são necessariamente* "comprometidas" *(no sentido do retorno do recalcado) pela presença da "interferência" inconsciente. Estas mensagens são, então,* enigmáticas, *tanto para o emissor adulto quanto para o receptor, o* infans. *(Laplanche, 2003/2015, p. 194, grifos do original)*

A criança ocuparia, para Laplanche, uma posição passiva em relação ao adulto, pois não dispõe de elementos simbólicos suficientes que permitam um quadro de decifração das mensagens que lhe chegam pelos cuidadores e pelos outros que a ela se dirigem. Ao tomarmos a noção de "mensagem" pelo viés lacaniano, contudo, é preciso entendê-la como algo que veicula um sentido, mas um sentido já ligado a um significante: "o resultado desta conjunção do discurso com o significante, como suporte criador do sentido, é a mensagem" (Lacan, 1957-1958/1999, p. 20).

Ou seja, o traço enigmático da mensagem, a meu ver, deve ser lido no caráter arbitrário da articulação entre o *sentido* e o *significante*, atrelado à impossibilidade de a criança se remeter a um código que lhe permitisse decifrar a mensagem no nível discursivo. Mais que isso, a mensagem conteria uma intensidade que transborda o significante que a veicula, pois já emitida embebida em *lalíngua*. Laplanche, no entanto, separa o que há de consciente e pré-consciente dos pais – que são propriamente as mensagens – e aquilo que ele chamou de "ruídos", em que, aí sim, encontra-se a sexualidade infantil presente no adulto e, propriamente, seu inconsciente (Laplanche, 2003/2015, p. 168).

Mas é possível pensar essa distinção também de outra maneira. A constituição do lugar do Outro no grafo do desejo é indicativa nesse sentido, na medida em que é definida como o lugar do *código* (Lacan, 1957-1958/1999, p. 19). O Outro é, assim, o tesouro dos significantes; é o sistema fechado a partir do qual toda e qualquer mensagem pode ser decifrada. Mas, ao mesmo tempo, o Outro é – como lembra Laplanche – aquele que bombardeia o sujeito com suas mensagens.

Podemos entender de maneira mais clara agora o duplo lugar da alteridade na constituição sexuada do eu, na medida em que esses *alguns outros* a partir dos quais nos autorizamos sexualmente não são apenas aqueles que ostensivamente designam e nomeiam o caráter sexuado da identidade e do corpo (mensagem), mas são, eles mesmos, também, a própria matriz de inteligibilidade a partir da qual o eu se espelha para poder se constituir (código) – a estrutura de reconhecimento em si, como vimos na discussão sobre o estatuto da coletividade a partir do tempo lógico. A grande questão é que toda mensagem é emitida, interpretada e respondida a partir de coordenadas de códigos que respondem a critérios significantes, e não de significado. Ou seja, toda nomeação carrega em si o horizonte de sua própria contingência, dado que a mensagem é uma colisão relativamente arbitrária entre o discurso e o caráter constelacional (e, portanto, não substancial) do significante.

Em outras palavras, a força presente no contexto da unificação especular advém também do fato de o sujeito nunca se identificar apenas a um nome designado verticalmente, mas igualmente à gramática (de efeitos normalizantes) que coordena as possibilidades de reconhecimento possíveis veiculadas por aquela nomeação. Trata-se de um momento de relativa indistinção entre o emissor e o próprio código, condensado no fato de o Outro ser descrito por Lacan como o próprio espelho, ou seja, aquele que, pelo olhar – e pela nomeação – apresenta o sujeito a ele mesmo por meio da alienação que o reflexo pressupõe. A mensagem contida em "olha que menina mais linda" não apenas carrega uma nomeação sexuada, mas já veicula a matriz de inteligibilidade unificadora remetida ao gênero, na medida em que o eu do espelho é nomeado por um Outro que é, ele mesmo, o código por meio do qual a mensagem cifra-se e decifra-se: sexuar os artigos ao se referir à criança, nomear outras crianças como "meninas" ou "meninos" é atrelar à própria mensagem suas coordenadas normativas de tradução. E lembremos que esse movimento é controlável ou percebido apenas em uma pequena medida; e não bastaria, hipoteticamente, remeter-se a uma criança sem se valer de nenhuma referência ao caráter sexuado da linguagem de designação, dado que mensagem e código são, majoritariamente, inconscientes.

Essa gramática não é enunciável em si mesma, posto que tem uma estrutura significante que só se transmite propriamente pelo inconsciente. Assim, junto aos "ruídos pulsionais" de Laplanche, é preciso pensar que o caráter enigmático da mensagem carrega também as normas que configuram a expectativa de reconhecimento que a alteridade confere ao eu. Estamos, aqui, na fronteira entre imaginário e simbólico, já que esse ruído é inscrito no eu enquanto projeção corporal (Freud, 1923/2011d, p. 32), mas projeção que carrega a expectativa de reconhecimento do Outro no próprio domínio corporal do eu. Sendo o Outro o lugar do emissário e o próprio código pelo qual a mensagem pode ser decifrada, autorizar-se de si mesmo e de alguns outros é também um movimento no qual todo deciframento da mensagem é igualmente uma pergunta sobre o desejo e o lugar do outro, mas cuja resposta não pode passar, ainda, pela fala adultamente articulada. Ou seja, a "assunção de um gênero" é um *trabalho de deciframento* (de um outro trabalho de deciframento do corpo da criança feito pelo adulto) sujeito à contingencialidade da *týkhe* e à "errância exponencial", sem garantias de sentido. Teríamos aí, a partir de Lacan e Laplanche, uma alternativa à noção stolleriana de *imprinting*.

Notemos que a precipitação jubilosa nos parece, portanto, uma resposta *ativa* do sujeito face ao bombardeio de mensagens:

> *a comunicação não circula somente pela linguagem do corpo, pelos cuidados corporais; há também o código social, a língua social, há também as mensagens do* socius*: estas mensagens são principalmente* mensagens de designação de gênero. *Mas também portadoras de muitos "ruídos", todos aqueles trazidos pelos adultos próximos – pais, avós, irmãos –, suas fantasias, suas expectativas inconscientes ou pré-conscientes. Um pai pode designar conscientemente o gênero masculino ao filho, mas pode ter esperado uma filha ou mesmo desejar inconscientemente penetrar uma filha. . . . Esses desejos inconscientes também vêm infiltrar-se na designação do gênero. É, pois, o sexuado e principalmente o Sexual dos pais que vêm* provocar ruído *na designação. (Laplanche, 2003/2015, pp. 168-169, grifos do original)*

O eu sexuado é, assim, já uma primeira e própria interpretação da mensagem veiculada pela designação ruidosa de gênero. Laplanche defende que o código de tradução dessas mensagens é a *anatomia*, mas defendemos que se trata da anatomia como ela é veiculada pelo discurso do Outro, que é também o próprio código. Em outras palavras, o corpo se unifica junto ao eu numa operação de alienação na qual o sujeito se oferece como resposta ao lugar que supõe corresponder à anatomia no discurso do Outro. Mas sendo essa resposta uma *assunção de júbilo*, feita por e para o olhar do outro, temos uma noção de "anatomia" ligada ao semblante e à dimensão do ato.

Mas voltemos à questão do nome. No esquema dos dois espelhos, temos que o espelho plano teria a função de unificação da imagem real e da imagem virtual, o que na situação hipotética do bebê em frente ao espelho é dado por quem segura a criança e a certifica da descoberta de que a imagem virtual corresponde ao seu eu ideal unificado. Sublinhemos que, ali, seria a nomeação "é fulan*o*"/"é *o* bebê" ou "é fulan*a*"/"é *a* bebê" que marcaria o gênero nesse momento-chave de estruturação psíquica. Caberia aqui discutir uma curiosa questão que aparentemente é ignorada na teoria do nome próprio em Lacan: o (pré)nome é, nas sociedades ocidentais, quase sempre um nome masculino *ou* feminino. Mesmo quando se trata de um nome *neutro* ou *unissex*, o nome carrega uma marca de ambiguidade que, em nossa sociedade, sempre se refere ao binarismo de gênero. Em outras palavras, não há – claro – nomes *em si* masculinos, femininos, neutros ou *queer*; mas, no ato de nomeação, o código parece carregar desde sempre uma marca do lugar sexual em que o discurso do Outro coloca o *infans* nomeado, na medida em que o nome próprio tem como função a localização do sujeito como *um/a* dentro do contexto familiar, ao mesmo tempo que o/a coloca socialmente dentro de um dado grupo sexuado.

E aqui uma outra imprecisão lacaniana em relação às identidades não cisgênero se faz notar. Para grande parte da população trans – como já discutimos –, a cirurgia de redesignação sexual não é, de maneira alguma, um critério ou um desejo. Não obstante, um dos pontos mais sensíveis às questões identitárias – tanto do ponto de vista dos processos de transição quanto daquele do reconhecimento e do sofrimento – é justamente o do nome social. Não à toa, as duas modalidades principais pelas quais são narrados episódios de transfobia referem-se ou ao corpo – em violência diretamente física –, ou à impossibilidade de reconhecimento pelo uso de um nome ou de um endereçamento que reconheça o gênero ao qual a pessoa se identifica.

É preciso aqui salientar que, entre as mais importantes reivindicações politicamente articuláveis de grupos trans e travestis no Brasil, encontra-se o Projeto de Lei n. 5002/2013, conhecido como "Lei João Nery", arquivado em 2019, que garante o direito de alteração de nome e sexo no registro civil. Ainda que haja algumas disposições municipais e estaduais que garantam o nome social em algumas situações, os deputados federais Jean Wyllys e Érika Kokay consideraram que tais dispositivos promovem um reconhecimento parcial e apenas em regime de exceção: "a dupla identidade está sendo oficializada e o Estado começa a reconhecer que existe uma discordância entre a vida real e os documentos" (Wyllys & Kokay, 2013, p. 9).

O Projeto de Lei sublinha que a alteração dependa exclusivamente da disposição e da *autorização* da própria pessoa, e, no seu Artigo 4º, frisa que em nenhum caso haverá, como pré-requisitos, intervenções cirúrgicas, terapias hormonais, diagnósticos médicos ou psicológicos ou autorização judicial (Wyllys & Kokay, 2013, p. 2). Trata-se de uma reivindicação política que visa desmedicalizar a transexualidade e aponta para o caráter secundário da "harmonia" entre corpo e gênero, posto que o nome talvez seja uma instância de reconhecimento ainda mais radical do que sua suposta materialidade corpórea. O sofrimento oriundo da vergonha e do desrespeito vividos por esse nível mais fundamental de não reconhecimento não é, bem entendido, um traço da "personalidade transexual". Ele se refere, antes, ao caráter que a nomeação tem no interior de toda e qualquer estruturação subjetiva, mas que, por uma configuração social na qual determinadas figuras são abjetáveis, é vivido majoritariamente por transexuais.

No campo jurídico, Próchno e Rocha asseveram que

> *Com efeito, a categoria "nome", que prevê a estabilidade para exercício da capacidade civil e, ao mesmo tempo, um significado de proteção à identidade dos indivíduos como direito personalíssimo, é colocada em questão quando se depara com as possíveis desordens do gênero, dada a própria instabilidade e trânsito apresentados pela multiplicidade subjetiva em contrapartida a identidades essenciais, únicas, imutáveis. (Próchno & Rocha, 2011, p. 257)*

De acordo com esse texto, o direito ao nome é juridicamente um direito da mesma categoria do *direito à integridade física e ao corpo próprio* (Próchno & Rocha, 2011, p. 255). Isso é interessante, pois tal proximidade jurídica sublinharia uma ligação mais fundamental da questão do nome àquela do despedaçamento do corpo imaginário: o nome próprio, que é enunciado já a partir de um código sexuado, funcionaria como uma espécie de amarração entre registros sexuais distintos (corporal, reconhecimento, desejo, alteridade etc.). Experiências que levam a uma perturbação nessa ordem, assim, podem aportar sofrimentos de uma radicalidade extrema.

O sofrimento da impossibilidade de nomear parece ter um caráter mais universal, que transborda, inclusive, a fronteira concreta do nome próprio. Lembremos que uma das mais trágicas histórias de amor da passagem do século XIX ao XX ficou eternizada, justamente, pelo sofrimento advindo dessa impossibilidade de nomeação.

Em 1895, no segundo julgamento a que foi submetido por sodomia, Oscar Wilde arrancou aplausos da plateia ao responder à acusação sobre o significado de um verso do poema de Sir Alfred Douglas, seu amante:

> *Ele é incompreendido em nossa época, tão incompreendido que pode ser descrito como "o Amor que não ousa dizer seu nome", e é por causa dele que me encontro agora aqui. Ele é belo, ele é grande, ele é a forma mais nobre da afeição . . . o mundo não compreende. O mundo zomba deste sentimento e põe no pelourinho os que são tocados por ele. (Wilde apud Nazario, 2011)*

A referência é ao final do poema "Os dois amores", de Alfred Douglas, de 1894:

> *Jovem encantador,*
>
> *Dize-me: por que, triste e suspirante, erras*
>
> *Nestes reinos aprazíveis? Peço-te, dize-me:*
>
> *Qual o teu verdadeiro nome? "Meu nome é o Amor."*
>
> *Então, o primeiro virou-se para mim,*
>
> *E gritou-me: "Ele mente, porque o nome dele é a Vergonha.*
>
> *Eu é quem sou o Amor, e costumava estar aqui*
>
> *Sozinho, neste belo jardim, até que ele chegou*

> *Como um intruso durante a noite. Sou eu o verdadeiro Amor, que anima de uma chama mútua os corações dos rapazes e das moças".*
>
> *Então, suspirando, o outro disse: "Segue tua fantasia,*
>
> *Porque eu, eu sou o Amor que não ousa dizer seu nome". (Douglas apud Nazario, 2011)*

O poema personifica, justamente, o movimento pelo qual se exclui uma forma de *amar* e que é, ao mesmo tempo, uma forma de *ser*: pela nomeação (*vergonha*) que exclui a inteligibilidade (*amor*) circunscrita à cena do poema. Um amor que não pode ser, pois não pode ser nomeado enquanto tal; mas que, no ato mesmo de sublinhar essa impossibilidade, dá a ver sua fagulha de verdade no que ela tem de potente, por um lado, e de excluído, por outro.

O amor que não ousa dizer o seu nome e a "nomeação imprópria" (*nomination impropre*, logo, "não limpa" [im-propre]) – tanto em Lacan quanto no narrador de Proust – são as marcas da abjeção que passam pela impossibilidade de nomear aquilo que a sociedade não considera inteligível no contexto da sexuação. Esse movimento toca a mais primária fantasia humana, aquela do despedaçamento do corpo e da impossibilidade mesma de um espelho/quadro que forneça parâmetros de reconhecimento. Assim, negar uma nomeação própria é, também, um ataque à unidade corporal, ao direito mais fundamental de ser aquilo que se acredita ser. Sublinhar uma possibilidade de nomeação pelo dizer, ou pela escrita, ou pela demanda de reconhecimento legal é – justamente – incluir aquela numa gramática de reconhecimento de uma unidade sexuada que passe pelo Outro e que seja, ao mesmo tempo, única e parte de um todo que não é todo: tornar-se mulher, *gender fluid*, "bicha afetada" é um movimento que tanto dá ao sujeito uma unidade cujo traço passa pelo corpo e pelo nome próprio quanto o coloca como uma estrela numa dada constelação ou galáxia. Que tal passagem fique aparentemente invisibilizada no processo de sexuação "normal" é fruto muito mais da suposição ideológica de correspondência entre anatomia e destino no campo do Outro do que na experiência do sujeito. Defendemos firmemente que, ainda que possa haver diferenças sociais marcantes, a sexuação em seu caráter processual não diferencia sujeitos cis e trans, por exemplo, posto que nos parece que a questão da nomeação, do reconhecimento e da alteridade constelacional sempre estará em jogo.

Sobre nomes

É possível supor que o prenome – nas sociedades modernas – seja um grande organizador de gênero nesse momento da constituição subjetiva, pois marca sexualmente o *infans*, mesmo nas línguas que não têm masculino e feminino como gêneros gramaticais, como é o caso do inglês. Em nossa sociedade, são raros os momentos ou configurações nos processos de socialização das crianças nos quais o gênero não incide de maneira intensiva e, ao mesmo tempo, silenciosa. Para além das questões mais visíveis, como brinquedos e roupas, passando pela orientação preferencial de um certo tipo de brincadeira para meninos e de outro para meninas, há o já comentado caráter do desejo dos pais, notadamente inconsciente, ao qual a criança busca responder também por meio de uma identificação generificada. Bem entendido, todo nome (se considerado como significante) seria neutro e arbitrário por excelência; mas, dadas as normalizações sexuadas fixas que orbitam ao seu redor, ele torna-se sexuado mesmo quando não o é. Sasha é *a filha* da Xuxa. Dominique é *um bom rapaz*.

Há também essa nomeação que quase sempre carrega a marca da sexuação, na medida em que a escolha dos pais se dá sempre a partir de uma posição dentro do discurso sobre o gênero de determinado momento histórico e local; ou, melhor dizendo, toda nomeação se dá dentro de um *mundo* no qual o valor referencial de cada nome, pronome sexual, está em jogo não apenas no momento do batismo ou do registro civil, mas igualmente em cada palavra, som e brincadeira no qual os cuidadores enunciam algo sobre o sujeito. Não nos parece plausível, assim, que a unificação em torno da qual orbita a dialética do estádio do espelho se constitua sem o nome como elemento central, articulação essa que parece ser pouco sublinhada por comentadores – seja do estádio do espelho, seja da questão do nome próprio. A unificação imaginária no espelho é, então, já generificada.

Ocorre que o estádio do espelho é um momento central no processo de subjetivação, no qual há o nascimento simultâneo do *Je* e do *moi*, ao mesmo tempo em que organiza o corpo da criança de um estado de despedaçamento primário à unidade própria do ego. O corpo é, assim, o resultado de uma operação de antecipação pelo sujeito de seu caráter uno, mas que é veiculado por um nome que carrega o lugar da sexuação suposto no discurso do nomeador. *O nome é o corpo* na medida em que o processo primeiro – lógico, não cronológico, como atestam os processos de transição sexuada – de nomeação é intimamente trançado àquele da unificação corporal. É pelo nome que se efetiva e se constata o reconhecimento da unidade do eu como, no mínimo, ternário, na medida em que o sujeito reconhece a si como distinto da imagem e, igualmente, distinto daquela ou daquele que o nomeia.

Boni Júnior (2010) sublinha a diferença que Lacan constata no que tange ao humano no estádio do espelho, na medida em que, diferentemente de outros primatas superiores, a

> *criança, por volta dos seis meses, ao ser chamada pelo próprio nome, aponta para o espelho. A exclamação da criança diante do espelho, e a busca por algo detrás do espelho, fixa um resultado diferente do chimpanzé, e conota o reconhecimento de si numa imagem. (Boni Junior, 2010, p. 66, grifo nosso)*

E por isso ele seria tão forte, pois entretecido com um estágio muito preciso do desenvolvimento. O *Je* e o *moi* são fundados na mesma operação em que o gênero: a nomeação do adulto ou uma interpretação que ordene um certo número de signos visíveis entre os semelhantes – uma operação que dirá quais semelhantes são mais semelhantes que outros.

Uma discussão igualmente pouco explorada em Lacan refere-se à questão do (pré)nome próprio. Possivelmente dada a importância da questão paterna em seu giro estruturalista, a concepção segundo a qual o *(sobre)nome-do-pai* seria a matriz do simbólico irá carregar a ideia de que o nome é exclusivamente um tipo de marca legal transubjetiva que insere o sujeito numa dada linhagem familiarista patriarcal.

Essa diferença é ignorada até mesmo por Butler em seu comentário sobre o estádio do espelho. Se, para a autora, "o próprio sentido do corpo é gerado por meio dessa projeção de idealidade e integridade" – uma vez que "esse espelhamento transforma, de fato, um sentido vivido da desunidade e da perda de controle num ideal de integridade e de controle ('la puissance' [a potência]) através da ocorrência da especularização" (Butler, 1993/2019, p. 75) –, esse processo não independe do caráter sexuado do nome. No entanto, rapidamente o nome é subsumido ao simbólico, e o caráter eminentemente imaginário do estádio do espelho é secundarizado por um transcendentalismo do simbólico que a própria Butler critica em outros textos:

> *Os corpos só se tornam todos, i.e., totalidades, por meio da idealização e da totalização da imagem especular que é sustentada ao longo do tempo pelo nome marcado sexualmente. Ter um nome posiciona-se no Simbólico, o domínio idealizado do parentesco; um conjunto de relações estruturadas através de sanção e tabu que é governado pela lei do pai e a proibição do incesto. Para*

> *Lacan, os nomes, que emblematizam e instituem essa lei paterna, sustentam a integridade do corpo. O que constitui o corpo integral não é uma divisa natural ou um* telos *orgânico, mas a lei de parentesco que opera através do nome. Nesse sentido, a lei paterna produz versões da integridade corporal; o nome, que instala o gênero e o parentesco, opera como um performativo que é investido e investe politicamente. Ser nomeado é, então, ser inculcado nessa lei e ser formado, corporalmente, de acordo com essa lei. (Butler, 1993/2019, p. 72)*

Butler parece acreditar muito piamente aqui na redescrição simbólica que Lacan faz do estádio do espelho, não atentando para o fato de que toda a racionalidade que embasa o texto é de um registro muito distinto do simbólico estrutural das décadas de 1950 e 1960. O processo de sexuação pela via do nome próprio no estádio do espelho é pouco frutífero se pensado a partir de um paradigma de nomeação simbólica *stricto sensu*, já que o nome simbólico é um sobrenome inserido numa regra de parentesco que antecede o sujeito e independe tanto dele quanto dos outros que o nomeiam (os pais, por exemplo). Pensar a nomeação no contexto do estádio do espelho, como faz Butler, exclusivamente pela via do simbólico, ignora a dimensão de ato – contingência e singularidade presentes no movimento de nomeação. Entretanto, essa confusão entre nome e simbólico não é inaugurada pela autora, mas herdada de Lacan, que, durante grande parte de seu ensino, reduz a nomeação ao nome de família.

Não por outro motivo, há a corrente ideia de que "o nome não se traduz". O que assim se perde de vista, porém, é que tal característica se refere exclusivamente aos *sobrenomes*, como "Butler", "Lacan", "Granoff". Idiomas como o espanhol e o português europeu frequentemente traduzem os prenomes para suas versões locais (Carlos Marx, Adolfo Hitler etc.), assim como orientais frequentemente precisam *inventar* prenomes que sejam facilmente compreendidos por ocidentais. Jacques, Pierre e Jean *são* Tiago, Pedro e João, apóstolos ou não, na medida em que o caráter imaginário – mas singularizante – permite ao nome esse tipo de mobilidade, dado que se supõe aí um sujeito para além (ou para aquém) da marca fixa da escrita de um nome numa dada língua.[18]

Essa questão é, coincidentemente, apontada pela primeira vez por Luce Irigaray. Psicanalista e feminista, Irigaray tem um papel central na intelectualidade do movimento feminista francês na passagem da década de 1960 à de 1970, tendo frequentado os seminários de Lacan e se tornado membro da École Freudienne de Paris desde a sua fundação, em 1964 – junto com nomes como Montrelay, Guattari, de Certeau, Roustang e Castoriadis (Roudinesco, 1994, p. 315). Nove anos mais tarde, finalizará seu (segundo) *doctorat d'État*[19] com o título *Speculum. La fonction de la femme dans le discours philosophique* (Speculum. A função da mulher no discurso filosófico). Irigaray defende um tipo de diferencialismo radical feminino, no qual tanto o simbólico quanto a própria escrita masculina seriam marcados por uma aspiração universalista que não abarcaria a lógica feminina, criticando fortemente – a partir de Derrida – o falocentrismo

18 Em russo, por exemplo, além da diferença entre prenome e sobrenome, há inclusive uma categoria intermediária que se interpõe entre aqueles, relativa a um patronímico formado pelo prenome do pai, seguido de um sufixo (Soares, 2013). Nesse idioma é extremamente frequente que se introduzam apelidos e diminutivos nos prenomes, sendo por vezes utilizadas combinações com o patronímico, a depender do nível de formalidade exigido em cada situação ou relação. A propósito, em determinados casos (mais ou menos frequentes a depender do idioma), o nome de família – a princípio inalterável no português ou no francês – sofre flexão de gênero em diversas línguas eslavas.

19 Doutorado de duração mais longa criado em 1808 e unificado ao doutorado de Terceiro Ciclo em 1984.

psicanalítico. Tal postura desencadeará sua expulsão não apenas da EFP, como também de seu posto de professora em Vincennes.

Mas, em março de 1965, Irigaray ainda participara ativamente dos seminários de Lacan. Ao comentar a exposição de Leclaire sobre o nome próprio, na qual o psicanalista apresentara algumas pontuações sobre sua importância na constituição da sequência "POOR (d) J'e – LI", que traduzira pontos centrais da fantasia de um caso clínico, Irigaray pontua a centralidade de uma diferença até então ignorada por Lacan:

> *Quando Leclaire fala do nome próprio, dá como exemplo "Georges-Philippe Elhyani"; e quando Lacan falou disso noutro momento, deu como exemplo "Jacques Lacan". Ora, parece-me que entre "Elhyani" e "Lacan", de um lado; "Jacques" e "Georges-Philippe", do outro, existem diferenças importantes. "Lacan" e "Elhyani" não são nomes próprios; o sujeito, enquanto Lacan ou Elhyani, não passa do elemento de um grupo. E poderíamos invocar a esse propósito aquilo que uma linhagem exige daqueles que carregam o seu nome, em detrimento da singularidade de cada um. "Georges-Philippe" e "Jacques" situam o sujeito nessa linhagem; são, em alguma medida, a imagem sonora do sujeito. Prestam contas da singularidade do sujeito, ao menos no interior do grupo Elhyani ou Lacan; mas prestam contas disso sobretudo no nível imaginário – o que não exclui, evidentemente, a presença do simbólico. Pode-se observar, a esse propósito, que a jovem criança é sempre chamada apenas pelo prenome, especialmente pela mãe... . O prenome é, então, conjunção de uma imagem sonora e uma marca simbólica. Mas resta ainda, ao que me parece, uma diferença, notadamente no nível da identificação,*

> *entre os Georges-Philippe e os Jacques ou os Elhyani e Lacan. Por exemplo, o sujeito não reage da mesma forma à morte de um Georges-Philippe e à morte de um Elhyani. (Irigaray citada em Lacan, 1964-1965, p. 142)*

Irigaray pontua algumas questões bastante relevantes, apoiada em uma racionalidade que – como em Laplanche – não parece ter esquecido o primado infantil fundamental na psicanálise. A psicanalista sublinha que a diferença entre sobrenome e nome é, em primeiro lugar, a função que cada um deles exerce na nomeação. O sobrenome é aquele que localiza o sujeito perante um grupo determinado – nesse caso, a família.[20]

Tal constatação da diferença entre esses dois nomes segue a proposição de Pina-Cabral, para quem o nome (lusófono) divide-se em duas partes:

> *uma que distingue a pessoa na sua unicidade (nome próprio) e outra que a distingue na sua inserção familiar (sobrenome). Assim, apesar de o nome pessoal como um todo ser um nome próprio, no seu interior o sobrenome funciona, de facto, como um nome de espécie. (Pina-Cabral, 2008, p. 3)*

E segue: "A cultura popular desinteressa-se pelas implicações metafóricas dos sobrenomes, mas demonstra um fascínio persistente pela etimologia do nome próprio, pelo seu 'significado', pelas suas

---

20 Por vezes fica apagado que há uma operação em jogo quando *Lacan* e *Irigaray* apresentam-se para nós enquanto nomes *próprios*, sendo originalmente nomes de família. Há, ainda, uma diferença cultural importantíssima no que tange ao peso do nome de família na França e do sobrenome no Brasil, na medida em que aquele é sensivelmente mais utilizado como nomeação do que este.

implicações sonoras, pelos seus ecos mediáticos" (Pina-Cabral, 2008, p. 4).

Encontramos aqui no antropólogo uma familiaridade com a ideia de Irigaray, segundo a qual o nome é uma *imagem sonora*. Não está em jogo, assim, o caráter simbólico (no sentido estrutural) do nome como valor dado por meio de sua posição, mas antes a uma substancialidade singular, quase corporal, expressa também aí pelo caráter sonoro do nome. Retomando a dimensão de lalíngua nesse movimento de subjetivação especular marcada pelo outro, nos parece imprescindível que haja na inscrição do nome no eu esse caráter sonoro singularizante cuja resposta se dá pelo grito de júbilo na unificação. A questão é que, entre os ruídos que se transmitem nessa designação veiculada pelo gozo do corpo, há a sexuação suposta, desejada e/ou ostensiva daqueles e daquelas que interagem com a criança e que o fazem sempre por meio de um nome ou apelido, e não de um sobrenome – que, em línguas latinas e anglo-saxãs, ao menos, sofre flexão de gênero.

Ainda que o sobrenome possa semanticamente referir-se a algo que, por analogia, poderia ser sexuado, seu uso claramente secundariza esse caráter:

> *Os sobrenomes são relevantes não pelas conotações que transportam, mas pelas associações que fazem (a famílias, a profissões, a terras, a classes, a castas). Por exemplo, em Macau, nos anos 80 e 90, os portugueses ficavam surpreendidos ao descobrir que, para os chineses, os nomes dos governadores eram uma fonte de chacota: pinto, machado, melancia, murteira, nabo, rocha, vieira pareciam aos chineses termos pouco nobres para qualificar oficiais tão importantes. Para os portugueses, porém, a questão não se levantava, já que esses sobrenomes*

não qualificavam semanticamente as pessoas que os transportavam, mas qualificavam associativamente, integrando-as num grupo. (Pina-Cabral, 2008, p. 4)

Ademais, ainda no contexto lusófono, temos que ao longo da história a transmissão patrilinear do nome foi muito mais presumida do que absoluta. Ainda que tenha havido uma relativa primazia do "nome-do-pai", a nomeação vem de acordos provenientes da unidade representada pelo casal:

a hegemonia simbólica masculina coabita com um essencial igualitarismo que, ao nível da família, atribui a liderança sobre a casa não a um indivíduo, mas a um casal . . . As regras de transmissão do sobrenome, tanto no seu relativo laxismo como no seu patriarcalismo mitigado, reflectem precisamente este processo. (Pina-Cabral, 2008, p. 16)

Mais ainda:

As práticas nominativas básicas, que se encontram vigentes desde as alterações que ocorreram no início da Época Moderna . . . presumem uma forma de família que assenta sobre o casal monogâmico, onde não existem linhagens patrilineares nem matrilineares . . . Assim, quando têm sobrenome e este é relevante, as mulheres sempre puderam passá-lo aos seus descendentes (tanto o seu sobrenome matrilateral como o patrilateral). Até [a] década de 1930, a passagem de sobrenomes era relativamente solta mesmo no interior de uma mesma família conjugal, mas sempre foi presumido que a

> *principal inserção familiar de uma pessoa (e, portanto, também a antroponímica) fosse a patrilateral. Essa presunção, porém, como sabemos do material etnográfico estudado, não era sempre igualmente válida em todas as regiões de Portugal. . . . Assim, nos sistemas lusófonos, a passagem dos sobrenomes tem algo de enganador porque se presume (a) que ocorre de formas sistemáticas, quando tal não se passa necessariamente, e (b) que existe um patriarcalismo rígido, quando tal não se verifica. (Pina-Cabral, 2008, p. 15)*

Assim, não é preciso recorrer às "pós-modernidades" para pensar numa transmissão de sobrenomes muito mais complexa do que aquela que presume uma patrilinearidade absoluta. No entanto, não é possível tampouco supor uma esfera de liberdade e escolhas absolutas, mas pode-se sublinhar que há, sempre, determinantes locais e históricos que regem os parâmetros de escolha de nome e sobrenome. Conforme Ferreira (2005), no contexto luso-brasileiro o(s) sobrenome(s) não apenas variava(m) entre registros de uma mesma pessoa – dependendo, por exemplo, de qual família se estava mais próximo/a no momento da nova certidão –, como igualmente era(m) escolhido(s) não só por uma questão de gênero, mas por uma questão de *classe* – econômica e social –, na qual o prestígio tem um papel fundamental. O ruído transmitido pelo nome-do-"pai" é interseccional.

Retornemos agora à discussão empreendida em 1965. Vejamos como Lacan responde às pontuações de Irigaray sobre a importância da separação das questões em jogo no nome e no sobrenome:

> *o essencial na distinção entre o prenome e o nome de família é que o prenome é dado pelos pais, ao passo*

> *que o nome de família é transmitido. Isso é muito mais importante do que o lado classificatório, que opõe a genericidade do nome de família à singularidade do prenome. Isto, um prenome, não constitui em nada uma singularidade; o essencial é, quando muito, que ele traduz alguma coisa que acompanha o nascimento da criança e que vem nitidamente dos pais.* (Lacan, 1964-1965, p. 143)

Assim, Lacan coloca em outros termos a oposição que, em Irigaray, era aquela entre o *singular, infantil e imaginário* (nome) e o *grupal, simbólico e socializado* (sobrenome). Mais importante do que a questão da singularidade seria, para Lacan, que o nome é *dado* e o sobrenome é *transmitido*. Este, para Lacan, não seria escolhido pelos pais, mas transmitido por uma lógica simbólica fixa e transindividual, ao passo que o nome viria *claramente dos pais*. Ocorre que, ao observar a maneira culturalmente inscrita a partir da qual os processos de nomeação se dão, essas dimensões se interpenetram a ponto de tornarem-se claramente indistintas. Essa ideia se resume pelo uso da noção de *pais* (*parents*) que nomeiam a criança, mostrando que há um nível de nomeação que não opõe pai (lei, falo, desejo) a mãe (satisfação, castração, demanda), mas no qual ambos nomeiam a partir de uma posição única: essa inesperada horizontalidade do casal parental na conceitografia lacaniana – enquanto aqueles que, juntos, desejam e dão um nome à criança – insere-se precisamente na matriz de sociabilidade que extraímos do resgate laplanchiano da identificação em Freud.

Como vimos há pouco, a escolha do sobrenome é, sobretudo, uma montagem que está submetida tanto a critérios alheios à linearidade logicamente suposta da família quanto à escolha de *nomeação* e à escolha dos sobrenomes. Em outras palavras, mesmo dentro das normas esperadas de (sobre)nomeação numa dada sociedade, parece haver sempre uma brecha para que algum "ruído" dos pais venha se inserir no quadro aparentemente fixo dessa transmissão do lugar do sujeito dentro do quadro familiar e social.

Por outro lado, o nome próprio também não é um traço de nomeação completamente singular e livre de ruídos, posto que sempre está sujeito a uma suposição dos pais que aponta para fora daquele sujeito – seja na referência a um parente falecido ou a um amigo do casal que tenha um importante papel, seja a um personagem bíblico, ao significado do nome etc. É importante notar aqui que Lacan coloca essa "coisa que acompanha o nascimento da criança" como vinda de *ambos os pais*. Testemunhamos aqui um momento raro na teorização de Lacan, no qual o lugar da criança não é dado de partida como um objeto em relação à mãe, cujo caráter terceiro será dado pelo pai, sendo o quarto elemento propriamente o sobrenome. O nome, nesse caso, é o signo de um *processo de designação* ("o essencial é . . . que ele *traduz* alguma coisa" [Lacan, 1964-1965, p. 143]) que não pode mais ser compreendido como uma simples aplicação de um simbólico alheio à agência do sujeito, no qual não apenas os pais – mas, principalmente, o *infans* – são passivos em relação a essa identificação. Pensar o nome é, sobretudo, pensar seu caráter de *nomeação* que está além de uma transmissão simbólica transindividual e que aponta para um *tornar-se* algo a partir de um *movimento* presente no discurso do Outro ou dos outros.

O caráter formal desse processo deve permitir-nos uma emancipação da situação familiar clássica na qual usualmente pensamos os processos primários de subjetivação e de sexuação. Desta feita, é possível que alcemos a lógica presente na unificação do estádio do espelho a um patamar que inclua não apenas a questão imaginária do semelhante que se confunde com o eu, mas também a da instância que representa o lugar de chancela dessa alienação, o Outro – ou Outros – simbólico(s), permeado(s) por um traço jubiloso de gozo que marca o real de uma unificação corporal que estaria fora da linguagem estrutural.

Não obstante, a questão da nomeação em si não parece ser redutível a nenhum desses três registros; ou, no mínimo, mostra sua faceta em cada um deles. Ou seja, a partir de uma tal proposta, é possível pensar o processo para além de seu caráter desenvolvimentista, no qual haveria um momento crítico do desenvolvimento que condenaria o destino a uma fixidez que parece incompatível com diversas expressões de gênero contemporâneas – nas quais a identidade se revela, se constrói, se destrói ou se questiona das mais diferentes formas e nos mais distintos períodos da vida.

Amarrado em nome de Lacan

Tal ideia de um quarto elemento que amarraria os três registros por meio da nomeação é precisamente um dos últimos passos de Lacan em direção à proposição de uma teoria do sujeito que fosse propriamente não toda, ou seja, não submetida exclusivamente às leis do simbólico, mas que tampouco remete a uma harmonia entre real, simbólico e imaginário, dando espaço para um tipo de identificação que pudesse incluir, também, a dimensão do singular. No seminário seguinte a *Os não-bestas erram*, R.S.I., Lacan precisará de maneira mais clara que o nome-do-pai deixa de ser um organizador simbólico estruturalmente fixo, passando a sublinhar, enfim, um *ato de nomeação*. O que amarra os três registros não é propriamente o *nome-do-pai*, mas o pai enquanto *nomeador* (Lacan, 1974-1975, p. 200). Dirá ainda textualmente que "esse *nome-do-pai* é substituído por uma função que não é outra senão a do 'chamar de' [*nommer*-à]. Ser *chamado de* alguma coisa: aí está aquilo que desponta numa ordem que se encontra efetivamente substituindo o *nome-do-pai*" (Lacan, 1974-1975, p. 181, tradução nossa).

Roudinesco chega a ligar essa teoria da nomeação enquanto ato a um dado biográfico de Lacan:

> *Sentindo-se culpado por não ter podido dar seu [sobre] nome à filha, Lacan teorizava a ideia de que somente um ato de fala – uma nomeação – podia permitir a um pai autenticar sua descendência: "Eis aí, eu me dizia dirigindo-se a mim mesmo por meu nome secreto ou público, eis aí por que, em suma, Jacques Lacan, tua filha é muda, eis aí por que tua filha é tua filha, pois, se fôssemos mudos, ela não seria tua filha". (Roudinesco, 1994, p. 292)*

Abre-se aí um campo que pensa o nome não mais a partir de um caso específico dentro da lógica significante – como fora abordado no seminário sobre as identificações, por exemplo –, mas como intimamente ligado ao próprio *processo de nomeação.*

> *Eu ia caindo aqui do alto do meu nó, e isso não me facilitou em nada as coisas, porque aí está toda a questão: acaso a nomeação – como presumivelmente parece – compete ao simbólico? Vocês sabem... enfim, talvez vocês se lembrem... certo dia fiz para vocês a figura que se impõe quando se quer fomentar um nó de quatro. O mínimo que se pode dizer é que, se introduzimos nesse nível a nomeação, isso é um quarto elemento. (Lacan, 1974-1975, p. 215, tradução nossa)*

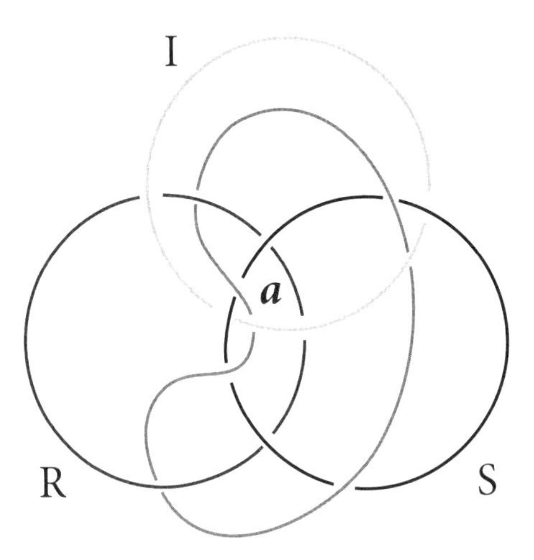

Figura 3.2 Nomeação como quarto nó.

Esse quarto nó – em sua unidade mais fundamental – é, assim, a própria nomeação, nomeação essa que aparece no Seminário 23 ao redor da ideia de *sinthome* (sinthoma) e no Seminário 22 como uma redescrição do *nome-do-pai*. Mas nos dois casos parece sempre estar em jogo uma espécie de exercício, de fazer, em torno da nomeação – seja pela via da escrita, em Joyce, e por meio de sua própria nomeação (Lacan, 1975-1976); seja na ideia de que o central no *nome-do-pai* seria o pai enquanto *nomeador* (Lacan, 1974-1975, p. 200).

Não percamos de vista que é nessa toada que Lacan define o exercício da análise como uma identificação ao sinthoma (Lacan, 1976-1977, p. 6) e o fim de análise como um "ter traquejo" (*savoir y faire*) (Lacan, 1976-1977, p. 8).[21] Assim, a partir da discussão relativa ao nome e ao sintoma, parece haver caminhos para se explorar a importância da dimensão performativa em jogo no final

21 *Saber-fazer* tem aí uma conotação bastante coloquial, talvez aproximável no português de "ter as manhas", "ter as moral", "manjar dos paranauê".

do ensino de Lacan, mas que, dada sua noção fixa de simbólico, precisa se colocar como um tanto fora da linguagem, em um quarto nível que não se resume a nenhum dos três registros (simbólico, imaginário, real) – nem propriamente ao objeto *a*, localizado no centro do nó borromeano e, portanto, pertencente simultaneamente aos três registros. O quarto nó apontaria para algo além dessa divisão tríplice. Contudo, esse presumível caráter performativo da linguagem presente no estatuto da nomeação enquanto *fazer* não chega a questionar a própria teoria da linguagem em Lacan, ao contrário do que será observado a partir da retomada de Austin feita por Derrida e Butler.

Com essa racionalidade em jogo, teríamos uma outra leitura, por exemplo, do caso Schreber, na medida em que outros elementos se tornariam mais relevantes do que seu "empuxo à mulher". Além da já comentada "coincidência" dos prenomes "Daniel" na família de Schreber, inclusive do seu irmão suicida, sublinharíamos a importância do título de um artigo de jornal publicado poucas semanas antes de sua primeira internação.

> *Num jornal da Saxônia saiu nessa ocasião um artigo irônico sobre sua derrota eleitoral, intitulado:* Quem conhece esse tal Dr. Schreber? *Para quem fora criado no culto orgulhoso dos méritos dos antepassados e fora testemunha da celebridade do pai, este artigo trazia impressa, como um insulto, a face pública do seu anonimato. (Carone, 1984, p. 10, grifo do original)*

Essa pergunta toca diretamente na fragilidade do nome de Schreber, que, à diferença de Joyce, tem dificuldades em produzir uma prática de nomeação em que se enlacem os três registros. Já sua segunda internação segue-se, propriamente, à iminente *nomeação* (*Ernennung*) ao cargo de juiz-presidente da Corte de Apelação – cargo que, à diferença de outros por ele já ocupados, era vitalício e, portanto, fixaria seu título.

Mas recorramos a uma demonstração um pouco mais detida sobre como a nomeação enoda a questão da especificidade do papel da alteridade no contexto da sexuação de uma maneira particularmente clara.

Michel Michelle Corinne

Em 1976, Lacan realiza uma de suas entrevistas psiquiátricas com uma paciente (que hoje possivelmente poderia ser compreendida como) transgênero no hospital Henri-Rousselle. A conversa – que por vezes aproxima-se a um interrogatório policial – é conduzida por Lacan de uma maneira surpreendentemente incompatível com a teorização que realizava, no mesmo momento, em seus seminários e escritos. Se a transmissão pautava-se pela avançada teoria borromeana, uma nova amarração entre corpo e linguagem e a relativização da centralidade do Édipo e do falo, a entrevista mostra o psiquiatra Lacan como um clínico orientado por uma confrontação direta do discurso do sujeito à realidade, apegado a detalhes das relações sexuais da paciente, com pouca ou nenhuma escuta para emergências propriamente inconscientes do discurso (Lacan, 1976/1996b). Em um horizonte no qual a postura do clínico não poderia ser outra senão a de dissuadir o sujeito do desejo de uma cirurgia de redesignação sexual, Lacan diz ver poucas esperanças no caso, já que "ele" acabaria por se operar.

Mas buscaremos aqui ler a entrevista a partir de outro viés. Corinne/Michel (a/o paciente diagnosticada/o, ao final da entrevista por Lacan, como sofrendo de "transexualismo") conta, em determinado momento de sua entrevista, que a questão de sua identidade feminina não provinha puramente da indumentária feminina – como o psicanalista insistia a partir de suas perguntas:

> *Tem também algo de interno. Quando estou vestida de mulher, é todo o meu corpo que experimenta uma satisfação, uma alegria, de uma forma diferente. Reencontro verdadeiramente a minha personalidade, o meu caráter, a minha doçura; reencontro tudo isso. Isso dá pra ver: os meus gestos são diferentes, o meu comportamento também. E depois, eu me interesso por tudo quando estou vestida de mulher. (Lacan, 1976/1996b, p. 334, tradução nossa)*

A essa altura, nos parece desnecessário dizer que a experiência de (qualquer) gênero é ligada a uma totalidade corporal que ultrapassa a questão genital, remetendo-nos mais diretamente ao tipo de unificação referenciada no estádio do espelho. Ademais, face ao horizonte de alijamento da personalidade e ao potencial despedaçamento presente no "vestir-se(r)" de homem, o encontro com o todo do corpo provoca uma *satisfação* e uma *alegria* distintas. Há também uma curiosa dança entre o que seria "interno" desse feminino reencontrado e o que seria "externo", da alçada do fazer, do se comportar, do vestir-se. Santos (2017) resgata essa questão a partir de outra passagem dessa mesma entrevista, que deixa claro um limite da escuta de Lacan em relação a esse ponto, dada sua insistência na confrontação do discurso do sujeito com uma suposta verdade anatômica:

> *J. L. — Quais seriam os votos do senhor?*
>
> *M. H. — Me tornar uma mulher.*
>
> *J. L. — Isso o senhor bem sabe, que o senhor não pode se tornar uma mulher.*
>
> *M. H. — Eu sei, mas... dá pra pelo menos ter a aparência de uma mulher. Dá pra mudar um homem no físico externo, os traços. Dá pra transformar um homem.*

> *J. L. — O senhor deve saber que não dá para transformar um homem em mulher.*
>
> *M. H. — Isso se faz.*
>
> *J. L. — Como? Uma mulher tem um útero, por exemplo. (Lacan, 1976/1996b, p. 331, tradução nossa)*

Dirá então a autora sobre essa passagem:

> *Essa troca é um exemplo bem ilustrativo das diferenças entre duas concepções daquilo que hoje chamamos de* questão transidentitária. *De um lado, temos o ponto de vista de Lacan, para quem não há dúvida alguma de que seja impossível que, como ele diz, um homem se transforme em mulher. E, de outro, temos Michel (ou Corinne), que responde com palavras que movem, desde sempre, as discussões políticas a respeito dos direitos dos sujeitos transgêneros: isso se faz. Para Michel/Corinne, transformar um homem, isso se faz. A polissemia em ação na expressão não nos escapará:* isso se faz *no sentido daquilo que é factível; logo, possível. Mas* isso se faz *também no sentido da dimensão performativa da identidade de gênero, isto é, do fato de que o gênero pode ser compreendido não como um determinismo biológico ou social, e sim como uma prática iterativa e citacional, como Judith Butler pôde descrever quinze anos depois desse diálogo. O gênero se faz, uma vez que, justamente, ele não é um fato. (Santos, 2017, p. 2, tradução nossa, grifos nossos)*

É nesse contexto – no qual o fazer confunde-se com o ser – que Corinne sublinha que, quando mulher, se interessa por tudo. Lacan pede esclarecimentos sobre esse ponto, ao que Corinne responde: "se eu pudesse sair, me interessaria pela natureza, me interessaria por um punhado de coisas; em casa eu já desenho, faço poemas, faço um punhado de coisas" (Lacan, 1976/1996b, p. 335, tradução nossa).

O sofrimento advindo de um contexto no qual impera uma racionalidade cisgênero impede que Corinne possa instituir plenamente sua capacidade normativa e, portanto, restringe suas atividades àquelas que podem ser feitas no contexto privado. Dentre elas, Lacan interessa-se pelos poemas e pergunta se Corinne se importaria em ler algum deles. "Não é bem poesia, são versos", diz ela.[22] Ao que Lacan responde: "acontece de uma poesia ser em versos" (Lacan, 1976/1996b, p. 335, tradução nossa). Essa diferença de perspectiva marca, a nosso ver, não propriamente uma contradição, mas uma indecidibilidade entre, justamente, uma concepção que pensa a produção a partir de um primado do plural em relação à unidade, da ordem do enxame, *essaim*,[23] e outra que toma a produção a partir de uma unidade que goza de primazia e ordenamento face às suas partes, S1. Compreendemos que, da mesma forma que é possível subalternizar a unidade do poema a partir da primazia da constelação dos versos, é possível também pensar o processo de autorização do ser sexuado a partir dos diferentes lugares e processos de nomeação aos quais o sujeito é submetido e, principalmente, se submete. A autorização é, então, a escolha, o movimento pelo qual o eu se coloca como nomeado por outros e, ao mesmo tempo e por isso mesmo, nomeando-se a si mesmo – já que o eu assume, aí também, um lugar outro em relação àquela/e nomeada/o.

Vejamos como tal processo pode dar algumas mostras de seu funcionamento a partir de versos de Corinne:

---

22 *Vers* [versos] em francês também designa "em direção a", "rumo", o que parece ornar.

23 Homófono, em francês, de S1, o matema do significante-mestre.

A eterna – a mulher loira.

Conto a pensada

Proposta, no Hospital Pinet, de querer a memória riscada

Perseverante

Em achar minha personalidade mais rematada

Corinne adorada

Raiva encorpada

Travesti, me sabendo efeminado, amuo a arcada

E padecente

Recuar deixa minha sensibilidade abalada

Corinne esvaziada

Michel rebrota

Estou resguardado da ideia atravessada

Num instante

De me matar se vier o desespero em cascata

Corinne executada

Ideia idiota

Só posso sonhar ter minha memória riscada

No constante

Despertar do pesadelo que me usou, emboscada,

Corinne quem fada

Verdades, que nada

Vou continuar, nem que amuada

Existente

Me despersonalizando, simples, despojada

Corinne adorada

Michel Michelle Corinne[24] *(Lacan, 1976/1996b, p. 337, tradução nossa)*

Um poema com três assinaturas. Poderíamos, como Lacan, nos interessar frontalmente em saber "quem é Corinne?", ou perguntar: "É você quem fala, então você adora a si mesma?"; ou "Você se chama Michel?" (Lacan, 1976/1996b, p. 338, tradução nossa). No entanto, tal postura parece partir de pressupostos surpreendentes para um psicanalista, como de um sujeito idêntico a si, de uma indistinção entre enunciado e enunciação e de uma noção de linguagem na qual a polissemia e a poética são secundárias a um sentido chapado, que confunde real e realidade.

Ora, é preciso que possamos pensar essas assinaturas para além do seu caráter mais ligado ao – possível – sentido ou amparados

---

24 Tradução de Paulo Sérgio de Souza Jr. Em francês: *L'Éternelle – la femme blonde.* "Hôpital Pinet / Je raconte le projet de vouloir m'oublier / Dans la persévérance / De trouver ma plus belle personnalité / Corinne adorée // Travesti je hais / Je suis très gêné de me savoir efféminé / Et la souffrance / De me reculer blesse ma sensibilité / Corinne est vidée // Michel renaît / je suis en sécurité de pouvoir penser / À la chance / De me tuer si un jour je suis désespéré / Corinne exécutée // Stupide idée / Je ne peux que rêver de savoir m'oublier / Dans la constance / De me réveiller du cauchemar qui m'a usé / Corinne qui c'est // Non c'est pas vrais / Je vais me gêner et tant pis continuer / Dans l'existence / À me dépersonnaliser avec simplicité / Corinne adorée /// Michel Michelle Corinne" (Lacan, 1976/1996b, p. 337).

por uma questão que orbitaria ao redor da dúvida de qual seria a "verdadeira" assinatura. Ao discutir a ligação da assinatura à ideia de fonte do enunciado, Derrida aponta que

> *a condição de possibilidade desses efeitos [de assinatura] é simultaneamente, uma vez mais, a condição de sua impossibilidade, da impossibilidade de sua pureza rigorosa. Para funcionar, isto é, para ser legível, uma assinatura deve ter uma forma repetível, iterável, imitável; ela deve poder se destacar da intenção presente e singular de sua produção. É a sua mesmidade que, alterando a sua identidade e a sua singularidade, divide-lhe a chancela. (Derrida, 1971, p. 19, tradução nossa)*

Assim, a assinatura retiraria sua singularidade e sua "verdade" não de seu sentido idêntico a si, mas da diferença e da repetição que emergem de seu processo próprio de reprodutibilidade. Deve-se, para Derrida, pensar a assinatura para além de uma suposta intenção – ponto que, justamente, será criticado em relação à teoria de linguagem de Austin.

Michel Michelle Corinne não deve ser lido, assim, a partir de um viés intencional, mas como a marca singular que se mostra pelo seu processo mesmo de produção. O próprio dessa assinatura nos parece o *espaço* mesmo entre cada um dos nomes, ou mais precisamente o que esse espaço produz como diferença no interior da repetição própria ao ato de assinar. O sujeito da enunciação não deve ser procurado em uma ou outra assinatura, mas no que emerge *entre uma e outra*, no devir de uma identidade que se inscreve ao se apagar. Trata-se de levar a sério a proposição segundo a qual o mais importante do nome é seu *processo de nomeação*, o ato de instauração de um quarto nó que carrega a marca de uma singularidade sem um agente consciente, tanto quanto um sujeito completamente passivo que "receberia" um nome. Vejamos como Lacan parece ignorar esse fato, ao passo que Corinne, de alguma forma, nele insiste:

> *J. L. – Quem é Corinne?*
>
> *M. H. – Sou eu. Mudei de nome para receber melhor meu estado feminino.*
>
> *J. L. – Tem três assinaturas diferentes no final, então.*
>
> *M. H. – A primeira, a segunda e a terceira.*
>
> *J. L. – Sim, e então?*
>
> *M. H. – A primeira é que sou um homem, Michel; é assim que se escreve.*
>
> *J. L. – Você se chama Michel?*
>
> *M. H. – A segunda, com dois "l". Não faz muito tempo. Mudei de nome [*nom*]: Corinne. E daí queimei meus documentos. (Lacan, 1976/1996b, p. 338, tradução nossa)*

À pergunta identitária que parte da assinatura, Corinne responde: "sou eu". Mas, logo na sequência, diz: "mudei de nome para receber melhor meu estado feminino". Ora, o eu aqui se apresenta como o nomeado ou como o nomeador? É quem "envia" ou quem "recebe" esse estado feminino? Aliás, como é preciosa essa formulação: um estado sexuado que é *recebido*! Ou seja, há aqui a nomeação de uma experiência que aponta que o caráter sexuado do eu não nasce dele próprio, mas é enviado desde fora. Mas o que Corinne parece sublinhar é que esse outro que nomeia – na ausência de um suporte intersubjetivo e social que o encarne – desdobra-se a partir do *si mesmo*. "Pois autorizando-se apenas de si mesmo, ele só pode, com isso, autorizar-se também de outros" (Lacan, 1973-1974,

p. 191, tradução nossa). O eu, no contexto da sexuação, é também os seus outros que o nomeiam e se apresentam como "exteriores", no momento mesmo em que a assunção precipitada funda o eu, o outro e a instância de alteridade cujo suporte amarra, pelo olhar, o nome, o eu e o corpo.

Lacan insiste e sublinha que há três assinaturas diferentes. Corinne responde – quase analiticamente – "*a primeira, a segunda e a terceira*", marcando que mais importante do que a "verdade" de cada uma delas é, justamente, o fato de serem três, numa dada ordem. "Michelle" (o feminino de "Michel") parece ser a marca mesma do caráter de passagem do devir de Corinne. Se tal processo começa com "Michel", marca da masculinidade – e notemos que em nenhum momento é afirmado que seu nome seja Michel, mesmo com a insistência de Lacan –, em seu segundo momento há a aparição dos dois "l" e do "e", introduzindo, inclusive, dentro do nome "Michel", o pronome *elle* (ela) – reconhecendo, em si mesmo, um(a) semelhante. Mas a assinatura só se efetiva pelo "Corinne", decantado da antecipação que dá unidade a um eu lírico que se autoriza, justamente, porque é nomeado como tal por Michel e Michelle. Num movimento aparentado a uma suprassunção, os dois opostos sexuados antitéticos se interpenetram e produzem como resultado um terceiro nome que perlabora a oposição anterior rumo a uma invenção metafórica, ou seja, com ganho de sentido.

Outro detalhe que merece pontuação é o título dado por Corinne ao poema "O eterno – a mulher loira". Corinne comenta um pesadelo recorrente que tinha na infância, no qual uma mulher loira fazia mal à sua família, cortando-lhes os pés e as pernas (Lacan, 1976/1996b, p. 339). Lacan interpreta frontal e insistentemente esse sonho a partir de uma aproximação ao corte que Corinne tentara efetuar em seu pênis, mas a Corinne essa interpretação não revela ou abala nenhum sentido especial.

Porém, algo específico ocorre na noite em que Corinne se precipita a escrever o poema:

> *Naquela noite, justamente, escrevi "a mulher loira" porque havia uma senhora, no hospital em que estou, que começou a urrar. Ela estava tendo uma crise; isso me chocou, esses urros. No fundo de mim, tive a impressão de escutar esses berros no meu sonho; isso me chocou e caí de novo no sonho. (Lacan, 1976/1996b, p. 340, tradução nossa)*

Um *urro* de uma (outra) mulher captura Corinne na fronteira entre o sono e o sonho e a leva a escrever seu poema. Esse grito radical do outro que invade o eu em seu sono parece remeter ao momento preciso no horizonte especular em que há a passagem de um eu despedaçado ao eu alienado na nomeação que o outro dá de sua unidade corporal: lembremos que a raiz do júbilo é justamente a de um grito ligado ao gozo, não articulado propriamente à linguagem. Mas esse urro ouvido por Corinne remete, igualmente, à possibilidade de um despedaçamento que é insuportável pelo sujeito, à possibilidade de uma abjeção inarticulada tanto do ponto de vista simbólico quanto do ponto de vista imaginário. Mas o escutar desses urros de sua semelhante não leva Corinne a uma resposta especular, àquela identificação mental imaginária na qual a dor do semelhante replica-se imediatamente no eu, nem à identificação histérica sintomática, eternizada por Freud na figura do contágio psíquico no pensionato (Freud, 1921/2011b, p. 64). Ao contrário, esse choque é o que a conduz à abertura de uma escrita que desvelará, ao mesmo tempo e paradoxalmente, tanto o caráter exógeno do eu quanto sua unicidade e sua singularidade.

Mas pode o reconhecimento do sofrimento de um pequeno outro conduzir o sujeito a um questionamento próprio ao ser? Ou o estatuto do semelhante é sempre e necessariamente imaginário, sem nenhum efeito sobre os outros registros? Na contramão de análises que veem os laços entre semelhantes como necessariamente ligados à horda, à segregação e, em última instância, à agressividade, Rosa e Cerruti sustentam um lugar conceitual distinto para o semelhante. No contexto da justiça restaurativa e da importância do laço coletivo e horizontal entre jovens em conflito com a lei, as autoras entendem que "há, então, que se considerar o lugar do semelhante na estrutura de um sujeito, lugar esse mais além de ele ser um possível rival" (Rosa & Cerruti, 2014, p. 13).

Nesse exercício, as autoras pinçam uma passagem preciosa do seminário sobre o desejo e sua interpretação (Lacan, 1958-1959/2016), em que – ao comentar Hamlet – Lacan descreve qual o momento que precipita o enfrentamento de Hamlet com o seu destino: trata-se da cena do cemitério, quando Hamlet vê Laertes, em um luto intenso, saltar à tumba de Ofélia e, em seguida, salta igualmente e com ele se atraca. "Tomando a cena do cemitério, vemos o insuportável que é para Hamlet testemunhar Laertes expor seu luto intenso" (Rosa & Cerruti, 2014, p. 14).

Mas notemos que Lacan invoca outra teoria para pensar não o que está em jogo junto ao estatuto do semelhante, mas o próprio estádio do espelho:

> *vocês reconhecerão nela [na precisão da conexão aqui apontada por Shakespeare] um elemento já antigo em nosso discurso, em nosso diálogo, o estádio do espelho. Que, nesse nível, Laertes seja para Hamlet seu semelhante está expressamente articulado no texto. Está de maneira indireta, quer dizer, no interior de uma paródia. . . . No fim das contas, é durante seu encontro com o outro que Hamlet vai, finalmente, se identificar com o significante fatal. (Lacan, 1958-1959/2016, pp. 353, 355)*

É no momento do encontro da morte com o desejo, na tumba de Ofélia, que Hamlet, em alguma medida, se torna o seu próprio devir, mas pelo intermédio incontornável da presença do semelhante, Laertes:

> *ao mesmo tempo na miragem do outro e através desse outro, que é Laertes, que Hamlet poderá se reencontrar diante de seu desejo, de seu drama subjetivo e humano. Pelo seu ato e por suas palavras, ele nasce finalmente como homem que carrega em si o drama do desejo. (Lacan apud Rosa & Cerruti, 2014, p. 16)*

> *Hamlet nos dá um exemplo de como é possível que ocorra o reconhecimento do si mesmo, passando pelo outro especular, a fim de reencontrar, de reconstituir o objeto causa de seu desejo. . . . Tomando a cena do cemitério, vemos o insuportável que é para Hamlet testemunhar Laertes expor seu luto intenso: foi pela via do ciúme do luto que uma mudança pôde ocorrer e que fez Hamlet ser capaz de cumprir o ato que seu pai deixara a seu encargo. (Rosa & Cerruti, 2014, p. 14)*

Mas há um detalhe importante nesse contexto que, tendo em vista nossos propósitos, não pode passar despercebido: "essa súbita *identificação* . . . que o faz encontrar, pela primeira vez, seu desejo em sua totalidade" (Lacan, 1958-1958/2016, p. 290, grifo nosso) é marcada por um *dizer* que organiza esse estádio no qual Hamlet se joga junto a seu semelhante na cova de Ofélia. Laertes interrompe o enterro e diz: "Oh, tríplice desgraça / Caia dez vezes triplicada sobre a cabeça maldita / Cuja ação criminosa privou você / De tua inteligência luminosa! / Parem um momento a terra / Para que eu a aperte uma última vez em meus braços" (Shakespeare, 1623/2003, p. 102). Em seguida, pula para dentro da cova e exclama: "Cubram agora de pó o vivo e a morta, / Até que essa planície se transforme em monte / Mais alto do que o Monte Pélion ou do que o pico / Do Olimpo azul, que fura o firmamento" (Shakespeare, 1623/2003, p. 102).

> *Vemos Laertes rasgar as vestes e saltar na cova para abraçar pela última vez o cadáver da irmã bradando seu desespero. Hamlet não só não consegue tolerar essa manifestação com relação a uma moça que ele tratou tão mal até ali, como se precipita na sequência de Laertes, depois de ter emitido um verdadeiro rugido, grito de guerra no qual diz a coisa mais inesperada. (Lacan, 1958-1959/2016, p. 290)*

Coincidentemente ou não, temos aí mais uma vez a questão do grito, do gritar num momento-chave do imaginário. Mas o que é que diz – ou melhor, grita – Hamlet nesse momento que marca a báscula entre a identificação com o semelhante e o abismo do ato ao qual ele será lançado sem volta?

> *Quem é esse cuja mágoa*
> *Se adorna com tal violência; cujo grito de dor*
> *Enfeitiça as estrelas errantes, detendo-as no céu,*
> *Petrificadas como espantadas ouvintes? Esse sou eu,*
> *Hamlet, da Dinamarca. (Shakespeare, 1623/2003, p. 102)*

A postura do Hamlet é paradigmática do movimento que propomos ser chave na identificação com o semelhante que precipita a autorização do eu em dois níveis de antecipação: tanto naquele do ato ligado ao desejo de morte do rei quanto naquele mais imediato, representado pelo salto na tumba, que sucede imediatamente a exclamação "Hamlet, da Dinamarca". A descrição que organiza a questão, até então, poderia ser lida diretamente como uma pergunta sobre a identidade do semelhante que, já na cova, grita em desespero e ênfase tão grandes a ponto de suspender o movimento das *estrelas* – que, não sem surpresa, reaparecem aqui mais uma vez, enquanto entidades que se detêm e escutam o dizer, chancelando-o. Mas, ao final, somos surpreendidos: quem é esse que grita seu luto? Não é Laertes, mas é o eu, Hamlet, o dinamarquês. A identificação ao semelhante se dá num ato cujo núcleo passa pela própria nomeação do sujeito por si mesmo, suportada por um outro (e por uma constelação que o escute), que pode oferecer o suporte dessa distância entre o enunciado de um nome e a posição de enunciação do nomeador.

A mulher loira cujos gritos ecoam pelo hospital é, para Corinne, o que Laertes é para Hamlet: um suporte imaginário necessário ao ato – o pulo ou a escrita –, que, ao mesmo tempo que desnovela o mais íntimo do ser, o faz por um movimento de separação e nomeação que vem de fora. Corinne é essa loira, também, na medida em que consegue se nomear a partir dela.

A estrutura dos versos segue esse mesmo padrão de *outramento*, em que o eu se mostra como um decantado de identificações que advêm de nomeações de cada uma das estrelas que formam a constelação de Corinne. Percebemos que a unidade do poema é encontrada exclusivamente em sua forma, ritmo e som. Não há propriamente uma narrativa que marque um começo ou um fim, mas antes uma fórmula que, a princípio, tenderia ao infinito. As estrofes podem ser tomadas *uma a uma*, mas nada garante que formem um conjunto finito, já que "*são só versos*" – exceto seu fim contingente, que é marcado pela tripla assinatura.

Mas quando analisamos cada estrofe, vemos que há um exercício repetido e constante de personalização e despersonalização, cuja amarração – provisória até o próximo verso – é dada por uma nomeação constante: *Corinne*. Ocorre que os versos são de tal forma construídos que é difícil localizar a posição a partir da qual o eu lírico escreve, já que sua descrição tende a colocar em suspensão a diferença entre *Je* e *moi*, entre o sujeito da enunciação e o objeto decantado do enunciado.

Há um eu que conta a proposta, o projeto; um outro eu (que talvez se confunda com o primeiro, mas talvez não), que deseja esquecer; e um terceiro, que o segundo quer esquecer. Esse movimento parte de uma perseverança indefinida – já que não esclarece se se refere ao *contar* ou ao *esquecer*, mas aponta para uma espécie de segundo projeto: o de encontrar sua mais bela, mais rematada personalidade ("a mais" já que, a partir de agora, sabemos haver mais de uma). *Encontrar* pressupõe, aqui, uma existência desconhecida – e não, como defendem alguns, uma construção voluntarista –, mas que se constrói a partir de um dizer sobre um desejo de esquecimento. E é precisamente nesse momento que Corinne surge, mas em terceira pessoa, *adorada*.

As três estrofes intermediárias parecem narrar um processo de luto que começa pelo ódio ao/à travesti, mas que se aproxima muito mais a um ódio de saber-se lida como travesti – no que essa nomeação carrega de falso em oposição ao verdadeiro – do que a um odiar propriamente sua experiência. Coincidência ou não, há aqui uma importante homofonia entre *Je hais* ("Eu odeio") e *Je est* ("Eu é"). O que causa incômodo é *saber-se efeminado* (e não *ser* Corinne), na medida em que travesti parece ser, para Corinne, a marca desse recolhimento que esvazia sua sensibilidade: ela é mais e está além do que os discursos psiquiátricos e normalizantes podem nomear como "travesti".

Aparece, então, a figura de Michel renascido, que rebrota tendo como função (ou lugar) dar segurança à possibilidade do suicídio se um dia Corinne desesperar-se. Michel não é a vítima, mas o algoz; é também aquele que renasce no esvaziamento de Corinne. Michel executa, Corinne é executada, mas o sujeito que deseja a morte e que vive o desespero não parece ser propriamente nenhum dos dois – e sim, precisamente, a distância de um projeto eterno que nunca chega a termo: *Michelle*.

Mas o desejo suicida é logo afastado enquanto uma ideia estúpida, posto que saber esquecer-se é possível apenas em sonho. Ou seja, mesmo o suicídio não alcançaria o projeto primeiro de Corinne, a saber, *esquecer-se* – o que introduz, mais uma vez, a dualidade que organiza a tensão do poema entre a enunciação – (quem diz se esquecer) e o enunciado (quem é esquecido). Mas essa constatação é a própria constância, presente num despertar contínuo, de um pesadelo que a fez de objeto. "Corinne quem fada" (Corinne quem *é*) afigura-se como o objeto fixo desse pesadelo, que – em oposição ao sonho do saber esquecer-se – é a presença que reatualiza a constância de uma condição vivida com sofrimento.

O poema poderia terminar ali, numa abertura ambígua entre afirmação e pergunta, mas sua última estrofe parece articular junto à primeira uma proposta segundo a qual Corinne é não apenas uma "personalidade", *mas o próprio processo de sua (des)personalização.* "Verdades, que nada" nega aqui a oposição entre sonho e pesadelo, entre verdadeiro e falso, na medida em que a iteração da continuidade não se opõe frontalmente, mas abarca o amuar. Ao negar o plural das verdades, Corinne, em um mesmo movimento, abre mão tanto do lugar de verdade em si quanto de uma pluralidade sem fim que ela própria criara para poder se narrar: a despersonalização enquanto traço, calcada nesse percurso, tem a marca do apagamento das verdades possíveis, marca do decantamento de uma identidade que, mesmo se sabendo partida, aliena-se numa adoração a Corinne, mas não mais identificada à sua mais bela personalidade, e sim à marca de simplicidade que caracteriza sua despersonalização.

Como o prisioneiro do aforisma, Corinne se descobre enquanto sujeito ao notar o caráter contingente de seu estado, que só pode ser, por fim, notado por meio da excentricidade que supor o outro em si proporciona. Na impossibilidade de um apoio social que possa suprir seu devir sujeito, Corinne recorre à possibilidade que a escrita fornece de "outrar-se" – retomando a expressão de Fernando Pessoa, conceitualizada por José Gil (1986, p. 202). A despersonalização, pensada nesses termos, antes de uma "marca de psicose" é, propriamente, uma das mais precisas imagens da noção de "normal" presente em Canguilhem (1966/2009), mostrando como o processo de subjetivação é a possibilidade de instauração de novas normas.

Do sinthoma ao nomear: repensar a linguagem a partir da sexuação

Se é que há alguma diferença entre os processos de sexuação pautados por discursos normalizantes e aqueles que, de alguma forma, subvertem o sistema sexo-gênero no interior do corpo social, esta deve ser localizada não no caráter patológico, sint(h)omático ou estruturalmente distinto dos últimos, mas, sobretudo, na impossibilidade de um suporte que dê consistência discursiva à alteridade nomeadora. Em outras palavras, as identidades não hegemônicas no campo da sexuação muitas vezes precisam realçar e colocar em relevo tal caráter de nomeação, seja pela escrita de textos, seja pelo apego a um grupo ou à noção de "identidade", justamente para produzir essa diferença mínima que permite uma autorização como algo que, mesmo sendo de si, vem de outros. A nomeação enquanto processo sexuado que transcende a questão dos três registros, no entanto, nos parece ter um caráter universal, ao passo que toda experiência sexuada se apoia numa vivência de totalidade (ainda que potencialmente fluida e que venha a se modificar) nomeada pelos outros que, de alguma maneira, precede e sucede o eu que a experiencia.

Pontuemos, nessa toada, a nossa diferença em relação a leituras como Chiland (2003), Safouan (1974), Westphal (2015) e Millot (1983/1992), que leem a transexualidade na chave de uma suplência a uma estrutura psicótica, sendo, portanto, um sinthoma – como Lacan o teria proposto em seu Seminário 23. Essa posição apoia-se, talvez, numa recepção datada da noção de sinthoma – que o tomava exclusivamente a partir da psicose –, sendo que nos últimos anos trata-se de pensá-la, sobretudo, a partir de uma singularidade (Carvalho, 2010), ou de associá-la ao fim de análise (Tavares, 2010) ou ao passe (Murta, 2011); em todo caso, de uma amarração que é, paradoxalmente, contingente (em seu conteúdo singular) e necessária, na medida em que a trindade borromeana parece ser insuficiente para dar conta de fenômenos como o caráter performativo da nomeação, por exemplo. Contudo, ao nomear a transexualidade como uma entidade psicopatológica fechada e distinta de outras formas de sexuação, algumas leituras ignoram que o mais central em relação às diversas formas de sexuação não é sua diferença em relação à "norma", mas sua semelhança.

Supor uma diferença estrutural entre processos de sexuação hegemônicos e abjetos, no entanto, leva a construções problemáticas tanto do ponto de vista teórico quanto do ponto de vista clínico – por exemplo, em Millot:

> *O sintoma transexual funcionaria como suplência do nome-do-pai, visto que o transexual tende a encarnar A Mulher. Não* uma *mulher, do lado do "não toda", o que resulta que nenhuma mulher é Toda, inteiramente mulher, que nenhuma vale por todas as mulheres – com efeito, a posição do transexual consiste em se querer Toda, inteiramente mulher, mais mulher que todas as mulheres e valendo por todas. (Millot, 1983/1992, p. 37)*[25]

---

25 É preciso, contudo, que atentemos aqui a um dos pontos cegos de nossa aposta metodológica de tomar todos os processos de sexuação a partir de uma mesma

A comparação dessa descrição com, por exemplo, os versos de Corinne mostra como as teorias lacanianas que se arrogam o posto de descrições sobre as identidades de gênero não inteligíveis estão apartadas da realidade. Mas a generalização grosseira que esse tipo de definição carrega é ainda mais grave por alguns motivos. Primeiro, porque há uma clara confusão entre uma questão ligada ao gênero e uma crítica lacaniana à ontologia decorrente do princípio de identidade, conforme trabalhamos em nosso primeiro capítulo. Millot, nesse ponto, equivoca-se conceitualmente ainda mais, pois aproxima "o transexual" à particular negativa, $\exists x.\neg\Phi x$, *existe ao menos um que não*, para provar que "as 'she-male'" pleiteariam ser "Mulher com M" maiúsculo, mas seriam logicamente (*sic*) homens, pois essa exceção à lei fálica remeteria a uma ausência de castração e[,] portanto, aproximaria o "pai primevo d'A Mulher" (Millot, 1983/1992, p. 37). Se ao menos Millot tivesse atentado para o fato de que tal particular negativa será descrita por Lacan como lugar não do pai primevo, mas, propriamente, do gozo do Outro, "feminino" (Lacan, 1973-1974, p. 279), poupar-se-ia dessa imprecisão não apenas clínica, mas teórica e ética.

Ademais, há nessa posição – que é a de Millot, mas também de grande parte dos comentadores de Lacan – uma taxação categórica de

---

perspectiva. O fato de que um processo de sexuação considerado não inteligível venha a se dar por vias similares àqueles hegemonicamente consolidados não implica que esteja imune a modalidades de sofrimento psicóticas, por exemplo. Em outras palavras, não contestamos as descrições psicopatológicas clássicas da transexualidade em si mesmas, mas sim o fato de serem utilizadas a rodo por todo e qualquer "desvio" da suposta identidade sexual. Sendo o sexo um determinante cultural de peso na sociedade, é compreensível que diversos delírios possam vir a ser estruturados ao redor de uma questão referente à identificação sexuada. Mas isso não implica que todo fenômeno não *cis* seja uma suplência psicótica, da mesma forma que não impede que possa vir a sê-lo. A grande questão é que a alienação do sujeito a uma dada identificação sexuada não pode ser, por si só, um critério diagnóstico, mas é preciso antes que nos atentemos à sua modalidade de alienação.

uma experiência de gênero não inteligível como sinônimo de psicose. Tal postura nos parece oriunda de uma concepção segundo a qual a questão da identidade sexual assenta-se num horizonte normativo no qual, no fundo, a distinção entre falo e pênis inexistiria, já que seus critérios diagnósticos são "convicção" de pertença ao "outro sexo" e "demanda de transformação" (Millot, 1983/1992, p. 37). É curioso notar como a "convicção" não é de fato um critério, na medida em que uma convicção de ser homem ou mulher em pessoas cisgênero não se mostra de maneira alguma problemática, restando a chamada "demanda de transformação". A falta de clareza na abordagem do problema é tamanha que – ignorando o fato de que as cirurgias de transgenitalização são uma questão quase marginal dentro do espectro das transidentidades – Millot chega a afirmar que "tal demanda é nova, já que supõe uma oferta que a suscita, a que faz a ciência, pois sem cirurgião ou endocrinologista, não há transexual" (Millot, 1983/1992, p. 17, tradução modificada).

Millot não está sozinha quanto a essa posição:

> *Vários lacanianos seguem essa abordagem: Moustafah Safouan inscreve* o transexualismo *numa identificação simbiótica da criança com a mãe, por "forclusão do nome-do-pai". Reproduzindo a mesma análise, Joël Dor considera que o transexual cai na fronteira entre psicose e perversão e somente acede a uma castração real, cirúrgica, que lhe interdita uma identidade sexual, por falta de integração do estatuto simbólico da diferença dos sexos. Para Marcel Czermak, o transexual revelaria a patologia da identidade sexual própria a toda organização psicótica, pois confunde o órgão com o significante. Essa mesma leitura é reiterada por Henri Frignet. O autor diferencia* transexuais verdadeiros, *cuja*

> *identidade sexual estaria foracluída, de* transexualistas, *que se manteriam num impasse quanto à sexuação, embora sua identidade sexual seja assegurada. Ao não reconhecer o "nome-do-pai"*, o transexual *não pode ter acesso à diferença. Esta irá retornar no real sob a forma de reivindicação de ser do outro sexo com a demanda de redesignação anatômica (no Imaginário e no Real) e a demanda de modificação do estado civil (no Simbólico). (Ayouch, 2015, p. 26)*

De toda forma, há leituras que, mesmo se posicionando diferentemente em relação à aproximação entre transexualidade e psicose, ainda buscam um núcleo de diferenciação entre identidades cis e não cis.

> *Assim, em minha prática clínica, prefiro falar em "sintomas transexuais", sintomas que podemos situar na neurose, na perversão ou na psicose. O que o conceito de "sintoma" aporta, em primeiro lugar, é conferir um alicerce teórico à ideia de que o transgenerismo não pode ser tratado sistematicamente como uma patologia. Logo, se o transgenerismo nem sempre é patológico, as mudanças sexuais não deveriam ser consideradas tratamentos ou remediações. É preciso, em nome do sinthoma, despatologizar os transexuais. O segundo aporte do conceito de "sinthoma" concerne ao fato de que é preciso ir mais longe que o estádio do espelho caso se queira analisar os transexuais. (Gherovici, 2013, p. 158, tradução nossa)*

O que Gherovici parece não levar em conta é que uma análise detida do estádio do espelho à luz da reformulação da sexuação em termos de autorização e da alteridade plural impede que a transexualidade possa gozar de um estatuto distinto no que tange à amarração dos três registros. Todo ser falante que se posiciona enquanto tal face a outros o faz, em nossa sociedade, a partir de uma posição sexuada que só se sustenta como tal por uma suposição, uma vivência e uma nomeação que chancelem o reconhecimento de determinada posição ativa perante os diferentes grupos aos quais ele pode ou não se identificar. Assim, o que a autora defende como "uma maneira particular de reatar imaginário e real", passando por uma nomeação (Gherovici, 2013, p. 158, tradução nossa), não nos parece uma "novidade" presente na noção de *sinthoma* reservada aos transexuais, loucos e artistas, mas uma precipitação necessária e universal, que, por meio de um ato de nomeação, amarra os três registros e fornece uma matriz de inteligibilidade ao ser sexuado.

Ocorre que, na ausência de possibilidades socialmente chanceladas para que o sujeito possa autorizar-se de si a partir de outros que nomeiam seu lugar, a saída daquelas e daqueles que não se identificam com identidades hegemônicas muitas vezes resume-se a uma sorte de desdobramento quase heteronímico, no qual o sujeito se duplica, se triplica e até se multiplica para poder se olhar, se narrar, se nomear e, por fim, se autorizar. Compreendemos que esse tipo de movimento não é uma exclusividade de Corinne ou Herculine B., mas é sensivelmente presente em diversas publicações, biográficas ou ficcionais, que buscam narrar os distintos percursos de transição do eu (Gherovici, 2013).

Eu, sujeito, falasser, homem... Lacan oscila ao longo de sua obra entre nomeações, maneiras de descrever fenômenos clínicos. Bem entendido, cada um desses conceitos carrega distinções importantes com os outros, bem como se vincula a discussões precisas em cada momento da obra. Não obstante, historicamente a noção de "eu" foi aquela mais radicalmente abandonada por Lacan, mas principalmente pelos pós-lacanianos, na medida em que a chegada do estruturalismo na teoria lacaniana teria banido o eu para um registro de alienação imaginária com o qual a psicanálise não deveria lidar, sendo exclusivamente o simbólico estrutural a lente especial com a qual a escuta clínica se daria, bem como o conjunto das teorias metapsicológicas.

Rosa Sanches demonstra que esse movimento de banimento do eu das esferas de discussão diagnóstica teve como efeito um inchaço indevido de noções como "psicose ordinária", bem como um retorno silencioso de discussões verdadeiramente adaptativas e morais (psicose como sinônimo de dificuldades de adaptações social, desemprego, uso de drogas), e se pergunta:

> *será o preço tardio pago pela assepsia do movimento estruturalista e pelo grau zero do sujeito que, em fins da década de cinquenta, ofereceu a Lacan uma racionalidade diagnóstica na qual lhe era possível realizar uma clínica totalmente desvinculada de uma análise do Eu? (Rosa Sanches, 2015, p. 191)*

Mas o que tais comentadores deixariam de discutir é que o final do ensino de Lacan reintroduz a importância do imaginário lá onde ele parecia já completamente resolvido. Diferentemente da ideia comum segundo a qual há um primado do real nos fenômenos que trazem o rompimento, o novo, a criação, Lacan é bastante claro, em *Os não-bestas erram* (1973-1974), quanto ao fato de haver aí uma importância central do imaginário a partir da ideia do *imaginar* (p. 75). É a partir daí que, por exemplo, a teoria borromeana (p. 75), o amor (pp. 82, 84, 135) e a própria matemática (p. 7) serão ligados precisamente ao imaginário, na medida em que Lacan se vale não mais da fixidez alienante do espelho, mas de um exercício ativo de criação.

Nesse sentido, nosso percurso considerou a possibilidade de uma reformulação da teoria do eu que levasse em conta, igualmente, esse caráter outro do imaginário que abarca a noção de "imaginação", de "ação", mas sem cair na armadilha da proposta de um eu autônomo e não marcado nem pelo inconsciente nem pelo outro. Porém, não é necessário que o reduzamos à esfera imaginária, na medida em que o dado singular de amarração entre os registros não pode pertencer propriamente a nenhum deles. Nesse sentido, parafraseando e utilizando Lacan contra ele mesmo, propomos que é preciso pensar que o *eu é estruturado como um sinthoma*.[26]

Pensar o processo de sexuação – para qualquer ser falante – é, assim, considerar uma amarração entre experiências distintas (imaginária, corporal e especular; simbólica, constelacional e normativa; real, pulsional e contingencial) a partir de um movimento próprio de lida com a nomeação. O sinthoma, nesse contexto, não é de maneira alguma uma "suplência", mas a amarração sexual necessária a todo ser falante, a qual passa necessariamente por uma relação do eu com o nome que lhe é designado. É preciso, contudo, pensar o nome em seu sentido amplo, desde o singular nome próprio sexuado até a nomeação predicativa *macho*, *mulher*, *bicha*, *boneca*, *queer*, até aquele de Hamlet saltando na cova de Ofélia e gritando: "*Hamlet, da Dinamarca*". Essa aparente contradição entre tomar conceitos tão distintos de nome num mesmo fenômeno é possível porque o redescrevemos não mais a partir de seu significado ou essência, tampouco pelo sentido que emanaria de sua posição frente a outros significantes, mas propriamente do *ato de nomeação* que borra a distinção entre nome próprio e nome comum, na medida em que o ato de designação é um só. A designação em si perpassa, como um raio, todos os níveis do nome porque é o próprio processo pelo qual nascem essas diferenças.

---

26 Lembremos que uma das poucas e louváveis tentativas de se pensar a transexualidade para além das amarras patológicas no interior das produções lacanianas (Cossi, 2011) não se vale das fórmulas da sexuação, mas sim da noção de *sinthoma*.

> *É claro que, desde sempre, isto foi uma invenção, uma invenção que se difundiu à medida da história: que, a esse sujeito, que haja dois nomes que lhe sejam próprios. Que Joyce também se chamasse James é algo que apenas se sucede ao uso do cognome [*surnom*] – James Joyce, cognominado [*surnommé*] Dedalus.*
>
> *Pois bem, escutem, uma vez que cheguei neste ponto a esta hora, vocês já nem funcionam como claque,*[27] *e mesmo seu* jaclaque, *uma vez que lhe acrescentarei um* han *como uma espécie de suspiro de alívio que experimento por ter percorrido hoje esse caminho. Reduzo, assim, meu nome próprio ao nome mais comum. (Lacan, 1975-1976, p. 86, tradução nossa)*

É preciso que pontuemos que o uso que Lacan faz de Joyce para propor a noção de "sinthoma" parece ser uma continuidade do processo iniciado no seminário anterior, no qual o quarto nó aparece como o nome-do-pai, não em seu sentido tradicionalmente concebido a partir do simbólico, mas enquanto uma quarta dimensão na qual é o ato de nomeação em si que comparece como amarração dos três registros. A singularidade com a qual a noção de "sinthoma" veio identificar-se entre os comentadores de Lacan não deve eclipsar seu caráter ligado precisamente à questão da nomeação. A redução do nome próprio ao nome comum ocorre justamente porque a nomeação é tomada a partir de um exercício constante de renomeação, veiculada e produzida por um dizer.

---

27 No original: *vous devez en avoir votre claque*. Trata-se de uma locução francesa que significa "estar farto", "estar cansado". Ao mesmo tempo, *claque* é "palma", "aplauso", podendo inclusive, como em português, designar grupo de pessoas que, por pagamento ou por uma outra combinação prévia, vão aplaudir um espetáculo.

Nesse sentido, a abertura do texto "Joyce, o Sintoma" é bastante instrutiva. A propósito, tanto nesse título quanto ao longo do próprio Seminário 23, Lacan usa a grafia comum, *sintoma*, para referir-se ao sinthoma enquanto quarto nó – relativizando a oposição, como faz também Colette Soler (2015), com a qual tradicionalmente essa noção é apresentada. Tomemos a abertura do texto de 1975:

> *Joyce, o Sintoma, a ser entendido como Jésus la Caille: é seu nome. Que mais se poderia esperar demim [d'emmoi]? – eu (n)omeio. Que isso dê em (h)omem é uma consequência da qual quero extrair uma coisa só. É que somos zomens. (Lacan, 1975/2003g, p. 560, tradução modificada)*

Comecemos pelo fim. A homofonia presente em *eu nomeio* (*je nomme*) e *jovem homem* (*jeune homme*) é interpretada por Lacan a partir da extração de uma de suas consequências: a ideia de que "somos zomens" (*sommes z'hommes*). A grafia que busca sublinhar o caráter sonoro do *somos z'homens* reforça a ideia de que é na própria fala que se deve buscar o lugar a partir do qual o ser pode ser enunciado. Não por outro motivo o operador privilegiado nesse momento do ensino lacaniano é o *falasser*, e não mais o sujeito – ligado epistemicamente à ideia de um inconsciente estruturado como uma linguagem aos moldes estruturalistas. Dessa concepção de sujeito do inconsciente estruturalista passa-se, ao longo dos anos 1970, ao inconsciente como *l'une-bevue* (um equívoco) – maneira de se ler, à francesa, a palavra alemã para a inconsciência ou o caráter inconsciente, *unbewusst* (Lacan, 1977, p. 508). Temos aí um tipo de radicalidade do equívoco levada às últimas consequências a partir da introdução da importância de lalíngua. Assim, "ser homem" não é apenas um fato de linguagem pensado a partir de sua oposição com "não ser homem", mas é aquilo que emerge do próprio processo de enunciação *somos zomens*.

Outrossim, há algo a mais no trecho. A consequência evocada na passagem liga-se precisamente ao movimento de *nomeação* presente no "*eu nomeio*". Bem entendido, o psicanalista se refere aqui à noção filosófica de "homem", não marcada – ou melhor, marcada silenciosamente – pelo seu caráter sexuado; mas podemos nos autorizar a sexuá-la, posto que nosso percurso aponta para um processo de sexuação no qual o estatuto da designação pelo nome é essencial. Homens, mulheres e toda a gama das identidades sexuais que se encontram alienadas na suposta unidade de seus corpos encontram tal unificação por meio de um processo de nomeação centrípeto.

> *De onde surge a condição para possuir identidade? De ser nomeado; sem nome, não há possibilidade de que se possa diferenciar um existente em relação a qualquer outro. Uma vez colocadas as letras, possuem sua identidade os aros, dotados, além disso, de um benefício, dir-se-ia, de inventário. A incorporação do nome é crucial para nos remetermos ao que nos interessa, para nos darmos conta daquilo que implica o nomeado – o nomear – na vida dos sujeitos. (Harari apud Leite, 2008, p. 27)*

Somos zomens porque assim fomos nomeados ou nos nomeamos, num movimento em que, claro, não há passividade (nem autonomia) pura, mas uma autorização que precisa se haver e saber fazer com a nomeação que lhe é feita.

Mas, ainda sobre esse ato de nomear, a passagem de Lacan dá a ver um outro detalhe importante: *d'emmoi* é uma expressão que, comportando um neologismo (*emmoi*), condensa "de mim" (*de moi*) e "de émoi". Émoi é uma palavra de tradução difícil, mas que tem dentro de seu campo semântico a ideia de agitação, efusão, inquietação, exasperação, perturbação, comoção, desassossego, efervescência, tumulto, desnorteamento, uma grande inquietude, uma viva emoção, rebuliço. Émoi é, também, uma noção que fora discutida no seminário sobre a angústia, na lição de 14 de novembro de 1962, na qual é distinguida da emoção, da inibição, do impedimento e do embaraço. Lacan, nesse contexto, retraça sua etimologia até o antigo *esmayer*, que "tem o sentido de perturbar ou transtornar" (Lacan, 1962-1963/2005, p. 21), e define émoi como "a perturbação, o perturbar-se como tal, o perturbar-se mais profundo na dimensão do movimento" (p. 22).

Ora, lembremos que essa ideia de perturbação aparece, justamente, na escolha feita por Lacan de traduzir por *bouleversement* – um dos sinônimos de émoi – o termo *Umwandlung* de Freud, discutido anteriormente. Na passagem, tínhamos: "como vestígio desse processo, uma condição de atração se impõe ao sujeito, habitualmente por muitos anos, que os objetos masculinos tenham a mesma idade de quando a perturbação ocorreu" (Freud, 1922/1932, p. 398, tradução nossa).

Mas o que temos de distinto na evocação do neologismo *emmoi*, a partir de nossa leitura, é que ele se encontra não propriamente do lado de uma efusão que toma o sujeito no processo de sexuação, mas, antes, do lado daquele que a/o nomeia: "que mais se poderia esperar *d'emmoi*: eu nomeio" (Lacan, 1975/2003g, p. 560). Ou seja, o exercício de nomeação carrega em si uma efusão que lhe é própria. A azáfama jubilatória que o eu experimenta no momento da unificação corporal nomeada e sexuada teria, assim, como contrapartida, uma efusão do lado da enunciação de quem nomeia. A efusão é o próprio excesso presente numa nomeação que cria uma identidade lá onde ela não existia. Pensemos no tipo de emoção presente, por exemplo, em salas de ultrassom que antecedem a nomeação, pelo médico, do sexo da criança. A suposição do caráter sexuado do eu efetiva-se por meio de uma nomeação antes mesmo que ele venha a nascer. A antecipação de unificação do eu parece responder, assim, à efusão própria da nomeação que, em nossa sociedade, carrega intrinsecamente a dimensão de gênero.

Mas esse processo não necessariamente se reduz ao traçado desenvolvimentista de um momento localizado na história do sujeito, momento no qual há a assunção jubilatória, respondendo a uma nomeação efusiva, de uma identidade na mais tenra idade. E aqui convém comentar um último ponto da passagem, referente à escolha do modelo de nomeação que Lacan importa para pensar o que está em jogo na nomeação em James Joyce. "Joyce, o Sintoma, a ser entendido como Jésus la Caille: é seu nome." (Lacan, 1975/2003g, p. 560). Quem é Jésus la Caille?

Trata-se do *título* de um romance do começo do século XX – que se desenrola no submundo da prostituição em Montmartre –, de autoria de Francis Carco, bem como do *nome* de seu protagonista. *Jésus-la-Caille* pode ser considerado um dos primeiros romances do século XX que trata a temática gay de maneira mais frontal. A história é simples e gira em torno da prisão de Bambou, companheiro de La Caille: um jovem garoto de programa de feições doces, fala rápida e boca de menina (Carco apud Alt, 2012). La Caille se desespera e se entristece com a perda de seu amor, perguntando-se quem poderia tê-lo denunciado, já que o motivo da prisão de Bambou são "seus modos", no contexto da polícia de costumes, ainda em voga à época. Para aqueles que ainda se desesperam com a queda do nome-do-pai, a perversão da homossexualidade, a psicose transexual e a sociologização da psicanálise, não é pouco lembrar que o paradigma do sinthoma como nomeação, um dos principais pontos do ensino de Lacan, é um romance gay que articula sexo, nome próprio, amor, violência policial e homofobia.

La Caille – como, a propósito, o protagonista será nomeado durante todo o romance – não é seu sobrenome, mas uma nomeação, uma alcunha, que termina por se mostrar muito mais autêntica em relação ao personagem do que seu prenome.[28] É essa *nomeação* que vem das

28 *Caille* é codorna ou codorniz, mas, na linguagem popular, refere-se tanto a um tratamento afetuoso dirigido ao outro cônjuge, no interior de um casal, quanto

ruas que impregna e forma os modos e o corpo do protagonista, que deixa de ser – porque na verdade nunca o foi – Jésus para ser quem é: La Caille. Ora, é precisamente esse o modelo no qual Lacan parece inspirar-se para pensar um dos pontos altos de seu último período de ensino. Assim, insistimos que o quarto nó no contexto da sexuação pode e deve ser pensado não como uma exclusividade sint(h)omática da transexualidade, mas como o movimento pelo qual todo e qualquer sujeito vem a autorizar-se de seus outros e tornar-se sexuado.

A autorização do ser sexual que localizamos na nomeação presente da dimensão do quarto nó não deve ser confundida, contudo, com a designação direta que o eu sofre do outro ou dos outros, mas sobretudo com a precipitação e o movimento que o faz tomar esses nomes enquanto mensagens enigmáticas e os traduz a partir de um fazer-se, ou melhor, de um saber fazer-se de uma nomeação que parte e retorna a si – ainda que tenha os outros como intermediários.

Temos então que aquilo que está em jogo é valer-se por *alguns outros* que autorizariam esse movimento antecipatório decantado no *si mesmo*. Mas há aqui uma diferença a ser pontuada, na medida em que Lacan adverte nesse contexto que ninguém pode ser nomeado à psicanálise (Lacan, 1973-1974, p. 190). Essa nomeação, contudo, refere-se ao seu caráter normalizante quase burocrático, posto que é referida – em oposição à invenção – à ideia de *título*.

> *Pois autorizando-se apenas de si mesmo, ele só pode, com isso, autorizar-se também de outros. Reduzo-me a esse mínimo porque espero, precisamente, que alguma coisa se invente; se invente do grupo sem resvalar de novo para a velha rotina, aquela da qual resulta, em razão*

à ideia de jovem moça, bem como ao caráter libidinoso de uma mulher – sendo sinônimo de *femme légère*, mulher promíscua, e, em muitos contextos, prostituta (La caille à travers..., 2007).

> *de velhos costumes contra os quais, no fim, se está bem pouco precavido, que sejam eles que constituem a base do discurso dito universitário; que se seja "nomeado a", a um título. (Lacan, 1973-1974, p. 191, tradução nossa)*

Notemos que o que aproximamos aqui à autorização no contexto da sexuação refere-se à outra matriz de lida com o nome. Não a nomeação em seu sentido administrativo, jurídico-legal, mas à nomeação enquanto *ato de dar nome a*. É a diferença entre, por exemplo, a sentença que condena Herculine a ser Alexina e o exercício de narrar e pensar a si mesma representado pelo seu diário. Ou entre a postura do psiquiatra Lacan, de "confrontação à realidade", e os versos de Corinne. Nomear-se é autorizar-se à normatividade própria da sexuação, ainda que ela possa, por vezes, se esconder por trás de discursos dominantes e nem sempre se apresentar como subversiva.

Mesmo que não consiga encaminhar a discussão, Lacan parece dar-se conta dessa diferença na seguinte passagem, em que discute, justamente, a "invenção" do registro real – como ele será trabalhado em seu último período:

> *é o que há de notável na língua, né?, é que o* naming*... ainda bem que a gente tem o inglês, né?, para distinguir* naming *de* nomination. Naming, *isso quer dizer* to name*; isso quer dizer "dar o nome próprio"... sim, não é sem razão, naturalmente, que eu disse: "[real] eu te batizo". (Lacan, 1973-1974, p. 57, tradução nossa)*

Lacan faz referência aqui ao livro do filósofo da linguagem americano Saul Kripke, *O nomear e a necessidade*, evocado uma segunda vez, em 1975 (Lacan, 1974-1975, p. 128), numa discussão justamente referente aos registros e aos nós. Essa dimensão performativa da linguagem, no entanto, possui poucas entradas de maior verticalidade no interior do arcabouço teórico lacaniano, na medida em que sua teoria da linguagem é baseada numa matriz distinta daquela que, em certa tradição anglo-saxã, pôde prosperar a partir de Austin, encontrar uma guarida subversiva em Derrida e chegar até Butler, com sua ideia do gênero como ato performativo. Como um dos resultados de nosso trabalho, temos a abertura de um campo no qual se podem reler diversas partes da teoria lacaniana a partir de um outro paradigma de linguagem que, mesmo que tenha estado em nosso pano de fundo metodológico, não pôde aqui ser sistematicamente explorado.

Mas notemos como, ainda assim, nossa aposta metodológica na identificação parece responder particularmente bem às possíveis articulações futuras no campo. Dizíamos em nossa introdução que havíamos privilegiado algumas incidências de identificação em Lacan a partir dos três registros; contudo, seria possível ligar a identificação à nomeação pensada como quarto nó?

Butler – ao discutir, justamente, a questão da nomeação – faz recurso ao conceito de identificação, precisando que o contexto mesmo da nomeação seria o enquadramento fundamental para se pensar como uma dada identificação se dá. Ao se perguntar o que significaria nomear outrem e ser reciprocamente nomeado, a filósofa questiona:

> *Não estou certa, com efeito, do que sabemos sobre as identificações em si, mas o que sabemos é a maneira pela qual elas são anunciadas, dispostas, e a maneira pela qual somos todos convidados a lhes honrar e nomear. Em outras palavras, como compreender um conceito como "identificação" fora do contexto no qual uma identificação é discursivamente reivindicada e claramente anunciada? Essa reivindicação representa uma*

identificação preexistente ou a identificação é formulada e interpretada no momento em que é enunciada? (Butler, 2009, p. 16, tradução nossa)

Em outro trabalho, Butler já apresentara uma discussão semelhante, por meio do conceito de *interpelação*, herdado de Althusser, que aparece para a autora como ligado diretamente à nomeação no contexto do gênero:

Considerem a interpelação médica (não obstante a recente emergência do ultrassom) que desloca a criança de um "isso" para um "ela" ou um "ele", e que, nessa nomeação, a menina é "meninizada", trazida ao domínio da linguagem e do parentesco através da interpelação de gênero. Mas essa "meninização" da menina não acaba ali; muito pelo contrário, essa interpelação fundante é reiterada por várias autoridades e ao longo de vários intervalos de tempo para reforçar ou contestar esse efeito naturalizado. A nomeação é, ao mesmo tempo, a configuração de uma divisa e, também, a inculcação repetida de uma norma. (Butler, 1993/2019, p. 7)

Essa aproximação entre interpelação e nome não estava em Althusser, mas também não é inédita. Gilles Gaston Granger, a partir da discussão sobre o nome próprio e o ato de batismo, justamente, é quem apresentará mais frontalmente a tese segundo a qual "o nome próprio se situa, de partida, no regime pragmático da interpelação" (Granger, 1982, p. 32, tradução nossa). Notemos que, nesse artigo, a principal referência de Granger é Kripke, resgatando seu conceito de "designador rígido" para pensar o nome próprio. Na interpretação de Leite (2008), lemos que,

> *[d]iante dessa argumentação, Granger salienta que a atribuição de um nome próprio não poderia ser confundida com uma simples etiquetagem, que corresponde somente a um dos aspectos da função do nome próprio: a designação de um objeto único. Ele sustenta que esta atribuição é um "batismo", isto é, um ato de linguagem pelo qual o locutor se endereça a um tu virtual, que são elementos cruciais para avançar sobre a questão da interpelação. (Leite, 2004, p. 43)*

Visando delinear mais um caminho possível para desenvolvimentos futuros em relação às condições de recepção de outros paradigmas de linguagem no interior do pensamento de Lacan, é preciso que citemos o contexto sensivelmente revelador no qual Lacan cita Austin, pela única vez em seu ensino e em sua obra. Trata-se da lição de 7 de fevereiro de 1968, no seminário sobre o ato psicanalítico (Lacan, 1967-1968), em que Lacan discute, afinal, o que é um psicanalista para além das análises de contratransferência e do jogo *gosto* ou não gosto de você:

> *Mas então, aqui estamos nós ao pé da questão: o que é que há depois de lhes ter transformado o objeto* a *numa produção na cadeia, se o psicanalista produz o* a *como um Austin? O que pode querer dizer o ato psicanalítico, se, com efeito, o ato psicanalítico é, ao mesmo tempo, o psicanalista que o comete? Isso quer dizer, é claro, que o psicanalista não é todo objeto* a. *Ele opera como objeto* a. *(Lacan, 1967-1968, p. 155, tradução nossa)*

O analista é, sim, aquele que faz coisas com palavras, mas de uma maneira bastante específica: ele transforma(-se em) um objeto em uma produção numa cadeia; e esse objeto, ele não irá sê-lo, mas irá *operar como* ele, parodiá-lo. Temos aqui o protótipo do que pouco tempo depois será apresentado a partir da ideia do "semblante", que – não esqueçamos – é uma teoria tanto do lugar do analista na transferência quanto de uma certa faceta da sexuação.

Mas nos dois casos não está em jogo de maneira alguma uma concepção voluntarista de autorização, mas sobretudo um exercício de nomeação de si que considera seja o caráter exógeno do eu que autoriza – ou dos outros que testemunham tal autorização –, seja a impossibilidade de a autorização se dar de maneira transparente ou controlada. Basta, para isso, lembrar duas outras passagens nas quais Lacan comenta a ideia de autorização. Uma é que autorizar-se de si mesmo não é autori(tuali)zar-se de si (Lacan, 1974/1981c, p. 60) – e, portanto, não há cartilha normalizante que possa dizer como ser sexuado ou como ser analista; ou, melhor dizendo, que seguir tal conjunto de ritos, nos dois casos, é perder o mais central da experiência.

A outra refere-se à importância da dimensão tanto da história quanto da histeria nesse processo. Ao criticar a ideia das nomeações institucionais, Lacan dirá, em 1976: "donde minha proposição de que o analista só se historisteriza [*hystorise*] por si mesmo – fato patente –, mesmo quando se faz confirmar por uma hierarquia" (Lacan, 1976/2003h, p. 568). A autorização, assim, se faz sempre dentro de uma *história*, mas não uma história qualquer: uma história *histérica*. Lacan não esclarece o que quer dizer com isso nesse texto, mas é possível pensá-lo a partir de uma definição de história de um texto contemporâneo, segundo a qual essa nada mais seria que "uma fuga da qual só se narram os êxodos" (Lacan, 1975/2003g, p. 564). Ou seja, longe de pensar a autorização como um processo autoevidente de instauração de uma verdade da substância, está em jogo, antes disso, o caráter fugaz e sempre apressado de uma nomeação que é uma escrita feita sobre o palimpsesto de traços deixados e desejados pelos outros aos quais respondemos.

As diferentes formas de identificar-se – no contexto das identidades de gênero na atualidade – sublinham que a escolha, na sexuação, pode, de fato, se dar para além dos limites que impõe o registro civil (Lacan, 1973-1974, p. 187). Contudo, não se trata de uma escolha livre de determinações. Sexuar-se é um ato de nomeação no qual o sujeito autoriza-se a tornar-se aquilo que alguns outros o apontaram como sendo, por um lado, e identificar-se a um grupo de outros cuja nomeação permite uma relativa unidade, por outro. Mas é aqui, também, que a normatividade instauradora das mais diversas variações vitais pode vir a encontrar normalizações que a constranjam. É junto aos *socii*, como pontuou Laplanche, que devemos buscar os caminhos e descaminhos do processo de sexuação, o qual, em nossa modernidade, tem um horizonte de nomeação mais amplo do que aquele restrito em termos de "homem" e "mulher".

Bem entendido, não há (como já não havia antes disso) uma horizontalidade de direitos e liberdade de vivência que é facultada a cada forma de sexuação; e há nomeações que, infelizmente, tornam corpos mais matáveis ou violentáveis do que outros – o que, lembremos, não é uma exclusividade das opressões sexuais. Por outro lado, no que tange à psicanálise, nossa especificidade deve apontar, sobretudo, o polo de autorização de si do sujeito, ainda que o faça apoiando-se – e, por vezes, *via* mimese – no que acredita ser uma forma "correta" de encarnar determinada nomeação sexual. Seja com alguém que optou por transicionar, seja com a pessoa (aparentemente) mais conforme às designações de gênero hegemônicas, a escuta analítica irá, como advertira Freud (1933/2010h, p. 269), preocupar-se menos em pensar o que aquela identidade "é" e muito mais em pensar a maneira pela qual veio a sê-lo, a partir das pegadas de suas descontinuidades.

Que haja mudanças no contexto da sexuação durante a vida adulta ou que esse processo se dê a despeito do estatuto social da anatomia não altera o fato de que todo percurso de identificação sexuada seja permeado pelo lugar que o sujeito assume na constelação de outros aos quais seu nome remete, bem como por quais outros ocuparão para ela/ele o lugar de nomeadores. A triangulação edípica, bem entendido, é um modelo que pode organizar esse jogo de identificações e nomeações. Mas nosso trabalho pôde demonstrar que – no contexto da sexuação – ela é um caso, uma possibilidade pela qual o sujeito pode vir a sexuar-se dentro do contexto maior da autorização por si e alguns outros.

Esperamos ter defendido, ao longo de nosso trabalho, que uma releitura da sexuação a partir de sua reformulação de 1974, em Lacan, pode abrir caminhos outros para a leitura de fenômenos que, até então, contavam com certos dispositivos conceituais – em nosso entender – poderosíssimos para pensar diversos problemas, mas que encontram limites no âmbito da sexuação; limites esses que podem ser reposicionados caso optemos por levar até as últimas consequências a afirmação segundo a qual o ser sexuado só se autoriza de si mesmo e de alguns outros.

Considerações finais

Buscamos aqui lançar bases para a construção de uma noção processual de *identificação* sexuada em Lacan, partindo da versão da teoria da sexuação apresentada no seminário *Os não-bestas erram*, resumida no aforisma "O ser sexuado só se autoriza de si mesmo e de alguns outros" (Lacan, 1973-1974, p. 187, tradução nossa).

Nosso percurso teve como ponto de partida a constatação de uma relativa distância entre a expressão de fenômenos ligados à identidade sexual na contemporaneidade e a maneira pela qual as ferramentas teóricas no interior do lacanismo estariam dispostas. Em outras palavras, nosso trabalho construiu-se tanto ao redor de uma certa desconfiança de que, em se tratando da questão de gênero, tudo já estaria de partida resolvido em Lacan quanto a partir da hipótese de que haveria no interior da própria teoria lacaniana outras maneiras de conceber a sexuação.

A identidade na contemporaneidade tornou-se uma questão central tanto social quanto conceitualmente, sendo o gênero uma de suas expressões de maior destaque. Mas, se parte das demandas da comunidade LGBTTQQIAAP parece organizar-se precisamente ao redor da defesa de suas identidades como existentes e legítimas, como poderia a psicanálise debruçar-se sobre essa questão, dado que opera com uma teoria de sujeito que, desde Freud, questiona a primazia da consciência e a identidade do eu consigo próprio? Como poderia uma discussão como essa ser empreendida a partir da teoria lacaniana da sexuação, posto que se trata de reflexões que se apoiam justamente na crítica do princípio de identidade?

Visando endereçar esse problema, optou-se pela utilização da noção de *identificação* como método, dado que ela proporcionaria uma maneira de equacionar dois polos da teoria psicanalítica: se de um lado temos o núcleo polimorficamente pulsional, não todo e contingente, do outro temos aquele da alienação, da necessidade e da constituição subjetiva. A identificação mostrou-se, assim, como uma dobradiça metodológica que permitiu discutir essa fronteira e, no limite, as coordenadas a partir das quais os seres falantes acabariam por realizar sua *escolha* sexuada (Lacan, 1973-1974, p. 187).

O texto foi então disposto a partir de quatro blocos de discussão, articulados a quatro incidências da noção de *identificação* em Lacan, que, por sua vez, vieram a ser remetidas às quatro instâncias do nó borromeano, como apresentado em R.S.I. (1974-1975, p. 215). Retomemos cada um deles.

Em um primeiro momento, foram explorados os pontos centrais das fórmulas da sexuação apresentadas em 1973, tanto a partir de Lacan quanto de reflexões empreendidas por comentadores. Construiu-se aí uma espécie de impasse na utilização das tábuas da sexuação nas questões ligadas ao gênero: caso tomemos as fórmulas como um quadro lógico que de fato questiona o aristotelismo clássico, o gozo fálico e o princípio identitário, não será possível remetê-las às categorias "homem" e "mulher" sem que isso implique uma transcendentalização da diferença sexual binária. Em outras palavras, a grande riqueza conceitual das fórmulas só se permite ser explorada ao máximo justamente a partir da constatação da insuficiência e da subsequente emancipação dessas duas categorias para se pensar a inexistência da relação sexual. Caso contrário, as tábuas da sexuação seriam nada mais que uma formalização de um dualismo heteronormativo que não parecem se sustentar face à experiência.

A leitura do seminário *Os não-bestas erram* (Lacan, 1973-1974) nos permitiu iniciar nosso percurso a partir da hipótese de que há aí uma teoria da identificação sexuada que tanto dá continuidade às teses apresentadas anteriormente quanto aporta questões novas às coordenadas clássicas com as quais se lê a questão da diferença sexual em Lacan, resumida na máxima *o ser sexuado só se autoriza de si mesmo e de alguns outros.* Junto ao contexto de emergência dessa outra leitura da sexuação em Lacan, foi possível propor que a sexuação é um processo de identificação que ocorre na tensão entre uma escolha do sujeito e sua inserção numa dada *comunidade.* Ademais, descobrimos, junto aos seminários tardios, uma teoria da identificação até então ignorada, aquela da *identificação ao grupo.*

Tal construção foi apoiada tanto na declarada analogia desse processo com o da formação do analista (Lacan, 1973-1974, p. 188) quanto na incidência da chamada "identificação ao grupo" (Lacan, 1974-1975, p. 202, tradução nossa). Ademais, a partir do resgate de um poema do século XVII, Lacan assevera que a homossexualidade não estaria "nem de um lado nem do outro" (Lacan, 1973-1974, p. 188, tradução nossa) das fórmulas, sendo regida pela lógica da autorização por si e alguns outros. A partir de uma discussão das origens desse poema no contexto da literatura francesa, descobrimos que essa retomada de Lacan remete-se à discussão sobre sodomia em Marcel Proust, a partir da qual se pode – igualmente – depreender que uma dada identificação sexuada refere-se não propriamente ao indivíduo, mas ao *grupo.*

Não obstante, está em jogo aqui uma noção de *grupo* distinta daquela da *massa* freudiana, já que não mais pautada por uma racionalidade de unificação e do narcisismo das pequenas diferenças, mas antes a partir da ideia de que "um grupo é real" (Lacan, 1973-1974, p. 190, tradução nossa). Visando explorar tal alternativa, reunimos definições de *real* que se fundam para além da diferença sexual binária e, por meio da noção de *letra*, analisamos a suposta proliferação identitária observada no movimento LGBTTQQIAAP. Constatou-se que, longe de se tratar de defesas fálicas contra o real, tal inscrição visa, justamente, ao impossível do sexual, instaurando um horizonte de contingência na medida em que, no limite, novas letras sempre estariam a postos para se recolocarem ou se rearranjarem, num movimento que escapa tanto às leis simbólicas quanto às capturas imaginárias. Essa ideia é sustentada, por um lado, pela proposta segundo a qual um real *emerge historicamente* (Lacan, 1973-1974, p. 190), e, por outro, pela exploração do caráter contingente presente na ideia de *alguns outros*, dado que, ao tomar uma dada identificação sexuada a partir do viés do real, compreende-se que o sujeito identifica-se sempre a um grupo cujo horizonte é aberto e, no limite, aponta para seu próprio furo.

***

Em nosso segundo capítulo, foi proposto um exercício de embasamento da noção de *identificação simbólica*. No contexto de uma associação forte entre a diferença sexual e a noção de *significante*, Lacan postula que "homem" e "mulher" seriam significantes que se significariam mutuamente por sua oposição recíproca e complementar. Com essa noção de *gênero* no horizonte, o psicanalista empreendera em seu seminário sobre as psicoses a análise de um caso clínico de uma histeria traumática em um homem, concluindo que a pergunta fundamental do sujeito em questão seria "Sou ou não uma mulher?", dado que se trata tanto de uma fantasia de gravidez quanto de uma histeria (Lacan, 1955-1956/1985a, p. 195).

Nosso trabalho debruçou-se sobre a localização do texto original (Eisler, 1920), e construiu-se, então, uma outra análise do caso, na qual a questão do sujeito passa a orbitar ao redor não mais do gênero, mas da fantasia infantil de procriação anal, posto que, em sua gramática significante, "homem" não se oporia nem a "grávido", nem a "mulher" - que, por sua vez, estaria remetida pelo paciente ao significante *Luststörerin*, estraga-prazeres. Em outras palavras, o caso não confirma, mas contesta a tese lacaniana segundo a qual "homem" e "mulher" seriam significantes que se significariam mutuamente.

Nessa mesma toada crítica, ao resgatar passagens sobre o "sistema simbólico" em Saussure, bem como definições posteriores da noção de significante em Lacan, foi possível propor outra rede conceitual para se pensarem as identificações sexuadas. Em primeiro lugar, demonstramos como o nascimento da noção de "grande Outro" acontece, em realidade, a partir da ideia de "grandes Outros", ou seja, de uma alteridade radicalmente simbólica, distinta do pequeno outro, mas *plural* (Lacan, 1954-1955/2010, p. 331). Sob a influência desse mesmo tipo de racionalidade, resgatamos a noção de *constelação simbólica* (Lacan, 1953-1954/1986, p. 81), que vem a resumir a ideia de que - mais relevante que o conteúdo de cada elemento do sistema (ou de seu par oposicional fixo, dado de antemão) - seria precisamente a *posição* que cada elemento ocuparia face aos outros que determinaria as coordenadas de sua identificação. Da mesma forma, a ideia de *constelação significante* (Lacan, 1956-1957/1995) nos auxiliou a consolidar a leitura segundo a qual as identificações sexuais não se explicam satisfatoriamente pelo quadro dual da oposição entre "homem" e "mulher", como queria Lacan, mas justamente por um *sistema de transformações* (Lacan, 1956-1957/1995, p. 310) cuja fixidez é dada exclusivamente por sua estrutura, e não por seus conteúdos.

A partir de uma aproximação entre as noções de *constelação* e *complexo* (Lacan, 1938/2003a, p. 93), trabalhou-se o texto "Os complexos familiares na formação do indivíduo", visando negritar uma postura que considera contundentemente o papel da cultura na instauração dos complexos que permeariam a lida do sujeito com a realidade. Tal insistência em pensar o complexo a partir de uma primazia da cultura face aos instintos, no interior do próprio instrumental lacaniano, reforçou nossa posição metodológica que parte de questões sociais rumo a problemas da constituição subjetiva.

Tal análise resultou na construção da hipótese de uma gradual *edipianização do complexo* ao longo dos anos 1940 e 1950, dado que, em 1938, o Édipo era apenas um entre os outros complexos familiares, sendo em realidade um desdobramento cultural e quase secundário dos complexos de desmame e de intrusão. Empreendemos a partir daí algumas críticas ao Édipo como pensado por Lacan a partir da década de 1950, em especial no que corresponderia às ditas assunções dos tipos viril e feminino. Apesar de, do ponto de vista da configuração do desejo e da constituição das estruturas clínicas, encontrarmos junto ao Édipo de inspiração estruturalista um processo de fato formal e simbólico, no que tange à sexuação seu papel seria apenas chancelar, na neurose, uma conformidade aos órgãos anatômicos: trata-se, nesse contexto, de um complexo com uma função normativa junto à realidade, à estrutura moral do sujeito e à assunção de seu sexo (Lacan, 1957-1958/1999, p. 170). Foi resgatada, então, uma teoria do complexo de castração pautada não mais no complexo de Édipo, mas na dialética do reconhecimento da diferença sexual no outro, sublinhada tardiamente pelo próprio Lacan (1971/2009, p. 30).

Visando explorar mais detalhadamente nossa proposta segundo a qual o papel do grupo social seria fundamental ao processo de sexuação, foi empreendida uma leitura alternativa de *As estruturas elementares do parentesco* (Lévi-Strauss, 1947/2012), sublinhando que a noção de *lei* em Lévi-Strauss é inseparável de uma discussão sobre *normas*: a única lei universal do parentesco seria, assim, aquela que reconhece que toda sociedade dispõe de normas sociais *distintas* para a formação de alianças. Mais ainda, a proibição – que, em Lacan, tem um estatuto fundante para o simbólico –, em Lévi-Strauss, é *secundária* em relação às normas locais de formação de grupos.

Ao considerar tanto as especificidades das constituições de novas identidades de gênero como tal incidência da noção de *norma* no coração da base estruturalista de Lacan, exploramos a distinção presente em Georges Canguilhem (1966/2009) entre *normatividade* e *normalização*. Definiu-se normalização como o caráter social de imposição de limites de variabilidade, ao passo que a normatividade foi abordada enquanto atividade vital de instauração de novas condições de vitalidade. A construção dessa racionalidade que vê a possibilidade de variação como centro da estrutura converge tanto com nossa leitura da relação entre lei e norma em Lévi-Strauss quanto com a ideia de "constelação simbólica" e de "complexo" como estruturas de conteúdos variáveis. Tomaram-se aí os comentários de Judith Butler (1990/2002, p. 155) e Michel Foucault (1978/1982, p. 6) sobre Herculine Barbin, visando exemplificar de que maneira uma normalização médico-jurídica, ao romper a normatividade vital que localizava Herculine junto à constelação de outros que sustentava seu complexo, instaura um sofrimento de indeterminação causado pelo rompimento da identificação que garantia as condições de possibilidade de seus laços sociais.

Na seção final desse capítulo, apresentamos uma discussão referente às noções de *alteridade* em Butler e Laplanche e suas possíveis interlocuções com Lacan. A partir da teoria da identificação presente na discussão do traço unário enquanto suporte do significante pensado como repetição (Lacan, 1961-1962/2003c), articulou-se um possível diálogo com a noção butleriana do *gênero performativo* (Butler, 1990/2014b): o processo de sexuação é sempre uma resposta performada e repetida ao desejo do Outro. Contudo, a partir de Laplanche (2003/2015), fomos convidados a pensar que essa alteridade *à* qual a criança responde sexuadamente é formada pelos *socii*, os pequenos outros que compõem o núcleo de sociabilidade freudiano que embasa a teoria da identificação em "Psicologia das massas" (Freud, 1921/2011b, p. 15). Essa alteridade radical, mas ao mesmo tempo plural, é também discutida por Butler (2004) e, mais uma vez, converge com nossa hipótese segundo a qual o ser sexual autoriza-se não pela ausência/presença do falo, tampouco pela identificação cisgênero a um dos pais, mas sobretudo a partir de um *complexo de gênero* no qual o caráter descentrado e constelacional da alteridade é fundamental para que ela seja alçada a seu plano propriamente simbólico.

Em um terceiro momento do texto, a sexuação foi analisada a partir da noção de *identificação ao semelhante*. Foram apresentadas algumas questões referentes à tradução feita por Lacan do texto "Alguns mecanismos neuróticos no ciúme, na paranoia e na homossexualidade" (Freud, 1922/1932), na medida em que – na discussão sobre o processo em causa no momento-chave da "gênese da homossexualidade" – o psicanalista francês opta por significantes cuja constelação distancia-se sensivelmente daquela que organizara os termos utilizados por Freud.

O texto de Freud é então retomado a partir de sua tese central: para além das supostas causas "disposicionais" da homossexualidade e da explicação clássica segundo a qual o jovem homossexual estaria fixado à mãe, haveria uma outra faceta inexplorada desse processo de sexuação, a saber, o *complexo fraterno*. Sexuar-se passa a ser, assim, um processo de superação das moções agressivas contra o semelhante.

Visando explorar essa incidência das relações laterais junto à estruturação psíquica, recorremos às reflexões de Juliet Mitchell

(2000/2006), que versam sobre a importância dos semelhantes na teoria e na prática psicanalíticas, sendo a relação entre irmãos a primeira relação *social*, de fato, que o *infans* experiencia. A partir de tal perspectiva, pontuamos a importância da consideração de tal complexo em Hamlet, Antígona, Schreber e David Reimer – tragédias que, ao seu modo, teriam como pivô a morte de um irmão.

Nessa mesma toada, avançamos a partir de uma passagem em "Totem e tabu" (Freud, 1913/2012a, p. 220) na qual há, durante o exílio dos irmãos, um importante período de vivências homossexuais horizontais, em que a sexualidade é gerida por uma lógica que é pautada não pela lei do incesto, mas pela *expulsão*. Aproximamos essa espécie de tempo anterior à instauração do incesto e marcado pela expulsão da cidade à relação entre o pai de Édipo, Laios, e um jovem com o qual ele mantém um relacionamento, Crísipo. A partir daí defendemos que foi precisamente a proscrição dessa relação que deu origem à maldição que culminará na tragédia de Édipo, corroborando (no plano mítico) a tese de Butler segundo a qual (no plano político e subjetivo) o tabu em relação à homossexualidade seria anterior ao tabu do incesto.

A construção da centralidade do semelhante no processo de sexuação nos conduziu ao chamado *complexo de intrusão*, localizado precisamente na passagem entre o complexo de desmame, marcado pelas fantasias de despedaçamento corporal, e o complexo de Édipo. Tal complexo intermediário é intimamente ligado ao *estádio do espelho* (Lacan, 1949/1998e), no qual o semelhante tem um papel fundamental no advento do eu. Formalizamos, então, uma definição de *assunção* enquanto ato de tomar para si esse modelo fornecido pelo outro precisamente no contexto da sexuação, em especial sublinhando que se trata da assunção de um corpo inteiro. Em outras palavras, diferentemente de uma teoria da sexuação que supõe que a identidade se daria a partir de uma construção sobre um órgão genital, a partir do estádio do espelho somos levados a conceber a sexuação como um processo no qual a identificação sexual acontece numa dialética que vai do *zero* ao *dois* para poder contar o eu enquanto *um*. A partir da importância conferida ao semelhante, especificamos que a incidência do *alguns outros* é, portanto, dupla: trata-se tanto de outros que designam o sujeito enquanto pertencente a um dado grupo sexuado como justamente desses semelhantes aos quais o sujeito virá a estar horizontalmente identificado. A construção da centralidade de tal caráter coletivo do processo de identificação foi reforçada a partir do texto "O tempo lógico e a asserção de certeza antecipada: um novo sofisma" (1945/1998b), no qual Lacan propõe, de fato, uma lógica de assunção de uma identificação do eu pautada por um ato que é *singular*, mas, paradoxalmente, só pode sê-lo na medida em que é também *coletivo*. Sendo o fracasso de tal identificação associado à barbárie, nos foi possível propor uma ligação com o tipo de sofrimento em causa para muitas pessoas que vivem suas sexuações de maneiras que escapam à normalização social (Robles et al., 2016).

Aportou-se à nossa proposta a centralidade da experiência do *júbilo* nesse processo de assunção, ligando-o à lalíngua e à noção de *gozo do Outro*, posto que localizada entre imaginário e real (Lacan, 1974/2002). Ou seja, mais precisamente que um gozo dito feminino, a especificidade do gozo do Outro nesse processo seria justamente promover a unificação do corpo e do eu por meio da presença desse Outro (ou outros) que nomeia(m) e goza(m) junto ao *infans* de seu reconhecimento enquanto unidade sexuada.

O quarto e último momento do texto organizou-se a partir da noção de *nomeação*. As discussões referentes ao estádio do espelho por vezes ignoram que um dos elementos centrais da dialética que culminará na assunção do sujeito depende de um movimento de posicionamento em relação à nomeação que vem do Outro. Laplanche sublinha a importância desse movimento no campo da sexuação por meio da ideia de que o gênero seria veiculado mediante uma *designação*, uma *identificação por* (Laplanche, 2003/2015). Ocorre que, ao explorarmos a noção de *código*, foi defendido que tal designação não veicula apenas o gênero em seu sentido supostamente substancial, mas a própria gramática simbólica a partir da qual as diferenças viriam a ser sexuadas. Estamos, assim, em um domínio que enlaça e extravasa as fronteiras entre os três registros.

Visando dar densidade conceitual à noção de designação, realizamos – a partir do resgate de uma pontuação feita por Irigaray durante um seminário fechado de Lacan (1964-1965, p. 142), bem como de estudos antropológicos sobre o nome próprio (Pina-Cabral, 2008) – uma distinção entre o estatuto do prenome e do sobrenome. Sublinharam-se aí diferenças importantes nos regimes de traduzibilidade, transmissão e veiculação desses dois registros da nomeação, na medida em que um responderia ao desejo dos pais (*parents*), dando assim uma marca de singularidade imaginária à criança, ao passo que o outro responderia a critérios constelacionais que, apesar de fortemente ligados à família patriarcal, não se reduziriam à descrição simbólica do nome-do-pai.

Calcados nesses desenvolvimentos, apresentamos a tese de que o ato ligado à *nomeação* seria um quarto nó que unificaria os três registros (Lacan, 1974-1975, p. 215), sendo a escrita em James Joyce um de seus exemplos privilegiados (Lacan, 1975-1976, p. 86). Ademais, a proposição do nome como elemento central de amarração em relação aos três registros (Lacan, 1975/2003g, p. 560) teria como modelo, precisamente, um romance gay do início do século XX, *Jésus-la-Caille*, de Carco. Tal análise nos abriu a possibilidade de desdobramentos futuros que explorem, justamente, esse outro regime de linguagem em Lacan, pautado não apenas pela linguística estrutural em seus moldes clássicos, mas por uma primazia do ato e da enunciação.

A partir do acúmulo dessas discussões, empreendemos a análise de um caso que condensaria pontos centrais de nossa teoria da sexuação. Resgatou-se uma entrevista conduzida por Lacan com Corinne, uma pessoa trans em situação de internação (Lacan, 1976/1996b) que escrevera uma poesia sobre sua situação, discutindo de que maneira a nomeação que advém do desdobramento do sujeito em outros eus na escrita fornece um modelo da teoria da identificação sexuada por meio da autorização de si e de alguns outros. Nossa análise da entrevista também forneceu elementos para se pensar a importância do nome próprio no contexto dos direitos de minorias sexuais (Wyllys & Kokay, 2013, p. 9), bem como amparou reflexões baseadas no conceito de assinatura em Derrida (1971, p. 19); e, retomando *Hamlet* (Lacan, 1958-1959/2016, p. 342), sublinhou em Corinne a relação entre o pequeno outro e o ato de reposicionamento do sujeito em relação ao seu desejo.

A partir de uma revisão crítica de comentadores que tomam a noção de *sinthoma* como paradigma da transexualidade psicopatologicamente concebida, sublinhamos que – ao resgatar a nomeação como o núcleo central da argumentação lacaniana sobre o quarto nó – a diferença entre os processos de sexuação hegemônicos e minorizados se desfaz, posto que todos parecem orbitar ao redor de uma tomada de posição do sujeito diante de uma nomeação que vem de fora e o localiza perante alguns outros. Em outras palavras, construímos uma base epistemológica para se pensar uma igualdade não excludente dos processos de identificação, já que todos os seres sexuais – sejam eles *cis*, *trans*, *homens* ou *mulheres* – autorizam-se de si mesmos e de alguns outros. As diferenças de sofrimento psíquico, portanto, passam a ser pensadas não mais em termos de "psicose" ou "perversão", ou da relação com a anatomia, mas na extensão da capacidade do sujeito em se nomear e ser nomeado no interior de uma sociedade com parâmetros heteronormativos de normalização.

Acreditamos que nosso percurso tenha permitido consolidar algumas bases para que a máxima *o ser sexuado só se autoriza de si mesmo e de alguns outros* possa servir como um programa de leitura da sexuação em Lacan a partir de novas coordenadas. A identificação sexuada pode ser pensada como o processo normativo de assunção da nomeação que amarra a imagem corporal de um eu jubiloso ao complexo que organiza o posicionamento do sujeito perante uma constelação aberta e historicamente determinada de outros sexuados. Mas isso é tudo?

Sei que a maneira demasiado técnica e, por vezes, excessivamente lacaniana do texto quase faz esquecer aquela que, no início, afirmamos ser nossa causa: uma inquietação frente a certo conservadorismo da comunidade psicanalítica face à emergência de novas formas de lidar com o sexo, o gênero e o sexual. O fato de tal inquietação traduzir-se em levantamentos, resgates, precisões e algumas reviravoltas teóricas não deveria eclipsar momentos de enunciação ética e política que talvez tivessem sido bem-vindos. Afinal, de que vale uma teoria que não se compromete com a explicitação de seu horizonte político de transformação?

Quero um mundo em que nossas diferenças sexuais sejam de fato *nossas* e não de um *cistema* que privilegia ditos, experiências e corpos como os meus e oprime irmãs dissidentes de gênero: que não haja alguns outros mais outros que alguns e as autorizações se deem, de fato, a partir de verdadeiras singularidades e não de alienações socialmente estruturais. Não tenho tesão em nenhuma psicanálise que possa ser pensada fora desse horizonte, e este livro foi uma tentativa, academicamente circunscrita, de produzir e partilhar alternativas conceituais e epistemológicas para reencontrar a verdade da psicanálise em algumas ebulições sociais.

Mas talvez só ao final deste trabalho eu, amparado pela suposição de leitorxs, me autorize a escrever com todas as letras que o desejo que me move é, no fundo, muito simples: contribuir com uma pequena marretada no muro que ainda separa a psicanálise do mundo que a circunda, mundo este que, dado o seu horror, não pode ser apenas psicanalisado, mas deve nos convocar a assumir algum papel em sua *trans*formação. Que possamos nos autorizar a construir o futuro da psicanálise que queremos. Valendo-me do entusiasmo, da ética e da força de Frantz Fanon (2020, p. 240), concluo: "Não sou prisioneiro da História. Não devo buscar nela o sentido do meu destino. Devo me lembrar a todo momento de que o verdadeiro salto consiste em introduzir na existência a invenção".

Referências

Ação retifica nome e sexo no documento de identidade de pessoas trans, em Belém. (2017). *G1*. Recuperado em 20 de agosto de 2017 de http://g1.globo.com/pa/para/noticia/acao-retifica-nome-e-sexo-no-documento-de-identidade-de-pessoas-trans-em-belem.ghtml

Agostinho, S. (1999). *As confissões*. São Paulo: Quadrante. (Trabalho original de 397-398). Recuperado em 28 de junho de 2021 de https://bit.ly/33uDyX2

Alessandrin, A. (2012). Le transsexualisme: une catégorie nosographique obsolète. *Santé Publique, 24*(3), 263-268.

Almeida, M. W. (1999). Simetria e entropia: sobre a noção de estrutura de Lévi-Strauss. *Revista de Antropologia, 42*, 163-197.

Alt, Jean-Yves. (2012). Jésus La Caille, Francis Carco (1914). In *Culture et Questions qui Font Debats*. Recuperado em 20 de agosto de 2017 de http://culture-et-debats.over-blog.com/article-32128837.html

Alves, E. F. (2013). *Jacques Lacan e a questão da autorização dos analistas*. (Tese de Doutorado). Universidade Federal de Santa

Catarina, Centro de Filosofia e Ciências Humanas. Programa de Pós-Graduação em Psicologia, Florianópolis.

Alvim, M. (2017). Homofobia mata uma pessoa a cada 25 horas; Norte tem maior índice. *O Globo.* Recuperado em 20 de agosto de 2017 de https://oglobo.globo.com/sociedade/homofobia-mata-uma-pessoa-cada-25-horas-norte-tem-maior-indice-20819002

Ambra, P. (2015). *O que é um homem? Psicanálise e história da masculinidade no Ocidente.* São Paulo: Annablume.

Ambra, P. (2016a). *Lacan avec Butler: Notes pour une théorie psychanalytique du genre.* Paris: Université Paris Diderot.

Ambra, P. (2016b). *Les 5 + 1 théories de l'identification chez Lacan.* Paris: Université Paris VII – Paris Diderot.

Ambra, P. (2016c). A psicanálise é cisnormativa? Palavra política, ética da fala e a questão do patológico. *Periódicus, 1*(5).

Ambra, P. (2017). A psicanálise no nascimento da identidade de gênero e a recepção de Robert Stoller na teorização de Jacques Lacan. *REVER* (no prelo). (Org. P. Porchat)

Ambra, P., & Paulon, C. (2018). O analista é o historiador: verdade, interpretação e perplexidade. *Psicol. USP, 29*(3), 412-417. ISSN 0103-6564. http://dx.doi.org/10.1590/0103-656420180012

Ambra, P., & Silva Junior, N. (2016). Qui a peur de l'identité? Psychanalyse d'hier, sexualités d'aujourd'hui. In A. Elfakir, *Subjectivité et lien social* (p. 206). Brest (França).

André, S. (1987) *O que quer uma mulher?* Rio de Janeiro: Zahar.

Askofaré, S. (2010). *"La nouvelle économie psychique" de Charles Melman.* Équipe de recherches cliniques en psychanalyse et psychologie.

Assomption. (2012). *Portail Lexical, Centre National de Ressources Textuelles et Lexicales* (CNRTL). Recuperado em 2 de julho de 2017 de http://www.cnrtl.fr/definition/assomption

Assomption (2017a). *Linternaute.* Recuperado em 2 de julho de 2017 de http://www.linternaute.com/dictionnaire/fr/definition/assomption/

Assomption. (2017b). *Sensagent.* Recuperado em 2 de julho de 2017 de http://dictionnaire.sensagent.leparisien.fr/assomption/fr-fr/

Austin, J. L. (1962). *How to do things with words.* Oxford: Clarendon Press.

Ayouch, T. (2015). Da transexualidade às transidentidades: psicanálise e gêneros plurais. *Percurso, 54*, 23-32.

Azevedo, M. K., & Mello Neto, G. A. (2015). O desenvolvimento do conceito de pulsão de morte na obra de Freud. *Revista Subjetividades, 15*(1), 67-75.

Baas, B. (2010). Don Giovanni e as vozes do desejo. *Rev. Estud. Lacan, 3*(4). Recuperado em 24 de junho de 2021 de http://pepsic.bvsalud.org/scielo.php?script=sci_arttext&pid=S1983-07692010000100003

Bacarji, A. D. (2017). *A ideologia de gênero.* Recuperado em 24 de junho de 2021 de https://formacao.cancaonova.com/afetividade-e-sexualidade/a-ideologia-de-genero/

Badiou, A. (1993). Sujeito e infinito. *Revista Letra Freudiana, 14*(XII), pp. 18-31.

Barbero, G. H. (2005). *Homossexualidade e perversão na psicanálise: uma resposta aos Gays and Lesbian Studies.* São Paulo: Casa do Psicólogo.

Barthes, R. et al. (1980). *Recherche de Proust.* Paris: Seuil.

Basilio, R. (2010). Saussure: uma filosofia da linguística. *Revel, 8*(14), 1-13.

Beauvoir, S. (1970). *O segundo sexo: fatos e mitos* (4. ed., S. Milliet, trad.). São Paulo: Difusão Européia do Livro. (Trabalho originalmente publicado em 1949)

Beer, P. A., & Franco, W. (2017). Da indissociabilidade entre clínica e política em psicanálise. *Affectio Societatis, 14*(27), 157-179.

Bernardo, R. et al. (1991). Falar a verdade [Cidade Negra]. In *Lute para viver* [CD]. Nova York: Epic Records.

Bíblia (2000). *A nova versão internacional da Bíblia de estudo (The NIV Study Bible).*

Bonadio, L. (2011). Jovens da escola gay de Campinas irão à Parada de SP em excursão. *G1*. Recuperado em 19 de junho de 2017 de http://g1.globo.com/sao-paulo/noticia/2011/06/jovens-da-escola-gay-de-campinas-irao-parada-de-sp-em-excursao.html

Bonetti, L. M. (2010). Desejo combina com paixão. In *Somos todos um*. Recuperado em 25 de junho de 2017 de http://www.somostodosum.com.br/clube/artigos/autoconhecimento/desejo-combina-com-paixao-21438.html

Boni Júnior, J. O. (2010). *O estádio do espelho de Jacques Lacan: gênese e teoria* (Dissertação de mestrado em Psicologia Clínica). Instituto de Psicologia, Universidade de São Paulo, São Paulo.

Borges, J. L. (s.d.). El idioma analítico de John Wilkins. In *Ciudad Seva*. Recuperado em 19 de junho de 2017 de http://ciudadseva.com/texto/el-idioma-analitico-de-john-wilkins/ (Trabalho original de 1952)

Boswell, J. (2005). *Christianity, social tolerance, and homosexuality* (8. ed.). Chicago: University Of Chicago Press.

Bouleversement. (2017). *Larousse*. Recuperado em 2 de julho de 2017 de http://www.larousse.fr/dictionnaires/francais/bouleversement/10554

Brum, E., & Barbosa, L. (Diretoras). (2017). *Laerte-se* [Filme Cinematográfico]. Brasil.

Butler, J. (1987). *Subjects of desire: Hegelian reflections in twentieth-century France*. New York: Columbia University Press.

Butler, J. (2002). *Gender trouble: feminism and the subversion of identity.* New York: Routledge. (Trabalho originalmente publicado em 1990)

Butler, J. (2004). *Undoing gender.* New York: Routledge.

Butler, J. (2009). Le transgenre et les "attitudes de révolte". In M. David-Ménard, *Séxualités, genres et mélancolie: s'entretenir avec Judith Butler* (p. 223). Paris: Campagne Première.

Butler, J. (2014a). *O clamor de Antígona* (A. Cechinel, trad.). Florianópolis: UFSC. (Trabalho originalmente publicado em 2002)

Butler, J. (2014b). *Problemas de gênero* (R. Aguiar, trad.). Rio de Janeiro: Civilização Brasileira. (Trabalho originalmente publicado em 1990)

Butler, J. (2015). *Relatar a si mesmo: crítica da violência ética* (R. Bettoni, trad.). Belo Horizonte: Autêntica.

Butler, J. (2017). Anseio de reconhecimento. *Equatorial, 3*(5), 185-207. (Trabalho originalmente publicado em 2004)

Butler, J. (2019). *Corpos que importam: os limites discursivos do "sexo"* (V. Daminelli & D. Y. Françoli, trad.). São Paulo: N-1 (Trabalho originalmente publicado em 1993)

Butler, J., Laclau, E., & Žižek, S. (2000). *Contingency, hegemony, universality: contemporary dialogues on the left.* New York: Verso.

Canguilhem, G. (2009). *O normal e o patológico* (6. ed., M. T. Barrocas, trad.). Rio de Janeiro: Forense Universitária. (Trabalho originalmente publicado em 1966)

Carone, M. (1984). Da loucura de prestígio ao prestígio da loucura. In D. P. Schreber, *Memórias de um doente dos nervos* (M. Carone, trad.). Rio de Janeiro: Graal.

Caruso, P. (1969). *Conversaciones con Lévi-Strauss, Foucault y Lacan.* Barcelona: Anagrama.

Carvalho, F. Z. (2010). Sobre a escrita da existência singular: sinthoma e acontecimento de corpo. *Revista Estudos Lacanianos, 3*(4).

Cassin, B. (2013). *Não há relação sexual* (C. Berliner, trad.). Rio de Janeiro: Jorge Zahar.

Castells, M. (1999). *O poder da identidade* (Vol. 2). São Paulo: Paz e Terra.

Chiland, C. (2003). *Le transsexualisme.* Paris: PUF.

Clastres, P. (1978). O arco e o cesto. In *A sociedade contra o Estado: pesquisas de antropologia política* (T. Santiago, trad., pp. 71-79). Rio de Janeiro: Francisco Alves.

Collier, J. F., & Yanagisako, S. J. (1987). *Gender and kinship: essays toward a unified analysis.* Palo Alto: Stanford University Press.

Connell, R. W. (2005). *Masculinities* (2. ed.). San Francisco: University of California Press.

Conrad, J.-N. (2017). Radical feminists vs. terf's and radfems. In *Queer Voices*. Recuperado em 20 de agosto de 2017 de http://www.queer-voices.com/radical-feminists-vs-terfs-and-radfems/

Contra o preconceito, comunidade LGBT realiza Parada Gay em Roraima. (2016). *G1.* Recuperado em 19 de junho de 2017 de http://g1.globo.com/rr/roraima/noticia/2016/09/contra-o-preconceito-comunidade-lgbt-realiza-parada-gay-em-roraima.html

Copjec, J. (1994) *Read my desire: Lacan against the historicists.* London: MIT Press.

Cossi, R. K. (2011). *O corpo em obra: contribuições para a clínica psicanalítica do transexualismo.* São Paulo: nVersos.

Cossi, R. K. (2017). *A diferença dos sexos: Lacan e o feminismo* (Tese de doutorado), Instituto de Psicologia, Universidade de São Paulo, São Paulo.

Cottet, S. (2018, 6 abril). Atualidade do corpo histérico. In *Lacan em .pdf*. Recuperado em 27 de setembro de 2018 de http://lacanempdf.blogspot.com/2018/04/atualidade-do-corpo-histerico-serge_6.html

Coutinho Jorge, M. A. & Travassos, N. P. (2017). A epidemia transexual: histeria na era da ciência e da globalização? *Revista Latinoamericana de Psicopatologia Fundamental, 20*(2), 307-330.

Cristófaro, H. T., & Manzi Filho, R. (2015). Ainda a questão de gênero – (in) determinação ou luta por reconhecimento? *Trans/Form/Ação, 38*(1), 29-42.

David-Ménard, M. (1998). *As construções do universal: psicanálise e filosofia*. Rio de Janeiro: Companhia de Freud.

David-Ménard, M. (2016). Intervenção na Journée "Que dit la psychanalyse aujourd'hui des perversions?". Paris: Université Paris 7.

Davis, W. (2010) *Queer beauty: sexuality and aesthetics from Winckelmann to Freud and beyond*. New York: Columbia University Press.

de Souza, D. D. (2007). Transexualismo masculino em Jacques Lacan. In *Redepsi*. Recuperado em 29 de junho de 2021 de http://www.redepsi.com.br/2007/07/12/transexualismo-masculino-em-jacques-lacan/

Deleuze, G. (1964/2003). *Proust e os signos* (2. ed., A. P. Machado, trad.). Rio de Janeiro: Forense Universitária.

Derrida, J. (1971, agosto). *Comunicação*. Congrès International des Sociétés de Philosophie de Langue Française, Montréal. Recuperado em 20 de agosto de 2017 de http://laboratoirefig.fr/wp-content/uploads/2016/04/SIGNATURE.pdf (Tema: a comunicação)

Derrida, J. (1988). Signature event context. In *Limited Inc*. Evanston: Northwestern University Press.

Desiderium. (2017). *Wordnik*. Recuperado em 25 de junho de 2017 de https://www.wordnik.com/words/desiderium

Diéguez, M. P. (2017). Lacan, les homosexualités et le queer. In Association des Psychologues Freudiens. Recuperado em 19 de junho de 2017 de http://www.psychologuesfreudiens.org/images/pdf/queermaripaz.pdf

Dumas, A. (1861). *A guerra das mulheres*. Lisboa: Michel Lévy Frères.

Dunker, C. I. L. (2011). *Estrutura e constituição da clínica psicanalítica: uma arqueologia das práticas de cura, psicoterapia e tratamento*. São Paulo: Annablume.

Dunker, C. I. L. (2015). *Mal-estar, sofrimento e sintoma: uma psicopatologia do Brasil entre muros*. São Paulo: Boitempo.

Dunker, C. I. L. (2017). *O esquecimento da ontologia e as tendências metafísicas do lacanismo contemporâneo*. Recuperado em 18 de junho de 2017 de https://www.academia.edu/31718724/_2017_O_Esquecimento_da_Ontologia_e_as_Tendencias_Metafisicas_do_Lacanismo_Contemporaneo.docx

Épingler. (2012). Portail Lexical, Centre National de Ressources Textuelles et Lexicales (CNRTL). Recuperado em 18 de junho de 2017 de http://www.cnrtl.fr/definition/épingler

Épingler. (2017a). *Larousse*. Recuperado em 18 de junho de 2017 de http://www.larousse.fr/dictionnaires/francais/épingler/30465

Épingler. (2017b). *Reverso Dictionnaire*. Recuperado em 18 de junho de 2017 de http://dictionnaire.reverso.net/francais-definition/épingler

Épingler. (2017c). *WordReference*. Recuperado em 18 de junho de 2017 de http://www.wordreference.com/fren/épingler

Eisler, M. J. (1920). "Eine unbewußte Schwangrschaftsphantasie bei einen Manne unter dem Bilde einer traumatischen Hysterie (klinischer Beitrag zur Analaerotic)". *Internationale Zeitschrift für Psychoanalyse, 6*, 50-63; 123-139.

Eisler, M. J. (1993). Un fantasme inconscient de grossesse chez un homme, derrière un tableau d'hystérie traumatique. *Le Coq-Héron, 128*. (Trabalho originalmente publicado em 1920)

Eisner, E. (2017). Age of neoliberalism – part 2: radical feminism over liberal & postmodern feminisms. In *Red Feminism* [Blog]. Recuperado em 19 de junho de 2017 de https://repositories.lib.utexas.edu/bitstream/handle/2152/75221/sullivanemily_RedFeminismintheAgeofNeoliberalism.pdf?sequence=1&isAllowed=y

Fanon, F. (2020). *Pele negra, máscaras brancas*. São Paulo: Ubu.

Faria, M. R. (2010). *Constituição do sujeito e estrutura familiar: o complexo de Édipo de Freud a Lacan* (2. ed.). Taubaté: Cabral Editora e Livraria Universitária.

Faria, M. R. (2019) *Real, simbólico e imaginário no ensino de Jacques Lacan*. São Paulo: Toro.

Ferreira, S. L. (2005). Transmissão de sobrenomes entre luso-brasileiros: uma questão de classe. *Boletim de História Demográfica, 36*.

Fink, B. (1998). *O sujeito lacaniano*. Rio de Janeiro: Jorge Zahar.

Foucault, M. (1982). O verdadeiro sexo. In H. Barbin, *O diário de um hermafrodita* (I. Franco, trad.). Rio de Janeiro: F. Alves. (Trabalho originalmente publicado em 1978)

Foucault, M. (1988). *História da sexualidade* (Vol. 1, A vontade de saber, M. T. Albuquerque, trad.). Rio de Janeiro: Graal. (Trabalho originalmente publicado em 1976)

Foucault, M. (1999). *As palavras e as coisas: uma arqueologia das ciências humanas* (8. ed., S. T. Muchail, trad.). São Paulo: Martins Fontes. (Trabalho originalmente publicado em 1966)

Franco, F. L. (2012). *A natureza das normas: o vital e o social na filosofia de Georges Canguilhem* (Dissertação de mestrado). Departamento de Filosofia, Faculdade de Filosofia, Letras e Ciências Humanas, Universidade de São Paulo, São Paulo.

Fraser, N. (2017, 20 novembro). Contra o "simbolicismo": usos e abusos do "lacanismo" para políticas feministas. *Lacuna: uma revista de psicanálise, 4*, 9. Recuperado em 25 de junho de 2021 de https://revistalacuna.com/2017/11/20/n4-09/

Freud, S. (1932). De quelques mécanismes névrotiques dans la jalousie, la paranoïa et l'homosexualité (J. Lacan, trad.). *Revue Française de Psychanalyse, 5*(3), 391-401. (Trabalho originalmente publicado em 1922)

Freud, S. (1980). A etiologia da histeria. In *Edição standard brasileira das obras psicológicas completas de Sigmund Freud* (Vol. 3). Rio de Janeiro: Imago. (Trabalho originalmente publicado em 1896)

Freud, S. (1986). Três ensaios sobre teoria sexual. In *Edição standard brasileira das obras psicológicas completas de Sigmund Freud* (pp. 118-228). Rio de Janeiro: Imago. (Trabalho originalmente publicado em 1905)

Freud, S. (1987). Die Traumdeutung. In *Gesammelte Werke Bd. II*. Frankfurt am Main: S. Fischer Verlag. (Trabalho originalmente publicado em 1900)

Freud, S. (1998). Über einige neurotische Mechanismen bei Eifer--sucht, Paranoia und Homosexualität. In *Gesammelte Werke: XIII: Jenseits des Lustprinzips/Massenpsychologie und Ich-Analyse/ Das Ich und das Es* (pp. 195-207). (Trabalho originalmente publicado em 1922)

Freud, S. (2010a). Observações psicanalíticas sobre um caso de paranoia (dementia paranoides) relatado em autobiografia ("O caso Schreber"). In *Obras completas* (Vol. 10: Observações psicanalíticas sobre um caso de paranoia (dementia paranoides) relatado em autobiografia ["O caso Schreber"], artigos sobre técnica e outros textos [1911-1913], P. C. Souza, trad., pp. 13-107). São Paulo: Companhia das Letras. (Trabalho originalmente publicado em 1911)

Freud, S. (2010b). A dinâmica da transferência. In *Obras completas* (Vol. 10: Observações psicanalíticas sobre um caso de paranoia (dementia paranoides) relatado em autobiografia ["O caso Schreber"], artigos sobre técnica e outros textos [1911-1913], P. C. Souza, trad., pp. 133-146). São Paulo: Companhia das Letras. (Trabalho originalmente publicado em 1912)

Freud, S. (2010c). A predisposição à neurose obsessiva. Contribuição ao problema da escolha da neurose. In *Obras completas* (Vol. 10: Observações psicanalíticas sobre um caso de paranoia (dementia paranoides) relatado em autobiografia ["O caso Schreber"], artigos sobre técnica e outros textos [1911-1913], P. C. Souza, trad., pp. 324-337). São Paulo: Companhia das Letras. (Trabalho originalmente publicado em 1913)

Freud, S. (2010d). Comunicação de um caso de paranoia que contradiz a teoria psicanalítica. In *Obras completas* (Vol. 12: Introdução ao narcisismo, ensaios de metapsicologia e outros textos [1914-1916], P. C. Souza, trad., pp. 195-208). São Paulo: Companhia das Letras. (Trabalho originalmente publicado em 1915)

Freud, S. (2010e). Além do princípio do prazer. In *Obras completas* (Vol. 14: História de uma neurose infantil ["O homem dos lobos"], Além do princípio do prazer e outros textos [1917-1920], P. C. Souza, trad., pp. 161-239). São Paulo: Companhia das Letras. (Trabalho originalmente publicado em 1920)

Freud, S. (2010f). O mal-estar na civilização. In *Obras completas* (Vol. 18: O mal-estar na civilização, Novas conferências introdutórias e outros textos [1930-1936], P. C. Souza, trad., pp. 13-122).

São Paulo: Companhia das Letras. (Trabalho originalmente publicado em 1930)

Freud, S. (2010g). Sobre a sexualidade feminina. In *Obras completas* (Vol. 18: O mal-estar na civilização, Novas conferências introdutórias e outros textos [1930-1936], P. C. Souza, trad., pp. 371-398). São Paulo: Companhia das Letras. (Trabalho originalmente publicado em 1931)

Freud, S. (2010h). Novas conferências introdutórias à psicanalise. In *Obras completas* (Vol. 18: O mal-estar na civilização, Novas conferências introdutórias à psicanalise e outros textos [1930-1936], P. C. Souza, trad., pp. 124-354). São Paulo: Companhia das Letras. (Trabalho originalmente publicado em 1933)

Freud, S. (2010i). Considerações atuais sobre a guerra e a morte. In *Obras completas* (Vol. 12: Introdução ao narcisismo, ensaios de metapsicologia e outros textos [1914-1916], P. C. Souza, trad., pp. 195-208). São Paulo: Companhia das Letras. (Trabalho originalmente publicado em 1915)

Freud, S. (2011a). Sobre a psicogênese de um caso de homosexualidade feminina. In *Obras completas* (Vol. 15: Psicologia das massas e análise do eu e outros textos [1920-1923], P. C. Souza, trad., pp. 114-149). São Paulo: Companhia das Letras. (Trabalho originalmente publicado em 1920)

Freud, S. (2011b). Psicologia das massas e análise do eu. In *Obras completas* (Vol. 15: Psicologia das massas e análise do eu e outros textos [1920-1923], P. C. Souza, trad.). São Paulo: Companhia das Letras. (Trabalho originalmente publicado em 1921)

Freud, S. (2011c). Sobre alguns mecanismos neuróticos no ciúme, na paranoia e na homossexualidade. In *Obras completas* (Vol. 15: Psicologia das massas e análise do eu e outros textos [1920-1923], P. C. Souza, trad., pp. 209-224). São Paulo: Companhia das Letras (Trabalho originalmente publicado em 1922)

Freud, S. (2011d). O eu e o id. In *Obras completas* (Vol. 16: O eu e o id, "autobiografia" e outros textos [1923-1925], P. C. Souza, trad., pp. 13-74). São Paulo: Companhia das Letras. (Trabalho originalmente publicado em 1923)

Freud, S. (2011e). Algumas consequências psíquicas da diferença anatômica entre os sexos. In *Obras completas* (Vol. 16: O eu e o id, "autobiografia" e outros textos [1923-1925], P. C. Souza, trad., pp. 283-299). São Paulo: Companhia das Letras. (Trabalho originalmente publicado em 1925)

Freud, S. (2012a). Totem e tabu. In *Obras completas* (Vol. 11: Totem e tabu, Contribuição à história do movimento psicanalítico e outros textos [1912-1914], P. C. Souza, trad., pp. 13-244). São Paulo: Companhia das Letras. (Trabalho originalmente publicado em 1913)

Freud, S. (2012b). Contribuição à história do movimento psicanalítico. In *Obras completas* (Vol. 11: Totem e tabu, Contribuição à história do movimento psicanalítico e outros textos [1912-1914], P. C. Souza, trad., pp. 245-327). São Paulo: Companhia das Letras. (Trabalho originalmente publicado em 1914)

Freud, S. (2013). Observações sobre um caso de neurose obsessiva ["O homem dos ratos"]. In *Obras completas* (Vol. 9: Observações sobre um caso de neurose obsessiva ["O Homem dos ratos"], Uma recordação de infância de Leonardo da Vinci e outros textos [1909-1910], P. C. Souza, trad., pp. 13-112). São Paulo: Companhia das Letras. (Trabalho originalmente publicado em 1909)

Freud, S. (2014a). *A negação* (M. Carone, trad.). São Paulo: Cosac Naify. (Trabalho originalmente publicado em 1925)

Freud, S. (2014b). *O homem Moisés e a religião monoteísta* (R. Zwick, trad.). São Paulo: L&PM. (Trabalho originalmente publicado em 1939)

Freud, S. (2015). A moral sexual "cultural" e o nervosismo moderno. In *Obras completas* (Vol. 8: O delírio e os sonhos na Gradiva e outros textos [1906-1909], P. C. Souza, trad., pp. 359-389). São Paulo: Companhia das Letras. (Trabalho originalmente publicado em 1908)

Freud, S. (2016a). Análise fragmentária de uma histeria ("O caso Dora"). In *Obras completas* (Vol. 6: Três ensaios sobre a teoria da sexualidade, Análise fragmentária de uma histeria ["O caso Dora"] e outros textos [1901-1905], P. C. Souza, trad., pp. 173-320). São Paulo: Companhia das Letras. (Trabalho originalmente publicado em 1905)

Freud, S. (2016b). Três ensaios sobre a teoria da sexualidade. In *Obras completas* (Vol. 6: Três ensaios sobre a teoria da sexualidade, análise fragmentária de uma histeria ["O caso Dora"], e outros textos [1901-1905], P. C. Souza, trad., pp. 13-172). São Paulo: Companhia das Letras. (Trabalho originalmente publicado em 1905)

Freud, S., & Breuer, J. (1987). Studien über Hysterie. In *Gesammelte Werke: Texte aus den Jahren 1885 bis 1938*. Frankfurt am Main: S. Fischer Verlag. (Trabalho originalmente escrito em 1895)

Fuentes, M. J. (2009). *As mulheres e seus nomes: Lacan e o feminino* (Tese de doutorado). Instituto de Psicologia, Universidade de São Paulo, São Paulo.

Gallop, J. (2001). Além do falo. *Cadernos Pagu, 16*, 267-287.

Garcia, L. F. (2015). *Despertar do real: a invenção do objeto a*. (Dissertação de mestrado). Departamento de Filosofia, Faculdade de Filosofia, Letras e Ciências Humanas, Universidade de São Paulo, São Paulo.

Gayla. (2006). Brian Henry Reimer. In *Find a grave*. Recuperado em 27 de junho de 2017 de https://www.findagrave.com/cgi-bin/fg.cgi?page=gr&GRid=16482516

Gherovici, P. (2013). Clinique du clinamen: matière et manière du nouage transsexuel. *Savoirs et clinique, 16*, 152-159.

Gil, J. (1986). Poesia e heteronímia. In J. Gil, *Fernando Pessoa ou a metafísica das sensações* (J. M. Pereira, & A. L. Faria, trads., pp. 191-249). Lisboa: Relógio D'Água.

Goldenberg, R. (2017a). O gênero em questão. *Correio da Appoa, 264*. Recuperado em 24 de abril de 2021 de https://www.appoa.org.br/correio/edicao/264/o_genero_em_questao/427

Goldenberg, R. (2017b). *Qual metafísica para a psicanálise?* Recuperado em 18 de junho de 2017 de https://ricardogoldenberg.com.br/2017/02/11/1566/

Goldenberg, R. (2017c) *Situação da psicanálise e formação do psicanalista em 2017*. Recuperado em 19 de agosto de 2017 de https://ricardogoldenberg.files.wordpress.com/2017/08/conferecc82ncia-de-salvador-situaccca7acc83o-da-psicanacc81lise-em-20171.pdf

Granger, G. G. (1982). À quoi servent les noms propres? *Langages*, 66, 21-36.

Henig, R. M. (2017). Rethinking gender. *National Geographic*, vol. especial.

Hitler, A. (2016). *Minha luta*. Editora do Carmo. (Trabalho originalmente publicado em 1925)

Ideologia de género. (2017). *Sofos: expressões filosóficas*. Recuperado em 20 de agosto de 2017 de http://sofos.wikidot.com/ideologia-de-genero

Jadin, J.-M., & Ritter, M. (2009). *La jouissance au fil de l'enseignement de Lacan*. Toulouse: Érès.

Jocenir. (1998). "Diário de um detento" [Racionais MC's]. In *Sobrevivendo no inferno*. São Paulo: Cosa Nostra Fonográfica.

Jones, E. (1993). December 15, 1921. In *The complete correspondence of Sigmund Freud and Ernest Jones 1908-1939*. Londres: Harvard University Press (pp. 447-449). (Carta original de 1921)

Jubilatoire. (2017). *Linternaute*. Recuperado em 3 de julho de 2017 de http://www.linternaute.com/dictionnaire/fr/definition/jubilatoire/#definition

Jubilo. (2017). *Latdict*. Recuperado em 3 de julho de 2017 de http://latin-dictionary.net/definition/24929/jubilo-jubilare-jubilavi-jubilatus

Jung, C. G. (1911-1912). Wandlungen und Symbole der Libido: Beiträge zur Entwicklungsgeschichte des Denkens. *Jahrbuch für psychoanalytische und psychopathologische Forschung* (pp. 162-464).

Kardous, P. (2016). *Diálogos do Lacaneando: "O que é um homem?"*. Debate realizado na Livraria da Vila Shopping Higienópolis, São Paulo.

Kaz, R. (2017). Retrato de uma menina. *Piauí, 1*(128), 16-33.

Kertbeny, K.-M. (1869). Das Gemeinschädliche des § 143 des preussischen Strafgesetzbuches vom 14. April 1851 und daher seine nothwendige Tilgung als § 152 im Entwurfe eines Strafgesetz-buches für den Norddeutschen Bund. In *Folge öffentlicher Aufforderung durch die Commission zur Berathung über jenen Strafgesetzentwurf*. Leipzig: Serbe's (Commissions-)Verlag.

Koren, D. (2008). Capítulo 22, RSI. In M. Safouan, *Lacaniana* (Vol. II: Los seminários de Jacques Lacan 1964-1979, E. Tabakian, trad., pp. 279-296). Buenos Aires: Paidós. (Trabalho originalmente publicado em 2005)

Kühner, C. (2011). Friendship under the conditions of seventeenth-century court society. In B. Descharmes, E. A. Heuser, C. Krüger,

& T. Loy, *Varieties of friendship. Interdisciplinary perspectives on social relationships* (pp. 59-75). Göttingen: V&R Unipress.

La caille à travers les expressions populaires (2007). In *Caille des Blés*. Recuperado em 20 de agosto de 2014 de http://www.cailledesbles.fr/quelques_expressions_concernant_la_caill2820444/

Lacan, J. (1932). *De la psychose paranoïaque dans ses rapports avec la personnalité*. Paris: AFI.

Lacan, J. (1933). Le problème du style et la conception psychiatrique des formes paranoïaques de l'expérience. *Minotaure*, 1, 68-69.

Lacan, J. (1937). Intervention sur l'exposé de J. Picard "Mécanismes névrotiques dans les psychoses: œdipe, homosexualité, théâtralisme hystérique et perversité". *Évolution Psychiatrique*, (4), 87-89.

Lacan, J. (1955-1956) *Psychoses*. Paris: ELP. Recuperado em 29 de junho de 2021 de http://staferla.free.fr/S3/S3%20PSYCHOSES.pdf

Lacan, J. (1957). Curriculum presenté pour une candidature à une direction de Psychanalyse à l'École des Hautes Études. *Bulletin de l'Association Freudienne, 40*, 5-8.

Lacan, J. (1964-1965). *Problèmes cruciaux*. Paris: ELP.

Lacan, J. (1965-1966). *L'objet de la psychanaylse*. Paris: Association Freudienne Internationale.

Lacan, J. (1967-1968). *L'acte psychanalytique*. Paris: AFI.

Lacan, J. (1973, julho). Entrevista [à France Culture] por ocasião do 28º Congrès International de la Psychanalyse, Paris.

Lacan, J. (1973-1974). *Les non-dupes errent*. Paris: AFI. Recuperado em 19 de junho de 2017 de http://www.valas.fr/Jacques-Lacan-les-non-dupes-errent-1973-1974,322

Lacan, J. (1974, 21 nov.) Entrevista [a Emilia Granzotto]. Trad. Marcia Gatto. *Revista Panorama*, Milão.

Lacan, J. (1974-1975). *R.S.I.* Paris: Staferla.

Lacan, J. (1975-1976). *Le sinthome.* Paris: Association Freudienne.

Lacan, J. (1976). Journées des cartels de l'École freudienne de Paris. Maison de la Chimie, Paris. *Lettre de l'École Freudienne,* (18), 263-270.

Lacan, J. (1976-1977). *L'insu que sait de l'une bévue s'aile à mourre.* Paris: AFI.

Lacan, J. (1977). Clotûre des Journées – Journées de l'École freudienne de Paris: "Les mathèmes de la psychanalyse". *Lettres de l'École,* (21), 506-509.

Lacan, J. (1981a). Le séminaire de Caracas. *L'Âne.* Recuperado de http://www.psychasoc.com/Textes/Seminaire-XXVII-Dissolution-Le-seminaire-de-Caracas-12-au-15-juillet-1980%20

Lacan, J. (1981b). *Le savoir du psychanalyste.* Paris: Editions du Piranha. (Trabalho originalmente publicado em 1971)

Lacan, J. (1981c). Lettre de Jacques Lacan adressée en avril 1974 à trois psychanalystes italiens: Verdiglione, Contri et Drazien. *Spirales,* (9), 60. (Trabalho originalmente publicado em 1974)

Lacan, J. (1985a). *O seminário* (Livro 3: As psicoses, A. Menezes, trad.). Rio de Janeiro: Jorge Zahar. (Seminário de 1955-1956)

Lacan, J. (1985b). *O seminário* (Livro, 20: Mais, ainda, M. Magno, trad.). Rio de Janeiro: Jorge Zahar. (Seminário de 1972-1973)

Lacan, J. (1986). *O Seminário* (Livro 1: Os escritos técnicos de Freud, B. Milan, trad.). Rio de Janeiro: Jorge Zahar. (Seminário de 1953-1954)

Lacan, J. (1992a). *O seminário* (Livro 8: A transferência, D. D. Estrada, trad.). Rio de Janeiro: Jorge Zahar. (Seminário de 1960-1961)

Lacan, J. (1992b). *O seminário* (Livro 17: O avesso da psicanálise, A. Roitman, trad.). Rio de Janeiro: Jorge Zahar. (Seminário de 1969-1970)

Lacan, J. (1993). Un homme et une femme. *Bulletin de l'Association Freudienne, (54)*. (Trabalho originalmente publicado em 1972)

Lacan, J. (1995). *O seminário* (Livro 4: A relação de objeto, D. D. Estrada, trad.). Rio de Janeiro: Jorge Zahar. (Seminário de 1956-1957)

Lacan, J. (1996a). *O seminário* (Livro 11: Os quatro conceitos fundamentais da psicanálise, 2. ed., M. D. Magno, trad.). Rio de Janeiro: Jorge Zahar. (Seminário de 1964)

Lacan, J. (1996b). Sur l'identité sexuelle: à propos du transsexualisme. In Ecole de la Cause Éfreudienne (ed.), *Le discours psychanalytique* (pp. 312-350). (Trabalho originalmente publicado em 1976)

Lacan, J. (1998a). Para-além do "princípio de realidade". In *Escritos* (V. Ribeiro, trad., pp. 77-95). Rio de Janeiro: Jorge Zahar. (Trabalho originalmente publicado em 1936)

Lacan, J. (1998b). O tempo lógico e a asserção de certeza antecipada: um novo sofisma. In *Escritos* (V. Ribeiro, trad., pp. 197-213). Rio de Janeiro: Jorge Zahar. (Trabalho originalmente publicado em 1945)

Lacan, J. (1998c). Formulações sobre a causalidade psíquica. In *Escritos* (V. Ribeiro, trad., pp. 152-194). Rio de Janeiro: Jorge Zahar. (Trabalho originalmente publicado em 1946)

Lacan, J. (1998d). A agressividade em psicanálise. In *Escritos* (V. Ribeiro, trad., pp. 104-126). Rio de Janeiro: Jorge Zahar. (Trabalho originalmente publicado em 1948)

Lacan, J. (1998e). O estádio do espelho como formador da função do eu tal como nos é revelado na experiência psicanalítica. In

Escritos (V. Ribeiro, trad., pp. 93-103). Rio de Janeiro: Jorge Zahar. (Trabalho originalmente publicado em 1949)

Lacan, J. (1998f). Função e campo da fala e da linguagem em psicanálise. In *Escritos* (V. Ribeiro, trad., pp. 238-324). Rio de Janeiro: Jorge Zahar. (Trabalho originalmente publicado em 1953)

Lacan, J. (1998g). A coisa freudiana. Em J. Lacan, *Escritos* (V. Ribeiro, trad., pp. 403-437). Rio de Janeiro: Jorge Zahar. (Trabalho originalmente publicado em 1956)

Lacan, J. (1998h). Instância da letra no inconsciente ou a razão desde Freud. In *Escritos* (V. Ribeiro, trad., pp. 496-533). Rio de Janeiro: Jorge Zahar. (Trabalho originalmente publicado em 1957)

Lacan, J. (1998i). Observação sobre o relatório de Daniel Lagache: "psicanálise e estrutura da personalidade". In *Escritos* (V. Ribeiro, trad.). Rio de Janeiro: Jorge Zahar. (Trabalho originalmente publicado em 1960)

Lacan, J. (1999). *O seminário* (Livro 5: As formações do inconsciente, V. Ribeiro, trad.). Rio de Janeiro: Jorge Zahar. (Seminário de 1957-1958)

Lacan, J. (2002). A terceira. *Cadernos Lacan*. (Trabalho originalmente publicado em 1974)

Lacan, J. (2003a). Os complexos familiares na formação do indivíduo. In *Outros escritos* (V. Ribeiro, trad., pp. 29-90). Rio de Janeiro: Jorge Zahar. (Trabalho originalmente publicado em 1938)

Lacan, J. (2003b). A psiquiatria inglesa e a guerra. In *Outros escritos* (V. Ribeiro, trad., pp. 106-126). Rio de Janeiro: Jorge Zahar. (Trabalho originalmente publicado em 1947)

Lacan, J. (2003c). *A identificação* (I. C. Bagno, trad.). Recife: Centro de Estudos Freudianos do Recife. (Trabalho originalmente publicado em 1961-1962)

Lacan, J. (2003d). Resposta a estudantes de filosofia. In *Outros escritos* (T. V. Ribeiro, trad., 210-218 pp.). Rio de Janeiro: Jorge Zahar. (Trabalho originalmente publicado em 1966)

Lacan, J. (2003e). Proposição de 9 de outubro de 1967 sobre o psicanalista da Escola. In *Outros escritos* (V. Ribeiro, trad., pp. 248-264). Rio de Janeiro: Jorge Zahar. (Trabalho originalmente publicado em 1967)

Lacan, J. (2003f). O aturdito. Em J. Lacan, *Outros escritos* (V. Ribeiro, trad., pp. 448-497). Rio de Janeiro: Jorge Zahar. (Trabalho originalmente publicado em 1973)

Lacan, J. (2003g). Joyce, o sintoma. In *Outros escritos* (V. Ribeiro, trad., pp. 560-566). Rio de Janeiro: Jorge Zahar. (Trabalho originalmente publicado em 1975)

Lacan, J. (2003h). Prefácio à edição inglesa do Seminário 11. In *Outros escritos* (V. Ribeiro, trad., pp. 567-569). Rio de Janeiro: Jorge Zahar. (Trabalho originalmente publicado em 1976)

Lacan, J. (2005). *O seminário* (Livro 10: A angústia, V. Ribeiro, trad.). Rio de Janeiro: Jorge Zahar. (Seminário de 1962-1963)

Lacan, J. (2008a). *O mito individual do neurótico, ou A poesia e verdade na neurose* (C. Berliner, trad.). Rio de Janeiro. (Trabalho originalmente publicado em 1952)

Lacan, J. (2008b). *O seminário* (Livro 7: A ética da psicanálise, A. Quinet, trad.). Rio de Janeiro: Jorge Zahar. (Seminário de 1959-1960)

Lacan, J. (2008c). *A lógica do fantasma: Seminário de 1966-1967* (Lyra, et al., trad.). Recife: Centro de Estudos Freudianos de Recife. (Trabalho originalmente publicado em 1966-1967)

Lacan, J. (2008d). *O seminário* (Livro 16: De um Outro ao outro, V. Ribeiro, trad.). Rio de Janeiro: Jorge Zahar. (Seminário de 1968-1969)

Lacan, J. (2009). *O seminário* (Livro 18: De um discurso que não fosse semblante, V. Ribeiro, trad.). Rio de Janeiro: Jorge Zahar. (Seminário de 1971)

Lacan, J. (2010). *O seminário* (Livro 2: O eu na teoria de Freud e na técnica da psicanálise, 2. ed. [projeto novo], M. C. Penot, trad.). Rio de Janeiro: Jorge Zahar. (Seminário de 1954-1955)

Lacan, J. (2012). *O seminário* (Livro 19: ... ou pior, V. Ribeiro, trad.). Rio de Janeiro: Jorge Zahar. (Seminário de 1971-1972)

Lacan, J. (2016). *O seminário* (Livro 6: O desejo e sua interpretação, C. Berliner, trad.). Rio de Janeiro: Jorge Zahar. (Seminário de 1958-1959)

Lamas, M. (2013). Usos, dificultades y posibilidades de la categoría "género". In M. Lamas (org.). *El género: la construcción cultural de la diferencia sexual*. México: Miguel Ángel Porrúa.

Lana, H. (2017). *Clínica e diagnóstico na era neoliberal. Apresentação*. São Paulo: Latesfip-USP.

Lana, H., & Ambra, P. (2016). *Is there anybody beyond language*. Ninth Annual Conference for "The International Society for Philosophy and Psychoanalysis" (SIPP/ISPP), New York.

Laplanche, J. (2015). *Sexual: a sexualidade ampliada no sentido freudiano 2000-2006* (V. Dresch, trad.). Porto Alegre: Dublinense. (Trabalho originalmente publicado em 2003)

Laqueur, T. (2001). *Inventando o sexo: corpo e gênero dos gregos a Freud*. Rio de Janeiro: Relume-Dumará. (Trabalho originalmente publicado em 1998)

Lattanzio, F. F. (2021). *O lugar do gênero na psicanálise: metapsicologia, identidade, novas formas de subjetivação*. São Paulo: Blucher.

Laufer, L. (2015). Seminaires. *Seminaires de Laurie Laufer*. Paris: Université Paris 7.

Laufer, L. (2017). Trouble dans la psychanalyse. Colloque La psychanalyse interprète du temps présent, Rome, Italie. *Conferência.*

Le Gaufey, G. (2007). *El notodo de Lacan: consistencia lógica, consecuencias clínicas*. Buenos Aires: El Cuenco de Plata.

Le Gaufey, G. (2017). *A incompletude do simbólico: de René Descartes a Jacques Lacan* (P. S. de Souza Jr., trad.). Campinas: Editora da Unicamp, 2017. (Trabalho originalmente publicado em 1991)

Lebrun, J.-P. (2009). *La perversion ordinaire.* Paris: Denoël.

Leguil, C. (2015). *L'être et le genre – homme/femme après Lacan.* Paris: Presses Universitaires de France.

Leguil, C., & Fajnwaks, F. (2015). *Subversion lacanienne des théories du genre.* Paris: Editions Michèle.

Leite, C. A. (2004). *O nome próprio e sua relação com o inconsciente* (Dissertação de mestrado). Departamento de Linguística do Instituto de Estudos da Linguagem, Universidade de Campinas, Campinas.

Leite, C. A. (2008). *Quando o corpo pede um nome – a título provisório* (Tese de doutorado). Departamento de Linguística, Instituto de Estudos da Linguagem, Universidade de Campinas, Campinas.

Lévi-Strauss, C. (2012). *As estruturas elementares do parentesco* (7. ed.). (M. Ferreira, trad.) Petrópolis: Vozes. (Trabalho originalmente publicado em 1947)

Lima, N. L. et. al. (2016, agosto) A eliminação das diferenças entre os sexos: uma leitura psicanalítica. *Psicologia em Revista, 22*(2), 447-468.

Masterson, P. (2015). LGBTTQQIAAP… In *Shepherd Express.* Recuperado em 29 de março de 2021 de http://shepherdexpress.com/lgbtq/dear-ruthie/lgbttqqiaap.../

Mello, B. N. (2010). *As teorias da linguagem em Lacan* (Tese de doutorado). Pontifícia Universidade Católica, Rio de Janeiro.

Melman, C. (2010). *La nouvelle économie psychique La façon de penser et de jouir aujourd'hui*. Paris: Éres.

Mezié, N. (2006). Informer, déformer la catégorie d'identité Lecture de deux auteurs américains: George Chauncey et Judith Butler. *Ethnologie Française, 36*(4), 735-743.

Miller, J.-A. (2003). Referências bibliográficas em ordem cronológica. In J. Lacan, *Outros escritos* (V. Ribeiro, trad., p. 607). Rio de Janeiro: Jorge Zahar.

Miller, J.-A. (2012). Os seis paradigmas do gozo. (Simone Souto, ed. e trad.). *Opção Lacaniana, 3*(7), 1-49.

Millot, C. (1992). *Extrasexo: ensaio sobre o transexualismo* (M. C. Marcondes, trad.). São Paulo: Escuta. (Trabalho originalmente publicado em 1983)

Milner, J.-C. (2010). Linguística e psicanálise (P. S. de Souza Jr., trad.). *Revista Estudos Lacanianos, 3*(4). Recuperado em 25 de junho de 2021 de http://pepsic.bvsalud.org/scielo.php?script=sci_art text&pid=S1983-07692010000100002

Mitchell, J. (2006). *Loucos e medusas: o resgate da histeria e do efeito das relações entre irmãos sobre a condição humana* (M. B. Medina, trad.). Rio de Janeiro: Civilização Brasileira. (Trabalho originalmente publicado em 2000)

Money, J., Hampson, J. G., & Hampson, J. L. (1957). Imprinting and the establishment of gender role. *Archives of Neurology and Psychiatry, 77*(3), 333-336.

Moreira, M. M. (2017). *Políticas do feminino: uma leitura psicanalítica do feminismo queer* (Dissertação de mestrado). Programa de Pós-Graduação em Psicologia, Faculdade de Filosofia e Ciências Humanas, Universidade Federal de Minas Gerais, Belo Horizonte.

Murta, A. (2011). O passe, o rateio e um psicanalista. *Opção Lacaniana, 5*, 1-19.

Nazario, L. (2011). Oscar Wilde. *Escritor Luiz Nazario* [Blog]. Recuperado em 3 de julho de 2017 de https://escritorluiznazario.wordpress.com/2011/02/13/oscar-wilde/

Nous défendons une liberté d'importuner, indispensable à la liberté sexuelle. (2018). *Le Monde*, 9 jan. 2018.

Oliveira, G. (2017). *Leitura e escrita da letra na obra de Jacques Lacan*. Exame de qualificação. Departamento de Psicologia Social, Instituto de Psicologia, Universidade de São Paulo, São Paulo.

Padula, J. P. (2017). *Processos do abjeto e real*. Iniciação científica. Departamento de Psicologia Social, Instituto de Psicologia, Universidade de São Paulo, São Paulo.

Perez, A. A. (2016). Poderes, perigos e inquietações discursivas: um certo discurso analítico sobre teorias do gênero e transidentidades. *Periódicus, 5*, 154-170.

Pessoa, F. (1993a). O meu olhar é nítido como um girassol. In *Poemas de Alberto Caeiro* (10. ed.). Lisboa: Ática. Recuperado em 20 de junho de 2017 de http://arquivopessoa.net/textos/1463. (Trabalho original de 1914)

Pessoa, F. (1993b). IX – Sou um guardador de rebanhos. In *Poemas de Alberto Caeiro* (10. ed.). Lisboa: Ática. Recuperado em 20 de junho de 2017 de http://arquivopessoa.net/textos/1488. (Trabalho original de1925)

Pessoa, F. (1995). Entre o sono e o sonho. In *Poesias* (15. ed.). Lisboa: Ática. Recuperado em 20 de junho de 2017 de http://arquivopessoa.net/textos/2243. (Trabalho original de 1933)

Pina-Cabral, J. (2008). Recorrências antroponímicas lusófonas. *Etnográfica, 12*(1), 237-262.

Porchat, P. (2014). *Psicanálise e transexualismo: desconstruindo gêneros e patologias com Judith Butler*. Curitiba: Juruá.

Porchat, P. (2016). Comunicação pessoal. São Paulo.

Prates, A. L. (2001) *Feminilidade e experiência psicanalítica*. São Paulo: Hacker.

Preciado, B. P. (2002). *Manifiesto contra-sexual: prácticas subversivas de identidad sexual.* Madrid: Pensamiento Opera Prima.

Preciado, B. P. (2011). Multidões queer: notas para uma política dos "anormais". *Revista Estudos Feministas, 19*(1), 11-20.

Proust, M. (2000a). *Em busca do tempo perdido* (Vol. 4: Sodoma e Gomorra, F. Py, trad.). Rio de Janeiro: Ediouro. (Trabalho originalmente publicado em 1921-1922)

Proust, M. (2000b). *Em busca do tempo perdido* (Vol. 5: A prisioneira, F. Py, trad.). Rio de Janeiro: Ediouro. (Trabalho originalmente publicado em 1923)

Próchno, C. C., & Rocha, R. (2011). O jogo do nome nas subjetividades travestis. *Psicologia e Sociedade, 23*(2), 254-261.

Py, F. (2000). Prefácio. In M. Proust, *Em busca do tempo perdido* (Vol. 4: Sodoma e Gomorra, F. Py, trad.). Rio de Janeiro: Ediouro.

Quinet, A. (2009). A maldição dos labdácidas. In *Óidipous, filho de Laios* [Blog]. Recuperado em 16 de maio de 2016 de http://oidipousfilhodelaios.blogspot.com.br/2009/01/maldio-dos-labdcidas.html

Quinet, A. (2012). *Os outros em Lacan.* Rio de Janeiro: Jorge Zahar.

Ramos, C. (2016). Marca de psicanalista ou a verdadeira maionese. *Stylete lacaniano*, (7), 9-13.

Ricœur, P. (1991). *O si-mesmo como um outro* (L. M. Cesar, trad.). Campinas: Papirus.

Robles, R. et al. (2016). Removing transgender identity from the classification of mental disorders: a Mexican field study for ICD-11. *Lancet Psychiatry, 3*(9), 850-859.

Rosa, M. D., & Cerruti, M. (2014). Da rivalidade à responsabilidade: reflexões sobre a justiça restaurativa a partir da psicanálise. *Psicologia USP,* (25), 13-19.

Rosa, M. D. (2017). Arguição na banca de doutorado de Rafael Kalaf Cossi. Instituto de Psicologia da Universidade de São Paulo, São Paulo.

Rosa Sanches, D. (2015). *Discursos diagnósticos pós-lacanianos: dos fundamentos em psiquiatria às teses sobre um novo sujeito* (Tese de doutorado). Instituto de Psicologia, Universidade de São Paulo, São Paulo.

Roudinesco, E. (1994). *Jacques Lacan: esboço de uma vida, história de um sistema de pensamento.* São Paulo: Companhia das Letras.

Roudinesco, E., & Plon, M. (1998). *Dicionário de psicanálise* (V. R. Magalhães, trad.). Rio de Janeiro: Jorge Zahar.

RUA – Juventude Anticapitalista. (2015). Visibilidade Bissexual! – Nós amamos! Nós existimos! Recuperado em 19 de junho de 2017 de https://www.movimentorua.org/single-post/2015/09/23/Visibilidade-Bissexual-Nós-amamos-Nós-existimos

Rubin, G. (1984). Thinking sex: notes for a radical theory of the politics of sexuality. *Social Perspectives in Lesbian and Gay Studies: A Reader*, pp. 100-133.

Rubin, G. (1993). *O tráfico de mulheres: notas sobre a "economia política" do sexo* (C. R. Dabat, trad.). Recife: S.O.S. Corpo. (Trabalho originalmente publicado em 1975)

Rubin, G., & Butler, J. (2003). Tráfico sexual: entrevista. *Cadernos Pagu,* (21), 157-209. (Trabalho originalmente publicado em 1994)

Safatle, V. (2008). *Curso de epistemologia das ciências humanas.* Departamento de Filosofia, Faculdade de Filosofia, Letras e Ciências Humanas, Universidade de São Paulo, São Paulo.

Safatle, V. (2016a). Dos problemas de gênero a uma teoria da despossessão necessária: ética, política e reconhecimento em Judith Butler. In Butler, *Relatar a si mesmo* (R. Bettoni, trad.). Belo Horizonte: Autêntica.

Safatle, V. (2016b). Une certaine latitude: normativité et contingence dans la biopolitique de Georges Canguilhem. *Filozofski vestnik, 37*(1), 57-79.

Safouan, M. (1974). *Etudes sur l'Œdipe: introduction à une théorie du sujet.* Paris: Seuil.

Santos, B. (2017). De l'erreur transsexuelle aux frontières volatiles du corps. Colloque La psychanalyse interprète du temps présent, Rome, Italie. *Conferência*, 1-7. Roma.

Saussure, F. (1966). *Curso de linguística geral.* (C. Bally, & A. Sechehaye, eds., J. P. Paes, & I. Blikstein, trads.) São Paulo: Cultrix. (Trabalho originalmente publicado em 1916)

Schnake, C. (2017). Ideologia de gênero, conheça seus perigos e alcances. In *Destrave.* Recuperado em 20 de agosto de 2017 de https://destrave.cancaonova.com/ideologia-de-genero-seus-perigos-e-alcances/

Schneider, D. (1980). *A critique of the study of kinship.* Chicago: University of Chicago Press.

Schreber, D. P. (1984). *Memórias de um doente dos nervos* (M. Carone, trad.). Rio de Janeiro: Graal. (Trabalho originalmente publicado em 1905)

Sexuation. (2017a). *Larousse.* Recuperado em 2 de julho de 2017 de http://www.larousse.fr/dictionnaires/francais/sexuation/72487.

Sexuation. (2017b). *Sensagent*. Recuperado em 2 de julho de 2017 de http://dictionnaire.sensagent.leparisien.fr/sexuation/fr-fr/.

Shakespeare, W. (1623/2003). *Hamlet* (M. Fernandes, trad.). Porto Alegre: L&PM.

Shepherdson, C. (2000). *Vital signs: nature, culture, psychoanalysis*. New York: Routledge.

Silva Junior, N. (2017a). Sofística, performatividade, enunciação: as dissoluções do sujeito pela linguagem na obra de Fernando Pessoa. Disciplina Sofística, performatividade, enunciação: as dissoluções do sujeito pela linguagem na obra de Fernando Pessoa (pós-graduação).

Silva Junior, N. (2017b). Langue maternelle: aliénation identitaire, sexualité et contingence. *Cliniques Méditerranéennes, 95*, 109-121.

Silveira, L. (2017). Assim é a mulher por trás de seu véu? Questionamento sobre o lugar do significante falo na fala de mulheres leitoras dos Escritos. *Lacuna: uma revista de psicanálise*, (-3), 8. Recuperado em 24 de junho de 2021 de https://revistalacuna.com/2017/04/28/n3-08/

Soares, M. A. (2013). Sobre os nomes em russo. In *L&PM* [Blog]. Recuperado em 3 de julho de 2017 de http://www.lpm-blog.com.br/?p=21042

Soares, R. (2017). Porque os pais devem dizer NÃO à ideologia de gênero. In *Escola Sem Partido*. Recuperado em 20 de agosto de 2017 de https://www.escolasempartido.org/blog/porque-os-pais-devem-dizer-nao-a-ideologia-de-genero/

Soler, C. (2005). *O que Lacan dizia das mulheres*. Rio de Janeiro: Jorge Zahar.

Soler, C. (2015). *Vers l'identité*. Paris: Éditions du Champ Lacanien.

Stoller, R. J. (1964). A contribution to the study of gender identity. *The International Journal of Psychoanalysis, 45*(2-3), 220-226.

Stoller, R. J. (1968). *Sex and gender: the development of masculinity and femininity.* New York: Karnac.

Strachey, J. (1996). Nota do editor inglês. In S. Freud, *Edição standard brasileira das obras psicológicas completas de Sigmund Freud*, Vol. 12. Rio de Janeiro: Imago. (Trabalho originalmente publicado em 1913)

Sófocles. (1990). *Antígona* (15. ed., M. D. Kury, trad.). Rio de Janeiro: Jorge Zahar. (Trabalho originalmente escrito em 441 a.C.)

Takács, J. (2004). The double life of Kertbeny. In G. Hekma, *Past and present of radical sexual politics.* Amsterdam: Mosse Foundation.

Tavares, P. H. (2010). O sinthome como a heresia teórica de Lacan. *Ágora, 13*(1), 35-49.

Teixeira, M. R. (2016). Notas sobre a teoria do gênero e a psicanálise. In *Agalma*. Recuperado em 20 de agosto de 2017 de http://www.agalma.com.br/wp-content/uploads/2017/02/Notas-sobre-a-teoria-do-gênero-e-a-psicanálise1-2-1.pdf

Tobin, R. D. (2015). *Peripheral desires: the german discovery of sex.* Philadelphia: University of Pennsylvania Press.

Tonini, K., & Goldenberg, S. (2003). Três fazem o grupo: O Ternário, O Colégio, A Convergência. *Acta Cirurgica Brasileira, 18*, 1-5.

Vallée, N. (2018) *Etude sur l'émergence du post-genre dans la société occidentale ou l'avènement des identités non-binaires* (Tese de doutorado). Sorbonne, Paris.

Van Haute, P., & Geyskens, T. (2016). *Psicanálise sem Édipo? Uma antropologia clínica da histeria nos trabalhos de Freud e Lacan* (M. Pimentel, trad.). Belo Horizonte: Autêntica.

Vorsatz, I. (2013). *Antígona e a ética trágica da psicanálise.* Rio de Janeiro: Jorge Zahar.

Westphal, C. (1869-1870). Die konträre Sexualempfindung, Symptom eines neuropathischen (psychopathischen) Zustandes. *Archiv für Psychiatrie und Nervenkrankheiten* (pp. 73-108). Berlin.

Westphal, L. (2015). O transexualismo como suplência na psicose. *Ágora, 18*(1), 11-24.

Wilde, O. (1900). *The soul of man under socialism.* London: Arthur L. Humpreys.

Wyllys, J., & Kokay, É. (2013). Projeto de Lei n. 5002/2013. Lei João W. Nery. Brasília.

Zapata-Reinert, L. (2017). Le désir et la trace: écritures de l'impensable. *L'évolution psychiatrique, 82*(2), 291-305.

Žižek, S. (2002). The real of sexual difference. In S. Barnard, & B. Fink, *Reading Seminar XX: Lacan's major work on love, knowledge, and feminine sexuality* (pp. 57-77). New York: State University of New York Press.

Zupančič, A. (2012). Sexual difference and ontology. *e-flux, 32.*

Série Psicanálise Contemporânea

Adoecimentos psíquicos e estratégias de cura: matrizes e modelos em psicanálise, de Luís Claudio Figueiredo e Nelson Ernesto Coelho Junior

O brincar na clínica psicanalítica de crianças com autismo, de Talita Arruda Tavares

Budapeste, Viena e Wiesbaden: o percurso do pensamento clínico--teórico de Sándor Ferenczi, de Gustavo Dean-Gomes

Clínica da excitação: psicossomática e traumatismo, de Diana Tabacof

Do pensamento clínico ao paradigma contemporâneo: diálogos, de André Green e Fernando Urribarri

Do povo do nevoeiro: psicanálise dos casos difíceis, de Fátima Flórido Cesar

Em carne viva: abuso sexual de crianças e adolescentes, de Susana Toporosi

Escola, espaço de subjetivação: de Freud a Morin, de Esméria Rovai e Alcimar Lima

Expressão e linguagem: aspectos da teoria freudiana, de Janaina Namba

Fernando Pessoa e Freud: diálogos inquietantes, de Nelson da Silva Junior

Heranças invisíveis do abandono afetivo: um estudo psicanalítico sobre as dimensões da experiência traumática, de Daniel Schor

Histórias recobridoras: quando o vivido não se transforma em experiência, de Tatiana Inglez-Mazzarella

A indisponibilidade sexual da mulher como queixa conjugal: a psicanálise de casal, o sexual e o intersubjetivo, de Sonia Thorstensen

Interculturalidade e vínculos familiares, de Lisette Weissmann

Janelas da psicanálise: transmissão, clínica, paternidade, mitos, arte, de Fernando Rocha

O lugar do gênero na psicanálise: metapsicologia, identidade, novas formas de subjetivação, de Felippe Lattanzio

Os lugares da psicanálise na clínica e na cultura, de Wilson Franco

Metapsicologia dos limites, de Camila Junqueira

Os muitos nomes de Silvana: contribuições clínico-políticas da psicanálise sobre mulheres negras, de Ana Paula Musatti-Braga

Nem sapo, nem princesa: terror e fascínio pelo feminino, de Cassandra Pereira França

Neurose e não neurose, 2. ed., de Marion Minerbo

A perlaboração da contratransferência: a alucinação do psicanalista como recurso das construções em análise, de Lizana Dallazen

Psicanálise e ciência: um debate necessário, de Paulo Beer

Psicossomática e teoria do corpo, de Christophe Dejours

Relações de objeto, de Decio Gurfinkel

Sabina Spielrein: uma pioneira da psicanálise – Obras Completas, volume 1, 2. ed., com organização, textos e notas de Renata Udler Cromberg

Sabina Spielrein: uma pioneira da psicanálise – Obras Completas, volume 2, com organização, textos e notas de Renata Udler Cromberg

O ser sexual e seus outros: gênero, autorização e nomeação em Lacan, de Pedro Ambra

O tempo e os medos: a parábola das estátuas pensantes, de Maria Silvia de Mesquita Bolguese

Tempos de encontro: escrita, escuta, psicanálise, de Rubens M. Volich

Transferência e contratransferência, 2. ed., de Marion Minerbo

GRÁFICA PAYM
Tel. [11] 4392-3344
paym@graficapaym.com.br